中国文化新论丛书

庙

会

与中国文化

高有鹏 著

人民出版社

策划编辑:吴焰东
责任编辑:吴焰东　王晓梵
装帧设计:吴焰东

图书在版编目(CIP)数据

庙会与中国文化/高有鹏著. -北京:人民出版社,2008.1
(2009.11重印)
(中国文化新论丛书)
ISBN 978 - 7 - 01 - 006808 - 4

Ⅰ.庙… Ⅱ.高… Ⅲ.①庙会-风俗习惯-研究-中国
②传统文化-研究-中国 Ⅳ.K892.1;G12

中国版本图书馆 CIP 数据核字(2008)第 006061 号

庙会与中国文化

MIAOHUI YU ZHONGGUO WENHUA

高有鹏 著

人民出版社 出版发行
(100706　北京朝阳门内大街 166 号)

北京瑞古冠中印刷厂印刷　新华书店经销

2008 年 1 月第 1 版　2009 年 11 月北京第 2 次印刷
开本:850 毫米×1168 毫米 1/32　印张:14.375
字数:330 千字　印数:5,001 - 8,000 册
ISBN 978 - 7 - 01 - 006808 - 4　定价:36.00 元

邮购地址 100706　北京朝阳门内大街 166 号
人民东方图书销售中心　电话 (010)65250042　65289539

·目 录·

第一章　庙会的起源

庙会就是因为庙而形成的具有一定仪式等特定内容的聚会。

庙的建立在最早的时候未必就是巍峨的宫殿。它可以是一个山洞，也可以是几块石头垒砌的石窝，甚至可以是一个苍老的树洞。人们以为自己能够居住的地方，生灵（即神灵）便可以居住。在今天民间文化生活中，神龛就是这种原始信仰的遗迹。

庙会的实质在于民间信仰，其核心在于神灵的供奉。它可以是一种很大规模的群体性的信仰活动，也可以是一个村庄，一个家族的信仰活动；所有的娱乐都应该是围绕某种信仰活动的具体展开而进行的。庙会的历史，其实就是民间信仰的历史。

庙会与庙市是两个有着密切联系而又不同的概念；庙市是庙会发展到一定历史阶段的产物。

一　宗庙社郊

庙会的形成是和我国远古时代的宗庙社郊制度分不开的。

宗庙社郊是指祭祀神灵的信仰形式。宗庙是祭祀祖宗的场所，社郊是宗庙之外的祭祀场所。远古社会的神灵信仰，范围非常广泛，既包括一般的创始大神，如盘古、伏羲、女娲、黄帝、颛顼、喾、禹等氏族或民族的祖先，又包括普通的英雄神，如部落内部所崇祀的更小单位内的祖先。这些大大小小的祖先神，共同构成了远古人心目中的神灵世界。这里，部落内部的祖先神崇拜的意义尤为特殊。也就是说，宗庙制度对于庙会的形成及其发展，具有非常重要的意义。

庙的实质同样在于偶像的供奉，显示出一定时代一定人群共同的文化理念。《白虎通·宗庙》即言："庙者，貌也。"《释名·释宫室》言："庙，貌也，先祖形貌所在也。"庙的偶像意义是原始人民心理形象的具体体现。《白虎通》和《释名》虽然都是汉代的典籍，但这种解释并不是偶然的，而是有着持续不断的渊源，即原始思维形式的存在。①近年来在考古上的发现可以很清楚地看到这些，如辽宁发掘的牛河梁女神庙等。庙祀的这种意义不但在汉代存在，在今天仍然表现着。原始部族艺术构成了庙会的雏形。在漫长的人类社会发展中，庙会经过了初步形成和不断变换形式的许多个阶段。也正是庙会所存留的原始思维，使人们能够借助文化人类学等理论的方法，管窥文化发展的历史轨迹。

庙会，一般而言，是指围绕着庙宇所发生的群体性信仰活动。而庙会这一概念，在古代社会，尤其是在远古时代，它包含的更广泛，即我们所讲的宗庙社郊，在一定程度上，都可称为庙会的场所。

严格讲来，宗、庙、社、郊，这四种概念又是有差别的。

宗，即尊崇的意思。《说文解字》解释为"尊祖庙也"。郑玄在注《白虎通》和《孝经》时，也解释为"尊"。宗的甲骨文写法，犹如宽敞的庙宇中陈放着"示"字。"示"的

---

① 《后汉书·张纯传》载："元始五年，诸王公列侯庙会，始为谛祭。"此应该表现出汉代庙会的一种形式。后代学者把庙会与庙市完全等同，以为汉代才有庙会存在，其实是仅仅把庙会看做一种经济贸易而忽略了它作为文化形态的存在。

意义体现为神灵的位置。前曾列举"庙"的偶像崇拜意义，将其与"宗"相列，可以看出，都是对祖先神的崇拜。所不同的是，庙的单位更小，是祖先神庙的个别所指，而宗则有着共同的意义，指血缘联系中的胞族的各个分支所共同崇祀的对象。

宗与庙的结合，形成宗庙制，则是随着民族的高度统一为前提的宗法社会制度中的产物。如《礼记·祭义》中讲："建国之神位，右社稷而左宗庙。"从郑玄所注"周尚左"中可知，宗庙在国家社会中的文化地位是相当重要的。宗庙与社稷并重，在社会发展中更具体地表现为明清时代民间视为神圣之地的宗族祠堂，这里是宗族议事、执事最为重要的地方，与州府县衙的意义可相媲美。民间也有把祠堂称做"家庙"的。

从现有材料可以看到，西周时的宗庙对后世庙宇格局的配制有着重要的源头意义，或称奠基意义。考古工作者在1976年从陕西省岐山凤雏村发掘出的一处宗庙遗址，就是一个典型。① 在这里，以"堂"即太庙为主体，供奉着神灵，形成四周环绕的局势。我们这里要强调的是，以西周时为重要代表的我国古代宗庙制度，直接影响了后世庙会的发展变化。

迁主毁庙制表明：氏族祖先百世不迁，而最崇拜的氏族始祖是其高祖。② 高祖、曾祖、祖父、父、当世一代，组成五代世系，其祭祀的考庙为：显考庙、皇考庙、王考庙、考

---

① 此报告当时未发表，数年之后始公布；见《文物》1979年第10期，第92页。

② 詹鄞鑫：《神灵与祭祀——中国传统宗教综论》，江苏教育出版社1992年版，第193~195页。

庙。随着世系祖先的变化，世系位置不断调整，"毁庙"的意义就突出出来了。如《谷梁传·文二年》所言："坏庙之道，易檐可也，改涂可也。"原来的显考庙庙主高祖，在考庙上升为王考庙时，它就不再是氏族始祖的庙主身份，皇考庙替代了它的位置。这样，以此类推，人们只祭高祖显考的身份，以显考为氏族始祖，拆毁原来的显考庙。原显考庙主成为嫡系、旁系共同的祖先，享受三年一度的"袷祭"，以远祖的身份列于袚庙。列入袚庙并非就受到冷落，一些功勋卓著的祖先，可以不毁庙而受到常祀。如《礼记·明堂位》："鲁公之庙，文世室也；武公之庙，武世室也。"鲁国以周公之子伯禽之庙为"文世室"，以伯禽玄孙武公之庙为"武世室"。同时，毁庙制度在后世也曾被政权的更替所影响，成为一姓立国，他姓庙宇不存，这是庙宇作为祭祀先祖圣地的特殊性所决定的。这就是我们所看到的"国之大事，在祀与戎"的具体含义。世世代代，香火不绝，此庙祀现象成为中国庙会文化的重要内容和重要特色。

庙号即神庙称号，体现出以神主制度为重要内容的庙祀文化的基本成分。有学者将其分为三类，即氏族祖庙、宗族始祖庙、独特的袚祖庙。① 其中，宗族始祖作为大、小宗即嫡氏族和旁系氏族的共同的祖先，庙位最尊，称为"太庙"。它所享受的庙祀，也最为重要。

总之，宗庙制度是庙会文化的基础内容。太庙、亲庙、祢庙、袚祖庙（袚庙）、考庙等概念，是早期庙会文化的基本概念。

社，在卜辞中与"土"为一体，在《说文解字》中，

---

① 詹鄞鑫：《神灵与祭祀——中国传统宗教综论》第二章《宗庙社郊制度》，江苏教育出版社1992年版。

与"示"为一体。与宗庙制度不同的是它不是祖先神崇拜，更多的成分在于自然崇拜。《论语·八佾》中借宰我之口讲道："夏后氏以松，殷人以柏，周人以栗。"《礼记·郊特牲》孔颖达疏："大社唯松，东社为柏，南社为梓，西社为栗，北社为槐。"《周礼·大司徒》说："设其社稷之壝而树之田主，各以其野所宜木，遂以名其社与其野。"王先谦《后汉节集解》引《白虎通》道："天子社广五丈，诸侯半之。其色，东方青，南方赤，西方白，北方黑，上冒以黄土。故将封东方诸侯，取青土，苴以白茅，各取其面以为封社。"可见，社是一个地区或一个时代的保护神，体现出一定的人民对自己所处的区域生发的神圣感情，是神性化的自然。如《礼记·郊特牲》所言："天子大社，必受霜露风雨，以达天地之气也。是故丧国之社屋之，不受天阳也。薄社北牖，使阴明也。"《周礼·大祝》亦提及"大师，宜于社，造于祖，设军社"。《礼记·祭法》讲："王为群姓立社曰大社，王自为立社曰王社；诸侯为百姓立社曰国社，诸侯自为立社曰侯社；大夫以下成群立社，曰置社。"社不但是一种信仰单位，还是一种行为单位，是社会的基本组织单位。它从国家权力形式到个人合作形式，经历了漫长的演变过程。在后世的庙会文化中，名目繁多的香火社、鼓乐社等民间社会团体，其渊源应该就在这里。

社神即土地神，社祭即自然神崇拜。与之相连相应的另一种自然崇拜，是郊祭。

郊是一种地理概念，指都城以外的地方，有远郊和近郊之分。人们划分远近郊一般以五十里为界限。郊祭的场所一般在近郊，是五十里以内的区域。郊祭的主要内容为：祭天地，祭日月。辟雍，明堂等，其内容更丰富。古人敬畏天地万物，希望借助某种力量适应于自然而获得满足和幸福，他们除了祭祀能够看得见的自然物，还要广泛祭祀在今天看来是那样虚无缥缈的超自然物。郊祭的意义在于它是社祭的延伸，也在于它是宗庙制度的补充。

宗庙社郊制度在庙会文化中的具体作用，应该从整体来看待，以此管窥庙会的起源。

首先是以宗庙社郊制度为主体的仪礼、仪式。如果把庙看做一个载体，那么，庙会文化的内容，以仪礼、仪式为主的各种因素就是其包含并运行的具体成分。理解庙会的原始形态，应该充分重视到这些。

庙会之所以形成，是因为人们不但相信先人的面容犹在，包括各种神灵的永不消失，即后世学者所讲的"灵魂不灭"观念，而且，人们相信，人和神灵是可以沟通的。庙会就是一种特殊的对话行为，人神之间，人与大自然之间，人与先人之间或他人之间的集体对话。这种对话并不是单独的言语进行，而是伴随着多种行为形成浓郁的氛围来实现的。这样，就有了人自己所理解并选择的沟通方式。在庙会上，供奉的内容，包括吃、住、行、乐等因素，表现为香、烛、表，各种冥器，五光十色；其心理基础就在于此——人们根据自己的能力为庙主设计了宫殿或普通房舍，为神灵设置了自己以为堪称佳肴的食物，为神灵演出一些精彩的乐舞（直到戏剧发展到一定阶段，又把戏剧搬进庙会即神戏）。凡是人自己所拥有的，神灵都可以拥有。除此之外，对话也不能简单地进行，一个特殊的角色——巫，在庙会中具有十分重要的意义，他（她）直接扮演着神使的角色。我们在《山海经》中能够看到成群的巫在天地间自由飞翔，其实就是巫起到庙会中的导演、主演作用的最早形态。

二 祭品与牺牲

祭品是庙会中至关重要的"硬件"。

祭品包括牺牲（一般指牲畜，也有人）、玉帛、酒和各种礼器（或称神器）等物品。

庙会的牺牲制度和通常的牺牲制度应该说是没有什么两样。当然，需要指出的是，正由于这种牺牲制度及其相关的社会基础，祭祀活动在庙会中一般排除了下层百姓，而仅限于上层统治者。这是阶级社会形成之后庙会文化初始阶段的一个特色。关于牺牲制度更深远的背景及庙会文化对原始文化的承传问题，只能从民间信仰的文化心理去理解。同时，对庙会的理解，也不能用今天的形状来比照昨天。庙是人类生活水平、生产能力发展的基本标志，在今天和在昨天是不一样的。所以说，按一般的道理讲，有了宗庙制度，才有庙会，在这之前，原始歌舞与牺牲制度并存时，只能称庙会的萌芽，而不能作为一般意义上的庙会。

诸如《吕氏春秋》中关于"昔葛天氏之作乐，三人操牛尾以歌八阕"的描述，如果把它当做原始庙会，现在看来，可能只是一种揣测。但有一点可以讲，这段描述从某种程度上表现出庙会文化产生的直接基础。庙在什么时期最早出现，现在还不能得到很具体的答案。原始社会的庙宇究竟是什么样子？这一时期的庙会文化究竟有无，其形态又是怎样？据文献和考古材料来说，庙会的具体记述是相当缺少的。那么，探究庙会起源，对宗庙社郊制度及其中的祭祀行为、祭祀方式的考察，应该更有益于我们接近事实。

牺牲制度在庙会文化中的地位是不可忽视的。在这里，牺牲并不是单纯指牲畜，而是包括人在内的奉献给神灵的所有的动物。在历史上，把人当做牲畜是常有的事。一般来讲，牺牲就是祭祀用的动物。当然，牺和牲是有区别的。仅仅是养殖的动物，称做"畜"，将要用来做祭品的动物才叫"牲"。而"牺"则是指毛色纯净，能表达人们纯洁、庄重的感情的动物。直到今天，民间祭祀用的动物，仍然选取毛色单纯的动物，而把杂色视为污秽。如民间骂人为"杂毛"，其源就在于此！

《礼记》中的牺牲称呼有着另一番意义，如《曲礼下》中的"牛曰一元大武，豕曰刚鬣，豚曰腯肥，羊曰柔毛，鸡曰翰音，犬曰羹献，雉曰疏趾，兔曰明视"，为何没有提到"马"呢？是因为在当时马的饲养还很困难，马匹珍贵？还是人们禁忌，而不用马呢？或许人们复杂的信仰意义更为重些。人们常常讲，白马祭天，乌牛祭地。早期祭天地是有区别的，祭天是皇帝的事情，一般人不能进行；况且马属于战争的主要工具，不能随便杀戮。可能道理就在这里吧。

祭品选用牛羊等牲畜是有着较为严格的标准的。如，牛的大小就有分别。《礼记·王制》中提到"祭天地之牛，角茧栗；宗庙之牛，角握；宾客之牛，角尺"，即指此。这里的牛，是分等级的。祭天地时用的是小牛，祭祖先用的是稍大一些的牛，而招待人食用的则是大牛。又如，《礼记·月令·孟春》中有"牺牲毋用牝"句。为什么排除母畜作为祭品呢？《礼记·檀弓上》中说："夏后氏尚黑，牲用玄；殷人尚白，牲用白；周人尚赤，牲用骍（赤）。"由此可见，大小、色彩、性别，在具体使用时反映出牺牲制度背后人们复杂的价值观念、尊卑观念等信仰心态。此外，祭品还有"牧牲"和"牢牲"之分。《礼祀·祭义》："古者天子诸侯，必有养兽之官。及岁时，斋戒沐浴而躬朝之。牺牲用牷，必于是取之，敬之至也。君召牛，纳而视之；择其毛而卜之，吉，然后养之。"《周礼·充人》："掌系祭祀之牲，祀五帝则系于牢，刍之三月。享先王亦如之。"得以挑选的牲畜还要经过一段时间的饲养，才能摆上祭坛。这些牺牲制度在今天仍有不同程度的存在。

祭品的处理方式有多种，《礼记·郊特牲》中提到"郊血，大飨腥，三献爓，一献熟"几类。其概括起来讲，有屠宰牺牲、制作牺牲、毁灭牺牲和替代牺牲。

屠宰牺牲在《礼记》《周礼》等典籍中称为"割"。如《礼记·月令》："大割，祠于公社。"《周礼·司士》："帅其属而割牲。"事实上，屠宰是为了表达敬重，以求实现"敬献"的纯净，避免污秽。其工序也绝不是仅仅把牲畜杀死就行了，而是要剥去皮，或清除内脏，去掉污秽的成分才能充当祭品。

制作牺牲多为制熟。如《诗经·小雅·瓠叶》郑玄注："牛羊豕为牲，系养者曰牢，熟曰饔，腥曰饩，生曰牵。"《礼记·礼运》："腥其俎，熟其殽。"这里都提到加工制作的祭品为熟食。当然，也有非熟制品。如将屠宰后的肉加工成"脡""脯""脩""腊"等。这是人把供奉的神灵当做了自己，一切都按照自己的生活方式来制作牺牲。

毁灭牺牲的意义在于表达了这样一种意愿，即祭品已经完全由庙主神灵享用。《史记·封禅书》："已祠，胙余皆燎之。"即将祭品在炉中化为灰烬的方法。毁灭的方式不仅仅在于焚毁，较多的还有"沉"，即投入水。《尔雅·释天》

中即提到"祭川曰浮沉"。甲骨文卜辞中也有"燎于河三牢，沈三十牛"的记载。① 为了祭祀河神，燎去三太牢，投入水中三十牛的做法，就比屠宰牺牲、制作牺牲更进一步，使神灵直接享用，从而得到神灵的恩赐。

将人活活沉入水中，把人作为牺牲的做法，在卜辞中也有记载。如：

> 丁巳卜，其燎于河牢，沉侯？②

将人投入水中的野蛮行径，在殷商时期就有了。③ 在后世的一些庙会上，也时常发生过这样的事情。如我们熟悉的西门豹治邺的故事。我国古代借助所谓神灵"吃人"的习俗，在漫长的民间文化历史发展中并非少见。在今天的民间信仰中，我们所看到的冥器中那些花花绿绿的童男童女，应该就是这种习俗的遗传。

替代牺牲是一种进步。一方面是随着社会生产力水平的发展，人们的认识能力不断提高，替代的意义既有节省物质的一面，又有更丰富更虔诚的一面。另一方面主要是针对人祭而言，人性的意识渐为觉醒，战争掠夺来的俘虏等人口，可作为劳力使用；同时，扩大自己的阵容，增强团结，以怀柔替代专政，人们懂得了人的价值除了作为祭品还有更广泛的运用。替代主要表现为用无生命的物件替换有生命的牺牲，大体讲来，有直接替代和模仿两种。

直接替代以五谷替换牛羊等牺牲，这表明农耕社会对畜

---

① 见《卜辞通纂·召南》722。
② 见《卜辞通纂·后上》233。
③ 见黄展岳《我国古代的人殉和人牲》，《考古》1974年第3期。

牧时代的超越。当然，这种祭祀行为出现得更晚一些。另外，还有埋玉、埋车的替代，在一些出土的祭坑中可以看到这些内容。

模仿的意义是异常重要的，其具体方式有两种：一是用面食制作成所需要的祭品，如沿传至今的圆丘形馒头，其意义就在于敬祀天；一是用泥（土）、木等材料，制作成牺牲的形状，便于永久性存放，如出土于墓穴中常见的陶器，其意义就在于这种模仿性替代。陶制的猪、羊尤为多，在一定程度上也表现出养殖业的高度发展。最为明显的例证是从辽宁牛梁女神庙出土文物中的石人等形象。其实，用画像和塑像来替代祖先神的牌位，其意义亦在于此。在许多庙宇中，各种雕刻，如石人、石马、石羊，其意义都在于作为一种永久性的牺牲而设置。后世的民间庙会上，替代牺牲的现象就更为普遍。因为这种意义，有些祭品，如中原地区的人祖庙会上的泥泥狗，被人称为"远古文化的活化石"。今天，民间庙会仍然有不少地方保存了这种瘗俗；放河灯、投粽子，同样是其"沉"的信仰意义显示。

庙会的考察，不能忽视牺牲制度。将古代庙会的牺牲制度与今天庙会的牺牲制度相比较，既可以探究到文化、信仰的发展轨迹，又可以看到时代的变迁及其对庙会的影响。尤其是在今天的庙会上，前所提的几种牺牲制度基本上都不同程度保存着，以此考察我国庙会文化，是很有意义的。

祭品中的玉帛制度在古代庙会中也有着相当重要的意义和地位。在《左传》中曾提到"牺牲玉帛，弗敢加也"，即指此。牺牲是服务于神灵们吃的需要，玉帛则是穿的需要。庙会自出现的开始时期，人们就在按照自己的生活方式来为神灵们设计着各种理想的生活行为。在卜辞中，可以看到殷人以玉器祭祀神灵的现象。在殷商墓葬中，也可以看到祭奠用的玉器。所以，《墨子·尚同》中说："其事鬼神也，圭璧币帛，不敢不中度量。"应该说，宗庙社郊制度中的玉帛，是较为常用而且有着严格标准的。

玉的运用，在我国文化发展史上是一个相当复杂的课题。古代许多学者就曾对"四圭有邸"的祭礼做出各种解释，今人结合出土文物论证道："把具有权力象征的礼器献给天地宗庙诸神，可能意味着尊奉这些神祇。"①

帛的意义有两种：一是作为财富，相当于货币的原始形态，是交换的反映。一是作为服饰。前者为币，后者为皮，都是为人所用，为神灵所享用。遗憾的是此类制度文献太少了。

祭品中的酒，其意义更为丰富。我国许多地方有"无酒不成席""酒在神在"的俗语；酒的信仰与使用形成我国酒文化的特色。在古希腊的文化艺术中，酒神颂成为古希腊悲剧的萌芽，酿制了人类文化辉煌的一页。同样可以说，神圣的酒，给中华民族的文化发展曾注入旺盛的生命活力，带来盎然的生机。酒祭成为中国庙会文化中最动人的诗篇。尤其是我国中原地区汝阳、伊川等地的酒神庙与庙会，当地百姓把仪狄、杜康作为酒神祭祀，其意义更丰富。

酒在我国古代文献中的较早出现，依据《战国策》和《说文解字》等典籍，可溯至禹时的仪狄。周代有《酒诰》出现，劝诫世人勿贪酒，可想在此之前酒的广泛性的使用（食用）。有学者将周代的酒祭分为"玄酒""酒"和"鬯"三类。仪狄是传说中酒的发明者，若按民间传说发生的基本

---

① 詹鄞鑫：《神灵与祭祀——中国传统宗教综论》，江苏教育出版社1992年版，第254页。

原理，仪狄恐怕不是某一个人，而是一个家族或一群职业酿造者。河南省汝阳县是传说中杜康的故乡，至今保存着众多的酒文化遗址，酒神庙会成为地方民众文化生活的重要内容。《史记·礼书》提到"大飨尚玄尊"，后人释为"玄酒"即"水"。① 真正意义上的酒，是古人所列举的"五齐三酒"，酿以米谷而成的酒。所谓"齐"，是酿制酒时的成色，分为"泛齐""醴齐""盎齐""缇齐""沉齐"，表明"成而滓浮泛泛然""成而汁滓相将""成而翁翁然葱白色""成而红赤""成而滓沉"诸色。所谓"三"指"事酒""清酒""昔酒"，其酿造的时间不同而分。"鬯"是用秬酿成渗合香料的酒，气味最为浓郁。《礼记·明堂位》："夏后氏尚明水，殷尚醴，周尚酒。"可见酒的酿造技术越高，色味越复杂。

由《周礼·酒正》注疏等材料可知，酒在祭礼中在人神之间分别很明显，祭神灵用者，周代以味淡为好，而普通人饮用，则味厚为好。祭祀时用酒的次数不同，体现出庄重的成分繁简的不同。如在《礼记·礼器》中即提到"一献质，三献文，五献察，七献神"。群小祀用一献，社稷用三献，四望山川用五献，郊天用七献，宗庙给祭的礼仪最重，用九献。"献"就是用酒，敬酒，每敬一次酒，即每"献"一次，都有不同的仪式来烘托成神圣庄严的氛围。如九献中，大宗伯主持祭礼，小宗伯和肆师辅助安排程序，接着奏《王夏》《齐夏》《肆夏》舞曲，灌鬯即以鬯浇地，再演奏乐舞，唱《九德》舞《大韶》九次，开始实行"正祭"。"正祭"

---

① 张守节《史记正义》引："玄酒，水也。上古未有酒，而始之祭但酌水用之。至晚世虽有酒，存古礼，尚用水代酒也。"四库丛刊本，以下未注明古代文献出处者皆为此版。

有杀牲荐献血腥，在《大武》乐舞中完成"三献""四献""五献""六献"，侑尸①之后，以酒漱口，王与王后分别用泛齐、醴齐进行"七献""八献"，由宾长用玉爵酌盎齐完成"九献"。最后，酢报祭礼的参加者，祝福众人，舞干戚，大家都有一份酒肴。

在今天许多大型庙会上，尤其是敬祀祖先和祖先神的庙会，"献"的呼喊声仍不绝于耳。究其源，主持者高喊的"献——"，正是古代宗庙祫祭的"九献"之礼的遗存。

三　祭礼与仪式

祭祀的行为是庙会的"软件"。

一般来说，祭祀从时间上来划分，可分为常祭和非常祭。常祭，就是定时的祭祀，非常祭则指临时性的，带有突发性的祭祀。庙会更多的是常祭，每一次的庙会都要遵守时序。发生庙会，有的庙宇一年一次，有的则一年有数次，而有的是数年一次。在甲骨文中，大型祭礼的记载相当多，有关学者提到"周祭"②，即按照一定规则所举行的盛大祭礼，认为应把"周祭"看做庙会的一种形态。这种祭祀方式影响到后世庙会的基本规则。《尔雅·释天》讲："夏曰岁，商曰祀，周曰年，唐虞曰载。"庙会作为一种祭礼，甚至成为古人纪年的方式。至今，许多地方的村民常常把什么庙会发生的时期作为记时记事的单位概念。如"小满会的时候"

---

① 侑即劝；尸是在神主旁边的主持者。侑尸，即向主持者敬酒。
② 周，盛大。此与太牢少牢有联系，但又有不同。

"火神爷庙会的时候"等，庙会成为人们心目中难忘的大事。

陈梦家等学者总结出卜辞中所反映的祭祀原则：一、在祭祀的范围上，限于直系；二、在祭祀的顺序上，随神主的先后，按世系进行；三、在祭祀的日期上，神主的祭日与神主号相同；四、在祭祀的对象上，每天每种祭祀只祭一位神主（包括神主配偶）；五、祭祀神主的配偶不得早于神主的祭日。[①] 这种规则作为一种礼俗，在今天的庙会上仍然保持着。特别是后来其他神灵的庙会，包括佛教庙会，也自觉保持这种规则。

在《礼记·月令》中，有宗庙四时祭随着农耕渔猎的具体活动"先荐寝庙"的记述。如仲春"献羔开冰"，孟夏"登麦"，仲夏"登黍"，孟秋"登谷"，仲秋"尝麻"，季秋"尝稻"，季冬"尝鱼"。人们为了庆贺丰收而祭祀神灵。《礼记·王制》："庶人春荐韭，夏荐麦，秋荐黍，冬荐稻。韭以卵，麦以鱼，黍以豚，稻以雁。"可见祭祀时除了主祭品之外，还有相应的配祭。董仲舒在《春秋繁露·四时》中说："四祭者，因四时之所生熟而祭其先祖父母也。故春曰祠，夏曰礿，秋曰尝，冬曰蒸。祠者，以正月始食韭也；礿者，以四月食麦也；尝者，以七月尝黍稷也；蒸者，以十月进初稻也。"可见祭祀行为与农耕生活的密切联系。

我国是一个农业古国，农耕在人民生活中占有非常重要的位置，庙会作为敬天祷地的信仰活动，很难摆脱与农耕的联系。这种联系作为我国庙会文化的一个重要特点，在今天的庙会习俗中还广泛存在着。许多庙会掺杂着为农事活动做准备的现象，如中原庙会上的大量出售农具、农产品，就是

---

① 见陈梦家《殷墟卜辞综述》，科学出版社 1956 年版。

"四时祭"习俗的具体表现。但是，应看到这样一种事实存在，即农耕虽然是重要内容，而不是唯一的内容；况且农耕与农神崇拜的具体内容又在不断发生着变化。

在传统庙会文化中，最重要的内容是农耕、战争、预防灾害、封禅之礼等活动的整体联系；常祭对于庙会的形成具有十分重要的意义。当然，非常祭的内容对庙会的形成也同样有重要的影响作用。

庙会的"硬件"是庙宇，其"软件"是祭祀行为。在祭礼行为中，除了常祭与非常祭的活动之外，心理基础十分重要，它直接支配着原始先民的庙会文化。这种心理基础就是原始信仰。

原始信仰是全民信仰。它具体包括自然崇拜和灵魂崇拜。有些学者又把这些内容称之为"原始宗教"。

各种原始信仰并非截然分明，而且是相互混杂在一起的。自然崇拜包括天象崇拜、山岳崇拜、河流崇拜（或水崇拜）、土地崇拜、动物崇拜和植物崇拜，可称做"有形崇拜"，而灵魂崇拜则包括图腾崇拜、祖先崇拜、鬼魂崇拜，可称做"虚幻崇拜"。对于这些具体的崇拜内容的考察，我们只能依据十分有限的考古材料和残缺的古代典籍，以此来探讨庙会文化具体生成的条件。

首先，应联系地看待原始信仰：一是各种崇拜之间的联系，一是这些崇拜和其他的信仰形态之间的联系。单纯的信仰是不存在的，原始信仰不会孤立地存在于社会生活之中。关于这一点，我国学者在论及原始文学的特点时讲得很好，那时诗、乐、舞三者是不分的。其强调的就是，原始文化包括原始文学、原始歌舞和原始信仰，不但有语言表达，而且有动作体现，以及一些伴奏，形成原始人所追求的特有的氛围。从辽宁红山文化中的女神庙考古发掘材料，可以看到这种混合性的痕迹。在现代一些古老的部落民族中，原始艺术仍然保存着这样的文化特色。我们可以推测，在原始庙会中，庙会的主持者很难孤零零地仅仅做一番祈祷，即结束庙会活动。应该说，这些原始信仰的具体存在，与相伴的歌舞等艺术活动相联系，才构成庙会。没有艺术的庙会和没有信仰的庙会一样是不存在的。原始信仰是通过原始艺术表现出来并传承的。这一点，无论是考古材料、古代文献，或者是文化人类学的原始部落的田野作业，都能很明显地看到。这种实用性、娱乐性等多种多样的联系也正是所有的庙会所共有的，是庙会文化区别于其他文化形态的显著特征。

其次，应该历史地理解这些原始信仰，而不能用今天的思维方式去观照原始庙会。有相当一部分学者以为在唐代才有庙会，事实上，他们混淆了庙会和庙市的区别。关于庙会的嬗变，以下将有专章论述，这里要强调的是若探究庙会的最早的源，必须结合原始信仰来逐渐进行。如何理解原始信仰与原始庙会之间的关系，仅借助于口传记载是很不够的，借助于考古材料也是不够的。一个典型的问题是，到底在什么时期才有庙的存在呢？辽宁牛河梁女神庙遗址有人以为是在五千年之前，但这只是一个很保守的说法，比文献中的"高元作宫室"稍有了一些科学性。况且考古学也存在着许多复杂的问题，如新石器时代的一些文化类型，裴李岗文化、磁山文化、仰韶文化、龙山文化，它们之间到底是什么关系呢？是前后继承，还是各自独立，或是平行发展？考古学界没有很好地解决这些问题，或者没有给人满意的答案。再一个问题是远古文化如何同典籍中的历史时代对应。唐兰先生曾提出"大汶口文化是少昊文化的遗存"①；少昊文化距今有六千年的文明史，即奴隶社会初期，② 史学界就有许多人表示异议。直到 80 年代中期，有些学者还提出要重奖"挖出禹坑的人"，由此可见问题的艰难。而对于研究神庙和庙会的起源，那就更加艰难了。但我们不是不可知论者，历史和时代所需要的是管窥，可以凭借目前优秀的科学成果来探究这样一个问题，尤其是从中国古典神话现代时态的考察中，可以划分出一个神话时代，从而，在其相对应的信仰，特别是图腾崇拜和祖先神崇拜中，寻找出庙会的蛛丝马迹。

当然，问题不在于一定要探究出庙会的具体发生年代，而是从不同的方面看到原始庙会与原始信仰的复杂联系，去寻找庙会"不断发生"的规律。原始信仰固然是在历史的初始阶段产生，但是它的存在与传承确实是直到今天我们仍然无法忽视的。诸如我国各地广泛分布的对于远古大神祭祀的神庙与庙会，曾经有许多学者质疑神庙与相关神话和传说在传承上的原始性，甚至不惜舍本求末，在无关痛痒的地方去吹毛求疵，以否定原始信仰传承的事实。其实，问题仍然在于我们对田野作业的理解；如果没有对于田野的实践，没有对于民间文化的深入考察，有许多问题我们是不可能认识到的。一个相当严峻的问题是，我们越来越多的年轻的学者既缺乏对于整个文化历史发展的理解，又缺乏对于我国古代文化典籍，尤其是对于我国古代民间文化典籍的必要了解，甚至对于古代典籍的考察十分轻率地嗤之以鼻，忽略了民间文

---

① 见唐兰《从大汶口文化的陶器文字看我国最早文化的年代》，《光明日报》1977 年 12 月 15 日。

② 见唐兰《中国有六千年的文明史——说大汶口文化是少昊文化》，见《〈大公报〉在港复刊三十周年纪念文集》。

化研究最基本的工作。那么，一个学科仅仅去把玩几个概念的碎片，不懂得自己学科的历史、传统、特色，又如何懂得自己的使命与任务？走进民间文化的生活深处，我们才能真正懂得其价值、意义，特别是民间文化中的原始信仰问题。

庙会和其他的民俗一样，处在不断地生长和消亡之中。西方学者的"民俗时时都在产生"的理论，给我们以深刻而丰富的启发。结合不同类型的庙会（如远古祖先神庙会、家庙庙会等）的演变轨迹，以及它们和考古材料、文献材料、传说材料的联系，就相应地容易理解庙会的发生。事实上，不独中国庙会在原始社会即史前时期就已形成，许多文明古国都是这样。在古印度、古埃及的神庙及其文献中，我们可以看到这些，在古希腊神话传说中，神庙曾经是众所注目的场所。而在我国神话传说中，关于神庙的直接描述不是很多，这是特有的历史背景所决定的。这也正反映出各民族的文化大融合，是各种神庙面目芜杂的体现。庙会不是一朝一夕即可形成的，它需要稳定的社会生活，氏族通过庙会上的各种活动增强其凝聚力，而且是一定地区、族群社会认同与文化认同的重要基础。在战争和自然灾害等重大变故中，神庙的存在和庙会的举行能够增强人的信心，这种功能是其他文化形式所替代不了的。当氏族不断扩大时，神庙的内容就要相应地发生变化，包容着更多的文化成分，诸如强迫他人归附其文化等现象。但这并不是绝对的，先民们的业绩通过庙会等形式，深深地烙印在氏族成员的脑海中，神话通过神庙异常顽强地表现着氏族内部的信仰。

直到今天，我们还能看到庙会文化中的"神话遗址"的这种特色。特别是黄河中下游的中原地区，在甘肃泾川、天水等地有王母庙会、伏羲庙会；在陕西黄陵、白水等地有黄帝庙会；在山西晋城、汾阳等地有祭祀尧与舜的庙会；在河南，祭祀传说中上古时期的帝王的庙会就更多了——几乎神话时代的每一个帝王在这里都立有庙宇。山东、湖南、河南等地有祭祀舜帝的庙会。长江流域的历史也是如此，在浙江有会稽大禹神话与祭祀大禹的庙会，以及东南地区更加广泛流传的泰伯开基、徐偃王开垦、盘古与盘瓠繁衍人类等神话传说，都表现出原始信仰丰富多彩的内容。庙宇的兴建不是偶然的，在庙会的背后总是有各种各样的"历史"原因。笔者曾经绘制一幅全国各个地区的庙会分布图，把祭祀的神灵放在一起进行比较，可以看到不同地区的庙会分布状况与古代典籍记载基本一致。

庙会作为文化的一个典型，它从来不是一潭纹丝不动的塘水、池水、井水，而是一条奔腾不息的长河，容纳着各个时代的历史文化。商周结束后，战国时代的地域特色，就会不同程度地反映在庙会中。到秦汉统一，庙会的内容同样发生了变化。特别是汉之后，在魏晋南北朝时期，随着中外文化的交流，各民族的大融合，文化的活跃、繁荣，庙会出现了崇佛的内容；在这之后，崇佛庙会成为一种不可小视的文化现象。我们考察庙会，有学者把佛教文化的庙会表现内容看做我国原始庙会的发生形态，以为行像才是庙会的开端，应该说是本末倒置。庙会的历史像一条条汹涌澎湃的大河，有涓涓细流，有惊涛拍岸，同样也有泥沙俱下。需要强调的是，庙会有无数的源，但万变不离其宗，这源头就是我们民族共同的信仰。正是有了不同源头丰富多彩的支流，才有全国各地庙会文化的缤纷景观，这样灿烂辉煌，耀眼夺目，成为我国传统文化的一大特色。

第二章　庙会的嬗变轨迹

庙会和其他民俗一样，是社会发展到一个阶段的产物，又随着社会的发展变化而体现出时代的色彩，即传承性和变异性的统一。这种个性特征和全民性特征相结合，构成庙会文化的基本特征。这是认识庙会文化的基础。

纵览我国庙会的嬗变，对于从宏观上把握庙会文化具有很重要的意义。只有在具体的发展中，即通过庙会的流传演变的具体材料的考察，才能更准确更全面地理解我国庙会文化的基本功能和基本特征，从而把握其基本的规律及其实质。

一　先秦之前的庙会

史前时期的庙会，其形成和发展的历程，是极其漫长的。认识庙会在史前时期的面貌，必须考察庙宇的发展史。辽宁牛河梁女神庙是例证之一。《帝王世纪》中曾提到"自黄帝以上穴居而野处"，"及至黄帝，为筑宫室，上栋下宇，以待风雨"，那么，是否是在黄帝时代才有可能出现庙会呢？一位考古学家说，这对照整个仰韶文化来说是不确切的，"因为在陕西仰韶文化早期的半坡类型中已经有房屋建筑"。[①] 仰韶文化持续达两千年，早期距今有七千年，晚期也有五千年。据考古测定，早期的房子为单间，晚期出现隔间，而且仰韶人已经掌握了农耕技术，还掌握了绘画、音乐等艺术。房屋的布局在不同的氏族村落不同，大小房子的结

---

①　见许顺湛《中原远古文化》，河南人民出版社 1982 年版，第 225 页。

构情形也不同。应该是先有了房舍后才有庙宇，才有了庙会。人类对神灵的崇拜，在房屋出现之前就已经出现；庙会在仰韶文化的阶段出现是可能的。从考古材料中发现的彩绘陶罐、陶鼎和各种符号，可以推测庙会在仰韶文化时期应该是存在的。在龙山文化时期，考古工作者发现有铜器、酒器、陶祖和作为占卜用的牛羊骨，可以推测庙会在这一时期有了酒祭的内容。当然，这些都是推测。直到发现甲骨卜辞的文化记载，才大致有了一个原始庙会的基本轮廓，那就是庙会有诗、歌、乐、舞和巫的多重性内容共存。庙会就是围绕在庙的周围而发生的全民性祭祀行为，首先要有庙，有神灵的崇拜，并且是全民性的具有固定时间的信仰行为。至于宗庙、家庙、淫祠、佛寺等信仰场所，都是后世的分化，更不用说庙市。这些内容都是庙会后来发展即嬗变的产物，是路标，而不是路的起点。

　　庙会在各个时期的出现，有着各个时期的特征。商周时期的庙会不是最早的源头，尽管其时的宗庙社郊制度对后世庙会的发展有了较为深刻的影响。文化的发展，既有融合，也有分化，民间文化也是如此，有自己的循环方式，即相对固定的文化传统——文化传承方式。我国庙会在秦代之前应该存在，其形态也应该大体是稳定的、单一的，而在汉代特别是在东汉之后，佛教的传入和道教的兴起，使庙会的整体格局发生了重要变化。在周处的《风土记》中，我们看到已经有携家外宿的内容，这与之前的野合、与高媒崇拜有无联系？它是否是后世宿庙守夜的缘起？我们在目前的条件下除了推测，恐怕没有更好的答案。庙会的文化特色朝着多元性多层次性方向发展，民间庙会的意义更复杂。从这个意义上讲，商周时期的庙会在整个庙会文化中就有了尤为重要的地位和价值。

从一些卜辞中可以看到，商代将原始信仰推向了一个新的高度。陈梦家对此曾有这样的描述：

> 立于宗庙的先王的神主，称之为示。示有大小之别，"大示"是直系先王，"小示"是包括旁系先王的。大示从上甲开始，称为"元示"。卜辞"自上甲六示"指上甲至示癸六个先王，"自上甲廿示"指上甲至武乙二十个直系先王；小示也称若干示。①

可见，祖先崇拜的活动是相当隆重的。

研究殷商时期的庙会活动，诚如一位著名学者所言，理解了"商人的庙号"是"一把要紧的钥匙"②。对于商代庙号的研究，董作宾曾发表《论商人以十日为名》③，之前，屈万里发表过《谥法滥觞于殷代论》，王国维发表《殷人以日为名之所由来》④等，洋洋大观，学者们谈得都很有见地。殷商时代以十干（甲—癸）和十二支（子—亥）的结合，作为纪日时间单位。商王的名字在其死后以天干为庙号。有学者说，"夏殷之礼，生称王，死称庙主，皆以帝名配之。天亦帝也，殷人尊汤，故曰天乙"⑤。从商王庙号体系中，可以管窥到商代亲属（宗亲）婚姻制度，张光直先生总结为这样几点：一、商代的王位继承是由父传子或兄传

---

① 陈梦家：《殷墟卜辞综述》，科学出版社 1956 年版，第 643 页。
② 张光直：《中国青铜时代》，三联书店 1983 年版，第 172 页。
③ 《大陆杂志》，1951 年第 2 卷第 3 期。
④ 《中央研究院历史语言研究所集刊》，1948 年第 13 期。
⑤ （唐）司马贞《殷本纪索隐》引《古史考》。

弟，即男系继承法；二、商王皆子姓，来源于同一个神话中的始祖；三、天下所有财富皆属于王，子姓为一财产所有的共同体。① 这种关系较为深刻地影响到庙祀制度的具体内容，当然也会影响到庙会文化的具体成分。《礼记·礼器》："三代之礼，一也，民共由之，或素或青，夏造殷因。"殷商到周的时代，历史发展在考古材料上并没有太大的变化，可想象其一贯性。

在商周时期的庙会中，昭穆制的意义就更加重要了。在一定程度上，它就是商周时期庙会文化的基本特色。"昭""穆"的概念较早见于《左传》等古代典籍。《左传》僖公五年载："太伯、虞仲，太王之昭也；太伯不从，是以不嗣；虢仲、虢叔，王季之穆也。"《周礼正义》："自始祖之后，父曰昭，子曰穆。"《礼记·王制》："天子七庙，三昭三穆，与大祖之庙而七；诸侯五庙，二昭二穆，与大祖之庙而五；大夫三庙，一昭一穆，与大祖之庙而三。士一庙。庶人祭于寝。"从中可以看到，庶人无庙成为这一时期庙会文化的一个特色，亦即"庶人无庙，死曰鬼"。

庙会在夏商周三代之前，由特定历史条件可知，应该是氏族成员共同参与的。在阶级制度形成之后，昭穆制等具体内容作为"赐爵"是"以别父子、远近、长幼、亲疏之序，而无乱也"，"不失其伦"，"亲疏之杀也"。② 至于有人提及"昭穆两字至今未见于甲骨文"，有学者已作详述。我们可想象，庙会文化在这一时期经历了从全民到专祀的重要转折；真正意义的民间庙会，则相对宽松，分散，是后来才逐渐生

---

① 张光直：《中国青铜时代》，三联书店1983年版，第145～147页。

② 见《礼记·祭统》；另参见凌纯声《中国祖庙之起源》，《中央研究院民族学研究所集刊》，1959年第7期。

成的。如《周礼·春官·宗伯》所言："司巫掌群巫之政令；若国大旱，则帅巫而舞雩。"应该说，早期庙会的意义就在于围绕神庙所举行的集体的歌舞行为，它可以是定期的，也可以是不定期的。到了魏晋南北朝时期，诸如四月八日等佛教纪念日成为固定的庙会；特别是唐代之后，庙会的定期成为较为稳固的存在形态，对于后来庙会文化的发展具有重要影响。

商周时期庙会文化的内容中，自然崇拜和祖先神崇拜所占的成分尤为重要。各个神系既分明，又常常混淆。如《礼记·祭法》："有虞氏禘黄帝而郊喾，祖颛顼而宗尧；夏后氏亦禘黄帝与郊鲧，祖颛顼而宗禹；殷人禘喾而郊冥，祖契而宗汤；周人禘喾而郊稷，祖文王而宗武王。"又《礼记·表记》："殷人尊神，率民以事神，先鬼而后礼，先罚而后赏。"在商周时代的人看来，"山林川谷丘陵，能出云，为风雨，见怪物，皆曰神。有天下者祭百神"。他们（尤其是周代）对以往的神灵进行了一次"清理整顿"。如《礼记·祭法》："日月星辰，民所瞻仰也；山林川谷丘陵，民所取财用也。非此族也，不在祀典。"又如《礼记·典礼》："非其所祭而祭之，名曰淫祀，淫祀无福。"《礼记·祭义》："祭日于坛，祭月于坎，以别幽明，以制上下；祭日于东，祭月于西，以别内外，以端其位。"《礼记·月令》："凡在天下九州之民者，无不咸献其力，以共皇天上帝社稷寝庙山林名川之祀。"可见，所要强调的不但有祭祀范围，而且严格控制祭祀的秩序、方位。在周代祭祀的神灵体系中，除了他们所尊崇的神农、后土、黄帝、帝喾和颛顼、鲧、禹、契、汤、昊、文王和武王等英雄神和祖先神，还有司命、中霤、国门、国行、泰厉、户、灶即"七祀"等自然神，其他神灵受到禁止。当然，这是统治者惯用的政治手段，有效的神权统治很自然地要影响到庙会文化。特别是在周代，宗庙甚至成为国家都城的重要标志，如《左传》庄公二十八年载："凡邑，有宗庙先君之主曰都；无，曰邑。"事实上，庙会一直受到国家和地方各级政府不同程度的关注，有时甚至受到直接干预。

战国时期百家争鸣的文化思想，影响到庙会文化。人文精神在这一时期得到相对充足的发展，诸如孔子"不语怪力乱神"和王充"唯理论"等，表现出朴素的唯物思想。而对于民间文化而言，影响民间百姓精神世界的并非那些崇尚实际的理论，而是具有原始思维色彩的思想，诸如黄老思想，在虚幻的神灵世界中纵横捭阖，显得扑朔迷离。

事实上，早在商周时期，神灵观念，尤其是天帝的形象并不是那样威严不可侵犯，而是常常成为人间的恶的象征。殷商的统治者和周王朝的统治者，他们更关注对祖先神的崇拜，帝（天）的观念相对淡薄。这种思想在战国时代因为割据等因素，进一步发展开来。当然，各国之间的文化发展并不均衡，神鬼信仰的观念也不相同，庙会在各个地区的表现不论是在具体内容还是在风格上，都会形成迥异的局面。战国时代的文化繁荣打破了商周时期大一统的文化格局。同时，它又顽强地表现出对以往传统信仰的认同和继承，儒、道、墨、法、阴阳纷纷用自己的学说来解释、倡导某种信仰观念。如《礼记·祭统》所言："凡治人之道，莫急于礼；礼有五经，莫重于祭。"礼与祭的实质和庙会的实质是一样的，即信仰及其恪守或规范。儒家强调"人治"，将礼和祭与人伦政治联系在一起，阴阳家则用五行理论阐释信仰、倡言自己的思想主张。特别是道家，具有集大成的文化风度，它吸收了阴阳家的五行理论，接受了星占家的天人感应思想和天宫理论、星辰分野理论等，形成了自己独特的思想体系，如"一生二，二生三，三生万物"的源泉说，天为阳地为阴的相对说，以及精魂说、"太一"说。在相当长的历史时期，道家文化、道教文化对于民间文化的影响起到绝对的影响作用。人文思想以儒家学说的影响为主，而在更泛的民间，则以道家学说更深入更广泛。可以说，战国时代的祭祀礼仪及其在庙会中的表现，为秦汉时期的大一统信仰的奠基做出了深厚的思想准备。更值得注意的是，战国时代的文化特色对后世的影响非常重要，如楚地巫盛①，中原地区的善于吸收和封闭，燕赵之地的豁朗，齐鲁的尚义，在后世的地域文化风格中都有着显著的体现。直到今天，尚能看到古风犹存的地域特征在各地庙会上的呈示。

二　秦汉时期的庙会

秦始皇统一中国，所使用的文化战略，集中体现在"封禅"上。他在政治统一的同时，也要求文化上的统一。如《史记·封禅书》："令祠官所常奉天地、名山、大川，鬼神可得而序。"

封禅是国家政府行使的文化权力，即以国家的名义表达对于天地生灵的态度。而正是这些，使得民间文化得到另外一种意义上的发展。秦始皇的焚书坑儒，对人文文化来讲，

---

①　（汉）王逸《楚辞章句》："楚国南部之邑，沅湘之间，其俗信鬼而好祠，其祠必做歌乐鼓舞以乐诸神。"

的确是一场浩劫，而对民间信仰则可能是一次发展的机遇。①在中外历史上有着这样一个规律，即每当人文文化受到严重干涉或压抑时，民间文化都会得到相对更旺盛的发展。如欧洲的中世纪，教会和国家政权相勾结，扼杀科学、理性，而民间文学和下层市民文学却繁荣起来，对文艺复兴形成重要影响。文化是人类的灵魂，不可能被完全扼杀。秦始皇所发动的这场文化浩劫，使人文文化的发展出现了停滞的局面，秦代文学成就缺乏就是很好的说明，而民间文化以歌谣为典型，却呈现出民间信仰的发展局面。遗憾的是，秦代文献中关于庙会的记载材料太缺乏了。②庙会是以经济发展和文化繁荣为背景才出现兴盛局面的；文化萧条，庙会作为特殊的文化形态，也未必就会繁荣昌盛。但是，秦代封禅制度等文化政策，对汉代民间文化的繁荣确实具有重要的影响作用。

---

① 秦始皇完成统一大业，其在位的21年间，曾经五次出巡郡县，意在于昭示功德，"以示强威，服海内"。他在泰山、芝罘、琅玡刻石；在湘山遭遇大风时，竟使刑徒三千，将此处山林伐尽，向湘神示威；在会稽山刻石祭祀大禹，禁止越地百姓淫俗……这些行为都表现出他的鬼神观念，而这些正是影响民间文化发展变化的重要因素。同时，他无度征使天下徭役，激起民间百姓愤怒，这更是民间文化，特别是民间文学大量出现的重要原因。这是历史的普遍规律，即民间文学作为民间百姓的心声，从来不畏惧任何强权势力，而且常常表现出对于强权的嘲弄、讽刺、批判、抨击、揭露，以蔑视的态度对待邪恶。那么，民间庙会同样是这样发生、发展，以表现民间百姓情感的。

② 《史记·封禅书》："自崤以东，名山五，大川二：曰太室（太室嵩，高也）、恒山、泰山、会稽、湘山；水曰济，曰淮……自华以西，名山七，名川四：曰华山、薄山（薄山者，襄山也）、岳山、岐山、吴岳、鸿冢、渎山（渎山，蜀之汶山也）；水曰河，祠临晋；沔，祠汉中；秋渊，祠朝那；江水，祠蜀……而雍有日月、参辰、南北斗、荧惑、太白、岁星、填星、二十八宿、风伯雨师、四海、九臣十四臣、诸布、诸严、诸逑之属，百有余庙。西亦有数十祠：于湖有周天子祠，于下邽有天神，沣滈有昭明，天子辟池，于社亳有三社主之祠、寿星祠，而雍营庙亦有杜主。"应该说，在秦汉之间确实有一次庙祀的高潮，这很自然影响到民间庙会的发展变化。

汉代的庙会文化呈现出空前的繁盛，这一时代的庙祀制度、宗教政策、民间信仰观念等因素，对后世庙会的发展起了"奠基"的作用。最为重要的是，在民间文化包括民间庙会大力发展的同时，宗教力量的加剧，从根本上改变了传统庙会的格局。

汉代文化分为两个阶段，以佛教传入为界线，标志着我国文化形态的重要变迁。文化风尚直接影响了庙会的格局。

西汉初期，秦末暴政所引起的农民大起义的创伤还未恢复，人民痛苦不堪，统治者实行了休养生息的政策。文景之治，曾出现空前的经济繁荣，汉武帝利用此基础对外大肆用兵，对内大力兴作，"海内虚耗，人口减办"，军事和文化都达到极盛。尤其是在文化上，董仲舒他们所改造的"儒学"盛行。他们创立今文经学，借天道说人事，谶纬流行，民间信仰复杂化。汉武帝提倡乐府歌诗，出现经大音乐家李延年整理加工的大量歌诗，可见民间文艺的繁盛。豪强地主的崛起，加剧了社会矛盾，很快又出现社会穷困化加剧的局面。从鲍宣上书汉哀帝的《七损丧》《七死路》可见，水灾旱灾等自然灾害频繁，时疫流行，给广大人民带来了数不尽的痛苦。汉哀帝大力提倡求天求鬼神，庙会成为统治者缓解社会矛盾的手段。方士们格外活跃，有个叫甘忠可的人，造《天官历包元太平经》十二卷，扬言天帝派真人赤精子教他改汉元变年号。汉哀帝竟信从其一派胡言，改年变号，恢复前代一切已废的神祠达700多所，一年之中祭神3.7万多次。庙会的繁盛可想而知。很显然，利用鬼神做文章，这样的信仰基础是十分虚弱的。不久，社会再度出现大动乱。东汉之前的这一时期，为汉代文化的第一个阶段。

至东汉光武政权建立，继续实行愚民政治。汉光武帝即大力提倡谶纬文学，为自己造"受天命"的舆论，妖术盛行。方士们不再像战国和西汉的方士那样用长命术骗人，而是用符水祝祷法来骗取名与利。至东汉后期，因为中外文化的交流，佛教流行开来。一些方士就将神仙术改为道教，自称道士。汉桓帝承认道教为合法宗教，派宦官到苦县祭祀老子，并在自己的宫中设立黄老浮屠祠。人民在极端贫困、痛苦无望的境况下，受道教徒"谷神不死""玄牝之门"等观念的渲染，选择了这种信仰。张角太平道，手执九节杖，遍行青、徐、幽、冀、荆、扬、兖、豫各州，画符诵咒，竟招信徒数十万，而统治者都以为"以善道教化，为民所归"，顺其发展。宗教徒利用人民心理上的弱点，敛收钱财，祭祀鬼神，在客观上促进了庙会的发展。曹操在济南曾禁绝奸邪鬼神祭，城阳景王庙毁去六百多所，而后来五斗米道张鲁在汉中投降曹操，曹操则待以宾客，封其"万户侯"。统治者利用宗教力量统治人民，愚弄人民，大造符瑞，庙祀既是他们借用的手段，又是人民愚昧的产物。庙祀是庙会的兴起基础，可见其政治功能和社会功能是如何被扭曲的。当然，这里面也包含着人民群众对政治、文化、道德理想的朴素的追求。民间百姓对于杰出的历史人物有自己的立场观点，用庙会等形式表达自己的感情。如诸葛亮受到地方人民的爱戴，他死后，许多地方要求为他立庙祀，"百姓巷祭，戎夷野祀"；汉后主刘禅却禁止私祀，直到蜀将亡，才允许在诸葛亮葬地陕西沔阳（沔县）立庙。刘禅是个遗臭万年的东西，他与许多政治渣滓一样，嫉贤妒能，心胸狭隘；他的下场只有遭人唾弃！

佛教的传入，一开始就受到道教的抵制、改造和利用。

如汉桓帝在宫中立黄老浮屠祠，襄楷就说"或言老子入夷狄为浮屠"，意思是老子西行教化胡人，道教高于佛教。在谶纬学说的辅助下，佛教在汉王朝得到发展的机会。汉哀帝元寿元年，伊存作为西域佛国大月氏的使臣来朝，教授博士弟子景卢。至东汉末年，佛教徒牟融作《理惑论》，散言汉明帝梦见神人飞于殿前即佛的故事，接着，便有了张骞等人到大月氏国写佛经《四十二章经》，在洛阳城西建造白马寺的举动。佛在受到儒、道等思想的抵制后，在襄楷、牟融等人的调和下，逐渐深入中国社会。更重要的是，小乘佛教宣扬身死神在、因果报应、轮回再生、布施济贫等教义，一方面迎合了统治者愚弄人民的需要，另一方面迎合了广大人民在苦难深重中对幸福的幻虚世界追求的心理，自然盛行开来。特别是一些佛教徒诱惑民众，使佛教成为民间百姓自觉或不自觉的精神选择。如，笮融这个佛教徒本是残忍、凶狠的广陵恶霸，却大起佛寺，召三千佛僧徒诵读佛经，以免徭役等手段诱惑众人来寺听讲，在路旁设数十里的长席，用大量的钱财任人使用酒饭。佛教思想渐渐浸入人心，佛教艺术在宫殿等建筑场所的广泛宣扬，使民间庙会的内容开始向多元化转变。东汉时期，为汉代文化的第二个阶段。

汉代文化在我国传统文化中占据着重要的地位，民间文化受各种因素的制约、影响和作用，在漫长的岁月中渐渐完成了从单一世俗化向世俗化与宗教并存的多元化的转变，基本上确立了后世民间庙会的规模和内容。但这一时期的民间信仰包括民间庙会的内容，基本上是世俗化的表现。应劭的《风俗通义》中，为我们描绘了这些情形，如其第八卷所列"先农、社神、稷神、灵星、灶神、风伯、雨师、桃梗－苇茭－画虎、雄鸡、杀狗磔邑四门、腊、祖、禊、司命"，其

第九卷所列"世间多有见怪、世间多有恶梦、城阳景王祠、会稽俗多淫祀、鲍君神、李君神、石贤士神、世间多有精物、世间多有蛇作怪"等，其第十卷所列"五岳、四渎、林麓、京陵、丘墟、渠沟、汹"等，一片洋洋洒洒，金碧辉煌，可见其中民间信仰的基本成分与商周战国时的文献记载，并没有多少差异。而且，这些内容在后世仍然是相当重要的庙会俗信。又如《西京杂记》描述当时的祠庙祭祀，"汉制宗庙，八月饮酎，用九酝，太牢"，"京师大水，祭山川以止雨，丞相御史二千石，祷祠如求雨法"。这是长安一地的习俗，我们从中可以管窥整个中原地区的庙会文化的基本内容。《汉书·郊祀志下》曰："五岳四渎皆有常祀。"[①]《史记·封禅书》所列秦汉时纳入典祀的山神，可举太室、恒山、泰山、天柱山、华山、蔡丘、首山、芝罘山、琅玡山、岳山、岐山、渎山、崆峒山、会稽山、桥山、荆山、熊耳山等，诸多山神有祠，被皇家祭祀，并有专职祭司管理。

总之，汉代庙祀庙会在汉文化地位的确立上，对后世有着直接的奠基意义。以中原地区为主要区域的汉帝国，民间文化的基本思想发生重要变化，诸如儒学的孝悌、道学的无为、佛学的轮回因果等哲学理论融入人民生活的信仰之中，确立了后世民间文化的底色，使其以前的民间信仰得到进一步的整理、清算和再造。庙会，就是这一形态的文化典型。[②]

---

① （汉）桓宽《盐铁论》卷六《散不足》二十九言："今富者祈名岳，望山川，椎牛击鼓，戏倡舞像。"

② 我国汉代庙会在文献上没有直接的记录，这种现象的原因是多方面的。我们从许多地区汉画像石的图案上可以看到丰富多彩的歌舞、百戏、盛宴，应该说，这是悦神与娱人的文化生活表现。

三　魏晋南北朝时期的庙会

魏晋南北朝时期，随着汉王朝的崩溃、魏晋王朝暂时的统一，形成了中华民族历史上具有强烈震撼力的大动荡，大灾难，也出现了各民族文化的大融合，大交流，在文化形态上表现出非常显著的不均衡状态：

其一，中原地区主要是黄河中下游地区的战火频仍，出现了赤地千里的萧条局面，人民苦不堪言，可想而知民间文化包括民间庙会该会受到如何的冷落。

其二，大量移民涌向江南，中原文化有力地影响了南方，包括民间庙会文化，形成势不可当的南北交流。江南的暂时繁荣，在客观上，为民间庙会文化等民间信仰的兴盛，提供了必要的物质基础。

其三，北方文化落后的民族在征服中原的同时，为中原文化所同化，汉文化包括民间信仰，在某些程度上其影响更为广大。

其四，佛教文化出现空前的大影响，甚至成为统治阶级文化、政治生活中最重要的内容。

特别是佛教文化的有机改造，更深入地影响了民间信仰的再生成。无论是南方还是北方，佛教庙寺林立，石窟的兴建，佛事的盛行，形成佛教、道教、儒教（主要是谶纬）三教并举的文化复生态。如《晋书·礼志上》所言："凡崇祀百神，放而不致，有其兴之，则莫敢废之。"又如马端临《文献通考·郊社考》所述："天郊，则五帝之佐，日、月、五星、二十八宿、文昌、北斗、三台、司命、轩辕、后土、太一、天一、太微、勾陈、北极、雨师、雷电、司空、风伯、老人，凡六十二神从祀"，"地郊从祀则五岳、四望、四海、四渎五湖，五帝之佐，沂山、岳山、白山、霍山、医无、闾山、蒋山、松江、会稽山、钱塘江、先农，凡四十四神"。泰始元年（265），武帝司马炎诏令："昔圣帝明王修五岳四渎名山川泽各有定制，所以报阴阳之功故也。然以道莅天下者，其鬼不神，其神不伤人。故祝史荐而无愧辞，是以其人敬慎幽冥而淫祀不作。末世信道不笃，僭礼黩神，纵欲祈请，曾不敬而远之，徒偷以求幸，妖妄相煽，舍正为邪，故魏朝疾之。其按旧礼，具为之制，使功著于人者，必有其报，而妖淫之鬼不乱其间。"

许多学者都以为魏晋南朝北朝时期的文化以相对高度的自觉性而表现出成熟的品格，从局部来讲，这是有道理的。特别是江陵、会稽一带和建康等重要城都，经济和文化得到发展，庙会以两种层次体现出信仰意义：一是士族、豪门和上层统治者中间，广造佛寺；二是下层人民中间，继续保持传统的民间信仰，以淫祀为重要内容。如梁朝皇帝就曾以佛装点门面，表示自己如何节俭。又如统治者曾下令不准中下层人民崇信佛。特别是当时的政治经济制度、宗法制度、士族门阀制度，对下层人民的压迫日益加重，民间信仰被强烈扭曲。保存这一时期民间文化的典籍，南方以宗懔的《荆楚岁时记》为代表，北方以杨衒之的《洛阳伽蓝记》为代表，其他如干宝的《搜神记》、葛洪《抱朴子》、张华《博物志》，包括一些文赋等，从不同的方面反映了这些情况。①

　　与汉代相比，魏晋南北朝时期在谶纬、符瑞方面继续保持，而在占卜、占候、风水、淫祀和民间宗教信仰的普及等方面得到突破性发展。这是有着深厚的思想文化基础和复杂的社会现实背景的。举凡三国时期，刘备、袁绍、曹丕等人，都曾大肆运用谶纬做文章，在东晋刘宋，《宋书》所列《符瑞志》《五行志》竟长达八卷。麒麟、黄龙、凤凰、灵龟、龙马、白象、白狐、白鹿、白虎、白狼、赤雀、银麕、嘉禾、嘉瓜、嘉莲等符瑞层出不穷，充斥于主流文化，同样也遍布于民间信仰之中，成为庙会文化的重要内容。北魏王朝广泛祭祀皇天、上帝、祖先、山神，仅魏文帝之前所设的祭祀场所就有 1 075 处，每年用祭的牲畜达 7.75 万头。刘宋王朝大力提倡佛教，意图自然在于"使率土之滨皆纯此化，则吾坐致太平"②。梁武帝更是以佛化治国，多次舍身事佛，他曾经组织大量人力进行佛教经典的翻译与整理，如我国民间文学史上著名的《经律异相》，就是他让宝唱和尚领人完成的。③ 北魏太武帝"崇奉天师，立道坛"，"自后诸帝即位，皆如之"。葛洪、寇谦之等人利用统治者的权势，改革民间道教，深受统治者重用。自然灾害和战争、豪强压迫等

---

　　① 如杨衒之《洛阳伽蓝记》卷一《长秋寺》所记"四月四日之事"载："此象常出，辟邪狮子导引其前；吞刀吐火，腾骧一面；彩幢上索，诡谲不常。奇伎异服，冠于都市。"其《景乐寺》载："至于大斋，常设女乐；歌声绕梁，舞袖徐转，丝管寥亮，借妙如神。"其实这应该是早期庙会中崇佛情景的具体表现；这与普通的佛教法事是不一样的。但我们看到，后来的许多庙会都承传了这些具有特殊意蕴的歌舞形式，尤其是洛阳地区的民间庙会，至今仍然保存了这些内容。这绝不是偶然的。

　　② 见《弘明集》卷十一《答宋文帝赞扬佛教事》。

　　③ 见《南史·梁武帝传》等。关于《经律异相》，见高有鹏：《中国民间文学史》，河南大学出版社 2001 年版。

因素，加之宗教徒的招摇撞骗、统治者对社会的愚民政治，这一时期出现了烟雾弥漫的神道氛围。庙会不但没能医治人民心灵的创伤，反而更深地毒化人民、毒害人民。诚如范缜所说，"浮屠害政，桑门蠹俗，风惊雾起，驰荡不休"。① 范缜是当时杰出的唯物论哲学家，因抨击佛、道给社会带来的危害，揭露其丑恶实质，而屡遭劫难。

社会的黑暗、贫穷、愚昧，成为庙会文化极其可悲的内容。其实，庙会作为民间信仰，其存在、持续和发展，总是和特定的历史条件、文化氛围联系在一起的。民间百姓面对社会现实中的种种黑暗、罪恶，无处诉说，只能向虚幻的神灵倾诉。庙会既是他们狂欢的场合，是展示才艺、赏心悦目的机会，又是他们宣泄的盛会，他们借助于敬奉神灵的机会，尽情表达自己的苦痛。只有在这里，所有的言论和行为才是无拘无束的，都是合法的，人们的一切权利与意志都受到神灵"法"的保护而获得充分的自由。同时，我们也看到，佛寺选择了名山大川，占尽天下美丽的风光——庙会与旅游相结合，使得庙会文化的功能更加丰富。对于神仙世界的向往，沿袭了往日的黄老文化，而更重要的是民间庙会成为民间百姓的"运动会"，每一次庙会都成为他们身心锻炼的最佳场所。由此，我们便不难想象庙会为何千百年来长盛不衰，深得人心！

魏晋南北朝特有的社会背景，形成了其庙会特色，对后世的影响是深远的。这是我国庙会文化发展的重要转折时期，从此，庙会文化不再是秦汉之前为统治者所独有的祭祀天地神灵的权利；文化繁荣，文化多元，民间庙会具有了更

---

① 见《梁书》卷四十八《范缜传》。

加丰富的功能，也使得民间百姓获得了更加广泛的文化权利，庙会因而具有了更加鲜明的风俗风物方面的特色。从许多方志典籍上我们可以看到这种特色。《荆楚岁时记》曾提到"四月八日，诸寺各诗会，香汤浴沸，共作龙华会，以为弥勒下生之征也"，即佛诞庙会。这段记述成为我们所见到的较早的"龙华会"文献；佛诞庙会到民国时期也一直未断，屡见于各种民间文化的文献中。

四　隋唐时期的庙会

隋与唐的文化统治选择了汉王朝的政治策略，特别是唐王朝以儒学为重要基础，汲取战国时代就已经成熟发展的古典文化思想体系的精髓。他们是开放的，任凭咸阳街头胡音缭绕。而他们又是封闭的，一方面对于党争采取无情打击，控制舆论，一方面实行城坊制，宵禁便具有相当复杂的意义。所以，民间文化在这一时期表现出两种景象，在政治、文化的中心，都市民间文化被主流政治牢牢控制，一切都循规蹈矩；在远离都城的乡野，民间文化相对自由自在的发展。后来的石刻（碑刻）与敦煌文献等材料中充分体现出这些内容。

隋唐时期，结束了魏晋南北朝长期分裂的局面，在文化建设上，统治者和历代王朝一样继续施行愚民手段。隋王朝抛弃谶纬，崇信佛教，如隋文帝就曾在开皇元年（581）诏令"重兴佛教""俱发菩提，共修福业"，"有毁佛天尊像者，以大逆不道论"。其时，"大度僧尼，将三十万，崇葺寺宇，向有五千。翻译道俗二十四人，所出经论垂五百卷"。①一方面是经济的繁荣，人民安居乐业，另一方面是统治者以身示众，大力提倡兴佛，崇佛庙会大繁盛。《隋书·柳彧传》曾描述当时的庙会中各种各样民间文艺演出情景："都邑百姓，每至正月十五日，作角抵之戏，递相夸竞，至于糜财费力"，"京邑爰及外州，每以正月望夜，充街塞陌，聚戏朋游。鸣鼓聒灭，燎炬照地；人戴兽面，男为女服，倡优杂技，诡状异形。以秽嫚为欢娱，用鄙亵为笑乐，内外共观，曾不相避；高棚跨路，广幕凌云，袨服靓妆，车马填噎。"由此可见这一历史时期庙会文化的灿烂景观。又如，大业三年（608），隋炀帝发敕度千僧，自称菩萨弟子，这在事实上促进了民间庙会对于佛教文化的尊崇。这与《隋书·高祖纪》所载"冯翊般若寺，紫气充庭"，杨坚"头上角出，遍体麟起""有文在手曰'王'"等五花八门的造龙造神现象，其实质是一致的。历代统治者都非常重视对于民间文化的文化渗透，不遗余力地鼓吹君权神授，这在事实上形成了对于全社会的相对稳定，也促进了民间文化的繁荣；他们梦寐以求的是通过神权巩固政权，通过愚弄民间百姓达到社会稳定，但到底还是不能挽救自己的灭亡。

唐以隋为戒，戒的不是其隋所宣扬的愚昧政治，而是更大力气地宣扬天命神授。唐王朝的主流文化以道教文化为首，以儒教文化大一统排斥谶纬，进一步改造利用佛教，形成新的神权系统，并贯彻在庙会等民间信仰中。唐高祖曾排定道先—儒次—佛再次的宗教秩序，这种传统为后世唐王朝

---

① 见《佛祖历代通览》卷十一。隋代非常注重对于我国古代经典的整理，从《隋书·经籍志》可以看到这些内容。应该说，政府的倡导更加直接地推进了民间庙会文化的发展。

统治者所坚持，他们结合民间信仰，不断改造、发展。统治者意在利用文化包括宗教文化和世俗文化来形成强有力的神权统治，他们自己并非是像有些学者讲的那样"同样愚昧"，而是一切为了"拿来"，为其所用。佛文化与道文化存在着矛盾冲突，而隋唐统治者需要佛时就用佛，需要道时即用道。如当年隋文帝曾大力倡扬佛教，而他于开皇九年（589）修建新都城时，曾"造观三十六所，名曰玄坛，度道士二千人"；仁寿四年（604）隋炀帝迁都洛阳，"造观二十四所，度道士一千一百人"。[①] 唐统治者则以道教为尊，追奉李耳为祖宗。高祖、太宗、睿宗、玄宗、代宗、武宗、僖宗等，都敬奉玄元皇帝，甚至令自己的子女为道士，举国谣言四起，道士们纷纷代太上老君言，弄神弄鬼，到处封仙封神，广造庙宇，符、箓、斋醮，极其普遍。民间文化包括民间庙会在这种氛围中表现出又一种气象。

唐代佛教文化继承了南北朝的佛教文化及其思想流派，建立僧侣世袭制度，形成天台宗、法相宗（唯识宗）、华严宗、禅宗、密宗、净土宗（白莲宗）等新的思想流派。在唐文宗时，寺院有四万之多，僧尼约有七十余万。玄奘取经，即受唐王朝大力支持、宣扬。武则天曾指使僧人伪造《大云经》，封法藏"贤首国师"，在龙门让人为她刻佛像。可见他们并无诚意，而是以宗教为幌子，利用宗教改变民间信仰中健康的成分，麻醉人民才是其实质。他们非常清楚民间文化的导向及其作用。《新唐书·狄仁杰传》："吴楚俗多淫祠，仁杰禁止，凡毁千百房，止留夏禹、吴太伯、季札、伍员四祠而已。"从中可窥见民间信仰中神鬼之风浓郁。唐王

---

① 见《道藏》，文物出版社 1988 年版，第 1402 页。

朝统治者将道教文化推向鼎盛，又大力扶植佛教文化，对当世和后世的民间信仰，特别是民间庙会的崇祀内容都有很重要的影响作用。

今天的民间庙会中，在许多地方还可以看到大量唐王朝祀神装神的碑文。也正因为唐代碑文中关于庙会的内容相当多，所以有许多学者宣称自唐代以来才有庙会。

对于唐代民间文化资料的保存，主要有韩鄂的《四时纂要》①、张鷟的《朝野金载》和段成式的《酉阳杂俎》等，包括后世的《岁时广记》，都不同程度地保存了这一时期民间庙会的内容，我们可从中管窥当时庙会庙市和庙制状况。

如《岁时广记》"游蜀江"追述：

> 杜氏《壶中赘录》：蜀中风俗，旧以二月二日为踏青节。都人士女络绎游赏，缇幕歌酒，散在四郊。……于是日，自万里桥，以锦绣器皿结彩舫十数只，郡僚属官分乘之。妓乐数船，歌吹前导，名曰游江。于是都人士女骈于八九里间，纵观如堵，抵宝历寺桥出，宴于寺内。寺前创一蚕市，纵民交易，嬉游乐饮，倍于往岁，薄暮方回。

这里详细追溯了唐代春日庙会和庙市的情形。同时，它还详细记载了许多社日，如，立社稷、祀社稷、举社稷、配社稷、祠社神、祭稷神与五帝神、成周社、西汉社、后汉社、魏国社、两晋社、南朝社、北朝社、隋朝社、唐朝社、天子社、王者社、诸侯社、大夫社、州县社、春秋社、建西

---

① 《四时纂要》早佚，1960 年在日本发现朝鲜 1590 年刊本；1961 年日本山本书店影印出版。

社、结综社、鸡豚社等具体内容。另外还有围绕着社日的求丰年、治聋酒、造环饼、做傲饼、赐社饭、送社糕、宰社肉、杀社猪、赎社债、喷社酒、饮社钱、罢社祭、值社会、降社雨、种社瓜、放社假、乞社语、乞聪明、饮神酒等,详细记载了民间庙会及其相关的信仰习俗。

又如段成式《酉阳杂俎·前集》卷九《盗侠》:

> 韩晋公在浙西时,瓦官寺因商人无遮斋,众中有一年少请弄阁,乃投盖而上,单练鬌履膜皮,猿挂鸟跂,捷若神鬼。复建瓴水于结脊下,先溜至檐,空一足,欹身承其溜焉。睹者无不毛戴。

这里不但记载了无遮斋是商人主持的庙会,而且很详细地记载了庙会上的杂技表演。

唐代庙会的文献记载材料尤其多,有这样几种原因:

其一,唐代有相当长的一段时间社会稳定、经济和文化生活繁荣,庙会得到兴盛,广布于市井和民间乡野;

其二,唐代文人视野相对开阔,思维活跃,关注社会生活的各个方面,对不同地区的民风民俗表现出浓郁的兴趣,游记和杂记渐渐成为一种文化时尚,庙会的记录比较详细;

其三,庙会在某种程度上成为地方人民生活中的重要内容,比这之前的庙会规模更大,内容更丰富;而统治者的倡导,是更重要的一个原因。

庙会是以具体的信仰表现出来的,但它在发展中,又与政治、经济、文化等社会因素相伴相生。在社会的各个形态发展过程中,都存在着一个从低级到高级的渐进性,庙会也是一样。在唐代社会,庙会经过了漫长的发展和演变,在祭祀神灵的礼仪和娱神艺术、贸易对庙会的固定作用和促进作用等方面，都表现出成熟的内质。这样，无论是在城市还是在乡村，庙会都得到充足的发展。如，《太平广记》卷四一《黑叟》所载：

> 唐宝应中，越州观察使皇甫政妻陆氏，有姿容而无子息。州有宝林寺，中有魔母神堂，越中士女求男女者，必报验焉。政……祈一男……两月余，妻孕，果生男，政大喜，构堂三间……政设大斋，富商来集。政又择日，率军吏州民，大陈伎乐……百万之众，鼎沸惊闹……

又如《彭州新置唐昌县建德草市歇马亭镇并天王院集记》所载，在一处偏僻的地区，德州刺史设置草市后，地方商贾云集，很快发达起来，"复置灵岩、报恩院，修北方天王及侍从"，"又度僧主持，行道无虚日"，庙会更加兴旺起来。①

从更多的文献中，尤其是后世发现的敦煌文献，可知庙会在唐代后期不但扩大了庙寺道观规模，而且与许多固有的民间节日更紧密地联系起来，这种相混相生的现象使庙会更稳固。庙会成为地方性的节日，正基于此。在今天仍然可以看到这种习俗的广泛存在，许多人家，在庙会期间宴请宾客，请亲串友，其乐无比。

另外，唐代长安等城市在国际上享有盛誉，中外交流，将西域甚至更为遥远的国家和民族的文化艺术引进来，也影响到庙会的发展。在今天许多唐代寺庙等宗教建筑上，可看到这方面的痕迹。关于这一点，我们许多城市建筑史学的学

① 见《文苑英华》卷八〇八。

者有更深入的研究。

庙会歌舞因为多种文化的交流，更为生动，使庙会更加吸引民众。由此循环往复，祭祀信仰与文化艺术、经济贸易相互影响作用，唐代庙会文化大繁荣就很自然了。也就是说，多个城市中心的出现，尤其是南方文化中心与经济中心的叠加，构成更加广泛的经济生长区域，那么，体现市民阶层文化需求的庙市与庙会的有机结合，便必然形成对于民间文化发展、繁荣的积极推动。同时，我们也可以看到，这种现象是庙会文化发展规律的具体体现。庙会的主体与其说是民间信仰，不如说是整个文化生活。从另一个方面讲，唐代庙会文化的繁荣也是一般文化发展规律的体现。在唐之前，庙会为什么没有这样的景象呢？一是战争的巨大破坏，使庙会失去生存和发展的背景，二是各种文化艺术的发展还很单纯、薄弱。犹如诸子散文只有在战国时代才能那样繁盛，赋在汉代才成为代表一个时代的艺术高峰，庙会文化是时代的需要，只有在唐代，才出现这样的大繁荣。它对于宋代的庙会文化给予了重要的影响，特别是庙市的发展，更久远地影响到后世庙会的形态变化。庙会因为商贾而更加广大地吸引民众，产生更大影响，商贾影响了文化艺术的发展，文化艺术的发展使庙会更具魅力。这也是唐代庙会文化的一个重要特征。

五　宋代庙会文化

宋是一个相当特殊的时代。文治是其基本国策，民间文化自然出现异常繁荣的现象。在某种意义上说，文化宣泄形成全社会的自我宽慰，文化秩序不但没有混乱，而且更加稳固，应该说，这是我国文化发展史上一个少见的阶段。

宋代庙会文化在唐代的基础上得到更进一步的发展，出现了又一次大繁荣。从《东京梦华录》《梦粱录》《武林旧事》《都城纪胜》《繁盛录》《东坡志林》《东斋记事》《春明退潮录》《游宦纪闻》《旧闻证误》等文献，以及碑文、石刻和一些作家笔下的诗文中，可以更详细地看到宋代庙会文化发展的繁荣景象。

宋代民间文化以南渡为界线，分为两个阶段。其中，由于历史上的战乱多集中在黄河中下游地段的中原地区，南方相对稳定，所以庙会以江南地区较为繁盛，乡村与中小城镇的民间庙会在文献记述中也异常丰富；① 尤其庙会中崇佛内容非常突出，在相当广泛的意义上是历史的传承。与唐代相比，特别是经过了唐武宗灭佛等社会事件之后，失去了佛的鼎盛局面，但佛教仍然有广泛影响。在宋真宗时，天禧末年（1021）全国寺院四万所，僧徒四十万，僧尼六万之多，道教仍然受到重视。宋徽宗笃信道教，诏求天下道书，编修《万寿道藏》和《道史》。道教神仙崇拜更系统化更丰富化表现在民间庙会中，并与佛相交融。这一时期的统治者和唐代统治者一样，非常重视利用庙会来造神，恐吓、欺骗人民。

宋代开封作为全国的政治、文化中心，庙会活动颇为繁密。以孟元老的《东京梦华录》为例，我们可以看到宋代庙

---

① 如洪迈《夷坚丁志》卷十九载："大江以南地多山，而俗机鬼。其神怪甚诡异，多依岩石、树木为丛祠，村村有之。二浙、江东曰五通，江西、闽中曰木下三郎，又曰木客；一足者曰独角五通。名虽不一，其实则一……变幻妖惑，大抵与北方狐魅相似。"祠即庙会；可见乡村庙会的旺盛。

会的一斑。在某种程度上讲，开封是当时全国的缩影。如
《东京梦华录·序》曰：

> 太平日久，人物繁阜。垂髫之童，但习鼓舞；班
> 白之老，不识干戈。时节相次，各有观赏：灯宵月夕，
> 雪际花时，乞巧登高，教池游苑。举目则青楼画阁，
> 绣户珠帘。雕车竞驻于天街，宝马争驰于御路。金翠
> 耀日，罗绮飘香。新声巧笑于柳陌花衢，按管调弦于
> 茶坊酒肆。八荒争凑，万国咸通。集四海之珍奇，皆
> 归市易；会寰区之异味，悉在庖厨。花光满路，何限
> 春游；箫鼓喧空，几家夜宴。伎巧则惊人耳目，侈奢
> 则长人精神。

开封的社会生活成为全国的典型。当时的大相国寺中的
盛会，和全国星罗棋布的巫神小庙庙会联成一片，可描绘出
一幅如繁花锦簇的庙会图。

孟元老详细描写了大相国寺庙会每月五次开放"殿庭供
献乐部马队之类"的情景，如卷六所载正月十六日的献乐：
"大殿前设乐棚，诸军作乐……直至达旦。其余宫观寺院，
皆放百姓烧香，如开宝、景德大佛寺等处，皆有乐棚，作乐
燃灯。"

更为可贵的是，孟元老不但描写了都市庙会，而且详细
描写了民间庙会在神庙露台上的演出。如《东京梦华录》卷
八《二十四日神保观神生日》载：

> 天晓，诸司及诸行百姓献送甚多，其社火呈于露台
> 之上。所献之物，动以万数。自早呈拽百戏，如上竿、

跃弄、跳索、相扑、鼓板、小唱、斗鸡、说诨话、杂扮、商谜、合笙、乔筋骨、乔相扑、浪子杂剧、叫果子、学像生（相声）、倬刀装鬼、研鼓、牌棒、道术之类，色色有之，至暮呈拽不尽。

从这里可以看出，民间文艺中的曲艺在庙会中起到助兴作用。开封商贾众多，市民阶层的审美趣味影响着庙会中民间艺术的发展，商贸、艺术、信仰、游乐四者融为一体，这成为宋代庙会的一个特色。

民间庙会与民间社火有着密不可分的联系，往往在庙会中以社火为娱神的基本手段。社日早在先秦就广泛存在，是祭祀土地社稷神的一种特殊的庙会，在汉代之后，改变了以往只在春天祭祀的习俗，发展为一年两祭，秋社和春社成为民间文化中的重要内容。由陈元靓《岁时广记》卷十四《社日》条载可知，宋代以立春后第五个戊日为春社，以立秋后第五个戊日为秋社。汪应辰在《石林燕语辨》卷五《辨醵钱为赛神会》条中说，"京师百司胥吏，每至秋，必醵钱为赛神会"。

宋代社火在庙会中的助兴，我们可从《梦粱录》《都城纪胜》《武林旧事》等书中的"社会"一节中更详细地看到。如《梦粱录》卷十九《社会》载：

> 二月初三日，梓潼帝君诞辰，川蜀仕宦之人，就观建会。三月二十八日，东岳诞辰。四月初六日，城隍诞辰。二月初八日，霍山张真君圣诞。四月初八日，诸社朝五显王庆佛会。九月二十九日，五王诞辰。每遇神圣诞日，诸行市户，俱有社会迎献不一。

社火不仅在庙会中有，平时喜庆节日也有。如每年的元宵节等，都以社火助兴。社火和固定的神戏，共同构成了庙会中民间文艺的基本内容。社火和神戏一样，是庙会吸引百姓的重要手段，也是人们敬神娱神媚神悦己的基本方法。社火是流动在街巷中的民间艺术，神戏则一般固定在神庙对面的戏台上。在庙会中，人们敬仰神灵、祈福禳灾，这只是一个方面；更重要的一个方面在于愉悦身心，通过观赏社火和神戏，放松自己的神经。值得注意的是，《梦粱录》等典籍中的"社会"部分，不但描述了民间庙会中的社火演出情景，而且保存了庙会的基本组织诸如香火社、鼓乐社等重要的民俗资料，为我们研究庙会史、文化史、社会史，提供了难得的方便。此外，如苏轼《浣溪沙》中所举"老幼扶携收麦社，乌鸢翔舞赛神村"等内容，可以想象宋代庙会之盛之繁的景象，体会宋代庙会更复杂的意义。

民间庙会是社会风尚的集中体现，这与当朝统治者的提倡分不开。宋代皇帝有意提倡民间文化的繁荣。宋徽宗就曾在每年元宵之夜和民间百姓一起娱乐，《东京梦华录》就记述了这些。宋代庙会的空前繁荣，除了表现在民间戏曲的活跃，诸如瓦舍勾栏、百戏演出，还表现在大量修建名祠方面。所谓名祠，即为当代的名人建祠，这与宋代格外尊奉城隍神庙的文化政策是一体的。[1] 为当世名人立庙祀，并举行迎神庙会，这既是愚弄人民更为绝妙的手段，又是保持社会稳定的有效方式。我国古代庙会文化类型有许多这种内容的

---

[1]　见陆游《渭南文集》卷十七《宁德县重修城隍庙记》："至今世尤谨，守令谒见，（城隍）其仅在他神祠之上。社稷虽尊，特以会式从事，至祈禳报赛，独城隍而已。"

庙会，如赵与时《宾退录》卷八：

> 其祠几遍天下，朝家或锡庙额，或颁封爵。未命
> 者，或袭邻郡之称，或承流俗所传，郡异而县不同。至
> 于神之姓名，则又迁就附会，各指一人，神何言哉！

又如高登所言有功德于朝者均可享祀的现象，"施于民，
一也；以死勤事，二也；以劳定国，三也；能捍大患，四
也；能御大灾，五也。五者有一于此，则载之祀典"①。这
种政策引导着庙会文化。如岳飞庙，在宋代即有，流传后
世，影响广大。人们敬爱功德之人，从另一方面讲，这也体
现出庙会文化的功能特征，如《会稽志》卷六曾载，在宋仁
宗时，有个叫胡则的官员，因为上书奏免衢州、婺州百姓的
身丁钱，受到人民尊戴，人民尊称其"胡公"；这两个州竟
有数十处庙祀。

宋代庙会对后世的影响是巨大的。这不仅表现在神灵系
统上，而且表现在庙会与庙市的有机结合、社火中的民间艺
术的精湛技艺等各种民间文化对后世的启发。特别是在今天
的黄河中下游地区，河南、山西等地，宋代的神庙及其相关
的碑石、戏台（戏楼），仍然完好地保存着。这为了解宋代
庙会文化留下了许多活的"标本"——许多神庙的庙会一直
在举行着；每年固定日期内，迎神、赛神、祭祀活动都保持
着质朴的风格。特别是庙会中的各种香火灶、鼓乐社的值日
制度，都活生生地存在着。可见宋代庙会文化的影响之
深远。

① 见《高东溪集》卷下《东馆庙记》。

六　元代庙会文化

　　元代（包括金在内）庙会文化，一方面保持着宋代庙会的基本形制，如所祭的神灵仍然不变，另一方面，因为社会政治因素、历史文化因素和民族关系的因素，庙会文化呈现出新的特征。诸如元杂剧，就和元代庙会文化分不开。元代社会关系和民族关系的复杂化，对庙会文化都有着直接的影响和作用。

　　元代庙会文化是元代民间文化的一部分，其记录和保存的文献在典籍中颇不多见，更多地保存在有关元代文化的神庙碑石、墓葬石刻等材料中。陶宗仪的《南村辍耕录》和熊梦祥《析津志》等著述，有关于庙会的零星记述，为研究元代庙会提供了方便。值得说明的是，道教的全真道这时在北方达到鼎盛，如元好问所记："南际淮，北至朔漠，西向秦，东向海，山林城市，庐舍相望，什百为偶，甲乙授受，牢不可破。"① 所以，丘处机声称"千年以来，道门开辟，未有如今日之盛"②，可见道教信仰之盛，而此亦可以管窥道教庙会之多。如祥迈《至元辨伪录》卷四所记，其时"毁夫子庙、毁佛像，占梵刹四百八十二所"。佛教也不相让，元宣政院至元二十八年（1291）计有寺院达 24 318 所，僧尼21 148 人之多。更不用说京城内外所建的护国寺、圣寿寺、殊禅寺等皇家寺庙。元代神庙在非宗教信仰中的比例则相对

---

① 见《元遗山集》卷三五《紫微观记》。
② 见（元）尹志平《北游语录》卷一。

较少，如骆天骧《类编长安志》所注录祠庙，有周代文王庙、武王庙、成王庙、康王庙，秦代有秦始皇庙，汉代有高祖庙、惠帝庙、文帝庙、景帝庙、武帝庙、昭帝庙、宣帝庙、元帝庙、成帝庙，唐代有高祖庙、太宗庙、肃宗庙、宣宗庙等，其他像四皓、介子推、萧何、郭子仪、寇准等历史人物庙，以及伏羲、神农、黄帝和土地等神灵的庙宇。比起道教、佛教的庙宇要少得多。

关于金、元代庙会的具体情况，我们从一些文献中可观其一二。如元好问《叶县中岳庙记》中所说：

> 吾尝见夫世俗之所事神者矣！崇祠宇，严像设，封羊豕，具仪卫，巫觋倡优，杂陈而前。拜跪甚劳，迎送甚勤，求神之所以望于人者，无有也。

由此可见庙会中的"羊豕"祭牲，"巫"的活跃，以及"拜跪""迎送"的繁缛。

我们在民间庙会的考察中常常看到这样的现象，即元代包括金代庙会的戏台、碑石等材料，多集中在黄河中下游地区的河南、山西、河北等地。在黄河中上游地区，直到整个长江流域，这些材料的保存则较少。那么，这是否与金元统治者的辖地有关系呢？尽管他们也曾经达到黄河流域之外的广大地区。

就目前而言，山西在元代神庙保存方面居全国之首。如临汾魏村牛王庙、东羊村东岳庙，翼城武池村乔泽庙、曹公村四圣宫，永济董村三郎庙，万荣县西景村岱岳庙，芮城永乐宫等，密密麻麻，遍布山西城乡。其中，有许多神庙至今保持着庙会。

山西省洪洞县霍山水神庙"明应王庙"有元至元二十年（1283）的《重修明应王庙碑》及延祐六年（1319）的《重修明应王殿之碑》，庙今仍保存。庙的四壁都有绘画，南壁为《北霍渠彩绘东壁记》《南霍渠彩绘西壁记》和《忠都秀作场》，题记为"泰定元年"，西壁为《祈雨图》，东壁为《行雨图》。有学者以为《忠都秀作场》壁画是"在戏台上的演出情景"[1]。

此存元祐六年碑刊文中载：

> 每岁三月中旬八日，居民以令节为期，适当群卉含英，彝伦攸叙时也。远而城镇，近而村落，贵者以轮蹄，下者以杖屦，挈妻子、舆老赢而至者，可胜既哉！争以酒肴香纸，聊答神惠。而两渠资助乐艺牲币献礼，相与娱乐数日，极其厌饫，而后顾瞻恋恋犹忘归也。

由此可管窥当时庙会的演出及其与元杂剧等艺术的联系，这是元代庙会文化中一个非常典型的事例。

七　明清时期的庙会

明代社会，庙会与朱明王朝的政治措施的联结更为紧密。洪武皇帝出身社会下层，深知如何利用愚昧的风尚，在造神方面，超过历代君王。明代的礼制规定得更繁密，皇家

的大事要告庙，发生战争、营造房屋、自然灾害时，都要敬祀神庙。[①] 据《续文献通考·郊祀三》所载明代帝王亲郊活动，可知明王朝近三百年的统治岁月中，亲郊总数有172次，这比汉武帝到宋代的三年一次要多出许多（达三年两次）。其中，明太祖在位31年，亲郊30次；明惠帝在位4年，亲郊3次；明成祖在位22年，亲郊17次；明宣宗在位10年，亲郊9次；明宪宗在位23年，亲郊23次；明孝宗在位18年，亲郊18次。在明代之前，加封祠神崇号由王及帝，地位甚高，明太祖对此表示："岳镇海渎之封，起自唐宋。夫英灵之气，萃而为神，必受命于上帝，岂国家封号所可加？渎礼不经，莫此为甚！今依古定制，并去前代所封名号！"他刻意造成浓重的神权氛围。举凡今日一些忠臣庙会碑石，最普遍的诸如关帝庙、岳飞庙等庙会，都和明代敕封神号有关。其目的就在于用庙会文化束缚人民，诚如朱元璋对人所讲，他要"使民有所惧"。明王朝鼓励举国皆祀，在民间广造传说，这和汉光武帝的把戏一样。直到今天，我们在许多兴起庙会的地方还能听到明太祖逃难得神相助（其情节与王莽赶刘秀的情节相仿）的传说，更不用举庙会"功德碑"所载的有明一代所兴庙会之多之广！明王朝不但广泛兴起宗教庙会，如河南浚县的碧霞元君庙庙会、吕祖祠庙会和洛阳关林庙会，而且十分重视对中国原始诸神庙会的兴起，如河南淮阳的太昊伏羲陵庙会等，都是为了从灵魂深处统治人民、驯服人民。

特别是城隍庙会，从各地的庙会碑文可知，以明代最盛。究其由，都是统治者大力提倡的结果。

---

① 参见《明史·礼志三》。

《续文献通考·群祀考》卷三载:

> 明洪武二年正月封京都及天下城隍。
>
> 帝谓中书及礼官曰:"城隍神历代所祀,宜新封爵。""遂封京都城隍为承天鉴国司民升福明灵王,开封为显圣王……秩正一品。其余府为鉴察司民城隍威灵公,秩正二品。州为灵佑侯,秩三品。县为显佑伯,秩四品。"

洪武三年(1370),朱元璋下令各级官府以其衙门规模造城隍庙。城隍庙会成为地方官民共同参与的大型庙会,明清之时,影响最广大。

明代的手工业得到高度发展,对于庙会中的贸易给予有力影响。一方面,手工业产品的繁多,使庙会的市场更加兴旺,从而使庙会的主持者有更多的财力去促进庙会的文化发展。市民阶层的崛起、工商阶层对庙会文化的改造和传播,使庙会成滚雪球状逐渐增大影响。另一方面,手工业者和商人自发组织成行会,大量兴起"会馆""公所",使庙会更具有秩序性,同时,也为庙会文化的繁荣注入充分的活力,使庙会不断得到生机。尤其是城镇庙会对城镇的发展,起到积极的促进作用,各寺庙道宫观台,纷纷举办庙会,形成地区性富有个性特征的庙会群。陕西、山西、湖南、湖北和广东、广西的商人,利用会馆积极参与各城镇的庙会,使明代庙会出现了全国性的大繁荣景象。这在庙会史上是一个很重要的时期,它总结了历史上庙会文化的基本内容,开拓了许多新领域,对后世的庙会形成不可替代的影响。事实上,现在许多庙会都是沿袭明代庙会的基本礼制。

清代庙会继承了明代庙会的基本内容。

据有关学者对乾隆时期北京地区庙会的统计，各种庙宇共计 1 300 多所，黄帝庙 116 所，观音庙 108 所，土地庙和真武庙都在 50 所左右，其他神庙诸如火神庙、龙王庙、玉皇庙、五圣庙、天仙庙、三官庙、地藏菩萨庙等庙宇，各有 30 所左右。① 清末仅昆明一地，庙宇达 80 多所。② 城乡之间，遍布庙会。书目文献出版社 1989 年出版的《中国地方志民俗资料汇编》，收举"庙会"，所列清代方志，几乎每一地都有庙会的记录，有相当多的地区还形成了颇具规模的庙会群。一些方志的编纂者还颇有识底，对庙会类叙夹议，行文相当生动。如嘉庆本《浚县志》在总结南北庙会的不同风格时说："南人好佛，北人好仙，自昔皆然。"清代是民间庙会记录最详细的一个时期，从这里，我们也可以看到清代庙会的极盛局面。

清代庙会无论是世俗性质的还是宗教性质的，与明代庙会相差无几。特别是在庙会的祭礼仪式方面，其成分更为复杂。有清数百年的发展历史，其前期是经济昌盛、文化繁荣、社会稳定的，作为文化一部分的庙会，得到了充足发展的机会。南北交通相对发达，商业贸易促进了庙会的繁荣，再加上统治者特别是中下层统治者对庙会的有效倡导，使庙会成为地方性文化思想的重要阵地——借以宣传忠孝伦理观念，道教文化所宣扬的无为观念，佛教文化所宣扬的来世享乐观念，都极大地影响着人民群众的精神世界。从繁荣的京师到偏僻的乡村，庙会都热火朝天，成为广大民众精神生活的重要内容。一些大型民间庙会得到详细记录，成为我们研

---

① 参见马书田《华夏诸神》，燕山出版社 1990 年版，第 117 页。
② 见《新纂云南通志》卷一一二。

究清代庙会文化的重要凭据。如，北京妙峰山庙会，河南登封中岳庙会等，不但有丰富的碑文记载，而且有形形色色的庙会图。北京妙峰山庙会，清人在《天咫偶闻》中称"京北妙峰山香火之盛闻天下"，有无名氏绘制《妙峰山进香图》，今存于中国历史博物馆。《妙峰山进香图》工笔淡彩，描绘了春日庙会的图景，内中有以道教为主杂以佛寺的庙宇群，攀援山道的进香者沿途祀祠，朝顶"环畿三百里间，奔走络绎，方轨叠迹，日夜不止"的盛况，以山脚下村庄为中心的民间艺术等娱人娱神、商品贸易、赌博之类的活动。在图中，"天仙圣母碧霞元君祠"特别醒目，关帝庙、喜神庙、观音庙等庙宇与之相配，上上下下，构成庙会中神庙分布的主体。图中的香客姿态万千，有官吏，更多的是乡民、商贩，也有许多艺人和乞丐。多数人只到中途的与碧霞宫相对的左侧的"灵官殿"焚香。人群中的旗、幡、锣鼓、唢呐等会社开道而行，其他如山脚下涧沟村的茶棚、茶摊、戏班、杂耍、撑杆等，共同构成庙会全景。特别是我们能辨别出的"开路老会""秧歌老会"和"朝顶进香""朝贺进香"及香袋上的"丁亥年制"字样，更具有研究价值。河南登封中岳庙会，以庙会图形式所做的记录更早。清初学者景日昣在其《嵩岳庙史》中收进所绘图。图中可以看到从远山而来的人群，至中岳庙途中的小城堡上，高高飘扬着三角旗，香客们或步行，或骑马，或推车而行。庙院周围的旗杆、牌楼，各类"行""肆"，如"农器行""铁器行""针行""帽行""粉行""扇行""药行""油行""布行"和"故衣行"等，显示出中原庙会特有的景致。这两幅庙会图是清代庙会城、乡庙会的典型，从不同方面反映了我国清代庙会的具体特征。

尤其值得一提的是，明清时期的神庙与香火碑在后世保存最多。今天大部分古庙会，包括许多声名显赫的神庙、戏台等祭祀场所，都是这一时期残存下来的。我在许多地方特别是山区考察古庙会时，亲眼看到这些香火碑散布乡野，或者成为农家铺路、垒堰的砖石，或者扔在河边任水流冲洗。

清代是我国历史上最后一个封建王朝，它曾有过励精图治，也曾有过繁荣昌盛，最后，不得不退出政治舞台。民风世情随着国家民族的命运不断发生变化，庙会是这种国情民情的一个缩影。这一时期的庙会，从中我们可以感觉到时代的转折。

民国时期的庙会与清代晚期大致相同，从这一时期大量的地方志，诸如府志、县志，我们可以非常清楚地看到。事实上，民国时期的庙会与清代之前的庙会在实质上没有什么差别，因为社会结构没有发生什么实质性的变化。农耕这一基本社会生产、生活方式直接支配着我国民间庙会的发展变化，农耕社会的各种需要决定了我国民间庙会的类型及其存在状况。当然，科学和民主思想的勃兴，汇聚新的文化潮流，在庙会中也有一些反映，但由于特殊的社会历史背景，它并没有形成社会文化发展的主流。战争，包括军阀混战、民族战争，各种自然灾难，都深深地烙印在我们这个多灾多难的民族的记忆深处，当然在庙会中得到不同形式、不同程度的表现，从而影响着庙会的发展变化及其具体内容的存在。

1949年以后，属于传统文化的庙会，得到了有效的改造。许多庙会被改造成物资交流大会，其中的民间信仰成分得到了一定的清理和引导，应该说，这是卓有成效的。就具体的国情民情和文化发展的实际而言，应该保持庙会，并加以科学地改造和利用。如今在新形势下，发展旅游事业，活跃人民生活，挖掘文化价值资源的古庙会改造和建设活动得到有益发展。如北京、开封、南京、自贡等地兴起各种各样的庙会再造，什么科技庙会、迎新春庙会、祭祀华夏祖先庙会、灯会等，尤其是河南省、陕西省的轩辕黄帝拜祖大典、祭祖大典，海内外华夏儿女云集于斯，既保持了古老的传统文化的有效传承，激发千百万民众昂扬的爱国、爱家乡、爱民族的热情，又活跃了人民群众的文化生活。特别是近年来，全国范围的口头与非物质文化遗产的抢救与保护运动的展开，得到政府与社会各界各阶层的支持与帮助，取得了辉煌成就。其中，许多古庙会被列入国家保护项目。许多地方诸如福建莆田的妈祖庙会、河南淮阳的太昊陵庙会、陕西黄陵的黄帝陵庙会、河北涉县的娲皇宫庙会、山东泰山的东岳庙会、江苏南通的都天庙会、四川成都的青羊宫庙会等，都产生了良好的社会效益和经济效益，有的在国际上产生了很好的影响。我们应该正视民间文化在现代社会以新的形式所表现出的变化，而且，民间文化在任何时候都体现出传承与变异的对立与统一；我们固然要保护，要尽量维持民间文化遗产的生态环境，但是，我们常常抽刀难以断水。从另外一种意义上说，没有社会各界的参与，民间文化作为遗产，作为传统，其命运可能又是一种形式。社会发展包括民间文化内在因素的转化与变异，应该是我们密切关注的内容。庙会是可以作为文化产业进行适度开发的。如果我们过于强调对于民间文化原汁原味的守护，这固然是有十分宝贵的价值意义，而在现实中恐怕是不现实的。因为我们的物质发展还没有达到可以达到的水平，以让我们的社会在当代非常慷慨地解囊。而毋庸置疑，如果所有的庙会都成为一种文化产业时，这同样是一种悲哀。这是一个文化发展的悖论，也是一个社会发展的难题，因为，在历史上，民间文化也不是死水一潭，其变化受多种因素影响作用。特别是各种各样的香火会等民间社会团体，其构成与变化都直接影响民间庙会的存在与发展。诚如人所言，生活之树常青，理论是灰色的。我们只有深入社会发展的实际，在实践中摸索，才能找到研究问题、解决问题更好的办法。

第三章　庙会的基本特征和基本功能

作为社会形态的庙会，标志着某个时代和一定地域的社会特色。在这里，姑且从其民俗的一方面探究其基本特色。庙会在不同的学者眼中，是分属于不同的学科研究对象的。

庙会的基本特征，是它区别于其他社会形态的内在特质，而在不同的时代，我国庙会又具有不同的特质。总的来讲，它具有这样一些一般性的特征。

一　区域性特征

从庙会的起源和嬗变中，我们看到这样一种事实，庙会是以一定的方位优势形成自己的标志的。庙会以庙为中心，是一定地区社会、经济、文化、道德、伦理和各种信仰观念的具体产物，正因为这些内容有别于其他地区，所以，才在这样一个区域内形成这种文化内涵的庙会。我曾经比照河流影响一定区域的现象，把一些民间文化现象影响的范围称做"语域"，以替代"文化圈"的概念，① 在这里仍然可以这样使用。

庙会的区域性特征基于与庙宇有关的一些传说的语域，而影响这特定地域的民间信仰，诸如某城隍彼地人民信仰它，才有彼城的城隍崇拜或城隍会。表面上看，全国各地都有城隍会，而不同的地域范围内，城隍会又有自己十分鲜明的文化内容。州城隍和府城隍，在庙的规格上，又都不同。庙会的具体内容和影响的范围也当然不同。更不用说，陕西

---

① 见高有鹏：《淮阳太昊陵庙会考察报告》，《民间文学研究动态》1985年第3期。

黄帝庙和河南黄帝庙不同，河南女娲庙和越南女娲庙不同，广东、广西、湖南的盘古庙和河南盘古庙不同，山西尧祠和山东尧祠不同，以及各地关帝庙、岳飞庙和泰山庙不同，不同地区的具体的各种社会因素，形成各地不同特色的庙会。

在区域性特征上表现最为突出的是南北庙会，即前《浚县志》（嘉庆本）曾言，"南人好佛，北人好仙"。这种区域性特征的表现，从中可以看到庙会生发机制的诸多具体内容。诸如蝗神庙，包括虸蝻庙、虫王庙、刘猛将军庙等，陈正祥先生曾做出图示，可见其分布主要集中在河南、山东、河北、山西、陕西的沿黄河中下游地区，江南的江浙、四川、云南等地虽然有却很少。① 妈祖庙则多分布在福建、台湾、广东等我国华南省份，江西景德镇虽有，主要为瓷商报恩才有每年的三月三、九月九庙会，而并非华南诸省的海神信仰。

区域性特征是庙会最为显著的特征。除了某种具体神祀的庙会现象外，还表现在庙会密度分布上，如人口稠密的江南地区特别是江浙一带，庙会就多，中原地区人口稠密，庙会也多，而在我国的新疆、青海等地，由于多种因素，庙会就少得多。同时，又由于历史的因素，河南、山东、陕西一带，崇拜我国原始神灵像盘古、女娲、伏羲、黄帝、阏伯、神农、颛顼等，这类庙会分布密集，而江苏、浙江、江西、广东、福建一带，崇拜佛的庙会分布更密集。东北地区尤其是黑龙江地区的北大荒，属于垦区，庙会就几乎没有。内蒙古、宁夏、广西、西藏、新疆等民族地区，庙会的内容和形式更不一样。正是这种不同，庙会在各个地区才具有十分鲜

① 见陈正祥：《中国文化地理》，三联书店1983年版，第52～53页。

明的文化意义，从而形成强有力的凝聚力，使一定地区的人民自觉地理解自己的历史，认识自己，发展自己。

庙会的区域性特征，在很大程度上是与民间信仰心理密切联系在一起的。在很多地方，百姓之所以十分虔诚地崇拜当地庙宇中的神灵，是因为他们把这种神灵当做他们的保护神来崇拜的。妈祖庙（即天后宫）在沿海一带深受敬奉，如福建莆田人民对妈祖的信仰，甚至超过祖先崇拜，这种情况就基于一定的文化理念。在传说中，妈祖常常在风暴中搭救渔民，保护渔民的生命安全，所以，当地人民才这样虔诚地崇奉这位女神。在河南省西华县的女娲城庙会上，不但传说有女娲造人、补天、为人治病等情节，而且有女娲显灵的传说，在土匪偷袭城池时，用神兵退敌，保护女娲城的人民免受劫掠。在河南省新密市的山刘寨刘氏家庙会上，传说刘秀用神兵威慑敌胆，使山刘寨避免了被土匪偷袭的灾难。显灵的传说，在许多庙会上都有。这种现象除了表现当地人民对庙宇中的神灵以保护神的神格敬奉之外，更多的表现在以监护人的神格敬奉，体现出当地人民的道德观念、价值观念和淳朴的理想愿望。如河南淮阳太昊伏羲陵庙会，当地人民把伏羲作为人祖敬奉，如果发生民间纠纷，双方就各自买上香表，到太昊陵发誓，证明自己没有亏良心，若是亏了良心，就让伏羲——人祖爷作证，并降下神威来惩罚谁。又有传说，某妇女不孝顺公婆，伏羲显灵，把这个妇女变成了一头驴子，任人鞭打辱骂。在河南商丘的阏伯台庙会，当地人民把阏伯作为火神敬仰，其中，庙宇的楹联上写道："举起天上刚正火，烧尽世间不良人。"当地传说，谁做了亏良心的事，火神就会把谁家烧个一干二净。陕西黄陵的黄帝陵会上，传说黄帝是最公正的监护神，严密监视着人间。

区域是民间百姓自我认同的界限，这里的一切都沐浴着神性的光辉。不惟是这里的一草一木、一砖一瓦具有神圣的特征，而且到处都受到神灵庇佑。花木兰是抗敌爱国的女英雄，传说河南省虞城是她的故乡；当地不但为她本人建立祠庙，举办庙会，而且为她的父母修建了坟墓。地方百姓亲切地称呼她为"姑娘""姑姑"。庙会的兴起过程更是敷衍许多传说，诸如每年庙会上总有一家善良的生意人得到意外的财富，同时，如果有人调戏、侮辱神灵，则会受到惩罚。几乎在所有的保护神类型的庙会上，都有"借神器"传说，即地方百姓在开始的时候能够从保护神的坟墓前借到一些餐具、桌椅板凳，方便于办理红白喜事；后来，因为有人贪心，私藏酒盅、碗筷之类的东西，于是便发生了再也借不到神器的令人遗憾的故事。这些传说的神秘性意义应该是与庙会的信仰传播功能密切联系在一起的吧。

除了保护神、监护神的信仰意义，庙会的区域性特征集中体现在降福纳祥的意义上。许多地方传说，庙会上所信奉的神灵，给当地人民带来许多幸福，诸如美丽的风景、珍奇的土特产等，使当地人民享用不尽，并以此感到自豪光荣。许多庙会都占尽风光，其意义主要就表现在这里。风水信仰是我国民间文化中的一个重要内容，是人民寻找与大自然相沟通而冀盼幸福的愿望的神秘体现，即"物华蕴灵宝，地灵生人杰"的朴素的哲学观。庙宇的修建者就常常依照这种道理来敬奉神灵，为神灵寻找一处福地。也正是由于这种因素，庙会的旅游意义尤为突出。诸如泰山东岳庙会，嵩山中岳庙会，妙峰山灵感宫、灵官宫庙会，庙宇都在山峦上，人们行走不便，但朝拜的人群却如水涌进。除了信仰的因素，还有旅游的因素，而且随着现代社会的发展，旅游观光，领略大好河山，享受旅游乐趣的意义会越来越突出起来。当然，除了自然风光的旅游，还有人文风光的旅游。事实上，神庙占据在风水宝地的意义是庙会的主持者利用自然景观吸引民众，增强庙宇庙会的知名度，愉悦民众身心的一种自然依据。山不在高，有仙则名。仙，就是庙会所供奉的神灵。风物传说就构成了庙会区域性特征的重要底蕴，是庙会辐射源的主要因素。

庙会供奉的神灵与土特产的联系，使庙会的区域性特征更加突出。土特产是地域性物产神奇化的显示，如河南淮阳的黄花菜，这是植物物产，又如河南浚县的泥塑，山东泰山的鸟兽雕塑，北京妙峰山的纸花、纸灯、面具等，这是手工特产，这些特产在当地的庙会上也是一道美丽的风景，吸引着香客和游人。这些土特产的传说关涉的意义，在很大程度上使信仰的深广度都得到有机强化。当然，每一种工艺在民间庙会上都是特殊的文化符号，而理解它，则需要民间传说具体阐释。于是，民间庙会的每一种符号都具有了不同寻常的意义。

此外，还有地方文化艺术的重要形式，诸如南方的越剧、木鱼书、潮州戏和舞狮子、舞龙灯、跑旱船，中原地区的豫剧、杂技、剪纸、道情、编织，北方的歌舞、秧歌、大鼓、评书、武术等，在庙会上都成为一项内容。其他像福话传说等内容，在庙会上的价值意义更重要，在某种程度上，它是庙会兴起，产生广泛影响的语言阐释。

一个值得我们注意的现象是外来文化与我国传统文化的有机融合。基督教的发源地在西方，是西方民族重要的信仰；近代以来，在我国各个地方不同程度地繁衍起来——但是，它已经与早期基督教徒特别是传教士的初衷有了很大差别，尽管其基本教义未变。河南省的陕县，是古代陕州地望，地坑院是当地的居住特色，这里分布着一批信仰基督教的民众。他们生活在地坑院中，喜爱剪纸艺术。笔者在对这里的庙会进行考察时，发现他们聚会在一起，一边排成队列剪纸，一边齐声高唱宣传基督教教义的颂神歌曲。但是，歌曲的词句已经明显改变，他们将颂扬基督的歌曲与地方流传的《十二月花调》糅合在一起，形成效果很好的劝善歌曲。这是当地民间庙会上一道特殊的风景。

二 季节性特征

庙会作为一种特殊的民俗现象，之所以不同于其他形式的民间信仰，像一些民间社火、民间戏剧、求雨、问卜等习俗，就在于它必须是在一定时节举行。这是在漫长的历史发展中所形成的，从无序到有序的规律性体现。季节性特征不独庙会具有，其他岁时民俗中都有，诸如春节、元宵节、清明节、端午节、中秋节、重阳节、鬼节、腊八节、冬至、元旦等节日，成为人民生活中记时，安排生产劳动等时间的参照表。但是，庙会的季节性特征更为特殊，它通常有会首、会中和会尾，更突出于阶段性。一般庙会在三天左右，第一天为会头，第二天为会中（会腰），第三天为会尾，较长的庙会在河南淮阳，太昊陵庙会从农历二月初二至三月初三。庙会的季节性特征最集中体现于它和农耕文化的紧密联系。大部分庙会存在于乡村，庙会的参加者也多是农民或亦商亦农的"准商贩"，即庙会的举办在一定意义上是为农耕服务的。

庙会的季节性特征主要体现在春日庙会居多。这也是以我国所处地理位置和特殊的社会历史条件为背景而形成的文化特色。

我国就目前来说，仍然是一个农业大国，农耕生活的位置极为重要。春日庙会居多，一是为春耕做准备，二是为夏收前做准备，这是春日庙会最直接的意义，至于上巳节遗俗意义和高禖崇拜等因素，尽管也很重要，但它毕竟太遥远，在今天的庙会上已经相当淡薄。道光《鄢陵县志》："城乡之有会，犹江浙之有集，闽广之有墟也。三月初一、二日，北关有文昌会；初四日，马坊会；十八日，南街有尘净庵会；三月十五日有城隍会；十八日有马兰镇会；二十四日，西关有插花会；二十八日，东关有泰山庙会。"乾隆《偃师县志》："社稷坛，每岁春秋仲月上戊日祭。先农坛，每岁仲春亥日巳时祭。午时行耕籍礼。厉坛，每岁清明日……文庙，每岁春秋二仲上丁日祭。崇圣宫，名宦祠，乡贤祠，忠义祠，节孝祠，同日祭。关帝庙，每岁春秋仲月及五月十三日祭。雍正三年，追封三代。蚑蜡祠，每岁春秋仲月上戊日祭。刘猛将军庙，每岁春秋仲月上戊日祭。土地祠，每岁春秋仲月上戊日祭。马神庙，每岁清明日祭。文昌阁，每岁春秋仲月上戊日祭。魁星楼，每岁春秋仲月上戊日祭。火神庙，每岁正月十三日祭。龙神庙，每岁二月初二日祭。汤王庙，每岁春秋仲月上戊日祭。"民国《汝南县志》："赛会：城内自元月十六日起至三月三日止，无日不会。"正如俗语所讲，跨入正春月，每日皆会。

庙会的季节性特征，还集中体现在以神佛的诞生或忌日所举行的庙会。这里所说的神佛通指所有神灵，我们把佛也当做神灵。关帝、岳飞、观音，是我国民间神庙享祭最多的三位神圣人物，庙会中以他们的生日作为庙会的高潮，每年还不止一次地祭，常有多次祭。每祭一次，兴起一次庙会。这就形成与一般节日的信仰明显不同的内容。事实上，庙会也成为一种特殊的节日，是地方性的节日。在许多地方，庙会时的家庭团圆很重要，甚至比春节还要重视。每逢庙会，庙会所在城乡，聚齐了亲朋好友，大家欢聚一堂。而在春节，却因为要相互拜年，反而不如庙会这样集中。在庙会将来临进，商贾和手工艺人早早就做好准备，欲使货物在商会上卖个好价钱。人们为春耕夏收做准备，也在庙会上集中选取所买对象。在这样一个特殊性的节日，百无禁忌，民间百姓，尽情欢乐。如所言"仲春之月，令男女相会，奔者不禁"，正表明人们这种心境。野合，在庙会上成为一种神秘而又自由的内容。若过了这样一个时间阶段，即庙会结束后，大家仍然循规蹈矩，谁若越雷池一步，就有可能受到严厉的惩罚。因此庙会就成为我们民族特有的地方性的狂欢节日。

三　集体性特征

集体性不独是庙会文化的特征，许多社会现象都具有集体性的特征，而庙会的集体性特征是非常突出的——如果没有这种特征，庙会就失去了其存在的意义。无论是古代庙会，还是现代社会继续存在的庙会，都以这种集体性特征形成其具体的文化内涵。在诸多民间信仰中，对于神灵的崇拜可以是单独进行的，也可以是少量社会成员参加的，但这种信仰是不能作为庙会被社会承认的，而必须有相当大的社会规模，才能构成庙会。这种规模在量的意义上成为庙会的标志。如，一些古庙会举行时，少则是方圆数里的几个村庄的群众，多则是数省，像河南省淮阳县的太昊伏羲陵庙会，会期长达一个月，最多时即二月十五庙会的高峰期内，人数可多达几十万人，不但有本省的，还有安徽、江苏、山东、湖北、河北、陕西、山西等省的。这样的规模在全国也是少见的。

这种集体性主要表现在两个方面，一个是会和社的集体祭祀组织成主持者，一个是职业性的祭祀行为，构成庙会的集体性特征以有别于其他民间信仰等社会现象。

会和社早在唐宋时代即存在，标志着庙会发展中的高度成熟。这种会和社是两类组织，即"香火会"和"鼓乐社"。吴自牧在《梦粱录》中的《社会》条，描写了宋代杭州庙会中的"行会"：

　　每遇神圣诞日，诸行市户，俱有社会迎献不一……迎献者，谓为可观。遇京岳诞日，更有"钱幡社"，重囚枷锁社也。奉佛者有"上天竺光明会"。俱是富豪之家及大街铺席施以火烛巨香，助以斋赏供米，广设胜会，斋僧礼忏三日，作大福田。又有善女人，皆府室宅舍内司之府第娘子夫人等，建"庚申会"，诵《圆觉经》，俱带珠翠珍宝首饰赴会，人呼曰"斗宝会"。更有城东城北善友道者，建"茶汤会"，遇诸山寺院建会设斋，又神圣诞日，助缘设茶供众。四月初八日，六和塔集童男童女，善信人建"朝塔会"。九月初一日，湖州市遇土神崇善王诞日，亦有童男童女迎献茶果，以还心愫。每月庚申或八日，诸寺庵舍集善行人诵经设斋，或建"西归会"。宝叔塔寺每岁春季建"受生寄库大斋会"。诸寺清明"供天会"，七月十五建"盂兰盆会"，二月十五日长明寺及诸教院建"涅槃会"，四月八日，西湖放生池建"放生会"，顷者此会所集数万人。太平兴国传法寺向者建"净业会"，每月十七日集善男信人，十八日集善女信人，入寺诵经，设斋听法，年终以所收赍金建药师道七昼夜，以终其会。

这里记载了职业宗教徒的会和社，与非职业宗教徒的会和社参加庙会的一般活动。由此可见，宋代的香火会已经完全打破了在宗教场所，诸如寺院道观内，完全由宗教信徒垄断的局面。

唐宋时期的庙会，"行"成为一般庙会中行会的表称。宋元时期，一直到明初，称"团行"；明代中叶之后，称为"会馆"，之后又改称"公所"。这与往日的贵族阶层或宗教徒的专业祭祀组织形式具有明显的不同，即由商人和一部分手工业者组成，从而强化了庙会的商业职能。如明代的"牙行垄断""阻伶"。这种庙会组织促使了庙会的规范化和传播的广泛性。在一些地方，庙会由于传播功能的发挥，甚至对地方治安等状构成了严重威胁。如，明代嘉靖、万历年间，有一位叫刘宗周的人，在《保氏要训·保甲之禁》中提到"不许越境烧香"，"如郑州庙会、泰山进香、南海斋僧，尤禁"。可见庙会人数之多，已经超过了地方的容纳程度。

这种会和社的民间组织，在今天的庙会发展中相当普遍地存在。如各地的香火社，他们在庙会期间，整队出发，或步行，或乘车和舟船，往往要做一些标志，有的标志是彩旗上标明"××村××香火社"的字样，有的则在旗上写着"朝祖进香"之类的字样，或在会众的胸前缀上一缕红布条（丝线）。在河南淮阳太昊陵庙会中的一些香火社，他们只朝拜人祖伏羲这样一位大神，巨幅旗帜上多是黄布为底画着龙、凤，这是否就是图腾的遗残，还值得进一步探究。这种香火社，是民间自发组织起来的，除了逢庙会即赶赴的会和社，还有专祀的会和社。除了前面提到的伏羲社外，在河南省桐柏县盘古山有盘古社，在更多的地方以庙为主祀神灵的名称命名香火社。香火会社一般由会首、会众组成。会首多是轮流，或每年轮一次，或每会轮一次。若由地方香火会社组织的庙会，庙会的祭神礼仪的具体举行和各项支出，诸如请唢呐等民乐，请神戏，都由主办庙会的会社支付钱财。当然，各项收入，如捐钱、摊位费等，也归主办者。在经济上他们事先有约，届时则互相帮助。会首往往还分为大会首、小会首，有的还公推一位总会首。会首的推选在一些地方是极其严格的，即必须是德高望重的人，如族长、豪绅、地方官，而且是没有劣迹的人。若不然，就意味着对神灵的亵渎。在庙会中，香火会、香火社的职能在于主持祭祀，维持庙会的秩序。

商业与庙会的结合在历史上是一个更为复杂的问题，如，关于庙市在唐代出现的意义，关于山陕会馆、湖广会馆等会馆的出现在庙会中的作用等问题，都值得我们更深入地思索。

与香火会相配的，是各种民间鼓乐社，他们的职能在于为庙会助兴，担当礼乐的具体演奏，形成一种氛围，显示对神明的虔诚的信仰。同时，也因娱人而形成庙会的凝聚力，吸引更多会众。在江浙一带，中原地区，鼓乐社多与民间艺术在当地的主要门类相结合。如，江浙多丝竹，便有丝竹社、清音社；中原多锣鼓等，便有盘鼓社、锣钹社、唢呐社。这些社更多的是由两部分人组成：一种是业余的民间艺人，一种是职业的民间艺人。职业的民间艺人多以赢利为主要目的，而业余的民间艺人则更多的在于娱乐。有的鼓乐社的内容更为丰富，能承办大型社火的演出活动。在庙会上，往往出现各个鼓乐社的竞演竞技现象，形成庙会艺术的最为精彩部分。如河南洛阳庙会群中，一些锣鼓社对台演奏，设下擂台，进行各种技能和力量的比赛。在一些庙会上，唢呐社的演奏比赛常常通宵达旦，民间艺人为了维护自己的声誉，宁愿累得倒下，也不愿认输。更有一些庙会会首，为比赛设彩，即为赢得胜利的一方加钱，增强了比赛的激烈性。应该说明的是，这些民间艺人在以往是被人所轻视的，他们地位低贱，在庙会上不能居于庙堂的圣洁之地，而只能居于偏僻之处。

职业的祭祀行为主要体现在庙会的行业神崇拜上。这类庙会出现得要相对晚一些。行业神一般指农神之外的手工艺人和商人，包括妓女、优伶等行业所崇奉的神灵。行业神的庙会中，往往出现一神多祀的情况，最典型的如鲁班庙会，参拜者中不但有木匠、瓦匠、石匠，还有皮匠、编织匠、雕工、扎彩匠。如老君庙会，就更为复杂，有铁匠、泥水匠，还有其他信徒。民间行业神崇拜在庙会上的表现，成为庙会的集体性特征的重要体现。行业神庙会的发展，在某种程序上体现出行业的神圣观念，与统治者"天命神授"的观念的意义是一样的。同时，也存在着经验交流、团结互助的作用，但是，在许多手工艺行业神的庙会中，又明显体现出宗法制等级现象。如，师傅辈和徒弟辈在敬奉神灵的庙堂位置就明显不一样。行业神庙会的发展，也说明社会生产力的提高的曲折表现。行业的增多，体现出社会生产和经济的相对繁荣，以及商业贸易活动在人民生活中的重要地位。在另一方面，它所具有的地方性特征上，表现出各地社会经济发展的不平衡。如，明清时代，苏杭一带有"衣被天下"之誉，丝织业最发达，机神庙会和蚕神庙会就尤其多而且盛。"机杼之盛，莫过于苏杭，皆有机神庙"①，即指此。就连社会最底层的妓女、乞丐，也有自己的行业神庙和庙会。《如梦录》就曾载，明代开封妓院在五胜角就有几所白眉神神庙。②

庙会的集体性还体现在其作为民俗之"法"的意义显示。在许多地方有各种契约被刻写在碑石上，庙会包括请神、演戏等仪式成为契约的神圣见证。更为有趣的是，至今一些地方的庙会上还存留着"罚戏""罚酒宴"等习俗；民间社会团体借助圣灵的威严，对于社会上种种不道德现象进行大张旗鼓的惩戒。应该说，这是民间文化自我循环、自我规范的典型表现。"俗法"是民间庙会集体性特征的表现，更是其社会发展中民众情感自我调适的表现。

庙会的集体性是一种有规则集会和无规则集会的统一。庙会聚集了达官贵人和贫富、卑贱不同的社会各界。在神灵面前，人人都有信仰的权利。当然，也有像阿Q不准姓赵的情况。也就是说，从总的来看，没有任何一种民间信仰能像庙会这样具有高度的集体性，能包罗社会各种人物。所以，我们说庙会是一个地区的社会历史发展的缩影。

① 见（清）梁章钜《浪迹续谈》卷一。
② 见《如梦录·街市纪》第六。

四　神秘性特征

几乎在所有的庙会上都有还愿的仪式；每一个神庙中都悬挂写着"有求必应""心诚则灵"等字样的彩旗、匾额，借以表达民间百姓的虔诚信仰。而所有的信仰都以神秘的外表出现，在庙会上都具体化做一系列具有神秘色彩的传说与故事。

神秘是一种文化氛围，包含着虔诚、圣洁和庄严、肃穆，使人置身于一种特殊的环境之中。这种神秘性与节日的狂欢是相统一的，形成了庙会的不同景致。其主要目的在于实现人神之间的对话，即通过庙会中的祭祀行为，表达人们祈福禳灾的愿望。更重要的是，神秘性形成心理力量，使人敬仰神灵，获得心理上的愉悦、放松精神上的负担。

一切信仰都具有神秘性的特征，而庙会中的神秘性则异常重要。不论人的身份尊贵或卑贱，在神的面前都要表示虔诚，若不然，就会受到谴责。庙会的神秘性主要表现在心理的虔诚和行为的庄重上，其中，巫的意义在庙会的神秘性表现和形成中具有非常重要的作用。其神秘性的具体表现是：一、祷辞和誓言，二、经歌和舞蹈，三、"药"的神圣意义，四、献供的特殊性，五、对神像的敬奉。

祷辞和誓言，在庙会上的表现具有非凡意义。它所突出的是语言的力量，希望借助于心灵的表白来感动神灵。从而达到神灵帮助实现自己心愿的目的。祷辞和誓言的发生，有官方的致祭，也有民间的祭献。从语言文化的道理上讲，祷辞在于请求,而誓言在于感召。从庙会上的许多祷辞中可以看出,内容都是向神灵表示感谢之类的媚辞,继而提出希望。祷辞的形式,多是四六骈文,或四言、五言的诗句,讲究语言的典雅,修辞上讲究赋、比、兴,可称做当代的"雅"和"颂"。平仄、对仗、铺陈等手法的运用,显示出祷辞制作者的心机和修养。誓言则更自由灵活一些,多为愿望的直接表达,以及目的直接提出和自己所要做的具体事情,若不能达到这些条件,自己甘愿受神明的严惩而无悔。如,在许多庙会上有人请求神明保佑自己或发财,或得子,或在外平安,一般在先磕下几个头时,再具体说出,而后再磕几个头,立起,才算礼毕。誓言中常出现这样的句子,像"若让我如愿以偿,我就给您很贵重的财物,给您请神戏","若是您让我实现了愿望,而我没有恪守诺言,就让我接受什么样的惩罚都可以"之类,以及"天打五雷轰"这样自愿接受惩示的内容。时代发生了变化,誓言即所许的"愿"也发生了变化。敬献的内容,在以往的誓言中,多为牲、表、香、冥币,而神戏更隆重,现在则让神灵和自己一样看电影,娱乐的内容随时都会在誓言中出现。当然,不同的身份、能力,在誓言中的表现也不同。如,一般百姓常许下"愿":我们如能实现愿望,就给您割上很多的肉,年年来会上为您祝福。而富贵者就会许下重塑金身、扩建庙宇的"愿"。更多的祷辞和誓言是感恩戴德、永远敬奉的内容。

经歌和舞蹈是庙会上娱神的主要手段。经歌又称神歌,百姓在庙会上演唱。这种歌曲可以单独地唱即清唱,也可以伴随着舞蹈歌唱。歌的内容多是唱颂神明的恩德与自己对神明的敬奉;语句一般朴素、生动,曲调优美。最典型的例子如河南淮阳太昊陵庙会上的经歌,唱时常伴有《花篮舞》,

舞步和舞姿都按一定的章法进行。有的老太婆走路都困难，但担起经挑（即花篮），就精神百倍，行走如飞——明显是庙会的神秘性氛围通过其心理机制而表现出来。由此，我想起《吕氏春秋》中所载"昔葛天氏之乐，三人操牛尾，投足以歌八阕"的情景。庙会歌舞的内容异常丰富，常常是一个地区民间歌曲的集中反映。

庙会上的"神药"在神秘性的特征上更为突出。百姓把自己心目中的与神灵相关的一切实物，都作为治百病的"灵药"。这些药可以是能食用的物品，诸如油条、烧饼、肉块、糖果，也可以是不能食用的虫卵、草根和树叶之类的植物，以及灰尘、石块、土粒。有专为人取药的巫婆神汉，更多的是自己来采取。在一些原始神的庙会上，如陕西白水的仓颉庙会、河南淮阳的太昊陵人祖庙会、山东泰山东岳庙会，香客们常把自己带的食品投入香火堆中，然后再扒出来，带回家乡食用。河南淮阳的太昊陵庙会上的泥泥狗，是一种特殊的神药。这种泥制的玩具，可以吹响，能供人观赏，也可以放在水中煮，让人喝这神奇的汤水治病。究其根源，神药的信仰在于人们对神明的特殊敬奉，并不是所有的神灵都有降神药的资格的，而是祖先神之类的大神，才能赢得人们这样的礼遇。

庙会上的供品和献礼的特殊性，是庙会的神秘意义的典型体现。其根源来自远古社会的牺牲敬献制度，不过，供品和献礼所表达的意义首先是通过庙会的神秘性氛围才实现的。供品主要是香表、食物、冥器，献礼主要是敬祀的礼仪和娱神的神戏、社火等内容。尤其是冥器的作用，在庙会的神秘氛围中，具有不可忽视的主导地位。各地的自然地理等条件不一样，冥器的形状也不一样。在河南淮阳太昊陵庙会上，两种被称为"楼子"的冥器，引人注目。一种是用纸做成的带有伏羲神像的宫殿形状的"香楼子"，五彩缤纷的装饰，显得格外华丽；另一种是用木制的装斗形成木架置在一根长棍棒上，通体用红色染成的"木楼子"。两种"楼子"冥器都是用来"还愿"作为祭物的。在江浙地区的庙会上，纸做的"法船"具有同样的意义。

对神像的供奉，是庙会的神秘性特征更为具体的体现。其主要表现：

一是对神像的膜拜，如作揖、鞠躬、叩首；

二是直接接触神像的某些部位；

三是将神像烧掉，化为灰烬；

四是以责己、罚己为赎罪的行为；

五是鼓乐的演奏，包括神戏的演出等等。

特别是其中的自我惩罚，是民间信仰中相当普遍的现象。人们以为"信则灵"，如果严厉惩罚自己，就可以得到神灵的同情。我们从一些方志材料上可以看到，在明清时期的庙会上，曾经出现自残的"赎罪"，即庙会期间，有久病不愈的老人，其儿女为之祈求神灵，当众剖肠解腹，以示虔诚。

这些神秘行为，自然使人想起弗雷泽在《金枝》中提到的研究巫术"相似律"和"接触律"的意义，更重的在于它反映出百姓们质朴的信仰心理。人们按照自己的意志和自己的生活方式塑造出了神灵，并为神灵设计出一定的生活环境。人们希望把这样的财产敬献给神灵，换来神灵赐予的幸福。这种心理是庙会存在、发展的心理基础。最典型的现象如"拴娃娃"，普普通通的泥制、木制、陶制的"娃娃"像，经过道士、僧人或主持者的一番祷告，人就以为真正能够顺利地实现"求子"的愿望。又如触摸神像，在河南洛阳龙门会上，许多人用手臂"抱佛脚"；在杭州岳飞庙会上，人们为了祛除自己的疾病，极力羞辱陷害忠臣良将的奸佞，或用手抚摸秦桧的老婆王氏的乳房，或唾弃、辱骂奸佞，或用棍棒和石块等坚硬锋利之物敲击秦桧塑像。神有良恶之分，供奉也有尊辱之别。这些行为在庙会上是最为合情，也最为合理的，同时，也是最能为人们普遍接受的情感表达方式，从而形成具体的集体记忆，构成一个地区相对稳固的庙会习俗。

庙会还有继承性与变异性的统一特征、民族性特征，狂欢恣肆的特征等，但它更显著的在于区域性、季节性、集体性、神秘性这样几种特征。这几种特征共同构成了庙会文化的基本内容，使庙会成为社会发展中一种独立的社会形态。其中，各种特征相互依存，区域性和季节性是庙会存在的时间和空间，集体性是庙会的发生主体，而神秘性则是庙会的文化风格、外在标志。一定的集体性，只有在一定的区域性和季节性中显示其神秘性的具体意义，而区域性和季节性又必须在集体性之中具有庙会文化的一般内容；当然，没有集体性、区域性、季节性，庙会的神秘性将无从谈起。

五 庙会的基本功能

在人们的生活中，庙会的存在和发展的作用有很多方面，既有祭祀信仰、净化心灵的一方面，又有通过各种民间文艺（民间文化）的演出来娱乐神灵，实际上娱乐自己身心的一方面，还具有增进友谊、加强团结、教育子女、交流信息和文化传播等方面的意义，其他像促进商业贸易活动、旅游观光活动等，显示出庙会的多重性职能。总的来讲，我国庙会文化具有这样几种具体功用：

一是娱乐身心；

二是文化传播；

三是促进贸易发展；

四是规范社会即教育民众。

随着社会的发展，娱乐身心的功能越来越突出，也越来越重要。

庙会是民间信仰的产物，就今天看来，充斥其间的不乏愚昧、迷信。但仅仅把庙会看做愚昧、迷信，是很不够的。信仰在民间文化中是一个普遍的现象，甚至成为其灵魂、核心内容。

如何看待其作用和价值，我们首先应该在庙会的具体考察中来理解。传统的看法总是把迷信与巫术等信仰行为完全等同起来，一概作为落后、顽固的历史文化来斥责。弗雷泽在其《魔鬼的律师》中，对这些常有愚昧色彩的民间信仰存在的合理意义进行了颇有道理的阐述，这对理解庙会文化的正负两面效应，都有很大启发。事实上，特别是在现代科学技术文化水平不断提高的今天，许多人都清醒地认识到庙会中的一些民间信仰是愚昧的产物，为什么他们仍然要参与庙会，甚至倡导庙会呢？

关键的问题就在于庙会所具有的娱乐功能使庙会形成巨大的文化向心力。庙会的组织管理者，用各种民间艺术的演出为庙会增添了热闹的气氛，表面上看来是为了娱神，而事实上是在娱人。龙舞、狮子舞、高跷、旱船、杂技和神戏等民间艺术，无论是演出者还是观众，都在精彩的表演中得到愉悦，除去了积郁在心头的苦痛。在这里，宗教艺术与世俗艺术共存，共放异彩，集中了地方民间艺术的精华，形成庙会文化的兴奋点。

在这些娱乐世界中，我们能看到民族文化的积淀和传播。庙会本身就是文化的集结地，既有宗教文化，又有世俗文化，构成了各具特色的"文化元"，形成文化向四周辐射的中心。

在对庙会的发展历史的理解上，长期存在着一种误区，即把庙会仅仅作为宗教信仰，或只把宗教场所诸如佛寺道观内的信仰聚会才看做庙会，这是以末为本的理解。宗教产生之前，庙会就已经产生，并得到相当规模的发展，宗教只不过借助了庙会这种文化形态，才有后世的宗教信仰的庙会出现，绝不能把宗教的讲经说唱看做庙会的起源。这里所要强调的是，庙会作为一种文化景点的存在，在社会发展中具有重要的意义。

首先，神庙本身就是文化的积聚点，不同的神庙，蕴藏着不同的文化内涵。在原始神庙中，远古神话中的火神及其"业绩""职能"，通过庙会将传播的范围不断扩展。如盘古神庙，我们在庙会上的感受很突出的就是盘古开天辟地的故事；女娲神庙，反映在庙会上的文化集中体现在女娲补天造人的艰辛和伟大；伏羲神庙，庙会所唱颂的主要是伏羲创制文明，教人渔猎的开化壮举；黄帝神庙，在庙会文化上则主要是颂扬黄帝奠定了中华民族大统一的基础；禹神庙会，很显然是为了歌颂大禹治水的功绩。庙会的意义也正因此而得以不断张扬，才能持久存在和发展。更多的衍生因素，则使得庙会的文化氛围中增添更多的典型神格。宗教神庙在庙会上的意义同样如此，即通过宗教神的宣扬，使人们接受宗教教义。传播的功能是通过娱乐的功能实现的。所以，宗教神庙也好，世俗神庙也好，神像的造型都充满了夸张，既显示出神威，又体现出文化传播的功利性。神庙中的碑文、壁画，都具有这种传播意义。在口耳相传为主的传播媒介中，庙会及其崇祀的神灵，给予人们的印象和感受越来越深。

庙会常被人与庙市等同，其原因在于其商业贸易即经济的职能异常突出。庙会吸引方圆邻近地区的民众，成为商贾青睐处。庙会作为农耕社会物质生产的重要市场，商家在庙会上根据一定的规则安排自己的秩序。如，许多庙会有"八大棚"，即依次排列"篦子棚""银货棚""布棚""衣帽棚""硬货棚""软货棚""黑白货棚""挂货棚"等。各个棚的位置是固定的，各有棚主把持；其中"篦子棚"的位置最为特殊，整个庙会市场只有"篦子棚"安顿好，其他棚点才能就位。"篦子棚"供奉"灵猫"，传说是篦子制造行业祖师的神使，保障整个庙会安然无恙。当"篦子棚"收摊的时候，其他商家也都随着结束买卖——庙会市场关闭。江苏常州是传说中篦子、木梳业的重要发源地，至今还保存着"木梳街""篦箕巷"，供奉嫘祖、鲁班等祖师神。"硬货棚""黑白货棚"分别指各种农具，如一些铁木制品和藤条编织品，列位于后面；"挂货棚"位置在最后。因为挂货包括为牲口配备的各种绳索、鞍鞯、套具等物件，意味其身份低贱。

商贾为了抢占有利地段，常常在会前数日将摊位买下，同时，有些商贾为了提高自己的声誉，常捐资给庙主，或为神庙购置庙产，或为神庙修葺，或为香会请来神戏。庙会上的商业贸易活动，由庙会的负责人统一筹划安排。商贾经营的方式，则主要有坐商和行商。坐商又分小摊位和大商行，小摊位指经营香、表、茶水等小型商品的商贩，本钱较小，而大商行则多为资产较为厚实的一些店铺，如农器行、成衣行、木料行、首饰行等经营处所。行商流动的商贾，他们不像坐商这样终年守在庙宇附近，而是哪里有会就往哪里去。不同的地区，庙会上的"行"不一样，在南方和北方，因气候和物产的不同，商品的内容多不一样。但是，随着交通的发展，商品的流通在庙会上也越来越兴盛。如，在中原地区的许多庙会上，就有"京货行""湖广货行"和"洋货行"之名，经营的品种也就五花八门。1949 年后，因为破除迷信，一些庙宇被拆，但庙会的贸易形式仍存在，所以，人们称这种贸易形式还叫"会"。这是庙会的一种残存形式。庙会上的商业贸易行为及其中所充注的隐语，是一种特殊的习俗，很值得我们重视。如，在华北地区的庙会上，一些庙会上的经纪人，他们就使用一些黑语、隐语，各种商业做标志也一般不使用明码或代码，而是凭手势或隐语。

庙会的教谕是建立在文化的娱乐行为与传播过程之中的。教谕的内容有两类，一是关于民俗文化知识的教谕，一是进行道德规范的教谕。这种教谕是潜移默化，世代相传的文化形式，是典型的寓教于乐。宗教的教义宣扬也隐寓在具体的民间文化艺术之中。这些内容在我国古代庙会中是普遍存在的现象。如，秦始皇到宋真宗的封禅和朱元璋等亲命钦差前往庙会致祭，对庙会的内容都有直接影响，又如宗教信徒利用庙会讲经，把宗教义理与地方民间文艺相结合起来，形成了"宝卷"。这种事例相当多。

庙会的几种功能作为概念的界定，是相对的，其间相互联系，共同显现出实际意义。科学地认识这些，对于我们更好地把握庙会、引导庙会、改造庙会、利用庙会，都具有很好的借鉴价值。

庙会的基本特征和基本功能在庙会文化研究中是相当重要的一部分，把握住这部分内容，才能更准确地认识到庙会文化的发展及其历史和前途。当然，仅从古代文献是很难把握全这些内容的，只有在大量的深入考察中，感受庙会，理解庙会，才能真正懂得庙会。特别是对于各种民间社会团体、民间艺术团体的深入考察，是我们研究民间庙会的难点，也是一个重点。也就是说，研究庙会的历史固然重要，研究庙会的现状更加重要，在民间文化研究中，更有价值。

第四章　庙会文化的基本类型

庙会文化在发展中经历了漫长的阶段，从其初始阶段的一神庙会，到汉魏时期变单元为多元发展的多神明多宗教信仰庙会；魏晋南北朝至唐宋时期，庙会与庙市的联系使庙会形态日臻复杂化；元明清时期达到庙会的顶峰；民国以来，近世科学文化的渗透，使庙会具有更多的现代气息。

划分庙会类型，有多种角度。如，从时间上，可分为春会、秋会、腊月、夏会、小满会、麦忙会，以及古会、新会；从地理上，可分为山会、村会（乡会）、城镇会，包括边地民族庙会；从祭祀性质上，可分为原始神庙会、宗教神庙会和世俗神庙会，其中，宗教神庙会又可分为道教神庙会、佛教神庙会等；而从具体的祭祀内容上更细致地划分，可以分为原始大神庙会、祖先神会、英雄神会、神仙庙会、圣哲庙会、祖师神会、精怪庙会等类，其中，每一部类又可继续划分下去，如原始火神庙会可分为盘古庙会、女娲庙会、伏羲庙会、神农庙会、黄帝庙会、仓颉庙会、蚩尤庙会、禹王庙会、阏伯庙会、颛顼和誉庙会等。

全国各地都有庙会，数不胜数。这里，我们先从祭祀性质上划分为原始神庙会、宗教神庙会和世俗神庙会三大类，进行一般性的描述和阐释，而后在各个章节中以大的区域划分为中原庙会、西北庙会、华北庙会、东北庙会、东南庙会和西南庙会等部分。

一　原始神庙会

所谓原始神，一般指史前社会发展中人们所传说的那些原始信仰中的神灵。千百年过去了，时代相去如此遥远，而这些神灵还以其特有的面目为百姓所敬祀、崇奉。其中相当重要的原因在于它所表现出的我国久远的历史文化传统对于民族认同的影响作用。

原始神也是我们民族的祖先神。我们的文化传统中，常常把国与家连为一体，政治形态上更是长期尊崇政治家，家族利益常常与政治结构、政治建设密切相连。因而，原始神也就常常与民族祖先神成为一个概念。在许多地方，这些原始神首先是作为地方保护神的身份出现的。陵，作为庙会的依存主体，其影响作用尤为重要。

我国现存的原始神庙会在总体上显示出祖先崇拜的特殊意义。所以，在许多原始神的庙会上，我们可以看到最为虔诚的供奉，特别是祭祀规格的特殊。再者是寻根的意义，尤其是近些年，海内外华人报答祖国、思念家乡的观念日盛，祭祖、拜祖与庙会文化紧密相连。

我国各地原始神庙会反映出一个特殊内容：在时间序列上显示出与我国古典神话时代的相合。应该说，这不是偶然现象，而是有着深厚的历史文化背景。

总览这些原始神，在庙会上仍然享受着香火的神，可数这样几位：

盘 古

盘古是传说中的开天辟地大神。

以河南省桐柏县盘古山盘古庙会为典型，广泛分布在江浙地区和湖广地区，其主要功绩在于开天辟地，即开创世界的创世大神，庙会一般在三月三。在有些地方，盘古与盘瓠的身份相当特殊。

女 娲

女娲是传说中的创造人类、补救苍天、制造乐器的大神。

以河北省涉县娲皇宫庙会为典型，广泛分布在河南、河北、山东、陕西、甘肃、湖南、广东、海南、云南、四川等省，甚至在越南也有女祸神庙。其主要功绩在于补天和抟土造人，是中华民族伟大的母亲神。

伏 羲

伏羲是传说中的开创渔猎时代、发现天地万物变化而总结出八卦符号的文化大神。

在神话传说中，伏羲与女娲结成夫妇，共同创造了人类。同时，他们的事迹还与洪水神话、劫后再造世界等传说联系在一起。

以河南省淮阳和甘肃省天水两地的太昊伏羲陵庙会为典型，广泛分布在山东、河南、陕西、甘肃等地，其主要功绩在于创制文明，教人渔猎和农耕，是伟大的文明始祖神。庙会以河南地区最为长，自二月二到三月三，长达一个月。

炎帝、神农

炎帝与神农常常在神话传说中融为一体，他们是传说中的农耕文明的开创者。其中，神农尝百草、辨五谷的传说最为著名。

炎帝是南方部族的重要首领，传说他与轩辕黄帝是兄弟，共同开创了中华民族的文明历史。

以湖南炎帝陵、山西高平羊头山、河南焦作神农山与淮阳神农五谷台等地为典型，其中北方以农历六月六日为庙会。

黄 帝

轩辕黄帝是传说中中华民族的重要开创者，统一天下，划分天下为九州。特别是他率领的政治集团，成为国家各种制度、礼仪、文化的重要发明者。

传说河南新郑是轩辕黄帝出生地，陕西黄帝陵是轩辕黄帝埋葬地，所以两地庙会具有更为特殊的意义。近年来，两地的拜祖、祭祖大典因为一些国家政治活动而使得庙会文化具有更加丰富的内容。

以河南新郑、新密两地的黄帝庙会最为典型，河南、陕西、山东等地神庙分布较为密集、广泛。其主要功绩在于铸鼎河洛，划分天下九州，奠定中华民族的统一大业。陕西黄帝陵庙会亦为典型，在国内外颇有影响。黄帝和炎帝一起，成为中华民族的始祖神，在民间信仰中居于特殊地位，标志着一个新的时代从他开始。

仓 颉

仓颉是传说中的轩辕黄帝的大臣，是汉字的创造者。

以陕西白水的仓颉庙会为典型，主要分布在陕西、河南、山东等地。其主要功绩在于创制文字，是中华民族的文化大神。

阏 伯

以河南省商丘县的阏伯台庙会为典型，是传说中的火神、火星、火王。其功勋在神话中主要表现是为人间盗火，被誉为"东方的普罗米修斯"。

帝喾、颛顼

帝喾、颛顼是传说中的北方部族的重要首领，传说他们绝地天通，重新规定了神系与人类相分的秩序，相当于我国最早的宗教改革者。

以河南濮阳的二帝陵庙会为典型，其主要功绩在于巩固了黄帝的统一事业，使天下太平。

尧　舜

尧、舜是传说中的贤君，开创了政治禅让的先河。特别是帝舜，成为我国古代孝的代表。

以山西临汾尧庙、尧陵，运城舜陵等地为代表。舜帝陵在湖南零陵、广西梧州、山西安邑为著名，而舜庙与庙会的分布更广泛。如陕西池阳舜王庙会、河南的濮阳瑕丘庙会、山西永济舜王庙会、山东济南历山舜帝庙会；江浙等地也相当密集，如浙江建德、上虞，江苏无锡、吴县。尤其是在河南、山西两地，尧、舜二帝宋元庙会戏台尚存。

大　禹

以浙江省会稽山与开封禹王台的禹王庙会为典型，遍布大江南北，特别是黄淮流域，是上古神话中诸神间庙祀最多的一位治水英雄神。其主要功绩在于疏导江河、平除水怪，使天下康宁，被民间称为"禹王爷"。可以说，大禹是继黄帝之后，影响最大的一位大神。

其他如嫘祖神庙、尧王祠、蚩尤庙、伯益庙、后稷庙等神庙和庙会，以及太阳神庙、龙王神庙、圣母（或王母）等原始崇拜之类的庙会，在我国各地如星罗棋布。从总体上来看，这些神庙和庙会的联结，形成一幅活生生的"中国远古神谱"。所以，有人把这类神庙和庙会称为"中国远古文化的活化石"。从一定程度上讲，这些神庙和庙会的存在，体现出中华民族独具的悠久的文化传统和文化精神。

二　宗教神庙会

在我国文化历史的发展中，宗教曾经经历过相当复杂的几个阶段，从相对单一的民族本土信仰体系，逐渐演变为多种神系共存的宗教系统。从某种意义上讲，我国原始神话之所以体系复杂，与我国上古时期民族或部落的不同文化类型相融合，是密切相关的；而文化构成中，具有宗教意义的原始信仰则占据了相当突出的位置。

宗教在民间庙会中的存在首先经历了世俗化的过程，但是，宗教并没有完全融化为世俗，而是合理吸收了世俗，利用世俗宣扬宗教教义；庙会的宣讲、演唱与各种音乐舞蹈，也都不同程度地为宗教文化所利用，从而衍生出新的民间文化形态。

对于民间庙会上的宗教与民间庙会的联系，我们大致划分为崇佛庙会和崇老（道）庙会两大类。其中，我们常常讲到儒释道三教并存，那么，为何儒教没有为民间文化吸收、利用，在庙会上产生如此广泛的影响呢？应该说，这不仅由于其长期为上层社会所拥有，也不仅仅是其人文特性所决定，一个更为重要的因素是其缺少了两个系统，一是道观、塔、寺、庙等建筑符号，一是为民间百姓可以方便接受的白话；所以在相当长的时期表现出与民间文化的对垒。雅与俗在民间文化中并不是完全对立，而是可以共存，甚至可以相互转化；道教与佛教两种文化很好地适应并利用了民间文化的内涵与形式。

崇佛庙会中，以观世音庙会最为普遍。四面八方，遍祀观音，更重要的是民间信仰中的观音即观世音菩萨能在人随时随地的呼应中显灵，帮助人解脱困境。其他的佛，在神庙和庙会中因各地情况不同，崇祀程度不一。诸如，天齐寺、开宝寺、相国寺、灵佑寺、灵泉寺、雷音寺、广目天王寺、龙泉寺、少林寺、伽蓝寺等，这些状况将在本书《庙会与宗教信仰》部分给予详述。佛曲成为民间庙会上一个具有鲜明特色的民间艺术形式。特别是荣华会这个概念，几乎成为民间庙会佛曲中出现频率最高的字眼。

道教庙会的内容较为复杂。

道教是我国土生土长、几经改造的宗教。在庙会中，道教信仰的表现更为普遍，其中，以老君庙的崇拜最盛。全国各地，除一些少数民族崇祀佛教等民间信仰之外，几乎各地都有老君庙。

另外，道教与我国民间的神仙崇拜联系相当密切，诸如八仙，在许多地方都有这些神仙庙会，特别是吕洞宾的庙，即吕祖庵或吕祖祠，许多庙会上都有。东岳庙和中岳庙的意义更为特殊，包括碧霞元君庙，在庙会中，其世俗化现象最为普遍。

三 世俗神庙会

世俗神庙会是我国分布最广、影响最深的庙会，它体现出我国民间信仰的基本内容。中华民族有泛神信仰的文化传统，一草一木，一山一水，到处都有神灵，也就会到处都有神庙和庙会。整体上来讲，分为这样几类：

（一）自然神庙会

自然神即大自然中被赋予特殊意义的自然物。应该说，自然神庙会是我国古代自然崇拜发展变化的"遗迹"。它直接表现出民众对于大自然的亲近，是万物有灵观念的遗传。

同时，这也表现出民族传统中热爱自然、热爱家乡的生活观念。

在我国庙会文化中，自然神庙会主要有山神、水神、海神、土地神、社稷神、石头神、雷神、风神、雨神、雹神、火神和城隍等神灵的庙会。其中，水神、火神庙会的分布最为普遍；雷神庙会在我国南方分布较为密集。这些都是自然特色所决定的。在一些地方，太阳、南斗、北斗、彗星也有神庙和庙会。当然，每一种自然符号都需要用民间文化知识进行具体阐释，我们才能更明白其具有的意义。

（二）植物神庙会

比较典型的植物神庙会，是把植物神拟人化，如称银杏为神，其名白果，就有白果爷庙和庙会。又如称杏树为杏王爷，有杏王爷神庙和庙会。称榆树为母，有榆母庙会。称杨槐为大仙，有槐仙庙会。神树崇拜是我国民间信仰中非常普遍的现象，南方的大榕树，北方的大槐树，都有民间传说的神灵依附在树身或树端居住。一棵巨大的皂角树曾经枯死，某一天重新发出新绿，四面八方的百姓涌来，为它披红挂彩，烧香、磕头，兴起庙会；但这些庙会一般影响较小。

五谷杂粮亦有神祀，如青苗神、麦王爷、豆王爷、稻神、谷神等植物神庙。青苗有时与土地相联结，成青苗土地会，北方多见，会期较短。因为地理条件的限制，南方有稻神庙会，而北方较多麦王庙会。

此外，还有花神庙会。

（三）动物神庙会

我国地域广阔，在动物神的信仰上，庙会中所表现的内容更丰富。猪神、牛王爷、马王爷、羊神、狗王、鸡神此六畜神庙，在北方牛王爷和马王爷庙会较多；在南方一些地区，狗王庙会相当普遍；无论南方还是北方，鸡神崇拜最广，鸡神庙会也不少，只是羊神庙会不多，而羊多在祭品中以牲出现，俗有全猪全羊之说。

在山区，虎、豹、熊、狼和蛇等凶猛的动物，有时也有神庙和庙会，其神庙名称多为"大王庙"。大的动物是这样，小的动物也是这样，如蝗虫对人的危害相当严重，就有虫王庙会。蚂蚁如此微小，也有蚁神庙会。

沿海地区水产丰富，许多地方崇祀鱼、蛇、龟，立有不同名目的"大王庙"或"水母庙"，亦有庙会。北方的鱼神则多以"仙姑"出现，有"仙姑庙"会、娘娘庙会等现象。龙是一种幻想中的动物神，有学者总结其貌状，说它集中了鹿、马、牛、猪、虎、蛇、狮等动物的一些特征。龙王庙的庙会更为多见。民间有人把蛇和鲤鱼都作为龙神立祀。

飞禽为神灵，立为庙祀，有庙会的不多。燕子是民间吉祥物，我国东北和中原地区，一些地方建有"燕娘庙"，也有举办庙会的。在长篇小说《林海雪原》中有"李鲤庙"，此类信仰在现实生活中是存在的。

除了吉祥神，民间信仰还有邪恶神，如老鼠、黄狼，但有庙不多，庙会更少。

（四）圣贤神庙会

民间信仰中的道德尺度体现出文化传统的思维定式，"见贤思齐"的意义在庙会中得到普遍而具体的表现。最为典型的圣贤神庙会，当推关羽和岳飞两位历史人物的庙会，他们都是我国民间道德理想的典型形象，体现出民间百姓淳

朴的思想情感，突出了爱憎的观念。这两位圣贤，一位是
"义"的代表，一位是"忠"的代表。关羽庙也称关帝庙、
关爷庙，无论城乡，许多地方都有庙宇，人们把他作为保护
地方安宁的守护神来供奉。岳飞庙多在城镇。庙会神戏、社
火中，关羽和岳飞的形象出现较多。

我国历史悠久，人才辈出，圣贤典型相当多。一些地方
官员和地方著名人物，若为百姓敬爱，常有庙祀和庙会的信
仰。如，宋代胡则因上书皇帝为地方人民奏免一些赋税，当
地百姓就立庙纪念他，尊他为"胡大帝"，至今仍有庙会。
其他像韩愈、包拯、范仲淹等著名人物，许多他们生活过的
地方都有庙祀或庙会。一些乡镇村庄，为了表彰地方上的杰
出人物，也有乡贤祠一类的小型地方庙会。

浙江民间把孙权作为圣贤崇祀，建有孙权和华佗并立的
神庙，每年举办"吴大帝庙会"，这是圣贤庙会的一个典型。
在河南临颍，有祭祀高宗的"高王庙会"和祭祀纣王的
"纣城庙会"，也属圣贤意义。

山东是儒教文化的故乡，曲阜等地的孔林庙会与儒教
文化有十分密切的联系，但是它并不是纯粹意义上的儒教
庙会。这里的孔子与孟子是乡里圣贤，才受到民间百姓
祭祀。

（五）祖师神庙会

祖师神庙在民间信仰中的意义首先表现在群体专业化，
即某一种行业的民众集中生活或工作在某一地区，选择固定
地点为他们的行业祖师——一般为这一行业的开创者，立庙
祀，形成庙会。我国古代社会在相当长的岁月中行业主要以
作坊形式存在和发展，他们的技艺是以师傅授徒的形式传播

在行业内的，等级观念尤其明显，祖师崇拜的意义就显得非常重要。祖师神庙是他们行业聚会的重要场所，一年一度或一年数度的庙会，既是他们明辈分、定等级的时机，又是他们相互尊重，增进友谊，稳定行业队伍，提高技艺的时机。纪昀《阅微草堂笔记》中曾提到"百工技艺，各祠一神为祖"，即指此。如老君（即李耳）相传为铁匠、炉匠、窑匠等与烧制、冶炼有关行业的祖师神，鲁班相传为木匠、泥水匠、瓦匠、编织匠、篾匠、彩匠等行业的祖师神，故民间有传："火中求财拜老君，土里刨金拜鲁班。"其他如药王为华佗、扁鹊、孙思邈，与鲁班、老君相反，不是几种行业拜一人为祖师神，而是一种行业要拜几位为祖师神。再如梅葛被染织行业敬为祖师神，嫘祖被敬为纺织业祖师神，罗祖被敬为理发业祖师神，丘处机被敬为玉器行业祖师神，孙膑被敬为豆腐行业的祖师神，蒙恬被敬为笔制品行业的祖师神，范丹被敬祀为乞丐帮的祖师神，杜康为造酒神。所有的祖师神都具有保护神的角色意义，他们都在庙会中受到大规模的群体祭祀。

（六）生神庙会

最典型的生神是民间的"奶奶庙"庙会。"奶奶"的主要职能是送子，代表天界赐予百姓子嗣。其源不可详考，应该和生殖崇拜联系在一起。在宗法制社会的影响和作用下，"不孝有三，无后为大"的观念支配着人们的人口观念，男尊女卑成为影响人们对待生男生女的具体态度。人们渴求"多子"，希望"多福"，由单纯的人丁兴旺发展为多生男儿的信仰观念。"奶奶"的原型中，渐渐渗进了后土、女娲、西王母、碧霞元君、观世音等众神形象。

（七）淫祠庙会

也可称为杂神庙会，是民间百姓对那些品行不端、相貌可恶的邪神、恶神的信仰，具体包括瘟神、疫神、狐仙，既有人们想象中的妖魔、精怪，又有传说中的奸臣、佞人，以及地痞流氓之类的角色。湖广地区这类庙会较多。如唐代陆龟蒙即提到"瓯粤间好事鬼，山椒水濒多淫祀"[①]；为害人间的安禄山、史思明，"幽燕之人"竟也供奉其神祠![②] 这是又一种心态，如民间祭灶王时用糖抹在灶王爷的嘴上，是请他"上天言好事，下界保平安"，并不是真正地崇敬他。与民间俗语"敬君子不敢得罪小人"的道理相同，淫祠庙会体现出民间百姓渴望平安的心理。

并非是所有的神都有庙，也并非所有的神庙都有庙会，而一般说来，庙会都有庙宇，尽管现在也有一些名为会而并无神庙的现象，若考其历史，则它确实是由庙会转变而来的。像西北地区的花儿会，有学者就指出它是从庙会发展而来。[③] 庙会在发展中不断变化，神灵的面目随着信仰的力量，纯粹不变的几乎没有，大多是在不断吸收着后世文化。有的庙会原来规模较小，而后越来越大，成为影响方圆数百里的大型庙会，如河南淮阳太昊陵庙会，有的则在历史上曾无比辉煌，而随着社会变化其性质渐渐转移，甚至失去了庙会的功能和特征，如河南开封的大相国寺。要从庙会的广阔内容中准确地总结出其基本类型，我们的着眼点不能仅仅放在历史上的庙会记载上，更重要的还是对我国现时的庙会进行深入而广泛的考察。

---

① 见《野庙碑》，《笠泽丛书》卷四。
② （宋）真德秀：《真文忠公集》卷十七。
③ 赵存禄：《"花儿"的来龙去脉再探》，《青海湖》1961 年第 12 期。

第五章　古代神庙与庙会的基本结构

在庙会的形成和发展中，神庙的结构直接影响着庙会的具体内容及其风格。前文曾把神庙比做计算机的"硬件"，而把庙会活动比做"软件"，其道理就在这里。

一 神庙结构的历史考察

神庙的变化标志着庙会内容的变化。

最早的神庙只能依据考古工作者的发现来考察。1983年10月，辽宁省凌源县红山文化遗址牛河梁女神庙被发现，可以看到泥塑神像与今人相当，柳眉，圆目，唇薄而长，略上翘——这当是早期的神像典型。神庙的组成部分有中心主室和多个侧室，其中，中心主室与多个侧室意味着殿堂的系统性。多室的南北长总计18.4米，东西宽6.9米，单室的长为6米，宽为2.65米。神庙的顶和墙以木做架，以草为筋，墙壁上绘有彩色的图案，其结构与同时期的世界神庙相比，无疑是先进的。有学者以为这是一处女性祖先神庙，而且为许多氏族所供奉。同时更重要的是：一，打破了宋人高承所说黄帝升天，臣僚相迫，"取几杖立庙，于是曾游处皆祠之，此庙之始"[1] 的传说；二，否定了神庙是在佛寺基础上所建和庙会最早出现在唐代等说；三，在一定程度上显示出上古神庙的祭祀规模。[2]

商周时期的庙，许多学者以为是一个谜。王国维以为明

---

[1] （宋）高承：《事物纪原》卷八《庙》。
[2] 《辽宁牛河梁红山文化"女神庙"与积石冢群发掘报告》，《文物》1986年第8期。

堂即宗庙，并绘图为以"太室"为中心，向四周开放。① 也有学者不以为然，提出宗庙与明堂是两种建筑。② 1976 年，考古工作者在陕西岐山凤雏村发掘出西周早期宗庙。③ 其中心为"太庙"，是放置神像处，"太庙"左右有"东序""西序""东堂""西堂"及"东壁""西壁"。"太庙"前有东阶、中阶、西阶下的"庭"，"庭"中间有"堂涂"和萧墙，西庭前有"西塾"，东庭前有"东塾"，萧墙前方为"皋门"，再往前有"罘罳"。"太庙"的后边的"唐"和西"后庭"，两"后庭"之间"唐"的后面，有"路门"，即"寝"的门。"寝"两侧有"东房""西房"。整个宗庙的两侧为"东庑""西庑"。拜祀神主和祭祀用歌舞用牲在"庭"即空坪处，"皋门"两侧的"塾"内是祭拜者休息处。"寝"内是放置祖先神的衣冠处，东西两"庑"为配祀的神灵所列处。

有学者把先秦时期的庙号分为三类，即氏族祖庙、宗族祖庙和不毁的祧祖庙④。在氏族祖先庙即"祢庙""亲庙"中，始祖为高祖，祀显考庙，依次第二代祖先为曾祖，祀皇考庙，第三代为祖父，祀王考庙，父为考，此即显、皇、王、父四等级考庙。宗族祖庙中，太祖即宗族始祖的庙最尊，故称为"太庙"，是第一代远祖（嫡族）。不毁的祧祖庙，纪念功德显赫的祖先，祧庙分昭穆。这种宗庙制度在汉代还较完整地保存着。

秦汉时期为了加强中央集权制，祖庙的设置受到严格限制，

---

① 见《观堂集林》之三《明堂庙寝通考》。

② 詹鄞鑫：《神灵与祭祀——中国传统宗教综论》，江苏教育出版社 1992 年版，第 191 页。

③ 此报告见《文物》1979 年第 10 期。

④ 詹鄞鑫：《神灵与祭祀——中国传统宗教综论》，江苏教育出版社 1992 年版，第 210～212 页。

"自天子之外，无敢营宗庙者"，"魏晋以降，渐复庙制"。①

汉魏之后，佛教影响日益扩大，特别是在南北朝时期，印度佛寺影响着我国庙宇的具体布局，塔寺和石窟寺的形式渐渐兴起在地方庙宇建筑中。塔寺和石窟寺都是以宗教主体为中心，周围设置殿堂、廊庑的建筑结构。神庙的程式化和系统化越来越明朗。至隋唐时期，以岳庙为代表的神庙，在整体上一般由前院、后院、前后院中间的主院，以及前院之外的参拜殿或亭，这四部分再加上四周的围墙，形成一个中心突出、主题明确、完全封闭的结构模式。这种模式体现出我们民族特有的思维结构。文庙是特殊的庙宇，其结构与岳庙大致相同，如，院内有大成殿、后殿、明伦堂，东西两庑房，大成殿作为神庙中心，其前有露台、大成门、棂星门、泮池，外部以照壁相映。当然，这是较大的神庙在群体上的表现，诸如土地庙、牛王庙等低等身份的神庙，大多仍然是独伴结构，一般为单体式，而圣贤神庙则越来越多地与一些大型神庙成配享。唐宋时期，思想相对解放，"宗有宗祠，家有家庙"，神庙多成群体式结构，前后各有正殿，左右配以厢房，与三合院、四合院的民宅结构相仿。在宋代，文化和经济的大繁荣，神庙、寺院的建筑结构进一步完整化、定型化，即形成了坐北朝南的一条中轴线向前推进，诸如佛教的山门或山门殿、天王殿、钟楼、鼓楼、大雄宝殿、祖师殿和伽蓝殿、法堂、禅堂、藏经楼等，起居和参拜、诵经、唱佛等信仰活动有了一个完整的依托。而道教的宫观结构受到佛教寺院的影响，也越来越表现出严谨却又开放的一面。如，唐代之前，以崇仙堂、崇虚堂、崇玄台为中心，有观门、门

----

① （宋）谢维新：《古今合璧事类备要》前集卷六十九。

室、左右有阴阳仙房、东西马道等坐北朝南的大布局，在唐代之后，南北轴线不变，以天尊堂（殿、楼）和讲经堂为中心，前有坛和观门，东西两侧有供道徒进行宗教活动、日常生活的群体建筑。宋代之后，道教神庙在总体上表现为以玉皇殿、三清殿、灵官殿和纯阳殿、丘祖殿为中心，另有经堂、斋堂、客堂和观门等群体形制。这种形制无论是道教或是佛教，沿元、明，直到清代，基本上没有太大的变化。这种神庙结构还不断吸收民居的结构方式，如门窗朝前及窗棂的菱形、方形，栏杆、踏道、雕刻、描绘，出厦、吊厦、编厦、腰带厦、窗厦和顶式的单坡、平顶、囤顶、硬山、歇山、卷棚、庑殿、重檐、盝顶、攒尖等，以及墙壁用料、木构架结构、土木构架结构，特别是风水信仰，也在神庙中得到运用。元代的"庙台"异常兴盛，即建于面对神庙的位置，娱神、媚神、敬神对元代戏剧的繁荣产生了一定影响。明清时期更多的是面对神庙的戏楼，与整个神庙形成一个完整的体系。

神庙的结构与信仰活动的功利性密切联系在一起，参拜的殿或亭，给人以肃穆的感觉，形成庄重而神秘的氛围，依次走向前院，令人目光开阔，稍为舒缓，再走进大殿——神主的安置及祭祀参拜处，这里是信仰活动的集中地点、核心地点，后院是休息的地方，或者放置神灵衣冠。

二 神庙与官制、庙制

我国神庙的结构与园林的联系，在魏晋南北朝时就已经

形成。如，杨衒之在《洛阳伽蓝记》中就详细记载了永宁寺

"四门外,树以青槐,亘以绿水,京邑行人,多庇其下"的具体环境,以及"栝柏松椿,扶疏檐霤,藜竹香草,布护阶墀","寺院墙皆施短椽,以瓦覆之,若今宫墙也,四面各开一门",门楼"图以云气,画彩仙灵,绮钱青缲,辉赫丽华",另外,还记载了门外有"力士""狮子"等标志性装饰。其他如"建中寺"的"屋宇奢侈,梁栋逾制,一里之间,廊庑充溢"。现在,这种园林式神庙建筑群体结构并不少见。如成都、襄樊、南阳的武侯祠,山西太原的晋祠,河南淮阳的太昊陵、北京妙峰山的灵官殿和灵感殿,到处都是园林式结构,使庙会的信仰、娱乐、旅游观光融为一体。其中的太原晋祠,处于悬瓮山下晋水源头,庙中错落有致地分布着东岳庙、关帝庙、圣母殿、三圣祠、水母楼和戏台、献殿、石桥、铁狮子、水镜台等,山光水色与楼台亭树相映生辉。庙会之所以经久不息,应该说,与其风光秀丽的环境及神庙的独特结构是分不开的。诚如国外一位社会学家所说:"因为宗教是存在于社会和这个社会的附属社区与区域之中的,它本身也就要受到这个社会及其附属单位的规范与结构的影响。"①

随着建筑艺术的不断提高,神庙的形制结构也不断精美化,这也是世俗审美和宗教审美的具体发展的体现。从庙会的嬗变部分可以看到,庙宇从殷商时期的氏族宗庙、宗族祖庙和家族祢庙的对应结构及其浓郁的信仰氛围,到与音乐舞蹈艺术的逐渐结合,从无序向有序的递进变化,唐宋时期与市场的联结,以及后世的世俗化大趋势,信仰的成分越来越淡化,娱乐的成分越来越浓重。当然,信仰不会很快消失,

---

① 罗讷德·约翰斯通著,尹金黎等译:《社会中的宗教》,四川人民出版社1991年版,第242页。

它反而在不断自生自长，吸收一些外在成分的丰富化，成为庙会的核心内容。

神庙的基本结构不会孤立存在，而是与社会发展的具体实际密切联系在一起。各个地区的社会、政治、经济、文化、信仰的情况不同，都反映在神庙的结构中。如洪武三年（1370）朱元璋诏天下：

> 定庙制，高广视官署厅堂。造木为主，毁塑像异置水中，取其泥涂壁，绘以云山。在王国者，王来祭之，在各府州县者，守令主之。①

至洪武二十年（1387），朱元璋诏天下"设京师城隍，俾统各府州县之神，以监察民之善恶而祸福之"②。

庙的规格变得高度政治化，以城隍神庙为例，不但神庙与各府州县的政治机构相同，其庙会中的信仰活动也与官府的政治生活相同，特别突出的是"审理"——完全是朱元璋的愚民政治的具体化。

在一些民族地区，神庙与地方政权的联系同样紧密。如有著作所述：在甘、青、川、滇等地土司统治的藏区，寺庙与土司合二为一的政教合一形式不相同。在藏西北地区，寺庙是当地最高政权机关，寺庙大活佛是地方政教最高权力的代表，各土司如营官、千总、把总等皆受活佛节制。"中甸归化寺作为此一地区最大的寺庙，既是宗教统治的中心，又是政治统治的中心"，"寺内设立'吹云会议'（最高权力机关），由八大教区的大喇嘛和二十七个世袭千总、把总代表

---

① 《明史·礼志三》。
② 《续文献通考·群祀考》卷三。

组成"。其下有"两套政教机构"：一，"宗教系统"，如归化寺在八大教区分别设立康参（管理辖区内寺庙）、密参（管理喇嘛的基层组织）；二，"政治系统"，为营官、千总、把总、老民、伙头等。"这两套机构又结合起来向下构成农村基层组织——属卡，由老民、伙头和寺庙代表组成。在四川西康，木里地区的大喇嘛身兼土司，总揽政教大权，是当地的最高统治者，其下属各级官员均须由喇嘛出任；甘孜、阿坝地区宗教和世俗的统治机构虽各有系统，但相互维护，阿坝地区的少数大寺庙则直接管理部落，设温布一职司理民间事物"。"在甘肃南部，卓尼土司自明以降一直沿袭'兄为土司，弟为僧纲，如遇独子，两职兼'的制度"①。"伴随政教合一的更为紧密，这些地区寺庙结构与社会结构的对应当然也就较藏区更为合一"②。这些因素都直接影响着这些地区的庙会文化。因为任何一个地方的庙会，都离不开神庙的主持者——民族地区的土司是这样的主持者，中原地区的会首也是这样的主持者。社会政治生活无时不在庙会上打下自己的烙印，成为一个时代和一个地区的庙会特色。

在我国历史上，早期的五斗米道教在庙会上实行道官祭酒"立治置职"的政教合一统治，如陆修静《道门科略》：

> 天师立治置职，犹如官郡县城府治理民物。奉道者皆编户著籍，各有所属。令以正月七日，七月七日，十月五日，一年三会。民各投集本治，师当改治录籍，落死上生，隐实口数，正定名簿，三宣五令，令民知法。

① 丁汉儒等：《藏传佛教源流及社会影响》，民族出版社1991年版，第56~61页。

② 段玉明：《中国寺庙文化》，上海人民出版社1994年版，第229~231页。

其日天官地神，咸会师治，对校文书。师民皆当清静肃
然，不得饮酒食肉，喧哗言笑。会竟，民还家，当以所
闻科禁威仪教敕大小，务共奉行。如此道化宣流，家国
太平。

这是我国道教庙会的一个典型，也是宗教庙会的一个缩
影。宗教庙会的主持者身份问题颇为复杂。如，我国佛教，
在唐代之前，僧人的管理职能有上座、寺主和维那，而在唐
之后，有住持即方丈负责寺内的事务，其下又有负责宗教活
动具体事务的，诸如焚香、待客、批文、藏经等，称为序
执，负责后勤事务的，诸如饮食、卫生、安全，称为列执，
他们再被分为东序、西序。佛教僧众因为受戒等具体约束被
分为和尚、尼姑、学戒女、小和尚、小尼姑、信士、信女，
称为"七众"，受戒不同，蒸顶烧疤数也不同。服饰上、排
列次序上都因身份不同而不同。

佛教僧众是这样，道教僧众也是这样。道教僧众"以其
务营常道"而统统称为道士，女性称道姑。早期五斗米道分
道士为师君、治头大祭酒、祭酒、鬼卒。唐代分天真、神
仙、幽逸、山居、出家、在家、祭酒，明代分真人、高士、
法师、讲师。民间的端公是一种特殊的道士，与巫有关。

道教、佛教的结构之所以这样严格划分，是社会发展在
宗教信仰及其管理、发展上的具体体现。如美国学者托马
斯·奥戴所言："具体宗教组织的制度化是一个包含两方面
的过程，它既包括宗教运动的内部变迁，同时也包括宗教组
织对一般社会的调适。"[1] 世俗神庙的庙会没有僧众，其举

---

[1] ［美］托马斯·奥戴著，刘润忠等译：《宗教社会学》，中国社会科学
出版社 1990 年版，第 92 页。

办者，也是分为不同等级的，总会首下有分会首，各香火会由分会首带领在庙会上各司其职，各尽其责。这些年来，地方政府对一些大型庙会加强管理，由地方官员具体划分片区，使整个庙会井然有序，体现出我国当代神庙的结构特色和庙会的文化特色、时代特色。特别是政府把一些神庙作为历史文物，加强保护和修葺，神庙无论是建筑结构或者是庙会结构，都发生了重要变化。把庙会改造为旅游胜地、集贸中心、娱乐中心，必须以对庙会的具体历史有所了解为前提，不能盲目发展或杜绝。在民族地区，更应该以尊重民族信仰为前提。

以上所谈神庙与庙会结构，仅限于一般情况，而且偏重于佛教神庙、道教神庙及其庙会。在现存的庙会文化中，许多神庙，尤其是民间乡村神庙，和民居并没有太大的差别。特别是一些地方的家庙庙会，神庙总是依当地民居的形式而建，庙会规模较小，随意性也较强。在一些边远的深山区，庙会时隐时现。值得注意的是，福建省闽西、闽南的山间，客家土楼中生活的客家人的神庙和庙会，其结构奇特。客家土楼为环状封闭型建筑，高三、四、五层不等，多则占地达一万平方米，周围房间达四百多间。神庙或族堂，就建在土楼环绕中间的大天井，族中的庙会就依此而兴起。家庙庙会在我国乡村间尤其是偏远的山村，其影响非常重要，一般由有文化又有地位的族中人做会首或主持祭祀，站立秩序要按辈分排定。这种庙会由于地理条件的限制，有的就没有商贩和市场，而是族人共同参加、共同庆贺祖先神的生日或纪念祖先神的忌日。

第六章　庙会与原始信仰

庙会在原始信仰中产生，形成雏形，并得到一步步发展。与其他民间文化一样，我国庙会也存在着传承性和变异性、集体性等具体的特征。正由于这种传承性特征的存在，一些学者把庙会称为民族文化的活化石。文化人类学家把民俗称为文化历史的遗留物，其道理亦在此。综观我国庙会中的原始信仰存在，可以分为这样几个部分：一，神话传说在口头语言上的流传及其与地方风物的结合；二，一定的仪式与原始信仰有着密切联系；三，图腾的意义表现为氏族遗民的文化心态并以物具形式存在。

"原始"的概念，在民间文化中是指与现代文明相区别，并特指史前社会没有书写文字的历史阶段。在一般的意义上讲，原始是与文明相区别而表现出野蛮、蒙昧的成分。原始信仰就是与文明社会有着显著差别的那些貌似怪诞、荒唐的观念。利维－施特劳斯曾区别原始艺术和文明艺术，举出二者之间的三点差别：一，城市文明以现代欧洲为例，总是要划分出艺术家和社会集团，而原始社会中不存在这种现象；二，城市文明社会比原始社会更倾向于创造再现性艺术，而原始社会则常将所再现的对象的意义与巫术等社会力量相联系，采用象征符号表现愿望；三，原始艺术是集体的无意识的，与文明艺术的"个体性""再现性""学院性"形成鲜明对比。[①] 他所要强调的是原始信仰对原始艺术的支配。换句话讲，原始信仰就是原始艺术中所表现出的具体的观念。

在今天看来，原始信仰的主要内容是原始人不相信自己的力量，而是依靠一种无形而又神奇的外来力量得以生存或改造世界，集中体现为巫术的意义。所以，原始人膜拜他们

---

① 朱狄：《原始文化研究》，三联书店 1988 年版，第 455～456 页。

自身以外的一些事物并不自觉地或无意识地将这种观念化为语言或符号。对于世界的起源，对于人类的诞生和繁衍，对于事物之间的联系等问题，原始人都有着他们特有的思索并按照他们的思索方式进行表现，就有了世界产生于混沌、人是用泥捏的、用语言和一定的动作或符号就可以支配世界等具体的信仰观念，在许多原始文化遗址和现存的原始部落中，都有这种内容。尽管这种思维方式是孤立的、静止的和狭隘的，却顽强地表现出原始人的不屈和追求，充满生命的活力。并且这种信仰直到今天还没有完全消失，在文明的现代社会中，随时都可找到它的痕迹。我国现在仍然存在的民间古庙会中，就很明显地表现出这方面的内容。

一　神话传说的口头流传及其与地方风物的结合

原始神神庙的庙会之所以能存在，其重要因素就在于这种神庙被一定的神话传说所阐释。许多原始大神，像盘古、伏羲、女娲、大禹他们的庙宇的存在，并且有相当规模的庙会表现民间百姓对他们的敬奉，首先在于他们的"角色"和具体的"功德"——这就是在一定区域内所流传的神话，而且，这些神话传说合理地解释着人们尊崇这些原始大神的原因。在每一处原始神庙的周围区域内，都有与原始大神相关的神话传说，甚至形成神话群，成为庙会文化的特色。在我国的黄河中下游地区，这种现象非常突出，这里有庞大的神话群。

如何看待神话传说中的人物呢？一位历史学家说："有一种传说人物，是两千年前的文人根据传说，对不同社会阶段塑造出假设的代表人物。例如人类初期，不知熟食，人少兽多，为了避免野兽侵害而巢居树上，便假拟了一个代表名叫有巢氏；后来人们从利用自然火发展到制造火阶段，便假拟了一个燧人氏；人们在狩猎过程中，经验逐渐丰富，创造了围猎野兽和用网捕鱼，甚至把个别性情温和的野兽驯养成家畜，对能够降服野兽的历史阶段，便假拟了一个伏羲氏。这类假拟的人物并非真有其人，只能作为不同历史阶段来看。还有一种传说人物，便是炎帝、黄帝、蚩尤、颛顼、共工之类的人物，与有巢氏、燧人氏、伏羲氏有了根本性质的区别，他们不是假拟的'人物'。在这一时期和他们共存的还有许多著名的'人物'，他们之间的相互关系也比较复杂，有的在一起联盟，有的通婚友好，有的相互打仗。但是把这些'人物'当做一个具体人那就错了。其实他们并不是一个具体的人，而是一个部族。如果我们对这些'人物'的名字完全把他只作为一个部族的名称，那也就错了。我们应该知道，原始社会往往人名和部族名是统一的。"① 对于庙会文化研究来说，无论什么样的神话人物，都是民间信仰的具体表现。假设的人物也好，史实上确实存在的部族代表人物也好，在庙会中以具体的民间信仰表现出其神格及"功德"，都不是偶然的，即原始信仰对漫长的社会生活所给予的深刻影响，绝不是几个人就可以左右得了的。也就是说，作为现存的原始神话以民间信仰的形式存在着，这是我们的民族千百年来的选择。从许多神庙的"香火碑""功德碑"等碑石

---

① 许顺湛：《中原远古文化概观》，河南人民出版社 1983 年版，第 167 页。

材料可以看到，神庙的历史是相当久远的，庙会的历史也是同样的。

黄河中下游地区的神话群集中表现在这样几个庙会上：盘古庙会；女娲庙会；伏羲庙会；黄帝庙会；阏伯庙会；仓颉庙会；帝喾、颛顼庙会；大禹庙会。

盘古庙会以河南桐柏山上的盘古庙会影响较大，祭祀时期在每年的三月三。与江浙、湖广、云、贵、川、黔等省份的盘古庙会相对应，显现出中原文化与荆楚文化交接地带的庙会风貌。盘古庙会与地方风物的联系表现在这样几个方面：一，庙会之后，要下一场"净山雨"，传说是盘古夫妇在接受了民间百姓祭拜之后，要清扫门庭；二，附近的大磨村和石磨，传说是盘古兄妹从山上滚下，作为"验婚"而留下的；三，附近的九子山传说是盘古镇龙留下的；四，传说盘古夫妇捏成面人而形成人的黄色皮肤；五，传说口语中的一种方音"ra"是盘古教会民间百姓的。① 在盘古山地区，盘古开创天地，造化万物的功绩是各种传说衍生的基础，盘古神庙中的盘古坐像是粗壮的民间农民形象，与一些地区把盘古扮成帝王形象，形成鲜明对比。这显现出盘古崇拜的质朴特点。

女娲庙会在黄河中下游地区主要集中在甘肃和河南两地（河北涉县在行政辖区上原属河南）。甘肃天水的女娲庙会与伏羲庙会相连接在一起，形成西北地区原始神庙庙会的一个典型。在河南地区，女娲庙会有这样两处较大影响的神庙，一是西华（地处豫东）县聂堆乡的女娲城村庄的女娲庙和女娲阁，一是济源王屋山上的女娲神庙。这两个地方关于女娲

---

① 其实这个音在现代汉语中也有保存，即堧，读 ruán，指空旷的土地。

的功德主要在"补天"和"造人",其中,西华、淮阳、项城、扶沟、商水、鄢陵、尉氏等地,广泛分布着一个信仰影响较深的神话群。河北涉县的中皇山女娲神庙,迄今仍有"中州"字样,我们也可把它算做中原神话的典型,而且,在一定程度上,中皇山的神话群在内容上甚至比西华县女娲城的更丰富。西华女娲城的庙会中,神祇的主要职能在于造人,补天的成分相对弱一些,民间百姓以女娲为送子大神作为信仰的主要内容。河北涉县的中皇山娲神庙的庙会,则主要流传补天实际是治水的内容。从中皇山周围的地势来看,这种传说更具有合理性。如女娲在中皇山取松树、芦苇、五色石和泥,堵住了山西省的昭余泽,以及东阳关、娘子关、龙泉关等太行山山口。当地百姓以正月二十四日为女娲补天日,蒸补天馍,填平家中和路途上的坑洼地。神庙周围的村庄与女祸用芦苇止水的情节相联系,如"芦灰窑""芦家窑""灰场""石缸""固薪""苇洼",而且在考古中发现有八千年前的芦苇痕迹。这里每年三月十八的庙会上,生殖崇拜的成分也很浓。坐夜、野合、跳火池等习俗,迄今仍存在。从整体上看,黄河中下游地区的女娲神庙的分布、神话群的流传,与古籍所载文献基本上是相吻合的。如《太平寰宇记》《地理通释》等书中提到"太行山,一名皇母山,一名女娲山",太行山系的女娲神庙就较多存在,另有陕州女娲陵、晋州女娲庙,《魏书·吐谷浑传》所提"新城郡"(即今商丘一带)的神庙,在整体上连成一片,与传说女娲生于承筐、在太行山补天、在冀州之野以芦灰止水大体相合。

伏羲庙会以河南淮阳的太昊伏羲陵庙会影响最大,甘肃的天水伏羲庙、陕西宝鸡的伏羲庙都曾有过庙会,而以河南地区伏羲神庙为多，庙会的影响最广最深。以淮阳为中心，河南的上蔡、正阳、商水都曾有过伏羲神庙和庙会。在这里，伏羲被人亲切地称呼为"人祖爷"，即人类的祖先，伟大、神圣的民族之父。神话群最显著的特点即表现为与地方风物的广泛结合，如，淮阳县城的白龟池、画卦台等名胜，上蔡的白龟池、蓍草园，西华的思都岗即女娲城，都与伏羲神的"功德"相联系。淮阳成为传说中伏羲的都城，每年的二月二到三月三，这里都要举行大型古庙会，成千上万的人涌进这里，瞻仰神庙中的伏羲像，游览古城的旖旎风光。这里的一草一木都与伏羲相关，伏羲成为处处时时人人都景仰的祖先神。这种现象，在世界各民族神话的发展中也是不多见的。在豫东一些农村，家家户户都置放或悬挂张贴着伏羲神像，到处都有"羲皇社"等香火会之类的民间组织。在远古神话中，伏羲是人民的保护神，也是人民生活的导师，教人渔猎，创制八卦，制嫁娶礼仪，造琴瑟箫鼓，这些内容在民间传说中继续流传着。更重要的是，伏羲还被人与女娲合祀，在传说中，他们成为兄妹婚姻的典型，与洪水神话有机地结合起来。两个本来是不同时代的神话人物，在这里的民间传说中被糅合在一起。他们在经历了洪水的浩劫后，靠自然神力诸如白龟、老树、石狮、花喜鹊等动植物神的帮助或催促，其遮草、滚磨、滚石、抛石块、植柳、占卜（草）等验婚的手段，在今天的习俗中都可找到相应的存在方式。人们的婚姻等习俗，也从伏羲女娲的这些传说中得到合理的阐释。淮阳太昊伏羲陵庙会形成特殊的神话语域中心，庙会的知名度与伏羲神话的语域是对等的。这显示出原始信仰对民间文化生活的重要影响。

黄帝庙会在黄河中下游地区的分布，首推陕西黄帝陵。黄帝陵地处陕西黄陵县城北的桥山脚下，相传始建于汉代，山门上有"轩辕庙"字样，庭院深广，保存着记载满汉蒙文的官员致祭碑文的数十通石碑，正殿有黄帝的牌位，门额上有"人文初祖"字样。人们传说这里是黄帝安眠的处所，这里的古柏有一棵最大的是黄帝亲手所建。每年的黄帝陵庙会，集中了地方民间文化艺术，显示出对民族奠基者深厚的爱戴。从这里东望，沿潼关、灵室、密县（新密）、新郑、禹州即豫西伏牛山系，更广泛更深刻地反映出黄帝神话的影响，最典型的是登封嵩山的中岳庙会，黄帝成为威镇中天、统摄九州的中岳大帝。在他的周围，聚集着天下所有的英豪。他平定各方叛乱、忤逆，战胜炎帝，终于缔造出一个高度统一的民族和国家。也就是说，在黄帝神话中集中体现出丰富多彩的民族精神。举凡豫西以中岳庙会为中心的广大地区，我们可以从地方风物的传说中看到一个十分壮观的黄帝神话群。如新郑，是传说中的"轩辕故里"。新密山区，许多地方都是黄帝生活过的地方，或他的将军的封地，风后和大隗、常鸿、力牧等神话人物的名称与地名结合起来。其他像讲经洞、后花园、黄帝宫、饮马池等，给人以生动、朴素、真实的感觉。在这里，黄帝寻道，问广成子，成仙，祭祀河洛，铸鼎划九州，成为山水间村野间广为传颂的内容。从《史记》《竹书纪年》《水经注》等古代典籍中的黄帝活动范围可看到，"生于寿丘"，"长于姬水"，"居有熊"，"居轩辕之丘"，"邑于涿鹿之阿"，"与蚩尤战于涿鹿之野"，"与炎帝战于阪泉之野"，"祭于洛水"，"封泰山，禅亭亭"，"东至海，登丸山及岱宗"，"西至于空桐，登鸡头"，"南至于江，登熊、湘"，"葬桥山"，其活动范围是中国神话中最广的一个。《国语·晋语》说黄帝"有子二十五人",即有后裔二十五支,颛顼、帝喾、尧、舜、禹,都是其后代。也就是说,在我国神话体系中,黄帝神话是最大的神话群,以各地的"神话遗址"如神庙,成为其语域中心。这就难怪有许多学者感慨,为什么炎帝的传说在民间存得那么少。黄帝战胜了炎帝,所辖领的地区都会崇祀他而排斥炎帝,这就形成黄帝神庙众多,庙会也繁盛,而炎帝越来越受冷落的现象。

阏伯庙会集中体现在河南商丘的阏伯台,即传说中的火神台、火星台。这里每年正月初七日,如旧志所言,"俗传阏伯火正生辰,男女群集于阏伯台及火星庙进香,车马填咽,喧阗累日"。① 各种民间文艺形式,如社火,表现人们对阏伯的敬仰。与盘古、伏羲、女娲、黄帝他们的身份所不同的是,阏伯不是领袖神性,而是英雄神。他的主要功德在于盗火。当地传说中的阏伯,身份不尽一样,有的说他到天庭中盗取火种,有的传说他到太阳神宫中去盗取火石,并且乘鸡而去,将太阳鸟、雄鸡鸣叫、民间以鸡驱邪等现象有机联系在一起。这类神话与民间火神信仰、火星信仰相结合,体现出我国庙会文化的又一特色,即英雄崇拜与星辰崇拜在民间习俗中的重要的主导作用。这里也有一个问题,即火崇拜之所以同英雄崇拜、星辰崇拜包括祖先崇拜相结合,其心理基础在于什么呢?庙会中对阏伯的敬祀等信仰意义值得深入思索。

仓颉庙会沿黄一线,自陕西白水到河南内黄、虞城,都有仓颉神庙及庙会。白水一带的传说与当地碑石材料相

① 光绪三十二年刊本《归德府志·祭祀》;归德府,今河南商丘。

对照，可知其东汉即有庙祀。庙东北角传说是仓颉亲手所植下的柏树，另有"灵芝柏""再生柏""奎星点元柏""不进柏"，庙门口有"惊贼柏"，处处都与人们心目中的字圣相连。当地人不会站着悬肘写字，孩子上学先拜仓颉，以手抚摸碑顶，枕书睡觉能驱邪，仓颉庙附近多红色礓石，居民早晚喜欢吃红豆稀饭，另有祈雨找仓颉，求子找仓颉，三条沟、楼子沟、晒书台、礓石等地名，以及史官村村名等等，仓颉的功德与白水的草木土石融为一体。白水县洛河以北有一百多个村庄组织成十大社，办谷雨庙会，祭祀仓颉；阳武是传说中仓颉的出生地，这里每年三月二十八日都举办其诞辰会。河南的内黄、虞城，都有仓颉墓和庙会，当地人在庙会上同样把仓颉当做求子神，保护神。[1]

帝喾、颛顼神庙会，以河南濮阳内黄的杨庙村的二帝陵庙会为典型。当地人民把这两位传说中的远古时代的帝王作为神灵祭祀，并将鲋鱼山等风景与之联系在一起，表达了悠远的信仰传统。再如河南濮阳的瑕丘庙会对于帝舜的祭祀，这里每年正月十八进行大型庙会，地方香火会慷慨举办百家长宴，款待山东、河北、江苏、安徽、河南等地祭祀虞舜的香客。同时，《礼记·檀弓》所记"升瑕丘"，《尚书大传》所记"舜贩于顿丘，就时负夏"，《史记·五帝本纪》所记"舜耕历山，渔雷泽，陶河滨，作什器于寿丘"等材料，都与地方民间传说、民间信仰结合在一起，形成一个地域界线明显、特色鲜明的舜神话语域中心。这样把古代帝王作为神灵祭祀的庙会，在中原地区特别多。又如，河南临颍有祭祀

---

① 参见高有鹏《黄河流域仓颉神庙与庙会的分布》，《黄河·黄土·黄种人》1995 年第 5 期。

商高宗的"高王庙会",河南永城有祭祀梁惠王的"高祖庙会"等等。应该说,这种庙会分布密集、历史久远的文化现象,是和河南这一地区在我国古代文化发展中较长期居于领先地位的意义分不开的。

大禹庙会是横跨黄河、长江流域,在我国影响最大的庙会典型。可以说,在我国范围内,没有任何一个庙会能像大禹庙会这样分布之广泛,特别是在河岸边的城镇,几乎都与大禹神庙及庙会有着密切联系。

大禹神话时代是我国神话时代中的最后一个,与有文字记载的殷商文明在时间上相距最近,其文献保存自然就相当丰富。如果从各地的禹神庙的建立分布图来进行粗略统计,就会发现,它主要集中在黄淮地区的黄河中下游地区。大禹神庙和庙会在这一地区的存在表现,最少有这样两种情况。一是这一带水患众多频繁,二是这一带经济发展较早,文化相对发达。正是这两种重要原因,才有可能产生如此众多的禹治水的传说故事,从而体现出民间文化心理因素的物化现象——神庙,在大禹传说中的生辰日举办庙会。大禹神庙庙会的基本意义主要体现在这样几个方面,一是我国原始信仰与改天换地的壮举的联系,成为民族奋斗不息的精神传统的重要内容;二是英雄崇拜在民间信仰中集中体现出的民族智慧和民族力量,不断被发扬光大;三是大禹的牺牲精神、奉献精神、抗争精神和大无畏精神,成为民族的宝贵经验,成为代代相传的精神财富,影响着我们民族的壮大发展和昌盛。这也正是原始信仰为何在我国民间庙会中屡屡得以体现的重要原因。

禹神庙的建设有大有小,小的如一间普通的房舍,坐落在河岸边,大的如高大的宫殿,金碧辉煌,鳞次栉比。禹神庙会中的典型，当数浙江绍兴会稽的禹陵、禹庙。传说在夏启和少康时代，那里就有了神庙，此后在南朝梁代初年（约公元6世纪初）建造。唐代神庙取治水成功之意，名为"告成观"，今庙有正殿、拜厅、午门、岣嵝碑（取来自湖南衡山岣嵝顶之名，又称禹王碑）和照壁，两侧有东西辕门、御碑亭、窆石亭，被丹墙所围。明代、清代、民国，这三个时期的修复规模较大，对后世庙会影响也较大，更不乏文人骚客对此咏诵。其中有一副对联"江淮河汉思明德，精一危微见道心"，即1689年康熙皇帝来此祀禹所写。河南省开封市禹王台，是纪念大禹与治理黄河历代河工的场所。这里与浙江绍兴会稽的禹陵、禹庙祭祀大禹的意义是一样的，每年的正月、十月都举行大型庙会。统治者对大禹神庙和庙会的提倡和宣扬，直接促成了大禹神庙会的兴盛，客观上也形成了原始信仰在庙会中的牢固保存。

长江流域经济、文化的开发与中原地区相比较晚，但这里后来居上，整个这一地区的庙会文化体现出这种特殊内容。佛文化的传入和发展，对我国南方文化在荆楚、巴蜀的巫风改造方面具有重要意义。在时至今日的江南地区民间庙会中，佛文化与宽厚仁慈相济的道德理想品格的具体塑造有机地融为一体，所以，佛信仰成为民间庙会的精神主体，原始信仰的成分则相对较淡疏。

神话传说作为原始信仰的体现，其广泛流传，这种意义主要是庙会以神话传说为语言根据，并成为一定神话群的语域中心。这种神庙与庙会共存，并渗透以原始神灵的神话传说的现象，是我国庙会文化的重要特色。也就是说，文化考察，尤其是关于民间文化的田野作业，应对庙会中的神话传说的内容和价值，给以足够的重视。

二 一定的仪式与原始信仰
有着密切联系

在庙会文化中，一定的仪式表现为原始信仰，这主要体现在一些原始的——特别是祖先神的祭祀行为上。概括地讲，就是"巫"的意义。一定的仪式所体现的原始信仰的文化意义即"巫"的意识。

在远古社会漫长的岁月中，巫的出现是划时代的一件大事，对于文明的发生和发展，都是至关重要的。巫作为原始人与神灵对话的使者，成为氏族的精神支柱，思想文化的集大成者。从许多史料中可以看到，无论是法律、文字、天文、历算、医学，还是绘画、歌曲、舞蹈、戏曲，巫不但是这些文化、科学的创造者，而且也是传承者和传播者。在以祖先崇拜等原始信仰为主要内容的庙会中，巫促成了庙会的神庙制度系统化、制度化，即巫成为人们政治、经济、军事、文化、道德、哲学、法律、信仰等广泛内容的指导者——人们每当举行大的活动之前，都要讨问巫，让巫做出决定。在《尚书》、甲骨文辞等材料中，占卜的内容尤其多，其主要原因就在这里。作为神使意义的巫，无论是其职业还是其意识，在今天许多古庙会上都存在着，并且还深深地影响到庙会文化的具体内容。

作为原始信仰意义的巫，其职业和意识的表现是两个基本概念。职业的巫作为神职，包括巫师、法师、祭司等。在《山海经》中，有"（登葆山）群巫所从上下"，"（丰沮玉门山）十巫从此升降",即巫师"通灵"现象。① 巫师的主要职责就是为人间祈求幸福,被除灾难,而法师则以恐吓手段,诸如画符、念咒、放蛊、厌胜等行为,为神灵做威仪。祭司是固定的宗教组织和神庙中的专门人员,一般负责各种祭祀仪式的举行,以及必要的祭祀场面安排、祭品布置、程序设计等。也就是说,随着社会的发展,巫的分化越来越细致。许多学者都称巫为"世界上最古老的职业"②。确实,它是历史最悠久、从职人员最多、对于人类文明的发展影响最深广的职业。所以,千百年来,巫作为职业和意识,在社会生活中都没有消失,甚至在一些地区成为民间文化生活中具有相当重要影响的内容。③ 特别是在庙会中,有时它还相当活跃。在我国古代,黄帝"生而能言,役使百灵","顺天地之纪,幽明之占,死生之说,存亡之难",④ 颛顼"养材以任地,载时以象天,依鬼神以制仪,治气以教化,洁诚以祭祀",喾"生而神灵,自言其名……历日月而迎送之,明鬼神而敬事之",⑤ 尧"其仁如天,其知如神",舜"入山林川泽,暴风雷雨"而"不迷","肆类于上帝,禋于六宗,望于山川,遍于群神",⑥ 禹治水、仓颉造字、伏羲作卦、重黎二人绝地天通等迹象可表明,我国古代帝王许多人既是政坛统治者,又是祭坛统治者。如《广博物志》卷二五引《帝王世纪》言:"世传禹病偏枯,足不相过,至今称禹步

① 见《山海经》之《海外西经》《大荒西经》所载,并参见高有鹏:《神话之源——山海经与中国文化》,河南大学出版社 2001 年版。

② 童恩正:《中国古代的巫》,《中国社会科学》1995 年第 5 期。

③ 参见邓启耀《中国巫蛊考察》,上海文艺出版社 1999 年版。

④ (晋)葛洪《抱朴子》。

⑤ 《史记·五帝本纪》。

⑥ 《尚书·尧典》。

是也。"对于这种现象，李安宅概括道："由私巫变成公巫，及为公巫，便是俨然成了当地领袖。领袖的权威越大，于是变为酋长，变为帝王——酋长帝王之起源在此。"①

在现代社会中，庙会受现代文明的冲击越来越重，而巫的意识仍然保存得很深刻，鲜明而突出。以河南淮阳太昊伏羲陵庙会为例，我们可以窥见庙会中原始信仰的一斑。其典型的巫意识，一是扣摸"子孙窑"，二是焚烧冥器，三是歌舞中的抵背动作，四是以草占卜。其中的扣摸"子孙窑"作为原始信仰的表现在庙会中最为典型。这使人想到古代祭祀"高禖"的习俗，如《礼记·月令》载：

> 仲春之月，是月也，玄鸟至。至之日，以大牢祠于高禖。天子亲往，后妃帅九嫔御，乃礼天子所御，带以弓韦蜀，授以弓矢于高禖之前。

高禖即生殖大神。在我国庙会文化发展中，高媒即高禖崇拜常常与上巳节联系在一起，成为庙会文化的重要内容。所以，在这样一种意义上，有一些敬祀远古大神的民间庙会被学者们称为文化发展历史的"活化石"。

今天，淮阳太昊伏羲陵庙会上的扣摸"子孙窑"，即同类意义的生殖崇拜。这是我国古代高禖祠内立石以代神主的遗迹典型。这里的"子孙窑"实际上就是女阴的象征。当地关于生殖崇拜的传说和习俗，在内容上非常丰富。有人讲，扣摸"子孙窑"的多女性，而且多育龄妇女，动作进行时，要保持静心。又有人讲，摸的次数不一，生男生女有别，即

---

① 李安宅：《巫术的分析》，四川人民出版社1991年版，第10页。

单数一下为男，偶数两下为女。这使我们想起我国古代生殖崇拜更广泛的内容，这种习俗作为原始信仰体现出原始思维的基本特点。再者是鸟崇拜，玄鸟即男根的信仰表现为庙会上各种各样的泥燕燕，人们以此为神灵所赐的吉祥物。不止在中原地区是这样，在更广大的地区，都可找到这样内容的鸟崇拜。女阴崇拜的内容同样非常丰富。古人有以鱼、瓜、竹、草、花、燕、桑、蛙和各种果实象征女阴的习俗，之后，其抽象的意义越来越突出，如"凸"形、圆柱形、弓箭形象征男根，"凹"形、圆洞形、盆形、三角形、光环形等象征女阴。女阴崇拜和男根崇拜一样（淮阳庙会中的柱形器皿即为男根崇拜），都是生命崇拜、力崇拜与崇尚繁衍人口信仰观念的统一体，一定程度上体现出原始人民的生命观、价值观、人口观、人生观。这种观念与巫的动作和心态相结合，反映出庙会文化中原始信仰作为仪式存在的具体形态。事实上，这种观念不但在庙会上有，在庙会所在地周围人民日常生活中，也相当普遍地存在，只不过在庙会上更为突出，更为集中。

三　图腾表现为氏族遗民的文化心态　并以物具形式存在

今天，我们都称中华儿女是炎黄子孙，是龙的传人。龙，就成为我们民族最突出的图腾。

图腾崇拜在庙会文化中的具体表现，主要是一些祖先神庙会上具有特殊意义的"祭品"，它通常与生殖崇拜、祖先崇拜、英雄崇拜、动植物崇拜等原始信仰观念相混合。

图腾，通俗地说，就是一个民族神圣的徽帜、标志。在远古时代，图腾的面目是相当复杂的，如《汉书·律历志》载（其依据在于《左传》《周易·系辞》）：

> 《春秋》昭公十七年，郯子来朝。《传》曰：昭子问少昊氏鸟名何故。对曰：吾祖也，我知之矣。昔者黄帝氏以云纪，故为云师而云名。炎帝氏以火纪，故为火师而火名。共工氏以水纪，故为水师而水名。太昊氏以龙纪，故为龙师而龙名。我高祖少昊挚之立也，凤鸟适至，故纪于鸟，为鸟师而鸟名。言郯子据少昊受黄帝，黄帝受炎帝，炎帝受共工，共工受太昊，故先言黄帝，上及太昊……

以何物为"纪"为"师"而名，正是图腾的表现。不同的民族其图腾的内容也是不同的。它以氏族为基础单位，常有一个部落包括着不同的氏族而拥有不同的图腾崇拜。动物、植物，各种自然现象，包括风、云、雷、电、山、川、水、泽、木、石、土等，都可以作为图腾物，当然，一些图腾物并非孤立地单独存在着，而是呈现出变形的综合状态。在民族发展中，可以用全息的理论来理解图腾在各个民族之间的复杂联系。如，北美的辛尼加部落，有狼、熊、龟、鹿、鹰等八种动物图腾。[①] 这表明这些动物曾作为氏族单位在部落发展中起到十分重要的奠基性作用。又如，在《山海经》中，有学者统计出它提到的图腾，在105个邦国中有14

---

① ［美］摩尔根：《古代社会》，三联书店1957年版，第72～73页。

个邦国有图腾，以其中的《五藏山经》为例，"鸟图腾十四个，虎图腾八个，蛇图腾八个，龙图腾三个，狗图腾三个，鱼图腾六个，植物图腾二个，还有豹、马、牛、羊、貊、蜂等图腾各一个，另外还有不知名的兽图腾七个"；其基本分布状况为，"龙图腾基本上在南方"，"鸟图腾氏族主要分布在河南的卢氏、栾川、嵩县和湖北省汉水以西地区，蛇图腾氏族在山西的北部和中部，马、牛、羊图腾氏族在中国的西部，即陕西、甘肃、青海等地，豕类图腾氏族，主要分布在河南省的豫西、豫南、豫北和河南省的南部"，[1] 十分清晰地勾画出我国远古时期的图腾地理。我国上古神话中，炎帝族的图腾有蛴虫（蜂）、羊、牛、龙、蛇、鱼、鸟；黄帝族的图腾有蛴虫（蜂）、电、星、熊、罴、貔、貅、貙、虎、狼、豹、雕、鹖、鹰、鸢、狗、马、鸟、豕、云、风、鸿、龙；颛顼族图腾有星、龟、鸟、鱼、龙、蛇、豕；帝喾族图腾有蛴虫（蜂）、熊、羊、马、玄鸟、虎、豹、熊、狸、罴、日、月、龙；尧的图腾有龙；舜的图腾有龙、鸟；禹的图腾有龙、蛇、龟、星、石、植物；共工的图腾有蛇；契的图腾有鸟；后稷的图腾有豕、马、羊。[2] 由此可以看到，黄帝族图腾最为丰富，其统一中华民族的地位从这里显示出其非凡的意义。图腾在氏族的发展中，伴随着氏族的地位而发生变化，并以图腾形象保留在房屋建筑、服装、餐具、车辆等器具装饰与旗令等生产、生活的具体环境中，成为我们咀嚼不尽的神秘符号。在庙会中，特别是在今天一些历史异常久远的庙会中确实大量存在着这些神秘符号，遗憾的是我们有许多人读不懂，而且越来越多的学者不愿意去阅读它、理解

---

① 许顺湛：《中原远古文化》，河南人民出版社1983年版，第410~411页。
② 许顺湛：《中原远古文化》，河南人民出版社1983年版，第428~429页。

它、研究它。

我们仍以河南淮阳太昊伏羲陵庙会为例。在这里，最典型的图腾遗存现象表现在龙旗、经挑舞、泥泥狗等物具形态上。太昊伏羲陵，当地也称太昊陵、人祖坟，显然，当地人民把伏羲是当做民族的祖先神来祭祀的。前面曾经提到，"太昊氏以龙纪，故为龙师而龙名"，而少昊"纪于鸟"，龙图腾和鸟图腾应当是这里的重要图腾内容。但是，从这里的庙会史和移民史等具体情况来看，并非是伏羲的出生地。也就是说，由于偶然的历史因素和文化因素，使这里形成了著名的人祖庙会。无论这里的居民是否为伏羲氏的遗民，庙会又因为这里特有的地理条件、历史条件和文化条件而保存了相对古朴的图腾物。伏羲社即香火会的龙旗并不是凭空打出的，在更久远的文化传统中，它与"龙师"的内容是有密切联系的。在经挑舞中，有人以黑色长衣带相舞，背倚背形成摩擦状，被一些学者称为"龙会"即龙交合，是交配象征，属生殖崇拜。这种舞蹈形式，据笔者考察，也并非现在才编出，而是由香火会相传许久。至于泥泥狗，其形状千姿百态，动物以鸡、燕、虎、狗、斑鸠、猴、蛙居多。单体的、连体的，都体现出丰富的寓意。与其他地区的泥塑相比，淮阳地区较少羊、豕、鱼、马、牛等农村常见的动物，而以燕、狗最多，这就应该从伏羲的图腾史上去寻找答案。就一般意义上来讲，伏羲神话在图腾表现上主要有狗、龙、鸟和太阳几大类。当地人称泥泥狗为"陵狗"即指此。太阳崇拜，一是太昊神职上所体现，二是泥泥狗图案上的灿烂花环状所显示。我以为太阳崇拜与生殖崇拜在这里是相混合的；龙崇拜的意义在旗帜和舞蹈上已经显现出；鸟崇拜的意义由燕、斑鸠、鸡等动物形状特色所显示，同时，它既是生殖崇拜物,也是图腾崇拜物。这种现象在伏羲神像上同样体现出来。在俗语中,地方百姓表达对于某种事情不屑一顾,或表现豪爽的情怀时,常常用一个响亮的"鸟"的读音来概括。这同样应该是鸟崇拜具有遗产色彩的文化表现。

图腾信仰在庙会上的表现,除了我们所举河南淮阳之外,在河北涉县的娲皇宫庙会等也都很突出。当地无论是地名还是生活习俗,芦苇、鳖等动植物崇拜现象,与《淮南子·览冥训》所载女娲补天止水的情节是吻合的。在更多的地区,尤其是南方兄弟民族地区,庙会上的葫芦崇拜所显示的图腾意义,也都说明中华民族文化的丰富、悠久。

四 民间传说作为庙会原始信仰等 崇拜内容的重要依据

葛天氏是传说中远古时期的帝王,是传说中我国远古时期重要的部族首领,是著名的神话英雄,是重要的创世大神和文艺大神,在我国文化史上具有十分重要的地位。

《吕氏春秋·古乐篇》载,远古之时"多风而阳气蓄积,万物散解,果实不成",人乃"作为五弦瑟,以定群生","作舞以宣导之";"昔葛天氏之作乐,三人操牛尾以歌八阕:一曰载民,二曰玄鸟,三曰遂草木,四曰奋五谷,五曰敬天常,六曰建帝功,七曰以地德,八曰总禽兽之极"。河南省长葛市是传说中葛天氏部族的繁衍生息之地,至今仍生活着相传为葛天氏后裔的葛姓居民。明正德十二年车明理撰写的《长葛县志》、清乾隆十二年阮景咸撰写的《长葛县志》均载"长葛为古葛天氏之墟，其得名实始见于春秋，逮至于今盖已两千余岁矣"；"长葛，盖葛天氏故址也，后人思永其泽，故名曰长葛"。同时，这里迄今流传着大量与葛天氏相关的民间传说，与民间庙会等大量相关"遗迹"、祭祀仪式交相辉映，成为庙会承传原始信仰的重要依据——民间文化自在的阐释依据。当地葛天氏传说与民间信仰融为一体，成为当地岁时节日、礼仪、禁忌等重要文化生活内容；在民间社会生活中葛天氏既是祖先神又是保护神，是水神、山神、树神，主宰地方安康、五谷丰歉，许多地方以葛天氏传说内容为地名；地方葛姓民众传说为葛天氏后裔，他们有固定的祭祀时间、地点与特定的仪式，在民间庙会上表现出独有的祖先崇拜。

长葛现与葛天氏传说相关的"遗迹"有：葛天氏洗葛的"葛河"、演练歌舞的"擂鼓石沟"，举行大型祭祀活动的"祭天台"、惩戒有过失者的"天宝观"（宋元祐年间迁建新址并更名为天宝宫）等。这些"遗迹"成为祭祀葛天氏的庙会"广场"。

葛洪《抱朴子外篇》卷四《自叙》第五十一云："其先葛天氏，盖古之有天下者也；后降为列国，因以为姓也。"全国大多数葛氏族谱均持此说。长葛流传着民间歌谣："俺祖先，叫葛天，家住在，大平原。逮鱼下溘水，打兔上陉山，教人种五谷，织葛做衣衫，吃饱穿暖玩得欢……"

长葛当地葛姓群众至今自诩为葛天氏后裔，流传着以葛天氏为远祖的宗族祭祀活动及大量的民间传说。长葛当地流传与葛天氏相关的各种民间传说，大体上可以分为：人物传说、地名传说、风物传说等三大类。

在人物传说中，当地民众把葛天氏神圣化，将其描述为身世非凡的创始祖先与文化英雄。《葛天氏出生》讲葛天氏的母亲喜爱种植葛树，人称"葛母"，以葛花为食受孕，在葛林生下葛天氏；葛天氏成人后，勤劳勇敢，聪明过人，被推为首领，带领民众战胜自然灾难，繁衍生存。《天宝观》讲述葛天氏注重对部落民众的教化，对犯有过失者，以令其自我反省的方式进行教化。《葛衣》讲述葛天氏从葛树树皮中剥取纤维、制作葛衣。《牛尾舞》讲述葛天氏模仿驯牛创作美丽的歌舞。

在地名传说中，长葛的山水木石都与葛天氏有着密切的联系。《擂鼓台的传说》讲述葛天氏在走马岭旁一平台带部族民众演练乐舞的状况。《岗河的来历》讲葛天氏开河引水，将河水引上高岗，解决了高地上的人畜饮水困难。《石梁河》讲述葛天氏带领部族打猎、发展农耕，在河边砌石为洞，储存粮食、防备灾荒。《葛河水不浑》讲述葛天氏引导民众保持河水清洁。《摆蓝池》讲述葛天氏教会民众为葛布染色。《祭天台》讲述葛天氏部族丰收之后在柏树林中举行祭祀天地仪式。

风物传说中更直接地表现了当地民众对葛天氏的敬仰之情。在《葛河长葛不长槐》中讲述为保障衣食之需，葛天氏带领部族大量种植葛树，而砍伐与人们衣食无直接关系的槐树。《鸟繁蛋遮脸》讲述葛天氏教化民众知礼义、明廉耻，感化了鸟类。《仙女游石固》讲述葛天氏在石固庙会中呼风唤雨，解救仙女。《葛根》中讲述葛天氏在人间种植巨大葛树，使当地百姓得到安康。

"石固遗址"位于长葛市石固村东南一公里处高台上，是传说中葛天氏率领部族民众生活及演练歌舞的地方。经考古发现，这里为裴李岗文化和仰韶文化堆积层，清理出房基及窖穴和灰坑，发现石磨石棒和管形骨器。经考古专家认定其中管形骨器为我国迄今为止最早的骨质乐器之一。

"陉山擂鼓石沟"位于长葛与新郑、禹州三市交界处的陉山东麓，是传说中葛天氏率领部族祭祀神灵庆贺丰收、与族人擂石鼓击缶舞蹈歌唱的地方。保存有传说中的巨型石鼓，以石相击可以使周围山地发出巨响。

"葛仙灵池"位于长葛市后河镇后河寨龙泉宫，是传说中葛天氏点化后人织葛染色的地方。

"长葛故城"位于长葛市官亭乡孟寨村，有城墙三米多高，是传说中葛天氏后裔较早的筑城遗址。

葛天氏传说与民间信仰融为一体，成为当地岁时节日、礼仪、禁忌等重要文化生活内容。葛天氏在地方传说中不仅是创造歌舞音乐的文化大神，而且是创造世界、开辟万物的始祖神。在岁时节日，尤其是朔望日，当地民众在葛天氏神庙举行庙会，用民间歌舞等形式纪念这位远古大神。神庙周围的树木披红挂彩，香烟袅袅，各地百姓聚集于此载歌载舞，祈福禳灾。葛天氏神庙庙会成为当地最大的狂欢节。在婚丧嫁娶、生儿育女、升学求才等人生重大活动中，首先祈祷葛天氏给予保佑，表现出虔诚的信奉态度。

葛天氏传说内容丰富、与山川景物相映，成为当地秀丽的文化景观。特别是在民间社会生活中传说葛天氏既是祖先神又是保护神，是水神、山神、树神，主宰地方安康、五谷丰歉。许多地方以葛天氏传说内容为地名，表现出当地民众对葛天氏神圣事迹的敬仰，同时也表现出人杰地灵的乡土自豪感、自信心。以此为记忆空间的重要发生源，葛天氏传说向周围辐射，形成内容丰富、个性独特的传说群，显示出独特的审美思维方式，成为当地民众生活的百科全书，发挥着调节情感、化解矛盾、凝聚民心等丰富的社会功能。

地方葛姓民众传说为葛天氏后裔，有固定的祭祀时间、地点与特定的仪式，表现出独有的祖先崇拜。如旧志所云，"长葛为古葛天氏之墟"。长葛葛姓族人众多，他们以葛天氏为远祖，建立葛氏宗祠，成立葛氏族谱编纂委员会，定期续修族谱；联络世界各地葛姓族人，每年春秋两季汇聚传说中的长葛市苏桥村葛姓祖庙前，举行盛大的家族祭祀活动，膜拜祖先神像，讲述葛天氏开创圣绩，代代相传、绵延至今。

以民族文化认同为重要基础，葛天氏为传说中远古时期重要部族首领，与燧人氏、有巢氏、伏羲氏、神农氏等远古大神在中华民族创世神话谱系中，同列为创世大神、祖先神、英雄神。葛天氏传说与民间庙会中的各种信仰的承传，是民心所系，对于增强民族认同感、强化民族凝聚力、向心力，团结海内外华人，实现中华民族的伟大复兴具有十分重要的意义。

今天，民间庙会是构建和谐社会的重要文化资源。民间文化生活具有独特的运行系统，有独立的阐释方式、叙事方式、表达方式、审美方式和价值立场。在民众生活中，民间文化是社会历史发展的情感底色，深切地影响着民间百姓的审美判断和思维方式。民间传说既是他们的重要情感宣泄方式，更是他们情感取向的重要借鉴；葛天氏传说以民间信仰的方式在地方民众中乃至更广泛的华人世界，对于调节民族情感、增强和提高民族道德情操、维系民族传统、整合民族力量，有着不可替代的作用。

显然，没有民间传说对于神庙的各种行为与符号进行具体阐释，民间庙会就很难形成如此具有独特魅力的影响力量。

原始信仰的内容在我国庙会文化中的表现是异常丰富的，正由于这种意义，更显示出庙会文化独立、鲜明的个性。

原始信仰是庙会文化的底色，在社会发展的岁月中，由于多种因素，它不断被改造、冲击，但从总体上讲，它是不褪色的。原始信仰以博大的胸怀容纳着形形色色的文化，成为中华民族精神的内蕴。在这里，只讲到了这三种存在形式，而事实上，远不止这些。随着对全国各地的庙会所进行的深入广泛考察，原始信仰的内容将会被更多地发现。比如，现在提及原始信仰，常常局限于黄河是中华民族的摇篮，以为只有在黄河中下游地区才有原始信仰，这是严重的偏见。例如，对于盘古这位开天辟地的创始神的崇拜，在古籍中所讲的"南越""百越"地区就相当广泛。在广东省的南雄，一些村庄传说有上千年的历史，如全安乡的杨历岩村、珠玑巷、梅岭江海驿、邓坊乡的赤石村等，这些村庄都建有盘古神庙，每年的农历五月二十，是传说中盘古的生日，这里都要举行盛大的盘古庙会。特别是南雄邓坊乡的盘古王山，庙会尤盛。盘古的塑像在这里成为三头六臂的形象。在广东的畲族地区，祭盘古王成为这个民族特有的重要节日，他们不但在春节时由族长将"盘古祖图"悬挂在祠堂（直到正月二十"天穿节"），而且把盘古神作为他们"巡猎"的保护神，族长向后代讲述盘古历史，形成庙会的主要内容。在罗浮山区的畲族中，流传着清明祭盘古的庙会习俗，盘古成为他们信仰中的祖先神。著名的畲族"招兵节"，是一种特殊的庙会，它不像一般庙会那样一年一度，而是数年一度。如潮州古坪的畲族招兵节就每两年举行一次，有的地方三五年才举办一次。因为这种活动要在"公厅"中举行，相当于我们所说的庙，所以，我们也把它看做庙会。

　　各民族的信仰形式常常受各民族具体的社会发展历史影响，有的民族有庙，有的民族没有庙，或者各民族的庙宇建筑不一样，这就需要从民族实际出发来看其庙会的有无。庙会的原始信仰在各民族中的表现，其成分浓淡不一，风格不一，这都是由具体的历史因素、文化因素所决定的。总之，考察庙会中的原始信仰，不能仅从古籍出发，更重要的在于从现实状况出发。不能因为没有考察到某民族的原始信仰，就断言其无。就我国各民族整体庙会来说，大都有庙会的信仰表现形式，而所有的民族，都应该会有自己的原始信仰。当然，绝不是说所有的庙会都有原始信仰的存在和表现。

第七章　庙会中的民间文化艺术

庙会是民间文化艺术的土壤，这是因为庙会是重要的民间文化生活形式。而且，作为民间庙会文化传承的核心，民间信仰对于民间艺术具有非常特殊的影响作用。

庙会的信仰形式，除了祭祀的香火之外，更为典型地表现在民间艺术上，借以娱神、媚神、酬神，从而娱人、聚人。

庙会中的民间文化艺术主要包括：民间戏曲、民间歌曲、民间舞蹈、民间社火、民间杂技、民间工艺等内容。这些内容集中反映出庙会所在地区的艺术水平和艺术个性。

一　唱神戏

民间戏曲的演出，俗称"唱神戏"。

神戏是指为祭祀神灵演出的民间戏曲。在这里包含着民间艺术的典型内容，因为民间戏曲是综合的艺术，除了某种故事的语言叙述，它还汇聚了民间音乐、民间歌曲、民间舞蹈等内容，而且包含着特有的民间信仰。应该说，神戏的演出是某一个地区最典型的民间艺术生活与民众审美情趣的集中体现。在我们的民间文化研究中，神戏为代表的民间艺术，其叙事表达方式、审美表现方式、思维方式和价值立场等问题一直是薄弱环节。对于这一问题的研究所达到的程度，是文化研究，特别是民间文化研究深入发展的瓶颈。

庙会与戏曲的联系，在其各自的初始阶段或萌芽阶段就已经表现出来。如，《吕氏春秋·古乐篇》所述"昔葛天氏之作乐，三人操牛尾，以歌八阕"，如果我们把这里的

"乐"与"歌"看做民间戏曲的早期存在形态，那么，应该说民间戏曲就是这种联系的具体反映。又如，《尚书·商书·伊训》言："敢有恒舞于宫，酣歌于室，时谓巫风。"《说文解字》中，巫被解释为"能事无形，以舞降神"，巫所体现的意义也应该是这种联系，而且在庙会文化的发展中形成特殊的文化传统与文化模式。犹如汉代学者王逸在《楚辞章句》中所述："楚国南部之邑，沅湘之间，其俗信鬼而好祠，其祠必作歌乐鼓舞以乐诸神。"在汉画像石中，我们也可以看到，百戏虽然不算做成熟的戏曲形式，但也反映出庙会等信仰活动中的民间文化艺术的影子。如有学者所言，"中国戏曲的产生有着久远的'史前状态'，由先秦而两汉而魏晋而隋唐，戏曲都以'萌芽'状态或'古剧'形态存在。此时其文物遗存，精确地说还不能算做'戏曲'文物，它的主要表现形式有汉代百戏画像砖、画像石、壁画，唐、五代优人戏弄俑等"①。而从另一种角度讲，这样说还不够，民间戏曲在庙会中的表现，不能将它与成熟的人文戏剧形式相比。在北宋时期，杂剧艺术的繁荣不是凭空出现的，它有相当长的时期在民间艺术中酝酿，这样，"神庙祭祀也用戏曲，它导致戏曲舞台的诞生与完善"，也就很正常了。因此，"宋金元之际战乱的恐惧使人们求神庇佑的信念增强，乡村大量建筑杂庙淫祠"，"有庙就有戏台，因而神庙戏台大批出现"。以至在明清时期，"戏曲文物更为普遍，保存至今的也更多，其形式主要是遍及城乡的大批神庙戏台及碑刻记载"。② 在后来许多壁画、考古出土文物中，常常可以看到这些内容。

---

① 廖奔：《宋元戏曲文物与民俗》，文化艺术出版社1989年版，第2~3页。
② 廖奔：《宋元戏曲文物与民俗》，文化艺术出版社1989年版，第3~4页。

许多诗人在作品中形象地记录了民间庙会中戏曲演出的场景，如王安石《相国寺同天道场行香院观戏者》："侏优戏场中，一贵复一贱。心知本自同，所以无欣怨。"刘克庄《闻祥应庙优戏甚盛》中"空巷无人尽出嬉，烛光过似放灯时"句，陆游《书喜》中"酒坊饮客朝成市，佛庙村伶正作场"，都是宋代庙会演出戏曲场面的具体描写。

在一些文士、官宦的笔记、札记中，对庙会中"神戏"演出活动的描述异常详细。如陈淳《上赵寺丞论淫祀》载：

> 某窃以为南人好尚淫祀，而此邦之俗为尤甚。自城邑至村墟，淫鬼之名号者不一，而所以为庙宇者亦何啻数百所！逐庙各有迎神之会，自入春首便措置排办迎神财事例，或装土偶名曰舍人，群呵队从，撞入人家，迫胁题疏，多者索至十千，少者亦不下一千。或装土偶名曰急脚，立于通衢拦街觅钱，担夫贩妇，拖拽攘夺，真如白昼行劫，无一空过者。或印百钱小榜，随门抑取，严于官租，单丁寡妇，无能逃者……男女聚观，淫奔酗斗，夫不暇其耕，妇不暇其织，而一惟淫鬼之玩……一岁之中若是者凡几庙，民之被扰者凡几番。不惟在城皆然，而诸乡下邑亦莫非同此一习。前后有司，不能明禁，复张帷幕以观之，谓之与民同乐，且赏钱赐酒，是谓推波助澜，鼓巫风而张旺之。[1]

这是漳州地区庙戏的演出，及其给地方人民生活和劳动生产带来损害等内容的记述。庙会中的戏曲演出并非单独的

---

[1] 《北溪先生全集》第四门卷二三。

艺术存在，而是与一定的经济、文化、信仰和时政等社会因素具体联系在一起的。如庙会中的"请神戏"和"唱神戏"，都存在着诸多礼制。剧团必须由庙会的主持者负责安排，包括预约的时间、场次、酬金、戏曲演出的禁忌和指定等内容，都必须在庙会之前安排妥当。尤其是神戏禁忌格外重要，它体现出庙主在当地人民心目中的神圣地位。如祭祀关羽的神戏，一般多唱《桃园聚义》，而禁唱《走麦城》；祭祀岳飞的神戏，多唱《大破金兀术》，而禁唱《风波亭》。庙会的性质不同，对神戏的要求也不同。如，庆贺神灵诞辰的，多唱《八仙拜寿》《蟠桃会》等吉庆祥和的戏曲，烘托喜庆的氛围。庆贺佛诞的四月八日传统庙会，多唱《目连救母》等戏文，形成一种固定的习俗。如《东京梦华录》中既有"勾肆乐人，自过七夕，便搬《目连救母》杂剧，直至十五日，观者倍增"的记述，而《目连救母》的故事在唐代即以变文的形式出现。在明清时期，《目连救母》的戏文竟多达一百多出，能够连续演出数十个日夜。

祭祀的庙主身份不同，影响到神戏的具体演出，这正是娱神、媚神的意义所在。一些民间剧团在演出之前，通常有拜老狼神、祭台等习俗，即在老狼神像或牌位前焚香设供，或用鸡血洒在舞台上"冲邪"。传说这样做可以在演出中避免发生伤人等事故。

庙会的祭祀活动中，献供的典礼时间较短，一般在中午即可结束，而戏曲演出的时间则较长，有的通宵达旦，有的长达数天（中间稍作休息，演员轮换演出）。如河南上蔡白龟庙庙会，庙戏连演四天，只要第一天锣一响，四天之内就不准停演，演员替换角色，一直演下去。所演戏目如三国戏，常一连演出数十场，等同于一个全本《三国演义》。自

20世纪30年代初期至80年代中期，自山西省潞城县崇道乡南舍村发现明代万历二年（1574）的《迎神赛社礼节传簿》抄本，其首页题"周乐星图本正传四十曲宫调"，簿中列出唐宋大曲和金元俗曲的曲目、哑队戏剧目、正队戏剧目、院本剧目、杂剧剧目计约有二百二十六个，剧本如《劈马桩》《双摞纸》《错立身》；更不用说山西洪洞县明应王殿所发现的元代壁画及其保存的元杂剧等，[①] 可见其沿袭元杂剧文化传承的历史状况。如今，随着古典文化的挖掘整理，庙会演出活动中，神戏以传统剧目较多，同时，新编现代戏也越来越多。庙会戏曲演出的倾向更多地转向娱乐人民生活的健康向上，而不断采用现代电子伴奏器乐，祭的成分越来越淡。

从总体上讲，民间庙会多分布在农村，与城镇不同的是，乡村庙会的戏台、戏楼成为戏曲演出的主要场所。戏台和戏楼的建设与利用，在庙会文化中具有一定的重要性。从戏楼上讲，一般多为殿堂样式，对着神庙而设，戏楼的演出台面多敞开向前，便于多角度观看，后台有上下的场门。有的戏楼雕梁画栋，异常精美，而有的则十分简陋———一些穷苦艺人就常借景发挥，在"草台"上写一些污秽的诗句发泄私愤，或抒发自己的穷困痛苦。戏曲的种类在地方性上非常突出，如京津地区的梆子戏、落子戏、京腔，中原地区的豫剧、曲子戏、越调、道情。特别是江、浙、湖、广、川、滇、云、贵，以及港澳台地区，庙会中的戏曲成为最富于文化个性的信仰形态。

以广东为例，可见南方地区庙会中戏曲演出的一斑。与

---

① 参见冯俊杰《山西神庙剧场考》，中华书局2006年版；山西洪洞县明应王殿的元代壁画是梁思成发现的，其《晋汾古建筑调查记》（与林徽因合作）见《中国营造学社汇（会）刊》1932年第六卷第一期。

中原地区戏曲演出不同的是，许多民间小戏在庙会上也有演出。如，广东普宁的纸影戏，在庙会上通常有几台纸影进行演出竞赛，称为"相斗戏"。若有人斗胜，庙会的会首就以青竹缀红旗、红包奖赏。这种戏形式较小，也称"皮猴戏""独目皮猴戏"，演职员一般在十人左右。有时每人身兼多职，既用手操纵皮猴，又要伴奏，或演唱，甚至一人演唱几种，兼小生和花旦于一身。皮猴道具一般用薄皮裁剪而成，饰以各种色彩的服装、脸谱，动作轻捷。特别是纸影艺人索要演出报酬较小，一些小型庙会就非常喜爱这种戏曲。

类似的小型戏曲还有雷州、化州等地的木偶戏，形式短小精悍、活泼生动，在庙会上深受喜爱。

广东海陆丰地区，庙会多，演戏也多，一年四季不断，特别是在农历十月到十一月间，成为高潮。在海丰县的北部山区，海丰、陆丰、惠东、紫金、揭西等县商贾群集于此的公平镇，每年演戏一百多台。这里形成一种独特的习俗，即每年要来这个地方演出的戏剧团体，在农历九月初一至初三日"开棚"卖戏，让会首们通过观摩，选定后才能允许在这里的庙会上演出。这种习俗在当地称为"开棚戏"，又有"小棚脚"和"大棚脚"之分。"棚脚"的大小指演戏台数多少、观赏水平高低的地方。流传海陆丰地区的戏曲种类主要有正字戏（正音戏）、白字戏、西秦戏。有人统计，历史上这三个剧种曾有近百个团体，之外还有一百多个清唱曲班。《捷胜洪氏族谱序》和《碣石卫志民俗》等文献记载，这些戏曲的演出"宋元已有之"，"春歌社舞"，在明代的庙会上演出颇盛。其中的正字戏有两千多个剧目，分文武两类，代表作为三国袍甲戏。白字戏中的民歌小调非常突出，俗称"啊咿嗳"，分为大锣戏、小锣戏、小调戏、反线戏、提纲戏。西秦戏（源自西秦腔，即甘肃调），有一千多个剧目，武戏多，常演《封神传》《隋唐传》等，演出时粗犷豪放，别具一格。

这些戏曲与地方民俗风情融为一体，形成自己的演出习俗。如"洗叉"，即戏剧团体来到演出地点之后，戏班要祭祀神灵，用香火等问卜演出的时辰，周围一片寂静。出演时手持虎叉、盐米，在指缝中夹上香火，念"一二三四五，众弟子打起锣鼓"。舞动虎叉，杀鸡，将盐米撒去，祝愿"合境平安"，然后才能正式开演。演出时，戏曲剧目由请戏者自己来决定，如第一场多吉祥色彩的，像《六国封相》这类祝愿地方多出人才的内容，演出将结束时，即"棚尾"，演《王大娘补缸》之类的小调、杂剧。演出武戏时，他们还要挂上戏曲名目、场次、人物名等"戏牌"，便于观众了解剧情。演出结束，演员要谢场，祝愿观众平安如意。在演出禁忌上，与中原地区大致相同，即不能以凶杀、悲哀来结局，不能将会首和庙会所在地人家庭的同姓以奸臣、凶恶之徒或下场悲惨的戏曲人物出现。

潮剧在庙会上主要由明代的潮腔、潮调充实发展而成，受到昆腔、弋阳腔、西秦等剧种影响，吸收了潮州地方民间艺术，诸如纸影戏、木偶戏、佛曲、道调，以及花灯调等，综合而成为唱腔、表演、舞美都很独特的一个剧种。传说其祖师为唐玄宗的宫廷乐师雷海青，能文能武，在一次出征失败之后，被赐免死罪而砍其姓，所以又称"田元帅"（"雷"字砍掉头为"田"字）。每年的农历六月二十四日，潮汕一带的戏剧团体举行庙会，祭祀这位潮剧祖师神。在庙会演出时，潮剧通常在剧前加"五福连"吉祥戏套。所谓"五福连"吉祥戏套，即潮剧在主要节目演出之前，先演出五个安排固定，顺序内容上各自独立的小戏：一是《十仙庆寿》，以民间传说中的蟠桃会八仙与仙公、仙母，包括一些道具，组成"寿"字；二是《跳加官》，取以武则天时代狄仁杰指日发誓的故事，展示"合乡平安，五谷丰登"字样；三是《仙姬送儿》，取董永得七仙女生儿育女故事，展示"子孙兴旺"字样；四是《唐明皇净棚》，敬祀戏神唐明皇，祈求保佑演出平安，展示"吉祥"字样；五是《京城会》，取吕蒙正与夫人聚会东京故事，展示"百年和好"字样。其中的《唐明皇净棚》，祷拜田元帅后才能开演。所有的戏曲在演出时都谨慎从事，对田元帅雷海青不敢有半点不恭，更不用说平时戏剧团体在夜行时要以"老爷灯"引路，授徒时要先拜这位田元帅等习俗。

庙会中的戏曲演出，南北差别很大，各地的庙会规模大小不等，庙会密集程度不同，尤其是戏曲艺术的丰富多彩，所以，庙会中的戏曲习俗就显得五彩缤纷，成为庙会文化中异常重要的一页。正是由于戏曲艺术在庙会中充当了主导角色，庙会才能因为戏曲的精彩演出而招徕四面八方的人民，使庙会的具体内容，诸如信仰、贸易，更加活跃起来。也正是由于庙会上有生动的戏曲艺术，许多地方的庙会形成了邀请亲朋来庙会所在城乡村镇"看戏"的习俗。在戏台前，较好的位置一般被地方会首占据。甚至一些地方的盗贼也遵守"祖制"，焚香燃纸告神，约定在庙会上戏曲演出时不再作案。①

地方戏曲通过庙会这一重要场所充分发挥传播媒介的作用，扩大自己的知名度，推出自己的名演员。笔者的家乡是典型的戏曲之乡，在庙会上发生的"斗戏"曾经引起过观众

① 笔者在川西地区调查时，了解到祭祀神灵的民间庙会中，匪盗也敬奉自己的神灵白眉神，庙会期间不得掠夺他人钱财，违者将受到严厉处理。

之间的械斗；20世纪60年代之前，包括著名越调艺术家申凤梅等地方戏曲名角，都曾经在庙会上大显身手。在许多地方，"斗戏"互不相让的激烈局面成为庙会的佳话。

二 社 火

社火之社，即是神社，即转化的神庙，是地方保护神的庙宇；社火之火，则是古代祭祀体系中的火禳。所谓火禳，是祓禳的一种形式；祓禳包括水禳、火禳、土瘗等方式，具有典型的巫术性质。如水禳，就是水洗，今天一些地区的泼水节就具有这种意义；泼洒酒水，其实也是水禳的遗俗；杜甫笔下的"三月三日景色新，长安水边多丽人"所吟诵的上巳节景观，就是这种习俗的具体表现。土瘗是用土掩埋，与埋葬石头、玉器和各种金属等质地坚硬的物质，其意义是一样的。火禳是指在祭祀中，人们将某种物质用火点燃，以为某种物质就会在另外一个世界发生像自己希望与意愿中期望出现的结果；燃香表、纸张与各种冥器，包括蜡烛、爆竹，都是这种现象的表现。社火是在祓禳等祭祀仪式与多种信仰观念，包括在驱傩、打傩等攘除灾异、祈求吉祥心理意识的基础上，所形成的综合性艺术。

社火是综合了戏曲、歌舞、杂技等民间艺术的一种游览性民间娱乐活动。它不仅在庙会上举行演出，而且在许多重要的庆典活动和民间节日举行演出。

社火起源于古代社会的社祭。"社"是社神、稷神祭祀场所的合称，在半坡仰韶文化遗址中还可看到一些祭祀用的陶罐和粟米之类的祭物。也就是说，社祭在我国原始时代就已经相当广泛地存在着。《墨子·明鬼》曰："择木之修茂者，立以为丛社。"《淮南子·齐俗训》曰："殷人之礼，其社用石。"《礼记·郊特牲》孔颖达疏引《无逸》曰："大社唯松，东社唯柏，南社唯梓，西社唯栗，北社唯槐。"社在古代人眼中，是土地、疆域的象征，是安全的象征、生命的象征，许多重大活动，都要祭社。如《周礼·大祝》曰："大师，宜于社，造于祖，设军社。"《尚书·甘誓》曰："用命，赏于祖，弗用命，戮于社。"《礼记·祭法》曰："王为群姓立社曰大社，王自为立社曰王社，诸侯为百姓立社曰国社，诸侯自为立社曰侯社，大夫以下成群立社，曰置社。"社，成为古代社会、政治、文化的重要集结地点，在一定程度上，可能看做庙会具体起源之一。

直接地记述社火的文献，宋代尤为丰富。如，陈元靓《岁时广记》卷十四《二社日》载：

> 《礼记·月令》曰：择元日命民社。注云：为祀社稷。春事兴，故祭之以祈农祥。元日谓近春分先后，戊日元吉也。《统天万年历》曰：立春后五戊为春社，立秋后五戊为秋社。如戊日立春立秋，则不算也。一云，春分日，时在午时以前，用六戊，在午时以后，用五戊。国朝乃以五戊为定法。

又如高承《事物纪原》卷八《岁时风俗部第四十二》载：

> 赛神《礼记·杂记》曰，子贡观于蜡。子曰：百日

之蜡，一日之泽。郑康成谓岁十二月，索鬼神而祭祀，则觉正以礼，属民而饮酒，劳农而休息之，使之燕乐，是君之泽也。今赛社则其事尔。今人以岁十月农功毕，里社致酒食以报田神，因相与饮乐。世谓社礼始于周人之蜡云。

在《东京梦华录》中，"秋社""神生日"等处，都详细记载北宋社火的具体情形，诸如行会制度、百戏伎艺在庙会中的出现。从一定程度上讲，北宋时期的社火，在庙会中的位置比戏曲要重要得多。稍后的《繁盛录》称"都城社陌甚多，一庙难著社酌献"，当不为过。如，《梦粱录》卷十九《社会》载：

二月初三日，梓潼帝君诞辰，川蜀仕宦之人，就观建会。三月二十八日，东岳诞辰；四月初六日，城隍诞辰；二月初八日，霍山张真君圣诞；四月初八日，诸社朝五显王庆佛会；九月二十九日，五王诞辰。每遇圣诞日，诸行市户，俱有社会迎献不一。

又如《繁盛录》曰：

国忌日分，有无乐社会。恃田乐，乔谢神，乔做亲，乔迎酒，乔教学，乔捉蛇，乔焦锤，乔卖药，乔像生，乔教象，习待诏，青果社，乔宅眷，穿心国进奉，波斯国进奉。禁中大宴，亲王试灯，庆赏元宵，每须有数火，或有千余人者。全场傀儡，阴山七骑，小儿竹马，蛮牌狮豹，胡女番婆，踏跷竹马，交衮鲍老，快活三郎，神鬼听刀，清乐社有数社，每不下百人，鞑靼舞，老番人，要和尚，斗鼓社，大敦儿，瞎判官，神杖儿，扑蝴蝶，要师姨，池仙子，女杵歌，旱龙船，福建鲍老一社有三百余人，川鲍老亦有一百余人。

元宵节是这样，庙会也当是这样。从文献中可以看到社火的具体内容，从现代更多的砖雕、木雕、绘画等文物中，同样可以看到这类内容。特别是在山西、河南一带，宋元戏曲文物出土尤多，可以看到庙会中社火演出的重要内容与庆贺农业丰收、恭贺农神的密切联系。明清小说中，社火在庙会上演出的描写也不乏其例。

社火的具体内容随着社会的发展不断丰富着，在庙会上的演出和节日中的演出有时并不完全一样，如庙会上常出现抬神像"请出行"的场面，在平时的社火中就很少见。社火的组织者和参加者，在不同的时代也不一样。如民国二十三年印《静海县志·风俗》卷载：

> 团体娱乐人称剧曰"会"，约有五六十种，散布于各乡镇。如尚武术者，曰"五人义""打狮子"；尚气力者，曰"杠子会""中幡"等；尚技巧者，曰"坛子会""猴竿会""高跷""台阁"等；尚壮观者，如曰"龙亭""灯幡"等；尚情趣者，如"会缘桥""长亭"等；尚音律者如"法鼓""音乐会"等；尚奇怪者，如"鬼会""金山寺"等。其中最令人注意者曰"十番"，其组织者皆为城镇读书人为之，师师弟弟，整整齐齐，一曲吹来，八音俱奏，一似苏浙之清吟小曲，悠扬顿挫，令人神怡。其次，推碌轴似扬州之"推蓬蓬"，系

描写吾邑西北乡织蒲编苇之苦，音调凄楚，呜呜咽咽，间以戏谑之说，白贫困之状，可想见农村生活一斑矣。

以上戏剧，春头腊尾或庙会不时有之。

今北京密云县古北口，每年农历的四月十八娘娘庙会上，社火依然旺盛，传说得乾隆和慈禧的好评，被民间又称为"皇会"。庙会社火在庙会之前要"踩会"，即排练，然后，在庙会即花会时来到娘娘庙前，按照一定的顺序"朝顶"即设供、演唱。"朝顶"之前，花会分"十八档"演出。他们的服装、器具都由花会组织设置。在社火演出前，有开路的"引子"，相当于戏剧演出中的前奏，然后，各"档"依次前行，蔚为壮观。

曾经有人详细描述记忆中的演出胜景。第一档，"狮子会"，先由一对铜锣开道，然后两个瓮筒仰天高吹，接着两头大狮子和一对小狮子出场。第二档，"中幡会"，耍幡人表演各种技巧动作，四面各有几样幡陪衬。第三档，"蝴蝶会"，"蝴蝶"翩翩起舞，由七名儿童化装成，他们站在七名壮年男子肩上，手持蝴蝶花儿做各种表演。第四档，"吵子会"，有民间艺人持钹、镲、唢呐、脆鼓等乐器，吹奏各种曲牌。第五档，"八面压鼓"。第六档，"高跷会"。第七档，"旱船会"，表演二男抢二女，他们各坐一船，其中两女性的小脚在裙下半掩半露。第八档，"凤秧歌会"，四男童扮少女，乘金莲寸子即登矮高跷，他们时而跳跃、翻飞，做出各种惊险动作，同时演唱凤秧歌。第九档，"地排子会"，八男扮演，模仿高跷会的人物。第十档，"大头和尚戏柳翠"，两个和尚与两个少女互相挑逗，演绎民间传说中的月明和尚与民间少女柳翠的故事。第十一档，表演"老汉背少妻、和尚背尼姑",表演者分别上身扮少妻,下身扮老汉,一人扮和尚、尼姑。第十二档,"竹马会",分别由五个都督、五个马童和两个骑骆驼的蒙古人,做翻跟头、飞脚、旋子、前空翻等动作,有合唱,最后共白格外有特色,称自己"家住在北国,好吃牛羊肉,好骑大骆驼"云云。第十三档,"皇杠箱会",传说由乾隆皇帝添设,在两个木箱上面插许多黄旗。第十四档,"少林会",由武士们表演武打,他们持枪舞刀,挥鞭耍叉。第十五档,"十不闲会",分别由先生、丑婆和老汉表演。先生与丑婆扭扭捏捏,相逗诙谐,老汉扛锣鼓架子伴随做各种动作,而且他们即兴演唱,演唱内容百无禁忌。第十六档,"音乐会",表演笛箫吹奏。第十七档,"号佛会",由拜娘娘模样的人表演诵佛、跪佛。第十八档,"杠上官",衙役轮流抬一根竹杠,"杠上官"斜跨杠上,做上下杠动作,最后杠猛然摔地,杠上官随之做出各种滑稽表演。①其中一些节目都是地方民众熟悉已久的民间传说的再现,不乏从其他地区传入,诸如"大头和尚戏柳翠",明清之前的文献中就已经保存。②

社火中的"档",是演出的小单位,其相对独立,选自民间传说或戏剧故事中的精彩片断,以幽默吸引观众,烘托庙会的文化氛围。但是,社火的背后有许多更加神秘的故事,表现出民间百姓对于生命的追求与理解。在河南的安阳,肘阁是一种特殊的社火,一根细细的铁丝或木棍上面站

---

① 见《古北口花会》,载于北京密云《政协文史资料选编》1985年第一辑,蒙冠贤、陈海兰讲述,李善文整理。

② 明代金木散人的《鼓掌绝尘·月集》第三回载"更有那小儿童戴鬼脸,跳一个'大头和尚戏柳翠',敲锣敲鼓闹元宵";陆次云《湖壖杂记·月明庵柳翠墓》已载甚详。在宋代文物社火砖中亦有保存。

立起身着古典戏曲服装的儿童，成为庙会上的看点。而站立的儿童，在家中都是极其娇贵的；他们的父母是为了让他们的生命更加平安，才"舍给"社火，祈求生灵的安康——在儿童"登山"时，多少父母心中忐忑不安。

全国各地的社火形式不一，五彩缤纷。在北京地区由于其特殊的社会政治背景，"皇会"的规模异常宏大，突出表现在"皇"权特色上。在中原地区，社火在庙会中的表演，呈另一番景象，即融豫剧、曲剧等戏剧的片断和民间小戏、民间小调以及民间杂技等艺术为一体，间以高跷、旱船、肘阁、纸马或纸驴，显示出古朴、轻快、自然、通俗，富有浓郁的乡土气息等文化特色。如河南巩义的玉仙圣母会，社火不用锣鼓，而用"雅乐"即以吹拉弹唱为主的"细社"表现出文雅风格。在江南地区，社火在庙会中着力突出"龙""狮""灯""鱼""花"等地方性内容。如广东中山庙会社火中的舞龙、舞狮、中山狮、鹤山狮、佛山狮，梅州一带的狮仙、狮王、仔狮、席狮，粤东一带的布条龙、软腰龙、花环龙、板凳龙、香火龙、火烧龙、黑蛟龙等，成为庙会社火中的奇葩，而且伴以诸多动人的传说故事。如潮州的游灯，由民间神社组织，在庙会时出游，和着潮州大锣鼓，在龙头灯的带领下，伴有狮灯、鱼灯、鸟灯、人物纱灯、花卉灯，其中以屏灯为主，反映各民间故事中的精彩章节，最后以凤凰灯结尾，当地称为"龙头凤尾"。如增城的"麻车火狗"，信宜的白花灯，潮汕的标旗锣鼓，三水的烧花炮，番禺的小榄水色，南海和大沥的狮会，阳西的"娘嬷出游"、沙湾飘色，番禺的"马色"①，佛山的秋色等，在庙会文化中显现

---

① "马色"是一种广东地区的民间社火艺术，将杂技、舞蹈等多种民间艺术糅合在一起。它不仅在庙会上演出，节日与喜庆时也有演出。

出南国庙会的风貌。也就是说，南北庙会上的社火各有特色，结合各地的民俗事项、人文景观而形成自己的艺术力量。在这里应指出的是，许多人极力将社火的酬神、谢神、媚神、娱神与娱人相区别开来，这是没必要的。随着社会发展，尤其是科技不断进步，庙会和庙会中的社火都在朝着文明、健康的方向发展，即使庙会中出现一些信仰活动，诸如利用社火来表达民间百姓对神灵的崇敬，也都是正常的。在历史上，庙会和社火曾结为一体，而随着岁月的转移，社火渐渐独立开来，更多地成为娱乐人民生活的重要内容，即娱神的信仰意义已经越来越淡。

三 歌曲舞蹈

民间歌舞即歌曲和舞蹈，在庙会上与戏曲演出、社火出游一样，是娱神、酬神，体现庙会信仰的重要内容。在一些小型庙会上，戏曲和社火可以没有，而歌舞则必须具备。

与一般的歌曲和舞蹈内容不同的是，庙会歌舞是以民间信仰为主要内容，以娱神为主要目的，具有更浓郁的"巫风""佛风""仙风"而自成一体的。至今，一些地区的庙会歌舞巫风甚浓，我们从中可以看到远古的遗风。

庙会歌曲主要是神歌，即宗教歌曲，其中以佛教信仰的歌曲为多。在庙会发展的历史上，这是一种奇特的文化现象。在我国古代社会，庙堂歌曲曾经是时代的典范，而且，歌、乐、舞三者又是结合在一起的。如《周礼·大司乐》："乃分乐而序之，以祭、以享、以祀。乃奏黄钟，歌大吕、舞云门，以祀天神。"我国古代乐舞制度中有"八音""五声""十二律"，即金、木、土、革、丝、木、匏、竹八类乐器，宫、商、角、徵、羽五个音阶，黄钟、太簇、姑洗、蕤宾、夷则、无射和大吕、夹钟、中吕、林钟、南吕、应钟六律六吕十二音律，相当长时期在庙会音乐中被使用。原始庙会歌曲一般为有乐有舞有韵的祝祷辞，如《周礼·龠章》："中春，昼击土鼓，吹豳诗，以逆暑；中秋夜迎寒亦如之。凡国祈年于田祖，吹豳雅，击土鼓，以乐田畯。国祭蜡，则吹豳颂，击土鼓，以息老物。"其中的"豳诗""豳雅""豳颂"即相当于在《诗经》中所列的"风""雅""颂"。关于《诗经》中的庙堂歌曲的探讨，著文颇多，此不赘述。这里所要强调的是，在岁月淘洗中，礼佛是庙会歌曲流行民间最为广泛的形式，它体现出民间文化的自觉选择对庙会崇祀等民间信仰的直接影响。从一般意义上讲，佛教信仰的提倡和我国人民的苦乐观相合，纵观千百年来，中华民族所遭受的内乱和外侮及其所承受的痛苦，来世观念之深入民心，也就可想而知了。也就是说，专制社会给人民所带来的黑暗和痛苦，是民间庙会歌曲中作为自我慰藉的经歌居多的最重要最直接的原因。在现代庙会中，我们仍然可以看到民间百姓无论在何种性质的庙会上都有演唱佛教经歌的文化现象，但是，这与往日苦难的倾诉已经有本质的不同。北方津京一带是这样，中原地区是这样，江南也是这样。当然，这里的佛已经不是原始的佛，而是完全被民间百姓理想化的朋友般的"神佛"，形形色色的民间歌唱成为保持身心健康的娱乐。

在吴越文化的太湖地区，禹，成为渔民的保护神，历史上太湖中的平台山，每年都举行禹王庙会。虽然禹王庙曾经被毁，而如今庙会仍然存在。平台山有"地肺"之称，传说，无论多大的风浪，渔民百姓在遇险时只要口念"大树连根起，小树着天飞，禹王救我"，就会化险为夷。这里的禹王庙曾经有过辉煌的历史，九间大殿，正殿为禹王，东殿为抗金名将，西殿为天妃、关圣、五圣，每年正月初八是传说中的禹王生日，这里举行庙会祭祀。清明也有庙会，前三天祭神，后四天以戏娱神。当地渔民组织起香社，祭祀大禹王。在祭祀中，有人所说述的《仪式歌》即有"佛皈祭祀恭对，神案炉前跪拜"，念辞中有"不是多年的兰杉木，也不是修来的黄杨，这是外国进贡的名香，送到中华佛国，发卖祭祀，施信香火，虔拜到船中，焚在禹王万岁金炉之中"云云。① 在更多的地方，拜神亦称拜佛。我国海域影响最大的妈祖庙会，亦称天妃庙会，其神主妈祖无论在造型上还是在具体的信仰行为上，都和佛教的观音信仰相同，民间百姓所唱神歌，也是把妈祖和救苦救难的观世音菩萨作为一个神来敬奉的。

中原地区这种现象更多，河南淮阳太昊陵庙会，原为祭祀人文祖先神"人祖爷"伏羲的庙会，但其中的经歌和经挑舞即花篮舞，都是依佛而制。人们利用庙会歌唱神佛，劝善，修德，伏羲成为民间信仰中的神佛。这里的经歌，绝大部分是佛教信仰的内容。如流行很广的《一对白鹅》唱辞中以唱"一对白鹅往大堤呀，一个高来一个低"起头，述说人间的苦难，进而述说对佛的信仰，描述佛的幸福无边和佛法无边，充满了生活气息。曲调优美，意境引人入胜，常常一人唱起，四面八方的香客共和。在河南登封中岳庙会上，黄帝崇拜明显被道教化，但这里的庙会歌曲同样是以唱佛为

---

① 蔡利民、陈俊才：《太湖渔民的保护神——夏禹》，《中国民间文化》1995 年第 2 期。

主。如，经调作为一种民间风俗歌，多伴以"弥陀佛"衬句，其形式主要有两种：一种为"跑场"，一种为"坐唱"。所谓"跑场"，即演唱者边唱边扭，围观者以"弥陀佛"衬句来帮腔，成一种浓郁的欢快气氛。"坐唱"为一人领唱，众人相和。在"坐唱"中，还有一种"打岔"的形式，即一人唱完一个段落，别人接着进行一种唱段，将说唱性的形式接上，与一般的唱在曲调上的平稳不同，而形成有说有讲有唱又有优美的节奏的调式。著名的经调如《十上香》，在歌词中唱道："三上香奉请着哪么三皇老祖，四上香奉请看哪么四海龙王呀嗨嗨央，嗨嗨弥呀嗨嗨嗨陀呀，哪呀佛呀嗨嗨央。"衬句中都有"佛""弥陀"，借以表达民间百姓对佛的敬仰之情。又如在中岳庙会上汝阳等地妇女所唱的《赶会》（略去衬字）：

正月赶会朝香火，
朝朝那嵴山疙瘩坡，
高高山上有景致，
回家对俺公婆学。
二月赶会天气长，
小佳人劝说丈夫郎，
搁家吃你家常饭，
去到会上各样尝。
三月赶会庙头多，
庙后有道白沙河，
庙前还有两台戏，
当中跑马踩软索。
四月赶会天气焦，

场场赶会惹人笑，
门口长棵杨柳树，
一背背到大会上，
水调凉粉吃两碗，
又吃花红并樱桃。
五月赶会麦梢黄，
大麦小麦齐上场，
打下小麦蒸成馍，
打下大麦熬成汤。
六月赶会中伏天，
风穴寺大会到眼前，
左手拿着鹅翎扇，
右手又把钵鱼掂，
掂起钵鱼进庙院，
进去庙院把佛参。
七月赶会七月节，
出门碰见干姐姐，
黑布衫哩随身穿，
蓝绸裤子颜色鲜。
八月赶会月儿圆，
枣糕月饼敬老天，
老天敬的心欢喜，
一年四季保平安。
九月赶会重阳到，
关林冢大会来到了，
东堂慌哩下捞面，
西堂慌哩油馍端。

十月赶会十月一，
家家户户过节哩，
夫妻二人恩情重，
寒衣送到坟头哩。

这些庙会歌曲都以地方景物为歌咏对象，曲调以地方小调为主，具有强烈的地方色彩。另外有一些即兴的庙会歌曲，多为巫婆所唱，所唱内容也把礼佛崇佛作为一项重要内容。在河南浚县山庙会上，民间百姓以碧霞元君为"老奶奶"，在夜间唱神歌为其"暖会"，而在这样一个道教信仰的庙会上，神歌中依然有崇佛的内容。至少可以说，庙会上没有崇佛内容的经歌是相当少见的。

在庙会歌曲的发展中，歌俗成为庙会的重要内容，其典型在北方以西北地区的"花儿会"为代表；在南方，以瑶族"耍歌堂"为代表。

"花儿"是西北地区一种民歌的代称，因多唱情歌，也叫"少年"，所谓"花儿会"即歌会。其主要流传区域在青海、甘肃、宁夏等地，著名的"花儿会"如青海的瞿昙寺花儿会、峡门花儿会、丹门花儿会和老爷山花儿会，甘肃的莲花山花儿会、炳灵寺花儿会、二郎山花儿会、松鸣岩花儿会，宁夏六盘山花儿会等，传唱的类型有洮岷型、河州型等，传唱的民族主要有汉、回、撒拉、土、东乡、保安、藏、裕固等民族。有学者考证，"花儿"约形成于元末明初的河湟地区，"与壮族的'歌墟'、苗族的'游方'、侗族的'玩山走寨'等风俗性的群众歌唱活动相比，'花儿会'的规模大，会期长。'花儿会'规模小的几千人，大的几万人，会期一天到五天不等，会期是固定的，届时各地群众自动赶来。一个县有的有好几处'花儿会',时间是错开的,农历二月份就开始了,最多的时间是五、六月份,和当地的庙会、朝山等宗教活动结合在一起"①。20 世纪 60 年代初,有学者撰文指出,"花儿会"是由庙会转成的②,虽然有人反对,但更多的事实表明,"花儿会"是一种特殊的庙会。如,青海老爷山花儿会,当地叫"朝山会",瞿昙寺花儿会叫"观经会",也有一些地方直接称"某某庙会",以及"浪山会""野人会"。③ 在庙会上的"神歌"有许多种,而像"花儿"这样自由、奔放、热烈的,确实相当少见。

"耍歌堂"作为迎神宴会歌舞,流行在广东省的连南排瑶尤为典型,其演唱时间有固定的安排,"仅限于农历十月十六日前后搞耍歌堂的那段日子"④,其演唱方式为,一老歌手领唱,众人相和,同时伴以锣鼓、口哨、牛角号,然后进行"比赛"即"斗歌"。优秀的歌手常成为姑娘倾慕的对象,在傍晚男女分散对歌,互道情肠。情歌有单身歌、赞美歌、祝愿歌、讲古歌等,每天晚上围坐在篝火旁尽情歌唱。它引起我们重视的是,这种歌俗同盘古庙会联系起来,体现出瑶族人民特有的信仰内容。《广东新语》载:"岁仲冬十六日,盖田野功毕也,诸瑶至庙为会,名曰耍歌堂。男女同集,跳舞唱歌,同时自由结婚,礼仪甚简单。"今天,这种习俗仍然保持着。如,有学者记述道:"游行队伍从神庙中抬出盘古王夫妇神像和各种自然神以及各姓最早祖先的木雕

---

① 刘凯:《关于西部民歌"花儿"的探索》,《民间文艺季刊》1987 年第 1 期。

② 赵存禄:《"花儿"的来龙去脉再探》,《青海湖》1961 年第 12 期。

③ 张喜臻:《"花儿会"由来演变试说》,《庙会文化研究论文集》,甘肃人民出版社 1994 年版。

④ 《广东民俗大观》,广东旅游出版社 1993 年版,第 86 页。

像。这些木雕像威武雄壮。队伍中一对芒锣、数个牛角、成排的长鼓舞手，并杂有唢呐和五月箫等乐器的演奏。队伍中最突出醒目的是一根幡杆。"这幡杆要选用本地最粗最长、带枝带叶的竹竿来做，上面挂着红布和玉米、稻穗等各种作物的穗实。庙会上能单独举着幡杆前进者，如果是已婚男子，他被当做英雄崇拜；如果是未婚男子，便可以随意选择任何未婚女子为妻，即使女方已有对象也被长者们规劝放弃。扛幡的人在扛幡前要喝三大碗酒，以考验其酒量如何，游行时要鸣铳炮，以壮声威。耍歌堂活动在野外进行，男女老少倾村出动，夜晚点燃篝火，大家基本上都不回家睡觉。活动中人们饮酒、吃肉和糍粑等一概免费，每个参与者都有权取食。酒饭之后，人们在歌堂坪上尽情载歌载舞。"耍歌堂活动的最后一个节目是追'黑面人'①。'黑面人'代表邪恶势力，由一个跑得最快的人扮演，并送他一块三斤以上的猪肉。他扛着猪肉四处逃跑，追赶的人则扛着犁耙、刀枪之类，但一般有惊无险。追'黑面人'之后，便是送客活动，并且要唱送客歌。瑶族耍歌堂活动，从开始到结束需三至九天时间，规模很大。"② 节日即庙会期间，还有插山鸡毛、好客人家用糍粑和清香酒放在公共场所供人享用等习俗，当然，饮食者同样可以载歌载舞。耍歌堂的仪式中，"枪杀法真"是一种具有警世意义的活动，一男性青年手持一只公鸡和一把宝剑，任众人从木梯上抬起，然后在歌坪上游行，枪手们纷纷举枪向天鸣放，人们高

---

① 所谓"黑面人"，事实上应该是原始信仰的遮面俗；其他地方也有与此相似的"三怪脸公"，即黑、黄、白三色脸面的装扮，进行具有游戏色彩的相关仪式。

② 《广东民俗大观》，广东旅游出版社1993年版，第86页。

唱、高喊不已。有人说，这是为了讲述当年一个叫法真的人如何变节，给地方瑶族人民带来灾难，瑶族人民将他枪杀的故事。耍歌堂因为"耍歌"即民间歌曲的演唱，成为我国庙会文化的特殊景观。

在少数民族的歌会中，虽然也有与祭祀神灵活动相联系的信仰习俗，但一些地方因为没有庙宇，所以，不把这些内容看做庙会。或许在历史上它也曾经是庙会，是从庙会沿变而来。这里所讲的庙会歌曲主要限定在现存庙会活动之中。如广西的歌圩，就是庙会遗俗。

庙会歌曲的内容在文化意义上很复杂，有时，很难划分其具体的崇祀性质。对于庙会歌曲的传唱，应该给予应有的重视，并且要从具体的社会历史条件、文化环境、信仰氛围等因素来综合考察。事实上，许多很有价值的民间神话传说，就是凭借一些庙会歌曲得以保存其完整故事情节的。诸如河南西华女娲城庙会上的歌唱女娲功德的《神歌》，就保存了较为完整的女娲补天、造人等神话。又如我国南海北部湾巫头、三心等地京族中的"唱哈"歌会，纪念教唱歌仙的"哈亭"。或在六月初十，或在八月初十，当地人民迎镇海大王，杀最大的猪"杀养象"来祭神，然后开始请"哈哥"（男歌手）和"哈妹"（女歌手）唱"哈"。歌词的内容就是京族的历史传说故事，唱完即送神。在"唱哈"中，京族人民将本民族的神话故事代代相传。从庙会歌俗中还可看到原始婚姻遗俗等重要内容。如一位学者所说，"有许多地方歌节都是在当地有了寺庙和朝山进香的活动以后才兴起的"，"从纳西族的'海坡会'、普米族的'转山会'中，我们窥见到当地人民崇敬生育女神，还保留有'阿注'式婚姻的遗风，而这种互结'阿注'，正是对偶婚初期的形态；苗族的'姐妹节'也有原始对偶婚的投影"。①

庙会中的舞蹈一般指敬祀神灵的宗教信仰色彩浓郁的舞，有独舞和群舞，与社火中的舞蹈不同，即庙会舞蹈限定在庙院内，专祀内容尤其突出。前面提到，庙会中常常歌舞不分，即舞蹈常伴随有一定的"神歌""经歌"（即仪式歌）。舞在庙会中的意义主要体现在"通"上，即人神之间的媒介。也就是说，在民间信仰中，众以为借助于一定的形体变化，人与神就能对话，沟通两个独立的神秘世界。庙会因此而表现出更强的神秘性，更浓郁的宗教氛围。

庙会乐舞有着悠久的传统。在商周时期的文献与考古发现中，我们看到，当时有相当庞大的专职乐舞之官，如总管乐舞制度的大司乐，统领乐师、大胥、小胥、大师、小师、瞽矇、视瞭、典同、磬师、钟师、笙师、镈师、籥师、鞮师、旄人、鞮鞻氏、司干等职，不仅负责音乐舞蹈的培养教育，而且进行各种乐品的演奏，包括外域和民间乐舞的搜集整理。在乐舞的职能中，又分别划分为祭祀、降神、礼仪，特别是祭祀乐舞，我们可看做庙会歌舞的最早形式。从《周礼·乐师》中，我们可看到原始舞蹈的帔舞、羽舞、皇舞、旄舞、干舞、人舞等多种形态。如《说文解字》："乐舞以羽自翳其首以祀星辰也。"又如《尔雅》："舞，号雩也。"甲骨文中，舞与雩一体。可见乐舞在原始信仰中与祭祀的具体功能是联系在一起的。诸如牺牲制度等，舞作为一种变形、模仿，体现出原始人特有的心态。典型的舞如《吕氏春秋·召类》中的"以龙致雨"，我们就可结合更广泛的龙崇

---

① 吴超：《论中国的歌节》，《民间文艺集刊》1986 年第 2 期。

拜看到龙舞在现代庙会的遗存及其巫的信仰意义。也就是说，舞，作为一种民间信仰，是巫的体现和表现。从原始墓葬中的龙形"蚌"等物品的摆设，和一些原始岩画中的龙舞龙形，以及汉画像石中的飞龙、人首龙身等材料，不难发现以现代龙舞为代表的庙会舞蹈的历史渊源。庙会歌舞历史，将另述详细。

庙会舞蹈在今天的表现同样不是单纯的，与巫结合，与傩结合，又与现代文明结合，避免了它越来越狭隘地保存在少数人手中。如香火社所组织的花篮舞，一些女巫所跳的花鼓舞，包括更大规模的龙舞、狮子舞、灯舞，从中都可以看到庙会文化中的舞蹈的具体形态。其保存和不断被改造，则表现为民间信仰的艺术选择。民间舞蹈成为民间庙会的重要内容，在各民族的原始庙会中都具有这种意义。

我国庙会在南北地域上以长江为界，差别很大，民间庙会中的舞蹈同样有很大差别。举隅若干，我们可看到这些差别的具体内容。

广东番禺县的石碁区沙甬乡，以鳌鱼为图腾的信仰今天仍保存着。他们每隔九年举办一次鳌鱼会。传说每届鳌鱼庙会在农历三月举行，无论生活多贫困，庙会九年逢一次，一定要办。鳌鱼会的鳌鱼信仰表现在祠堂屋脊、屋檐、牌坊等建筑雕刻、雕塑与绘画中，庙会的神戏棚顶必须装饰以鳌鱼。传说很久以前有一位书生在应试路途中得到鳌鱼的帮助，最后得状元及第，独占鳌头，成为"文曲星"。后人即举行庙会，演鳌鱼舞纪念鳌鱼，希望子孙后代不断出现杰出人物。鳌鱼舞中的舞具鳌鱼，用竹笏做骨架，用彩纸糊成后，画上鳌鱼的具体形态，如扁阔大嘴、高鼻、虾眼、高头角、金鳞、鳃、背鳍、腹鳍，飘扬的彩带和彩球，象征着

"独占鳌头"、出人头地、敢为天下先的进取精神与美好理想。舞者伴随着锣鼓，做鳌鱼的各种动作，诸如"出洞""吃水草""交尾""产卵""跳龙门"等具有多种信仰崇拜意义，同时，有着长袍、持笔墨、形状各异的魁星相伴，体现"点"的象征意义。这类信仰色彩浓郁的庙会歌舞，在我国南方尤其多，像瑶族长鼓舞所体现的纪念祖先神盘瓠王，惠来修建韩愈祠舞鳄鱼灯以纪念造福当地人民的韩愈，普宁纪念田元帅的英歌舞，中山隆都的鹤舞，梅州的席狮舞，南雄的"龙头凤尾中鲤鱼"茶花灯舞，德庆的凤鸡舞、蝴蝶舞、白鹤舞、龙舞，澄海的骆驼舞、蜈蚣舞、鳌鱼舞，中山的醉龙，吴川梅箓的火龙舞，番禺沙湾的鳌龙舞，新会湖莲的纱龙舞，佛山的旱龙舞和南狮舞，鹤山狮舞，乐昌的蛙狮舞，梅州的狮山、狮王、仔狮、席狮舞和乌龙舞，吴川的貔貅舞等，浪漫，热烈，具有岭南所特有的艺术内蕴，以色彩的浓郁、艳丽显现出外在的特征。

少数民族的舞蹈，亦在庙会上显现出争奇斗妍的文化风貌。诸如云南傣族的各种"鼓舞"（长鼓、铜鼓、象脚舞）与地方民歌共同映现出民族文化特有的风韵。如《百夷传》所言：

> 百夷，乐有三：曰百夷乐、缅乐、车里乐。百夷乐者学汉人之所作，筝、笛、胡琴、响王戈之类，而歌中国之曲；缅乐者，缅人所作排箫、琵琶之类，作则众皆拍手而舞；车里乐者，车里人所作，以羊皮为三五长鼓，以手拍之，间以铜铙、铜鼓、拍板，与中国僧道之乐无异；其乡村饮宴，则击大鼓、吹芦笙、舞牌为乐。

这些歌舞时隔三百多年，在今天仍然得到保存。十二版纳的傣族的庙会歌舞，酒足之后，敲响芒锣大鼓，年轻人边舞边唱，常通宵达旦，忘情地跳，以少女舞姿最为动人。在舞蹈中，随着锣鼓节拍，或男女相随，一手在胸前，一手在背后，或翻跟头、大转身、做蜻蜓竖立，或男女对舞，或杂以刀、棍、绳等器械。尤为典型的如车里宣慰街的庙会上，鹿舞、凤舞、龟舞、蚌与大头和尚相戏舞，表现出丰富多彩的神话传说故事。又如纳西族的麒麟舞、德昂族的水鼓舞、彝族的"阿细跳月"、仡佬族的芦笙舞、瑶族的"兴郎铁玖舞"、苗族的芦笙舞和鼓舞、藏族的"锅庄"等民间舞蹈，在不同的庙会上表现出各族人民对生活的热爱和美好的愿望。有学者把我国民间歌舞的分布概括为南方与北方两大区域，而且形成不同的歌舞乐系，称南方民间歌舞乐系包括花鼓舞乐族、采茶舞乐族、花灯舞乐族和少数民族的打歌乐族、象脚鼓舞乐族、芦笙舞乐族、铜鼓舞乐族、师公舞乐族；北方民族歌舞乐系包括秧歌舞乐族和少数民族的萨满舞乐族、狩猎游牧歌舞乐族、宴席舞乐族，以及藏族的谐舞乐族、维吾尔族的木卡姆歌舞乐族等。[1] 我们可以想见，各民族灿若群星的歌舞不仅在庙会上大放异彩，而且在我们的日常生活中成为社会文化健康发展与繁荣的重要因素。

与之相比，包括中原地区在内的我国北方庙会歌舞，则显出另一番景色。总体上说，北方庙会歌舞受古典戏曲的影响，较为典雅，缺少南国庙会那种热烈、奔放，一派汪洋恣肆的气势，而体现出北方人民特有的生活情趣。在艺术风格上，缺少南方庙会歌舞的多样性，而多以社火中的各种舞蹈

---

[1] 参见杨民康《中国民间歌曲音乐》，人民音乐出版社 2002 年版。

形式表现庙会文化的特有内容。如，较为流行的北方庙会歌舞，一般有"经挑舞"（也叫"花篮舞"）"霸王舞""花棍舞""锣鼓舞""蝴蝶舞""拍瓦舞""扇鼓舞""顶灯舞"和"狮子舞""龙舞"等。当然，诸如朝鲜族、锡伯族、鄂伦春族、满族、蒙古族、维吾尔族、哈萨克族等少数民族人民的舞蹈，也很有特色，有时在庙会上也有表现。

在北方影响较大的是花篮舞。民间庙会的香火会等团体在平时不断进行训练，在步法、舞姿、快慢节奏、表情等方面，都有严格要求。中原地区的花篮舞，遍布城乡庙会，豫西、豫东和豫北三个地区又各具特色。它们都有"经调"伴唱，而尤以淮阳为中心的伏羲人祖神话群影响的区域内花篮舞最具有典型性。它融合了佛崇拜、祖先崇拜和生殖崇拜以及龙图腾等多种信仰，而又显示出鲜明、浓郁的地方性。舞者一般在庙院内，四人一组，三人担起轻盈的花篮，着黑衣，头上裹着长纱包头，黑纱下缀着长穗，她们来回穿行，在一人边打竹板边唱的伴奏下，舞到高潮时，相互摩擦脊背，闭目仰面作陶醉状，飘起的黑纱相绞合。她们所唱的经调中，多为修善积德的崇佛内容，同时融进崇祀伏羲女娲的内容，而她们的舞姿又显现出性交合状的生殖崇拜意义，她们的服饰显示出"龙飘"的象征龙神崇祀的成分。在陕西、山西、河南、河北、山东等黄河中下游地区，盘鼓舞、腰鼓舞在庙会上流行很广泛，其信仰意义在传说中表现为驱疫避邪等大傩内容，有些地方传说这种鼓舞与蚩尤崇拜密切联系在一起。事实上，《后汉书》中就曾记述大傩逐疫"赤帻皂制执大鼗"[1]，其巫术功能非常明显。在河北省邢台一带，

---

[1] 《后汉书·礼仪志》载："先腊一日，大傩，谓之逐疫；其仪取二十人为辰子，皆赤帻皂制执大鼗。"

流行别具一格的扇鼓舞，即扇形羊皮鼓面，以彩色鼓鞭相击，舞姿有圆场、龙摆尾、云转花、搭天桥、穿梭，套式有敬德背剑、白龙缠腰、二郎担山、王洋卧冰、关公磨刀、斟茶献酒等，变化多样，时而慷慨激昂，时而舒缓流畅。扇鼓舞的人数不定，十人左右即可进行。鼓手们还有为神佛守夜的习俗。这里不但有扇鼓舞，而且有扇鼓经，供舞者演唱。如《接总兵》《八仙庆寿》《九家仙姑》《天兵天将》《李三娘推磨》《姜太公钓鱼》《敬德背剑》《文王偃驾》《武王登基》《七仙姑下凡》《南天门上挂金灯》《白蛇传》《佘赛花招亲》《观世音坐轿》《皇姑真经》《药王真经》《太阳真经》《北斗真经》《唐僧经》《拜佛经》《宝莲灯》《小放牛》《王兰英修仙》《游山经》《小放牛》等脚本，在内容上体现出鲜明的宗教信仰色彩，具有戏曲、民歌影响的明显痕迹。演唱中有主角和次角，类似于戏曲演唱，在庙会正日上午达到高潮。

其他舞蹈形式和南方庙会歌舞的内容基本相同，如狮舞、龙舞、蝴蝶舞。在极个别的地区，如河南鹿邑老君台庙会，曾经有打铁舞在庙会上表演，但今天多散失在民间而庙会上很少看到。

同戏曲、歌舞一样，杂技艺术在庙会上成为娱人、聚人的重要手段。所不一样的是，杂技更具有世俗性的娱乐意义；有时，它更多地表现出商业性的营利意义。庙会上的杂技以单独的小型杂技较为普遍，也有较大规模的杂技艺术团体在庙会上演出，当然，其影响也更大。像著名的河北吴桥杂技团、河南濮阳东北庄杂技团，都曾在一些大型庙会上表演。他们演出的一些节目，有许多已经超出了民间文化的范围。小型杂技多以家庭、师徒为单位，走村串乡，以戏法变幻等简单的艺术手段作为谋生手段，是典型的民间艺术。单个的杂技艺术，多为表演魔术，如"二掳眼"之类的卖解形式，或表演软硬功夫，即在钢丝、绳索上行走，在砖块、石块上用手指钻出洞，用头撞烂石块、砖块，或将自己的骨关节错位，以痛苦形状使人同情。也有的为了显示技巧，将铁球高抛向天空，然后不慌不忙地用一种器皿将其接住，形成化险为夷的惊人效果。更有人钻火圈、钻刀圈，在刀丛中赤脚行走，将身体弯成一定形状，令人惊愕不已。还有人在刀叉上旋转许多只盘碟或碗盆，或同时抛起许多只物件，使其不落地，令人眼花缭乱。团体性的杂技，除了表演单个的杂技之外，主要表演大型的多为祖传类的杂技艺术，如许多只椅子组成的叠罗汉，许多只狮子组成的狮子山，表现出群体性的精彩技艺。

杂技在庙会中的出现，可从巫术的作用上去理解。不仅现在的庙会上有杂技，而且早在战国时代就有，汉代画像石、画像砖上都有这类内容的描绘。但它始终没有成为庙会文化的主导内容，这和它不登大雅之堂的艺术地位是联系在一起的。

四　民间工艺

庙会上的民间工艺有很丰富的文化价值。

诚如人所讲，"山不在高，有仙则名；水不在深，有龙则灵"。民间文化被具象化为一系列工艺品，成为光彩夺目的艺术形式，便因为其中的民间信仰等内涵，成"仙"成

"灵"，与神庙周围的祭祀、娱乐等内容一起构成独具特色的庙会文化形态。

这些民间工艺品，只有在庙会上才能完整地体现出其民间信仰的价值与意义。

民间工艺品在庙会上主要有各种传统的玩具、服饰、装饰品、食品与各种吉祥物。它们不仅仅是一种单纯的物件，而且是寓意丰富的民间文化信仰符号；当然，每一种符号都需要以庙会为背景，我们才能更全面而清晰地理解其生动内涵。诸如民间玩具中的棒槌、花蛋、彩球，带口哨的陶制鸟、鸡、鱼、猴这类"叫吹"，以及木刀、木剑、花锤、泥塑、埙、竹笛、木梳、竹篦、木碗、风车等，都有具体的文化寓意。棒槌在民间信仰中既是驱邪打鬼的武器，又是象征男根的具有生殖崇拜意义的礼器。许多求子者在庙会上买得精美的棒槌，带回家中，置放在床被下，以为这样就可促进生育、多子。花蛋、彩球也是具有生殖崇拜意义的"吉祥、圆满、顺利、多子"象征。各种动物的烧制和塑制，是庙会中的"灵物"，即神灵遣至人间帮助人祛除病难，带来幸福的使者，有了它们陪伴在身边，就可以逢凶化吉、保障平安。有一些更为古老的运动塑像，则表现出民族文化的图腾意义，成为远古文化的遗留物而被称为"活化石"。更不用说像鱼、猴和鸡等动物塑像，同样具有生殖崇拜的意义。民间玩具的这种意义，在我国许多古代墓葬出土文物中都有所表现。

服饰工艺品在民间庙会中主要表现为老人、儿童、妇女的服装和生活用品，如裙、兜、褂、鞋、手帕、披风、帽、巾等绣制品，它体现出尊老爱幼的传统道德伦理观念和对神灵信仰的敬祀观念的融合，具有鲜明的祝福意义。

装饰品主要指各种花卉、吉祥图案，多为妇女发髻配饰。这些装饰品常起到画龙点睛、锦上添花的审美效应。

庙会上的食品体现信仰内容的除了供献食品之外，主要指那些具有观赏意义的面制品、果制品、米制品、糖制品。最典型的如精巧的微型面塑，以河南沈丘的顾家馍为代表，可看到面制的桃、猴、鸡、蛙、虎等动植物形状，它既可以食用，又可观赏，而且可以长期保存。在河南一些庙会上，顾家馍以其独特的制作技艺享有盛誉，增添了庙会的喜庆气氛。

庙会上的吉祥物最为繁密，如长命锁、富贵锁、万寿羊、吉祥彩线和各种果核雕刻成的吉祥动物、花卉等，其中以龙、凤、麒麟、虎等形状居多。金、银、珠、玉等名贵质地的吉祥物，和竹、木、丝等一般质地的吉祥物，所体现的吉祥意义是相同的，只是质地不同，标志着身份不同、爱好兴趣和修养不同。在吉祥物的纹饰图案上，可看到云纹、水纹、火纹、花纹、藤纹、寿字纹、福字纹等纹脉，及其所体现的深厚的民族文化底蕴。

随着科学技术的发展，工艺品在整体上发生了重大变化，如，玩具中增添了塑料制品、更新的金属制品，像变形金刚、小汽车、飞机、军舰等物品，体现出时代的变化。但是，信仰的意义并没有发生本质性的变化，如一些寿星佬等工艺品被装以现代电子器件，发出祝福的问候，使现代科技与古代文明有机地结合在一起，庙会文化的内容发生着新的审美转变。

庙会中的民间文化艺术在内容和形式上不断发生着重要变化，信仰的功能越来越多地被科学、文明为背景的现代审美机制所冲击。从戏曲、歌舞、杂技到一般性的民间工艺，都鲜明地体现了时代的变化。

第八章　庙会与人文文化

概括地讲，民间文化与人文文化的关系是文化原野中的两棵根脉紧密相连的树木，它们相互支持，共同撑起中国文化的天空。人文，即"礼"，即"雅"，民间文化即"野"，即"俗"；在历史的长河中，常常表现为"礼失求诸野"这一普遍性文化发展规律。

说得更通俗，更直接一些，庙会上祭祀的碑石与石头上，包括神庙楹联的文字，就是"雅"，而庙会的传说与民歌，包括那些具有浓郁巫术色彩的舞蹈、仪式，更不用说形形色色的民间信仰，都属于"俗"。

民间庙会是典型的民俗现象，其中的人文文化对它的参与和直接影响作用，在一定程度上体现出民俗文化与人文文化相互联系的基本规律，即它们互相包容，形成民族文化的两翼，在社会生活中得到共同的发展。

庙会中的人文文化主要以渗透、弥漫、融入等方式体现出其影响作用。

其一，勒石表记神功：庙宇中的各种匾额、楹联、碑铭及其所记述的有关庙会的内容；

其二，庙道与庙貌：庙宇中的各种绘画和雕塑所体现的文化意义；

其三，人文浸染：庙会中的宗教艺术和相关的文化宣传，包括利用与改造——政治力量对庙会的参与、利用的改造活动等。

这些内容与民俗现象既有联系又有区别，从整体上保持其独立性。这种民间文化与人文文化共存的现象，是我国庙会文化的一个重要特色。而更重要的人文文化精神，是在整个庙会信仰中体现出来的。

一 勒石表记神功

我国古代文化的传播形式在相当长的时期主要是重复性表现。其中,文字的存留成为记忆的重要背景。其更早的源头应该与洛沈、河图洛书、旌石柱表,有着极其密切的关联。高文典册与石阙所具有的神圣性意义,在社会生活中被融合为一系列民间文化现象。其文化基础遵从的同样是庙的意义,即"庙者,貌也"的诠释方式,仍然是古老的巫术信仰的表现。应该说,这是民间文化包括民间庙会与人文文化相结合的一个典型。

庙宇及其周围所设置的匾额、楹联和碑铭,作为文字表现形式,对庙会文化的具体内容具有重要的影响作用。尤其是道教庙会,其表现更突出。

匾额、楹联和碑铭,是庙宇具有异常神圣意义的文化标志。在庙会文化中,这些文化标志一方面成为香客识别、观赏的符号,另一方面体现出庙会的基本性质,从审美的效应上来讲,它具有画龙点睛、锦上添花、众星拱月等等特殊效果。这种文化标志的起源具体发生于统治者对庙会的规范和引导、利用活动,如隋文帝曾亲自为妙神寺、相国寺题写御匾,他迁都时还曾经让人制作出题有寺庙名称的一百块匾牌,供修缮寺庙的人领取。唐宋时代的统治者,从皇帝到达官贵人,都曾为一些著名寺庙题写匾额。这些匾额一般四字居多,也有三字者。如,宋高宗为杭州通玄观题匾额"通玄",宋理宗为杭州灵隐寺题"觉王宝殿",为至德观题

"至德之观"，为玄妙观题"天庆之观"等。所题匾额多寓以吉祥、喜庆、安宁的语意，表现天下太平的景象。匾额制度在魏晋南北朝时就已经存在，最早可与民间信仰的符号制度、命名制度联系起来。① 而在明清时期，题写匾额已经成为庙会文化中的一种风尚，许多庙宇都有这类佳话。不仅皇帝写，一般文士也写，附庸风雅的内容在匾额内容中占据重要位置。匾额的题写，使庙会的文化意蕴更加丰富。以四川为例，灌县二郎庙的正门匾额为"庙貌巍峨"，峨眉山万年寺的"巍峨宝殿"，云阳张飞庙的"江山清风"，成都武侯祠的"即景遐思""养心若鱼""业昭高光""义薄云天""诚贯金石""名垂宇宙""伊周经济""勋高管乐"等，或表现庙势非凡，或表现神主功德高尚，令人景仰。在更多的时候，匾额作为书法佳作，使更多的游客、香客得到审美愉悦，增强对庙会的感受。

楹联的早期形式是与"桃符"相联系的，以对偶的字句，表达人们的理想或愿望，其源头有学者以为是五代时后蜀孟昶所书"新年纳余庆，佳节号长春"。其实，应该更早，它与隋唐之前的"题壁"习俗有着更直接的联系。神庙的楹联是庙会文化中的人文文化内容更为典型的体现。它更能表达人们的宗教情绪的丰富性。人们在庙会上品味楹联，放眼神庙及其周围的景色时，感受神庙中的信仰内容，会更深刻地理解庙会的教化意义。

---

① 《后汉书·百官志》曰："凡有孝子顺孙，贞女义妇，让财救患及学士为民法式者，皆匾表其门，以光善行。"汉代的旌表制度影响深远，牌坊文化不仅对于神权的巩固与传播起到重要作用，而且对于民间社会的稳定起到积极作用。又如《桯史》卷一〇载："初，吴山有伍员祠，瞰阓阛都人敬事之，有富民捐赀为匾额，金碧甚侈。"由此可见民间百姓对于人文文化活动的皈依倾向。民间文化与人文文化的密切联系常常通过政治与宗教的中介而形成。

神庙的楹联具有较强的规范性，除了受宗教信仰的具体内容限制之外，还要受自然条件的限制，要求既能概括全貌，又能传神，准确地表达信仰及其感情。其长短不一，多则达数百字，少则五字七字。最为流行的楹联如佛教信仰中的弥勒佛像侧的"大肚能容容天下难容之事，开口便笑笑天下可笑之人"，道教信仰中的老君神像侧的"一生二二生三三生万物，地法天天法道道法自然"。较长的楹联，以四川灌县青城福建宫的长联，全联上下近五百字：

溯禹迹奠岷阜以还，南接衡湘，北连秦陇，西通藏卫，东峙夔巫，葱葱郁郁，纵横八百里舆图。试蹑屐登上青绝顶，看雪岭光腾，红吞沧海，锦江春涨，绿到瀛洲，历井扪参，须臾踏蜗牛两角。争奈路隔，蚕丛何处，寻神仙帑库，丈人峰直墙堵耳！回思峨眉秋月，玉垒浮云；剑门细雨，尚依稀，绕襟袖间。况乃夜朝群岳，圣灯先列宿柴天。泉喷六时，灵液疑真君唾地。读书台，犹存芳躅；飞赴寺，安敢跳梁。且逍遥，陟蒨葡冈，渡芙蓉岛，都露出庐山面目，难邈追攀。楼观互玲珑，今幸青崖径达。问当初，华渚姚墟，铜铸明皇应宛在。

自轩坛拜宁封而后，汉标李意，晋著范贤，唐隐薛昌，宋征张愈，烈烈轰轰，上下四千年文物。漫借瓶考前代遗徽，记官临内品，墨敕亲颁，曲和甘州，霓裳同咏，鸾章翠辇，不过留鸿爪一痕。可怜林深，杜宇几番，唤望帝归魂，高士传岂欺予哉！莫道赵昱斩蛟，佐卿化鹤，平仲驰骤，悉缥缈，若遐荒事。兼之花蕊宫词，巾帼共谯岩竞秀；貂蝉画像，侍中与太古齐名。携孤琴，御史曾游；吹长笛，放翁再住。休提说，王柯丹鼎，谭峭靸鞋，那堪他沫水洪波，无端淘尽。英雄多寄寓，我亦碧落暂栖，待异日，龙吟虎啸，铁船贾郁定重来。

这里即有庙祀的具体内容，又有青城山所在的地望和名胜，使人领略到河山锦绣和历史文化丰富多彩的多重感受。人文文化对青城山庙会中的庙宇建筑的渲染，使这里的庙会文化具有更高的知名度，增强了旅游观光的吸引力。甚至可以说，以灌口青城山庙会为代表，它体现出人文文化对庙会文化的冲击，使庙会文化向更文明的方向发展。

中原地区的河南浚县山会，即大伾山和浮丘山庙会，以道教文化为主体，满山都是令人目不暇接的题额、楹联和各种石刻题记，这成为庙会的一种重要特色。与其说人来大伾山、浮丘山是在赶庙会，不如说是人在领略独特的文化风光，当然，这是对知识者而言，更多的民间百姓仍然是为奉祀神明而来。

大伾山和浮丘山为太行余脉，风景秀丽，有着悠远的文化传统，丰富的人文文化在庙会所在地的集中出现，也反映出这一地区文化发展的水平和信仰特色。如大伾山西麓的山门，楹联为"黄河东去，卫水南来，两派分流，昏垫千秋存禹迹；嵩岳西横，太行北蠚，三峰遥峙，登临四顾豁吟眸"，"邯郸道上，黄鹤楼头，一剑西风留幻迹；卫水桥边，浮丘林表，三山海路在尘寰"。将整个大伾山的地望和庙会的信仰性质形象地展示出来，生动传神。前门横额题"青坛紫府"，后门横额题"三别四壶"。"青坛"源于东汉初刘秀在此筑青坛告天地，谥大伾山为青坛山。"紫府"源于道教以

"紫"为号，即神仙洞府。"三别"指大伾山上太极宫"紫泉别墅"、吕祖祠"瀛洲别墅"、龙洞"古守臣别墅"三处别墅，"四壶"则指山门前后的"蓬壶天"、壶天道院的"方壶天"、吕祖祠的"瀛壶天"和太极宫的"小壶天"。①这里将全山的精华浓缩在两个题额上，犹如巨龙明目。由山门登歇歇亭，则见柱上刻对联"到此依依莫不远怀神禹，请君歇歇且看对面太行"，向人介绍大禹曾在大伾山治水的传说。继续前行，一石坊横额题"寥廓峥嵘"，石坊对联为"手拍浮丘吸日月，肩随玉女跨云霞"，与"寥廓峥嵘"相映衬。再前行，过落虹桥，来吕祖祠（全真道五祖之一的吕洞宾祠，农历四月十四为其诞辰会），洞顶刻"南斗""北斗"，象征吕洞宾身居九天。"北斗"洞联为"早晚一炉香，恭敬三叩首"，"南斗"洞联为"朝夕一炉香，虔诚三叩首"。梅花石柱上刻写着"六鳌头上稳栖身，寿天地，光日月，莅丹丘以领群山，贝阙银宫，卧拥楼台十二；支鹤背顶斜跨足，朝扶桑，夕昆仑，持绛节以朝上帝，云旌霞盖，飞游世界三千"，"传授钟离秘诀，降龙伏虎，奇造化与掌握，鼎中炼就长生药；接续老子真经，取坎填离，认本来之面目，炉中养成不坏身"。拜厦西侧为"蓬莱三岛客，终南二洞仙""海外谈诗仙进士，雪中佩剑道英雄""觉世结三花，梦借黄粱飞紫府；同天合六气，云随白鹤下丹丘""三诗缔道念，十试炼真心"等联。祠院内建有八角莲池，池中云封亭楹联为"飞行碧霞剑三尺，醉听琼台箫数声""白鹤飞来天外影，丹丘宛在水中央""邯郸一枕，事事俨□波夜月；浮丘三异，人人咸诵吏中仙""邯郸一枕收海市，岳楼三醉

---

① 也有人讲是指蓬莱、方丈、瀛洲、大伾四壶。

下飙车""洞取数峰朝夕色，亭留万里水云缘""唐进士，清父母，同有仙风道骨；大伾山，卫水河，何殊海市蜃楼"等联。祠左侧有斗姆阁，阁前即"瀛洲别墅"，石坊的横额一面为"到此清心"，一面为"引人入胜"；此处楹联有"瘦穿黄石窍，古蔓绕松身""浮丘路接丹丘路，卫水源通弱水源""岩前炼石云为质，槛外流泉月有声"。门楼的对面，崖壁上题写着"山河一望""壁丘千仞""千仞岗""瞻彼淇澳"，在总体上形成"仙""道"之气象。其他像吕祖祠乾元殿后的山崖上所题"山河一望""东皋舒啸""怀禹""第一峰""步虚声"；大伾山顶的太极宫，即八卦楼，券门额上刻着"众妙之门"；万仙阁有楹联"浩浩天枢入洞主，巍巍汉将大罗仙"；禹王庙的楹联"三过其门虚度辛壬癸甲，八年在外平成河汉江淮"等，显现出大伾山神奇的文化风光。而在浮丘山，以"奶奶庙"碧霞元君行宫为主体，楹联更如繁花似锦。戏楼即歇云楼面对碧霞宫，卷棚顶建筑，柱石上刻着"山水簇仙居，仰碧榭丹台，一阙清音半天绕；香花酬众愿，看酒旗歌扇，千秋盛会里中传""瘟岂妄加于人，惟作孽者不可逭；神只行所无事，常为善者自获安"等联，直接记述庙会盛况和信仰内容。与之相对为"山门"，题有楹联"浮山妥圣灵，峰连岯崎，两道青螺扬竣德；卫水环神刹，涛接淇泉，一泓白练漾神功""庙貌巍峨，遍群伦，降祥锡福，不但育婴保赤；山门壮丽，合寰宇，崇德极功，岂惟踵事增华"，两幅联点明碧霞宫的地望形势，表达出对碧霞元君作为"育婴保赤"之神的敬仰心情。过山门即两厢四帅殿和左右钟鼓楼，四帅为护守碧霞宫的大神，其楹联分别为"位列震方，偕巽风以宣示正教；班居东面，借艮山而禁绝旁门""承坤顺于西，扶起极乐世界；秉乾行于北，永护清净法门""庙貌维新，表神功之滋大；法坛永护，翊圣德以弥尊""宣煦育之慈祥，功存保赤；赞生灵之赫濯，威镇锄奸"。进甬道，入二门，门楼内外分别嵌匾"贻尔多福""群生系命"，二门的楹联有"恩遍寰区，以坤厚博大之德，位贷宗而钟灵毓秀；泽普生民，本慈宁恺悌之怀，居浮巅而保世佑人""有感斯通，凡子庶群黎共沐恩泽于泰岱；诚无不应，俾遐方异域咸仰声灵于浮山""镇灵岳于泰峰，恩垂东隅；移法驾于浮巅，德沛中天""德合艑民，顺天行以布化；功隆保赤，赞坤元而资生"。碧霞元君为泰山神，这里尽情讴歌其功德，与神戏一样，都是为了媚神。过二门之后入中院，可见子孙殿楹联"德主广生，佐以寒暑灾祥之均调，而厥生不害；功能造化，登诸安全仁寿之善地，而其化弥光"，眼光殿楹联为"本天地之大德以成能，生生不息；运阴阳之枢机而育物，日日常新"，客厅楹联为"松风水月，领物外之声容，渐忘世味；仙露明珠，现壶中之色象，顿洗尘心"。在正殿东西两侧分别为老母殿和三霄殿，楹联分别为"秉乾秉坤，开天下群生化育；床公床母，伺人间宜尔子孙""生物虽云不测，赞化育各有专司；至诚总属无伪，参天地同一慈悲"。在正殿和寝宫之间，为妥圣坊，横额为"琼宫妥圣"，侧联为"德主好生，尽斯人，谁非孙子；功存怀保，普天下，莫不尊亲"。东、西两侧门分别题额"仪分乾健""德秉坤贞"，楹联为"日出扶桑迎法驾，云来岱岳护神宫""门邻卫水清流绕，户接行山积翠来"。

此外，各行各业都有自己的对联。在行业神崇拜的民间庙会中，楹联更典型地体现出行业神祖师崇拜的信仰特点。如各地的药王庙、鲁班庙、罗祖庙、老君庙、梅葛庙等神庙中，楹联反映出庙会的基本性质。再者，庙会中的楹联又有着鲜明的地方特色。如江苏苏州七里山塘的花神庙，楹联为"一百八记钟声唤起万家春梦，二十四番花信吹香七里山塘"，和北国风光形成鲜明对比。在楹联的具体内容中，信仰性质表现得非常突出。如，道教信仰楹联中多"清""玄"的字义，而佛教信仰多"了""严""生"等字义，世俗神信仰多"功德""义"等具体赞颂其伟烈、崇高、昭然。这些楹联文化常成为人们敬仰神灵，净化自己的心灵的有益形式。如在河南汤阴的岳飞庙，楹联上有"人生自古谁无死，第一功名不爱钱"，令人肃然起敬。这与"精忠报国"的岳飞精神相互映衬，体现出民族道德感召与庙会相结合的文化传统。庙会是庄严、神圣的处所，各种气氛对人的心态形成震慑、冲击；楹联等题记现象，作为抒怀言志、教谕人民的特殊载体，是庙会文化中很有价值很有意义的部分。

庙会中的香火碑和纪事碑等碑铭，也是人文文化在庙会文化中的重要表现。如许多庙会，尤其是一些纪念原始大神的古庙会，都有以碑铭形式来赞颂神灵宏伟大业的现象。特别是黄帝庙，在陕西、河南都有庙会，庙会中的碑铭既是庙会的史录，又是香客、游众对大神敬仰的文本。有许多庙会碑铭本身就是优美的散文，具有很高的文学价值，以及史学价值、哲学价值。

二 庙道与庙貌

绘画艺术和雕塑艺术在庙会中备受瞩目，其以形象的手段传达信仰内容，在庙会文化中具有非常重要的意义。

庙会的绘画、雕刻传统是与庙"貌"的起源分不开的。所谓绘画、雕塑等艺术形式主要指神庙中的壁画、神庙建筑上的雕刻、雕塑和绘画等内容。

我国神庙有着壁画的悠久传统，今天的许多汉画像石等材料，应该说，就是这一文化传统的具体表现。在《孔子家语·观周》中，有孔子"观乎明堂，睹四门牖，见尧舜之容、桀纣之像"。在汉代，这种壁画形式更为光大，如，有人在《鲁灵光殿赋》中描述道：

> 图画天地，品类群生，杂物奇怪，山神海灵；写载其状，托之丹青。千变万化，事各缪形，随色象类，曲得其情。上纪开辟，遂古之初，五龙比翼，人皇九头。伏羲鳞身，女娲蛇躯，鸿荒朴略，厥状睢盱，焕炳可观，黄帝唐虞。轩冕以庸，衣裳有殊，下及三后，淫妃乱主。忠臣孝子，烈士贞女，贤愚成败，靡不再叙。恶以戒世，善以示后。

由此可见，古典神话中的基本内容在神庙中得到了很好的保存，对于庙会的神话阐释，即以神话传说为庙会发生的依据，应该是当时一个较为普遍的现象。在郦道元的《水经注》、戴延之的《西征记》等文献中，都提到壁画遗存情况。至唐代，吴道子在洛阳城北老君庙中绘画，受到杜甫以诗句"冕旒俱秀发，旌旆尽飞扬"的称赞；以及黄休复《益州名画录》中所载各祠庙作画，我们可以看到唐代已经形成庙宇作画的风气。最典型的是宗教壁画，如三国时期的曹不兴、卫协、顾恺之等，其主要活动即为神庙作壁画，而成为著名宗教艺术美术家。南北朝时的张僧繇、曹仲达，以及著名的敦煌莫高窟崖壁画所体现的艺术水平，宋代大相国寺壁画在海内外的影响，明清时代从现在的神庙壁画来看更多。

这些壁画，无论是世俗艺术还是宗教艺术，都在一定程度上体现出时代的艺术高峰，以人文文化的形式对庙会产生了有力的影响。今天，这些壁画或者以原始形式保存或者作为文化传承形式出现在庙会上，为我们详细地直观了解有关神庙的信仰内容提供了方便。

如山西省洪洞县霍山南麓水神庙，即"明应王庙"，元至元二十年（1283）的重修碑文载其"自唐宋以来，目其神曰大郎"，现存清雍正四年碑绘有庙貌。四壁有绘图，东壁有《行雨图》，中间为明应王和群神，云端有雷公、电母、风伯、雨师行雨；西壁为《祈雨图》，明应王居龙座，周围有众神，有一人跪地祈雨；南壁绘有《尧都见爱大行散乐忠都秀在此作场（泰定元年四月日）》图，为元杂剧中女艺人的演出情况。每年三月十八有庙会。

又如山西右玉宝宁寺，每年农历四月八日有庙会。寺内有139幅水陆画，主要内容为生死报应，诸如地狱世界、天堂世界以及鬼怪、帝王、巫觋、伶官、奴婢、百家人等。

在这些壁画中都有神戏内容，体现出这一地区绘画艺术的文化风格。这些绘画所充斥的人文文化，其思想倾向性突出，即以宣扬某种主张为功利，向人们展示神灵世界的幸福、温馨的远景。这类庙宇壁画的人文文化与民俗文化相区别的现象尤其多。同时，庙宇壁画往往出自画师高手，具有一定艺术美。如河南浚县碧霞宫大殿的壁画"八仙"、大殿垂拢枋上的"二十四孝图"。又如山西繁峙县岩山寺文殊殿，释迦牟尼受胎、降生、角力、游四门、出家、苦修事迹的描绘，释迦牟尼生活环境中的街道、市井的描摹，小贩、妇女、儿童、游方和尚、算命先生（盲人）、流氓无赖、乞妇的刻画，还有推车、提篮、挑担、顶罐、设摊、叫卖人的个性表现，以及酒楼上的"野花攒地出，村酒透瓶香"招牌旗形象和酒宴中的说唱场景；乃至东壁绘画中一群婴儿玩耍傀儡，有作图的，有打鼓的，有观看的，有在一起伸拳相猜的等等情态，无不令人喜欢。这些绘画在描绘社会风尚中展示着作者杰出的艺术才华。

神庙中的雕塑、铸塑、雕刻和绘画一样，体现出强烈的人文精神，有力地影响着庙会，并在一定程度上标志着社会科学、文化、技术发展的水平。

神庙中铸、雕神像的现象，在我国原始神庙中就已广泛出现。如五千年前的辽宁牛河梁红山文化的女神庙女神彩塑，《吴越春秋》和《水经注》等文献中多次提到禹庙中天赐神女圣姑像，都表明这一内容。泥塑在保存中常毁于风雨侵蚀，所以一位学者感叹道："汉代雕像祭祀之风盖必盛行，惜'尊貌'多木雕泥塑，今无复有存者。"[①] 但无论它保存得如何，它所形成的传统，对后世神庙文化、庙会文化都起到了重要作用，直到今天，神庙和庙会中仍然保存着这一传统。更重要的是，世世代代相传，它培养了一批批杰出的美术家。神庙塑造神像，为我国美术事业的发展开辟了一方重要领域。神像的内容成为人们对古代历史文化景仰的基本凭据，古代典籍文化在相当多的成分上借助当时的具体雕塑。如，隋唐、宋、元时期，神庙神像形状和一些典籍所载大体相符。又如，刘侗《帝京景物略》载明代北京东岳庙中的塑

---

① 梁思成语。见《梁思成文集》第三卷，中国建筑工业出版社1985年版，第287页。

像，其中的药王"庙祀伏羲、神农、黄帝"。伏羲的形象为"蛇身、麟首、渠肩、达掖、夵目、珠衡、骏毫、翁鬣、龙唇、龟齿，叶掩体、手玉图，文八卦"，神农的形象为"附函、挺朵、修耳、花瘤，衮冕服"。这些神像，为神话人物留下了具体的形象。更为典型的是岳飞庙会上，人们将秦桧像铸成铁人，让他永远跪着，并任人吐唾。这些神像的铸造，与更多的神庙中的华表（如河南桐柏淮渎庙）、铁狮、神像的文化意义又何尝不一样！在民间流传较广的神像雕塑又如表示"风调雨顺"四大天王的神像，风持葫芦，调持琵琶，雨持青龙，顺持笔墨，对庙会上的香客、游客，起到了形象的文化昭示作用。

三　人文浸染

宗教作为一种人文文化，其艺术宣传在庙会上的活动表现，仍可看做是人文文化对庙会文化的具体参与。

其典型就是教义的演讲，如讲经、法事等活动，他们运用通俗的语言来阐释宗教教义，使宗教深入人心。汉末佛教传入后，有人"宣敷三宝，光于京师"。他们用一人发问，一人演唱作答，习以形成对讲制度，如刘义庆在《世说新语·文学篇》即提到"支通一义，四座莫不厌心；许送一难，众人莫不抃舞"，谢灵运在《山居赋》中也提到"安居二时，冬夏三月，远僧有来，近众无阙。法鼓即响，颂偈清发"，"析旷劫之微言，说像法之遗旨"，而"启善趋于南倡，归清畅于北机"。唐宋时则兴起讲经说法，如俗讲、道情、浑经等，在文学发展中形成变文、话本、宝卷等体裁。宗教的教义宣传给苦难中的百姓们指出了适应于现实承受的光明之路，庙会能使这一文化形式为社会所接受，所以，许多宗教胜地成为庙会的重要集结地。庙会中的教义宣传形式有很多，这里只是简单述说。

各种政治力量对庙会的参与、利用和改造，使庙会文化中的人文色彩更浓郁。明清时期，这种现象最突出。

政治力量是现实社会中最强有力的因素，它对庙会采用直接要求的方式进行参与、利用和改造，从而为自己的政治目的服务。如，儒家思想和道教思想，在不同的时期曾居于社会现实的主导地位。儒家思想被统治者利用的核心内容在于"孝"即伦理秩序，而道家思想为统治者所利用的核心内容是"无为"，即对任何事情都不去争取，听信于自然。这两种基本的哲学思想，就曾被许多统治者在庙会文化中以政治教化措施所推行。诸如"纲常"观念，具体表现为等级，朱元璋将全国的城隍改造成与地方官府相适应的神权政治，各地的神灵或冠以皇，或冠以君、王、圣，或冠以帝、公、仙和爷，而其配祀的娘娘或子女、随从，则封为元君、天后、太保等，形成一个严明的等级网络，宗法体系在神仙王国中得到具体表现。儒家的"孝"，最强调人们绝对服从于统治，否则即为大逆不道，道家的"无为"，同样强调绝对服从，即不反抗这种既定存在的秩序而听命之。不用详细地检索史志、方志中的"社会""风俗""郊祀"等有关神权、信仰的文献，只要走进民间庙会，就能看到各地庙会从来都不是自生自灭的绝对状态，它都由一种政治力量（无论是统治力量或者是反抗力量）在不同程度地操纵着。朱元璋强令天下佛徒学习佛教经典、广设各地神庙是一例，康熙、乾隆公开称自己是佛，包括慈禧被称老佛爷，都是政治力量神权统治的具体表现。统治者对庙会的参与、改造和利用形成了一种文化倾向，即社会的中上层以儒家思想形成一种思想文化的规范，下层则以道家或者称老庄思想形成一种思想文化的规范。庙会文化中也明显地表现出这些，如，明清时期有许多庙会有统治者派出的官员前往致祭，而民众的信仰则仍我行我素。

今天，我们的民俗学在发展中有意或无意地回避了一个现实问题，有不少学者反对政府参与庙会文化，提出保护民间文化生态。这确实是有必要的，而且我们也应该有这样明确的意识。但是，我们更需要在文化发展的实践中理性地把握问题；如果过分讲究对于民俗纯粹的原生态的维护，在事实上是不可能的。

历史地看待民间文化，包括庙会文化，常常是政府有意识的参与，才使得一些庙会起死回生。尤其是祭祀我国古典神话中的远古大神的庙会，哪一个不是由政府组织祭祀，其庙会才产生巨大影响？当我们理解了庙会会首、香火会会首他们层层叠叠的组织结构，就什么问题都明白了。如云南大理三月节，它在历史上曾经是特色鲜明的庙会，传说南诏时代洱海魔王祸害百姓，观音在三月十五日这一天斗败魔王，于是，民间百姓白族人民每逢这一天就搭起棚子向观音表示感谢。所以，庙会叫"三月节""三月街"，或者叫"祭观音街""观音街"。历史文献中，明代《白国因由》《云南通志》《徐霞客游记》等，都记述了这一庙会。但是，由于多种因素，这一节日在发展中不能很好地处理贸易与文化的关系，忽视了文化的作用，一度出现衰败；地方政府积极采取措施，组织力量举办花街、灯街和各种民间文艺活动，并且以政府的名义命名"三月街"为大理白族自治州民族节，从而兴旺起来。1997 年的三月节，世界 30 多个国家的客人，全国 20 多个省市的嘉宾汇聚此地，整个庙会人数达 100 多万人次。① 当然，一味地开发，只强调经济的发展，庙会肯定会变味，甚至销声匿迹。庙会的文化调节，在相当重要的意义上，是通过人文的作用具体实现的。

在整个民间文化信仰世界中，儒家思想并不能占据主导地位，无论统治者如何提倡。老庄的哲学不独在庙会上可以看到，而且在更多的信仰中广泛表现着。如一些民间谚语，形象地体现出这种哲学思想。同时，一些宗教力量极力争取得到社会统治力量的支持和嘉奖，也形成了庙会文化中政治力量干预的许多痕迹。

人文文化与民俗文化只是社会文化发展中两种相对独立的文化形态，一种堂而皇之地登堂入室，在社会上居于显赫地位，另一种则不登大雅之堂，常受到贬斥、抑制。这是文化价值立场观念所影响而形成的。对于庙会文化中的人文表现，仅从文献考察是很不够的，应该辩证地发展地去理解其精华与糟粕。

从总体上看，我们的文化传统所遵循的"天命神授""上智下愚""民可使由之，不可使知之"等文化思想观念，在相当长的时期内形成主流思想。但是，我们可以看到，每一次社会文化发展、繁荣，都离不开广大下层民众的支持。文化类型不同，但它们可以共存，可以互动。在庙会文化存在与发展中，一些优秀的人文文化犹如一泓清泉注入一池浊水，贯彻清新、健康的文化理念，使社会发展获得光明，甚

① 铁军、段继华：《庙会以及云南大理三月街的变迁》，载《中日乡土文化研究》，中国传媒大学出版社 2006 年版。

至能改变其命运，而庙会文化中的世俗文化，也同样能为人文文化的发展吹来缕缕清风。今天，我们广泛开展口头与非物质文化遗产的抢救、保护与研究，在事实上是实践着人文文化与民间文化相结合，希望使用民间文化为新的人文文化注入鲜活的生命力，并不仅仅是完全被动地面对濒临灭绝的民间文化遗产。同时，我们应该从历史的经验与教训中，更进一步明白社会发展、文化发展必须依靠千百万人民群众的事实和道理。

第九章　中国庙会群的基本分布

所谓庙会群，指在一定地区的庙会较为集中，体现出群体形态。我国庙会群的基本分布在总体上呈现出南方、中原、北方三大区域，各区域庙会群呈现出鲜明的文化风格，又各自包含着庙会群的典型中心。如，南方庙会群以江苏、浙江、广东、福建、四川、云南、广西、贵州、西藏等地区为中心，中原庙会群以河南、陕西、山东，包括山西的一部分为典型中心，北方庙会群以北京、天津、山西、甘肃、内蒙古与东北、西北广大地区为中心。

当然，我国特殊的地形地貌与民族历史文化构成等因素，形成了庙会文化格外复杂的庙会分布状况。庙会群的划分只是一般地理意义上的把握，是相对而言的。

庙会群的典型中心的形成，首先是由于历史背景和文化传统的因素。一般来说，庙会的群体出现必须有这样几个条件：

一是人口的相对密集；

二是社会的相对稳定；

三是文化的相对丰厚；

四是地域交通的相对便利；

五是商贸的相对活跃；

六是环境的相对开放；

七是时代政治的相对宽容；

八是一定的宗教信仰所具有的影响力。

概括起来讲，在一片荒漠中，战争频繁，饿殍遍野，庙会群的形成就根本无从谈起。只有在人口相对集中的地区，才有可能出现庙会群。当然，庙会形成群体形态，又必须经过相当长的岁月进行文化积淀，"相习以成风气"，才能以这种广大的气势影响一定的区域并为其接受。

长期以来，我国社会政治、经济文化的中心集中在中原地区，所以形成了中原地区庙会文化相对繁盛的局面，但经济重心的不断转移和文化中心的消长等因素，又使得庙会文化作为一种特殊的社会形态呈现出多元并举现象。全国每一个地区都可以找到庙会，但由于各个地区的社会政治经济文化发展的不平衡，才有不同的庙会形态及其密集程度。如，魏晋之前的中原地区，社会相对稳定，神庙作为文化的建设而遍布于城镇，庙会就较为繁盛，而后来连年的战火，民族冲突和自然灾害，特别是大量中原人的南迁，庙会就明显稀疏。当然，南方经济文化的繁荣也不是瞬间就形成的，而是在宋之后，尤其是明清时期得到充足的发展。以京津地区为中心的北方，庙会的繁盛应该说是明代京师北迁之后才出现的。从现在的情况来看，东北地区、西北地区以及内蒙古地区，因为以森林密集、沙漠广阔和草原为主的地理条件，庙会就明显没有京津地区和山西地区庙会繁密。西部青海、西藏和云南、贵州、广西等广大民族地区，由于文化背景的不同，庙会也明显不如江苏、浙江、广东、福建、四川以及台湾繁密。当然，民族地区有自己的信仰表达方式，并不一定以庙会作为主要的民间文化内容，像一些民族节日，诸如藏族的雪顿节、彝族的火把节、傣族的泼水节、壮族的歌圩、白族的绕山林、拉祜族的"扩塔"、侗族的花炮节、水族的端节等，同样以热烈的形式表现民族感情。同是南方经济文化发达地区，深圳、珠海等新兴的经济城区，庙会也没有江浙地区繁密。重要的原因在于庙会是一种古老的信仰表现，而这里的现代科技高度发展，信仰中的历史文化成分被现代文明所冲击。不过，诸如妈祖庙在台湾就仍然香火旺盛，其中的原因较为复杂。

　　我国南、北、中三大区域的庙会群体分布各自具有特色。南北庙会的比较，许多学者更多地以印象代替更广泛深入的考察，如，嘉庆本《浚县志》等方志就多次声称"南人好佛，北人好仙"。这显然仅仅是一般性的概括。无论南方、北方，还是中原，庙会中更多地表现出共同的文化特色，即充斥着矛盾性宗教情绪或信仰情感。一方面，人们要求一切都得到规范，崇佛也好，崇仙也好，崇圣也好，都希望自己所崇奉的神灵能统摄一切，使身边的环境得到安宁，具有祥和、静谧的气氛。仅仅用封建文化的礼教来概括这些，是很不够的。而另一方面，人们在庙会中又尽情娱乐，放纵自己的情绪，庙会形成东方世界特有的狂欢节。在庙会期间，原始信仰中的"奔者不禁"等内容是合理的。所以，一些方志如乾隆本的《饶阳县志》在《风俗志》中称："民间祈报，演戏敬神，妇女聚观毫无顾忌。又凡有庙会，妇女入市向商贾买取货物，几同牙侩。此俗相沿日久，虽严行禁止，改于一时，恐或萌于异日。"这就是更不用说一些方志中没有记载或不屑于记载的一些庙会中所出现的"野合"，与男女授受不亲形成鲜明对比，而"野合"在民间信仰中以庙会期间为"合理合法"，谁也不准歧视"野合"的男女。应该说，庙会的这种规范和放纵是统一的：一味地规范，就会使民间生活如死水一潭；而一味地放纵，又会使社会秩序遭到严重破坏而形成社会动乱的策源地。以规范和放纵相互约束、冲击，民间文化生活才有张有弛，既能教化，又能娱乐，为民间社会广泛地接受和传播。"民俗终岁勤苦，间以庙会为乐"，庙会在我国广阔的土地上之所以这样广泛存在，灿若群星，更重要的意义就在于它具有情绪调节的作用。千百年来，专制政治对人民的压迫，形成精神桎梏，这种痛苦情绪在全国各地是共同的，所以，神权也好，政权也好，族权也好，都会激起民众的反抗，人们无论生活多么困苦，都不忘记去享受庙会节日的无限欢乐。诚如清代一位县令目睹此俗，在告示中所言："借端演戏，男妇趋走如狂，原非淳俗，乃穷乡僻壤人民，资生不给，独喜看戏。好事者为首敛钱，从中射利，而穷民偏安心忍受，乐此不疲。"①

庙会的发生机制，在全国各地是共同的，即首先是信仰心理以一定的社会历史文化背景为依托，激起人们更浓郁的情感、情绪，其次是民间组织者以某种目的发起和管理。庙会在各地的表现不同，不是这种民俗心理、民间组织等发生因素，而是各地具体的历史因素、文化因素、地理因素与庙会发生机制诸因素的结合而形成的。社会政治经济文化的中心地不同，外来势力诸如近代列强对我国人民的侵凌，从大局上都可以影响到一定的庙会发生率，而历史人物的活动、地方政治和文化的变化，也同样会影响到庙会。庙会的集结地常与一定的商贸活动相关联，城市越古老，文化越丰厚，信仰越复杂，庙会就越多。许多人把庙市与庙会相等同，也正是看到庙会的商贸功能异常突出。一般来说，我国庙会集中出现在一些都市、城镇和较有影响的乡村，文化的因素、商贸的因素、交通的因素对庙会的直接影响和作用更为突出。

一　中原庙会群

中原庙会群，以陕西、河南、山东省为典型中心，庙会

---

① 见乾隆十三年刻本《浚县县志》。浚县古称黎阳，这里曾经是黄河流经之处。《民间庙会》（高有鹏著，海燕出版社 1997 年版）一书中详细介绍过其庙会状况。

的基本特色就在于原始信仰色彩异常浓郁。这是和这三个省份居于黄河中下游地区，是我国历史上较早得到开发，并长期属于政治、经济、文化的中心地位是分不开的。以帝王面目出现的原始神和历史人物作为祖先神的庙会，在中原地区分布尤为密集，在一定意义上讲，这是历史的痕迹。这一地区古代国家首都居多，如西安、洛阳、开封，皆为数朝古都，这些因素不可能不影响到庙会的发生和发展。再一个原因就是，陕西、山东的居民比较稳固，即使有移民等因素，相距地区也不甚远，而且这三省之间的人口相互交流也成为一种传统。如，陕西有许多人家来自河南，河南有许多人家来自山东，这在家谱中有所反映。来自山西、江西的情况尽管也有，甚至像山西洪洞移民更多，但总体上没有冲淡中原文化的原色。在这里，应该把山西也列入中原，但由于区域习惯划分其为华北，而且其地理位置与北京相平行，所以将山西划归北方庙会群的典型中心。居民的稳定因素，使这一地区（即大中原）形成庙会文化中以古老历史文化为突出内容。更重要的是我国文化传统中的人文胜地，作为地方景点，成为地方文化的信仰中心，而陕西、河南、山东包括山西和河北的一部分地区，古老的历史人文景点，诸如传说中的原始大神和对文明发展做出巨大贡献的历史人物的庙宇，就成为庙会的重要发祥地。所以，在这一地区形成庙会的既古又多的现象就不是偶然的了。

陕西、河南、山东三省为主的中原地区庙会群中，河南的庙会群分布更为典型。从总体上来看，河南庙会群分布呈现出这样几种基本内容：

第一，原始大神为崇祀对象的庙会分布尤其繁密。

上古传说中的"三皇五帝"，在河南民间几乎都有庙祀，形成这种具有原始信仰色彩异常浓郁的庙会群。如桐柏盘古山庙会，每年的农历三月三，人们从四面八方汇聚到这里，供奉上整猪整羊、香烟纸表和民乐、鞭炮，感谢盘古开辟天地、补严天洞、造就人类，同时，也感谢盘古神保佑这里一方水土平平安安、风调雨顺——传说每当天旱时，盘古可行三场私雨，为地方解决旱情。当地百姓还把盘古当做求子大神，来这里拴娃娃。一些庙碑中，屡屡可见歌颂盘古功德，颂扬其为"阴阳之始""万物之祖"的字样。这里发现了春秋时期的庙址，诸如下水管道等陶制品，可见盘古信仰在这里悠久的历史。庙中的盘古神像也和其他神像的帝王形象明显不同，而是朴素、健壮的农夫打扮，看上去让人感到亲切，充满阳刚之气，头生双角，身披树皮，腰缠树叶，赤脚而坐。所以当地百姓称之为"盘古爷"，认为他是自己家中的一员，更不用说数不清的神话故事，诸如盘古砍烂大气包，将大气包变成盘古山，而后与妹妹在这里滚磨成亲、繁衍人类。当年的"磨"今天还在，即保存在大磨村。

在淮阳、商水、新蔡等地，建有或曾建有祭祀伏羲的人祖庙，其中，以淮阳的太昊伏羲陵神庙规模最为宏大。每年农历二月初二到三月初三，淮阳太昊伏羲陵庙会上，数不清的香客送来各种祭品。诸如五彩缤纷的"神楼子"，即以木或植物秆为架，以彩绘的纸糊成楼状作为"神龛"，供奉上伏羲神像，以及木制的斗形长杆，涂以红色，表示吉祥、喜庆，供献给人祖伏羲。又如五颜六色、千奇百怪的泥泥狗、布老虎，泥制的燕、猴、蛙、鸟、狗、虎、鸡等玩具，被一些学者称为民族文化的活化石。庙院中，每逢庙会，都有民间百姓自发组织成的香火社来这里跳"经挑舞"，舞到高潮，人背相摩擦，被称为"龙配"，以及显仁殿墙基上的一个小孔被称为"子孙窑",象征着女阴,被人虔诚地扣摸着,这里许多信仰活动都显示出古老的生殖崇拜、性崇拜的观念。人们把伏羲当做自己的祖先,亲切地称为"人祖爷"。在神话故事中,伏羲制礼仪,教人渔猎,绘制八卦,发明占卜,与女娲一同抟土造人,经过了洪水大劫的种种神迹,呈现出文明创世大神的角色。距此不远的西华县聂堆乡,有一个叫女娲城的村庄,当地有传说中的女娲坟、女娲庙,村中还曾建过女娲阁。每年的腊月、春正、二月,这里都要举行庙会,祭祀女娲这位传说中的生育大神。在这里,流传着许多关于女娲补天、抟土造人、"显灵"为人治病、帮助人脱险等故事,更动人的是传说漫天彩霞都是女娲的血肉之躯所变成,才有风和日丽。当地百姓以"补天"为主题,形成信仰群,诸如唱神歌,颂扬女娲功德,跳"花篮舞",煎烙象征苍天的圆圆的面饼,纪念女娲。这个村庄也叫思都岗,当地人民自称女娲遗民,传说村庄名字即女娲遗民思念故都而兴。所有这一切,我们都可看到女娲信仰在我国人民群众中的深厚基础。与此相对的是河北涉县女娲宫,也叫娲皇宫,那里在历史上属于河南,至今仍有"中州"一类的字样,每年也有庙会。娲皇宫居于中皇山,山系属于太行山,即民间传说中的"五行山",整个太行山上事实上存在着一个更为庞大的女娲神话群,诸如济源王屋山等地,建有女娲神庙,广泛流传着女娲神话,与中皇山女娲信仰连成一体。当地百姓认为,女娲是人皇,就在这也叫凤凰山的中皇山补了苍天,止了淫水,造就人类。传说女娲大战共工国首领康回,在中皇山砍下二百根松木,在山下洼地打下数十万捆芦苇,在山中开采三万六千块石头,炼就了五色石,补住了漏雨漏风的苍天。接着,她抟土造就三千巨人,打败康回;斩掉鳌足，立在四极，使天地平稳，用芦灰从太行山的东阳关、娘子关、龙泉关等山口，堵住了山西省的昭余泽。于是，这里每年的正月二十四，被称为女娲补天节，家家户户蒸补天彩馍，送馍到女娲神庙。每年的农历三月十八，这里都要举行庙会，人们到女娲庙中去求子，从送子神的两腿间抠下一块黄土，吃进去以为就怀了孕，以至于守庙人每天不知多少次要为女娲的这位送子神使造出"小鸡鸡"。在娲皇山的送子娘娘睡殿中，盼孙心切的婆婆领着未生育的媳妇去看送子娘娘和送子爷爷在一起交媾的裸体神像。还有求子的人，用红丝线拴在泥娃娃的脖子上，将娃娃带回家，塞在被子下。这些行为传说都是女娲教给人们，让人们沿袭着做下去的。娲皇山上庙会之夜，传说女娲补天后骑着凤凰上了天，人们就在成群结队地在神庙中等候着她回来，一直坐到天亮。又有传说，坐夜习俗中包含着"野合"的成分。这里的一切都与娲皇信仰密切联系在一起，如一些村庄现在仍叫"芦灰窑""灰场""芦家窑""石缸""固薪""苇洼""索堡村"，在传说中都与女娲用芦灰止淫水有关。他们把芦苇叫娲苇，结合当地地形和物产，传颂着女娲补天地、造人烟的伟大功绩。与此相关的是中皇山山口磁山，考古工作者发现许多原始人房屋、粮仓的出土文物，在屋顶的陶壳下发现距今八千年的芦苇痕迹，以及石刀、石斧、石杵、石槽、骨针和鸡骨、猪骨、谷米、核桃等生产生活用品，为大量的信仰和传说提供了可信的实物依据。

在中岳嵩山，遍布着黄帝、大禹的"神话遗址"。如"太室祠""黄盖峰"和附近一些地区的"黄帝宫""黄帝庙""少典祠""太古庙""风后岭""轩辕庙""三皇庙""高王庙"，以及"大隗山""大鸿山"和"问广成子处"

"具茨山"等，与黄帝信仰连成一片。《启母阙》《禹后》等传说，则标志着大禹信仰在这时的流传存在。每年的农历三月初十和十月初十，中岳庙举行古会，人们到中岳庙"天中王"和"天灵妃"的寝殿和崇圣门周围求子，拴娃娃。孩子体弱的人家领着孩子去神像前、铁人前、石柱前去拜干爹，挂锁子。新郑是传说中的"轩辕故里"，立有碑石"天心石"等作为标志。新郑西南风后岭，存有石刻"南崖轩辕宫"题记，以及黄帝祠、轩辕庙、三老宫，每年的农历三月三，这里举行庙会，人们来这里祭拜黄帝，在轩辕庙进香。别致、精细、宏伟的神庙建筑，以及神奇的传说，令香客、游人乐不思返。这里的人民信仰黄帝，将传说中的黄帝的元妃嫘祖、次妃嫫母以及有牵连的西王母、少典和附宝都进行庙祀，曾举办过庙会。尤其是新郑、新密的民间纺织业，拜礼传说中的黄帝妃嫘祖、嫫母，尊她们为蚕神，并在纺织机上贴"供奉轩辕黄帝"字样。大禹崇拜在中原地区和全国许多地方一样，都非常广泛。如浚县山会上的禹王庙、开封的禹王台庙会、桐柏淮渎庙会等，禹会庙会和龙王庙会在河南民间，特别是依河城镇中格外繁密。

更值得人注意的是，许多在传说中不太起眼的原始大神，在河南民间仍保存着隆重的庙会祭祀习俗。如颛顼、帝喾两位大神。颛顼是传说中黄帝的曾孙，帝喾是颛顼的王位继承者，在今天濮阳西郊的内黄县梁庄乡的三杨庄村，仍有农历正二月的庙会。当地人民同样奉他们为求子大神，在庙会上进香、设供、拴娃娃，希望用神戏、香表等形式求得两位古代帝王的保佑。因为这里地处黄河故道，二帝陵和神庙曾被黄泛掩埋，近年来被开掘出来，庙会更加兴旺。颛顼在当地传说中是治水的大神，镇除黄河水怪，被民间尊称为

"高王爷"，颛顼庙被尊为"高王庙"。帝喾则被尊称为"二帝爷"，是传说中的少年贤君，造福一方，功德宏伟。他们的神迹与当地的硝河、附鱼山、锁怪井等景点结合起来。又如造字大神仓颉，在内黄、虞城等地不但有庙，而且有传说中的神墓，每年都有庙会。人们以子为"字"，把仓颉既作文化大神，又作生育大神进行崇奉。在商丘，传说中的火神阏伯，被民间尊为"火星爷""火王爷"，保存着古老的阏伯台和阏伯祠即火神庙，每年的正月初七日"俗传阏伯大正生辰，男女群集于阏伯台及火星庙进香，车马填咽，喧阗累日"，至农历二月初二才结束。农历的四月初四和六月二十三，是传说中的阏伯商星祭日和火正忌日，会期都是十天。当地人民把庙会称做"朝台"，进香、献供、还愿、求子。人们敬奉阏伯，在传说中，阏伯成为一个不怕天威，为人间盗取烟火，送给民间温暖和光明的英雄神。其他还有像灵宝一带传说中的追日大神夸父，也曾被以山神的形式得以庙祀而形成民间庙会，至今仍有夸父山、夸父营、桃林塞、夸父峪等地名传说，体现出夸父神话在民众中的信仰意义。可以说，中原地区的庙会群以河南为典型，在一定程度上就可看做是中国古典神话的"百宝图"，是古典神话的活化石。

第二，许多重要的历史人物，在河南民间至今仍存在着祭祀其功绩的庙会。

殷商时代是我国社会发展中一个十分重要的历史时期，对商代的皇帝人们褒贬不一。如商纣王，在民间传说中是一个荒淫无耻而又暴戾凶残的腐朽专制的典型，但在河南民间却受到相左的信仰。临颍县县西的大郭乡，有一个叫"纣城"的村庄，分南村和北村，每年春季都举行崇祀纣王的庙会。他们尊敬纣王，祀纣王为"高爷"，不骂纣王半句坏话。而且在夜半五更不打更，因五更为"武庚"谐音，体现出特有的地方民间信仰。应该说，纣城庙会在我国整个庙会文化中也是一个奇例。在临颍县的三家店乡，即县东，有高宗庙会，人们祭祀武丁，在庙会上除了一般性的祭祀内容外，民间百姓自发扮演一种捕蝗舞蹈，用以纪念历史上的"武丁捕蝗"。① 在豫东永城芒砀山一带，民间还有纪念梁孝王、汉高祖等历史人物的"高王庙会"，由当地出土文物可知，庙会历史也相当久远。这些庙会不仅有重要的民俗学、社会学价值，而且有重要的神话学、历史学价值。其民俗心理具有悠久而顽强的传承历史，值得高度重视。更不用说像岳飞庙会（如汤阴）、关羽庙会（如洛阳、周口）和华佗庙会（如项城）等历史上有卓越影响，被民间广为庙祀的历史人物，一些在当世曾享有盛誉而后来渐没于闻的人物，在河南民间至今也有着隆重的庙会。如豫北云蒙山鬼谷子庙会，人们将许多筷子作为献供在庙会上焚烧，纪念这位传说中的军事家、兵神。比如比干庙会，人们纪念这位赤胆忠心、不畏强权的英雄。最为突出的是河南西北部，古"怀庆府"沁阳，每年的农历九月二十三，是传说中的世界文化名人朱载堉的生日，王庄乡的张坡村都要举行"金鼓会"，在九峰寺举行隆重的"金鼓朝圣"。朱载堉是明代的科学家，也是一位音乐艺术家，他对于天文学、数学、计量学和音乐、舞蹈等学科有深厚的造诣，对世界文化的发展具有重要贡献。这位朱元璋的九世孙，在万历年间被封为郑王，生活在怀庆府一带。传说他淡泊名利，造福于民，生活非常简朴，而且他虚

---

① 参见高有鹏《殷商遗影》，《民俗研究》1999 年第四期。

心好学，整理民间艺术，刻苦钻研科学理论，受到人们的拥戴。庙会期间，各村社高举着朝圣旗，在旗上黄底红字写着"贤王让爵隐九峰九峰地区人灵，圣人匠心作金鼓金鼓兴国泽民"等字样，另有各金鼓会的会旗，以及龙凤旗，以红、黄、绿为主，呈三角形。随后，各有四面脆鼓、轻音、红锣，又有四人轮流抬和敲打的金鼓，金鼓再配以四副铜镲、四副马锣，唢呐班、笙班、双管班，一齐敲动着、吹奏着，涌向九峰寺。

河南鹤壁五岩山敬祀药王孙思邈的药王庙庙会更为神奇。传说中的五岩山是孙思邈修炼成仙的地方，这里的中药药材漫山遍野，极其丰富，五岩山有孙思邈降服猛虎，为地方百姓行医送药治病的"传说遗址"。山上成群的红嘴鸦，在传说中成为为孙思邈通风报信的"使者"。这里的庙会以药王殿与老君殿为中心，既有对于药王孙思邈的虔诚供奉，又有对于老君以及华佗、扁鹊等历代名医的祭祀，同时还有孙悟空的神庙，而且佛道和谐相处。这里的香火会多包含巫众的性质，但他们又宣讲求善，在实际上稳定了地方社会。最为引人入胜的是传说中的药王洞，现在地方政府清除淤泥，发现其最深处竟达十多公里，洞内景色非常神奇，而且洞内山泉经科学研究化验证明确实有多种疗效。在我们没有清楚这些情况时，我们很容易简单地把地方百姓对于这里药王洞的崇拜斥为愚昧；在许多地方都有类似情况，即民间庙会的举行，常常包含着相当多的合理因素。

其他像三门峡古陕州庙会与"和尚顶灯舞"，襄县首山的酒会、风筝会，宝丰的十三马街书会，洛阳庙会群中的龙门石窟会、关林庙会、白马寺和尚会，以及遍布河南民间的奶奶庙会、泰山庙会、观音庙会、玉皇庙会、祖师庙会、虫王庙会、龙王庙会、土地庙会、城隍庙会、大王庙会、老君庙会、关帝庙会、浴佛四月八会、祭佛腊八会和各种祭祀一定神灵的灯会、花会，都呈现出古老的信仰内容。庙会在河南民间文化生活中的地位是十分重要的，人们纪事就常用何种庙会举办的日期作为加深印象的方法，如俗语所说的，"跨入正二月，天天有庙会"。人们把庙会看做自己欢乐的节日，如一首民歌所唱：

> 月亮走，
> 我也走，
> 我给月亮赶牲口，
> 赶到哪儿？
> 马山口。
> 看大戏，
> 喝老酒，
> 赚得大钱来糊口。
> 药材行里卖金钗，
> 山货店里卖猴头，
> 看那舟船下江南，
> 看那骆驼走大路，
> 买来油盐酱醋和花布。

马山口是跨河南、湖北、陕西三省交界处的商道，相当于中原地区的茶马古道，成为中原地区民间庙会的重要见证，也成为民间百姓亲切的怀念与记忆。

这种现象都是与一定地方特殊的社会历史文化背景分不开的。

在陕西庙会群中,古帝王神庙亦相当多。典型的如闻名天下的黄帝陵庙会。在陕西白水,有著名的仓颉庙会,人们纪念这位传说中的造字文化大神。在汉中地区,祖先崇拜庙会,诸如女娲庙会、黄帝庙会、周公庙会尤为隆重。有人曾就汉中庙会的基本类型概括为:一,原始信仰和图腾崇拜的遗留,如山神、土地、龙王、狐仙等。二,祖先崇拜的发展,如女娲、黄帝、周公等。三,历史人物的神化,如张良庙、武侯祠、关帝庙、张骞庙、蔡伦庙等。四,行业祖师的信仰,如仙师鲁班、神医华佗、药王孙思邈等。五,佛道诸神,如张鲁开创的道教五斗米道神灵及老子、张三丰、玉皇、八仙等诸神;佛教的如来、观音、十八罗汉等。六,民间传说俗神,如哑姑山哑姑,北海庙的黑龙大仙,猪腰石庙的猪王大仙等。① 从中我们可窥见陕西这一特殊地域庙会文化古老信仰内容的一斑。

陕西以西安、咸阳为中心,曾经在秦汉和隋唐时期作为我国政治、经济、文化中心,人文景点盛多。如历史上许多帝王、文化名人和著名的军事家、科学家在这里得到庙祀,这里的文化氛围和前所举河南地区一样十分浓厚。在我国庙会文化中影响最大的,除了黄帝陵庙会外,要数渭南地区的仓颉庙会,它与河南虞城、内黄的仓颉庙会形成一个广大的信仰群,体现出中原人民对文化、文明的崇奉、景仰心理。

仓颉是传说中远古帝王黄帝的文化大神,《论衡》等典籍称他"龙颜四目""生有睿德",他"始制文字,以代结绳之政",开创了一场伟大的文字革命,因而"天雨粟,鬼夜哭,龙亦潜藏"。在白水的民间传说中,仓颉原来复姓侯

_____

① 见蒿文杰《改造传统庙会的初步实践与体会》,《庙会文化研究论文集》,甘肃人民出版社1994年版。

刚，名颉。因造字有功，黄帝赐他姓苍，因"君上一人，人下一君"为古代仓字写法，而草字头是龙首象征，即统领世界意。传说他农历三月二十八生于北原乡阳武村的乌羽山，所以每年这一天都要举行庙会。其葬地在史官乡史官村，传说他活了一百一十岁，清代碑文中将此当做信史。今庙、墓皆在，碑文铭文中可见，早在汉代这里就有了神庙立祀仓颉。民国十四年《白水县志》称庙"不知何年何月所建"，记载下庙占地十一亩，古柏成群，"干粗十围者，四十余棵"，以及古柏蔽日，如虬龙盘旋飞渡的景象。每年的谷雨时节，这里都要举办大型庙会。传说仓颉造字之后，感动天神，天降谷雨以表谢意。会期一般在七至十天，庙会在1949年前由洛河以北的十大社轮流主办。十大社包括一百多个村庄。早在谷雨之前，十大社会首即来庙中聚会，一方面进行祭祖扫墓，一方面与各地赶来的商号、民乐、戏班、香表纸炮商等会众商定举办形式，即选定神戏和乐户，用哪一家的香表纸炮。庙中庭堂、碑石、匾额和砖雕清理之后，会首要请人写庙联。人们常见的庙联有："以书契易结绳伟大创造，导愚昧入文明不朽业绩""四目明千秋大义，六书启万世维言""笔落也惊天动地，文成哉鬼哭龙藏""创圣书功昭日月，制文字恩浴天地""惊鬼泣神巨笔擎天，耀乾照坤伟业福民"等，将神话传说与当地民间信仰有机地联系在一起，表达出特有的崇敬之情。庙会开始之前，仓颉神像、神楼、执事都要从上年会首村社中请来，同时，连唱数场神戏，向四方宣告庙会就要开始。谷雨当日庙会开始时，会首组织十六支三眼铳开道，香火社香众高举十面龙凤飞虎旗、十二面五彩旗，紧随其后的是开道锣和"肃静回避"牌、金瓜、斧钺、龙头、点元笔、仙人手、蟠龙棍、龙凤扇、日月图和云牌、万民伞，仓颉神楼在万民伞后饰以金顶红罩，由二十四根护庙棍组成两队夹道相向做护卫，再跟各种贡品诸如香表、纸炮、祭器、猪羊、花馍等置放在方桌上相随，各大社社道带香众和民乐在最后，一边放三眼铳，一边放挂鞭。队伍进入山门之后，三眼铳响罢，东西两戏楼即开演。一般东台先开演，西台先停戏，戏目多为《黄河阵》《定五岳》《七剑书》《大孝传》等，连着三天戏不准停。两个戏班常常竞赛，比功夫，比剧情，胜的一方，由会道带民乐班吹奏着将大红贺帖和酒肉送上。输的一方要挨三眼铳，换戏后大家再竞争。民间百姓观戏也常熬通宵。进香队伍进入献殿之后，摆设完毕，安主敬神，总会首带领各分会首依次将贡品奉献摆放在桌上，上香，祭酒，行三叩九拜之礼。各种献礼完毕后，民间百姓自由上供，将花馍和香表等礼品敬上，祈祷仓颉保佑举家平安、吉祥如意。庙会结束之后，会首要将各项开支向各香火社交代，将各有关手续交送下一期庙会主持的会社。十大社庙会和阳武庙会大致相同，只是阳武庙会没有史官庙会规模大，但两地香众相互尊重，团结友爱。庙会和其他原始大神庙会一样，妇女们叩拜仓颉，求其赐子，或已得子者送上各种祭品"还愿"，也有人来庙会上问卜、求药的；香客们不准有污言秽语，不准数柏树数目，不准攀折柏树运载，更不准有偷盗行为（民谚中称此为"偷了仓圣一粒米，祖祖辈辈还不起"，即如果有谁偷盗，祖辈就要贫穷下去）。白水庙会独尊仓颉，不事佛道诸神，不拜儒教。民间信仰中的仓颉既是保护神，又是生育神，更是监护神，对于地方社会风气、道德风尚有着积极影响。当地的神话传说成为仓颉庙会不断发展的重要信仰基础。如，传说仓颉神庙的神柏能惊贼，保佑黎民平安，人们按照其形状分别取名

"点元柏""再生柏""宝莲灯""转枝柏""惊贼柏"等。又如，当地的一些地名，三条沟、楼子沟、晒书台、红豆礓等，都与仓颉传说有关。人们传说仓颉造字，造了很多，用石人砌楼房盛字，用石猪石羊驮字，因为受惊吓，破了法术，而只造成三斗字，又因为各种原因，孔圣人也只学会七升，另外三升撒向了蛮夷，还有两斗人没学会。人们在信仰中敬祀仓颉，不能用字纸盛包污秽，将造酒的杜康、造碗的雷公、造纸的蔡伦与造字的仓颉合称为"白水四圣"，立四圣庙，形成了良好的社会风尚。仓颉庙会之所以形成巨大的影响，除了人杰地灵的观念，还有广泛的社会信仰心理与地方历史文化相结合的因素。其他如各种社火、秧歌、民间小戏，也成为庙会的文化内容。

陕西和河南一样曾是中华民族文化的重要发祥地，有深厚的文化基础，民间文化艺术资源异常丰富，在西安、咸阳、渭南、商洛、宝鸡、榆林、延安、汉中、安康等地市，庙会文化灿烂辉煌。如清雍正十三年刻《陕西通志》所列《兴平县志》："居民各立社会，宰猪羊，设香烛，张鼓乐，或庙或家以娱神。"《白水县志》："二十三日（正月）倾城士女游百子庙祈嗣，是夜，复放灯如'元宵'。"《天禄阁识余》："秦俗以二月二日携鼓乐郊外，朝往暮回，谓之迎富。"《富平县志》："（二月二日）人以是日谒高禖庙祈嗣。"《城固县志》："二月二日，文昌帝君之诞，无长幼皆有祭，曰松花会。"《延长县志》："三月三日，男女于翠屏山上香如云。"《西乡县志》："三月三日，朝武子名山，男女拈香毕，各采松枝、兰花簪鬓而归，以为祓除不祥。"《白水县志》："三月十八日，士女出城祀后土庙祈嗣。"《凤翔县志》："四月八日，俗谓城西灵山是释迦经行处，远近男妇咸往祈拜。""十月秋成，报答土功，祭献山神迎赛，经月不绝。"可见黄土高原上的古老庙会昔日的风采。又如民国二十四年《续修醴泉县志稿》："四月八日为城隍神庙会，城乡男女焚香膜拜，拥挤几无隙地，恶习成风，牢不可破。"民间二十一年《华阴县续志》："（三月一日）男妇赴西岳神祠，供香座前油瓮添油还愿。""是月（三月），岳庙会期，起于望，讫晦而止。商贾云集，兼之四方香客结社而至，喧阗之声，彻数十里外。朝礼西岳，布施香资，主持黄冠亦借是获终岁之计。"民国三十三年《同官县志》："四月八日，娘娘庙会，妇女入庙烧香祈子。"光绪九年《孝义厅志》："二月初二日，各乡市镇演戏，延火居道士庆祝土祇神会。""四月初八日，乡民出钱演戏，作城隍会。""八月初二日，士农工商聚饮社酒，演戏，延火居道士庆祝土祇神会。"光绪十八年《凤县志》："每岁三月三日、四月八日，各庙祝斋醮祈福。道场颇称繁盛，间有斋友作会首。""七月七日，乡塾多有作魁星会者，陈设颇丰。"道光二十一年《榆林府志》："二月二日，乡人集龙神庙，刲羊以祭。""四月八日为浴佛辰，或作佛会。""七月七日，妇女夜祀河鼓、织女。"光绪二十五年《靖边志稿》："四月八日，城乡男女争上城内西山谒子孙娘娘庙，供献花果，求子许愿，及生儿舍身佛案，十二岁取赎，以鸡、羊、牛犊施布僧寮，归而为子留发，僧甚利之。"民国二十八年《府谷县志》："四月十八日，五虎山娘娘圣会，男女登临拜祷，亦有卖香纸、酒饼者。""五月十三日，关圣帝君神诞。二十五日，龙王神诞。二十八日，城隍神诞。是日，邑人献牲享赛，优伎扮戏，锣鼓喧阗。"光绪三十一年《绥德州志》："三月十八日，城乡之祈子嗣者，男女各诣城、城东两圣母庙上香，亦祀高禖之义也。二十六七八等日，远近居民群至请神庙进香，许愿者并于城内外山头及文屏山二郎庙，身披黄纸，随诸神会周行，曰转山，以报赛神功，是为雕山春社。""四月八日，天宁寺广生堂庙会，求似续者，亦诣庙进香。"民国三十三年《米脂县志》："六月二十八日，五龙聚会于城十字街，四民进香，演戏献牲，并请齐天大圣像于龙神牌位右。相传某年大旱，至是日尚未雨，祈雨者肩各龙王牌位四处呼号。是日，五方龙王聚集于此，忽尔大雨倾盆，泽遍四野，随即酬神进香，演戏献牲。秋成大有。从此年年如是，成为俗。""三月三日，真武庙圣会，居民皆进香朝山。""三月十八日，南关后土庙会，城乡士女游集如云，妇人多半进香，祷祈子嗣。""四月八日，浴佛节。""五月十三日，西街三圣庙会。""八月初七、八、九三日，魁星楼庙会。晚间沿山张灯，朗如白昼。"道光八年《清涧县志》："正月二十三，作老君会，亦张灯设火。二十六日，献痘神，如之。""二月三日，士人作文昌会。""三月二十八日，群赴东岳庙上香。""四月八日为浴佛辰，争谒佛庙，东山大佛二寺，香火尤盛。""九月九日，群赴药王庙上香，鲜有登高者。"民国三十三年《洛川县志》："二月二日药王会。《刘志》：男女毕至，踏青选胜。大率携香表至东门外药王庙供献之。是日晴，则主本年病稀，阴雨，病多。献毕，购米粽、麻花食之，谓可以免病。""四月四日，祭雷神。各乡设雷神位，宰猪致祭，烧香表，鸣锣鼓，放鞭炮。祭毕，将猪头埋于村郊西北方土中，谓可免除雹灾也。"道光九年《宁陕厅志》："二月二日，各乡市镇均庆祝药王会。初三日，士人祭文昌神，谓之文昌会。""三月十五日，湖北黄州人做帝王庙会。""四月八日，作城隍会，乡民俱赴城隍庙庆祝。是月，唱青苗小戏，祀土神以禳虫蝗。""九月十五日，湖北黄州人做帝主会。"遍察陕西各县志，可见庙会文化与地方岁时民俗的密切结合。这些庙会与河南民间庙会有许多相似的地方，而又有着鲜明的地域特色，体现出高原文化的庙会信仰内容。

山东庙会群具有另一番景色。虽然这里也是中原文化的重要集结地，是我国民族文化的又一处重要发祥地，但因为其特殊的地理条件，诸如沿海、半岛，与陕西、河南两地的庙会既相似，又有着自己的特色。

首先是这里的庙会同样具有浓郁的传统文化内容，最典型的例子如著名的"曲阜四大古会"，即清明、十月初一的孔林门会，正月初一至十六的孔府门前鼓楼门会，正月十五尼山夫子洞庙会，曲阜城西腊月初八大庄花会。其中，孔林门会最富有传统特色。

孔林门会又称林门古会，是依元至顺三年（1332）第一次建林门而兴。曲阜孔林是我国民族文化中的一个重要内容，传说是孔子的三千弟子在孔子墓周围环植四方奇数而成。孔林祭祀礼仪，司马迁《史记·孔子世家》中载："弟子皆服三年，三年心丧毕，相诀而去，则哭，各复尽哀，或复留。唯子贡庐于冢上，凡六年然后去。弟子及鲁人往从冢而家者，百有余室，因命曰孔里。鲁世世相传以岁时奉祠孔子冢，而诸儒亦讲礼乡饮大射于孔子冢。"每年的清明和十月初一，是传统的祭祀亡魂节日，全国各地仰慕孔子的人来曲阜上坟，纪念这位伟大的学者、作家、教育家，在客观上使曲阜孔林前形成吃、住、贸易、说唱等功能齐全的"会"。春秋盛会期间，人们祭拜孔子之后，各种民间文化、商贸活动在此展开。因为纪念一位历史名人而兴起庙会，在庙会形成历史中是一个普遍现象，而像孔林门会这样的盛会，更为典型。这里的主要内容，除了祭孔之外，就是"庙市"，依当地的俗语来讲，"除了金粪叉子没有卖的，什么都有。"[①]当然，庙会的举行同样是服务于地方百姓在农耕时代的各种生产需要、生活需要与文化需要。庙会的市场功能在这里得到充分体现，众多的商品一般分为这样几类：

最大一类是农具。据有关人士介绍，在北门外至北关石牌坊，是农产品市场，如编织的各种篮子、筐、簸箕、筐箩和红白席子等家用品，木锨、白蜡杆、扫帚、笤帚等生产工具，石臼、石槽、石磨、门枕石、缸、盆、罐、琉璃瓦、柴禾、木材和桌椅床柜、车辆、犁、耙、耧、锄、镰、木风箱、门窗、錾子、锅、铲、剪子等，应有尽有。古会既是纪念孔氏祖先的神会，又是为劳动生产服务的农会。但因为特殊的信仰内容，它不像其他农会一样有卖牲口的牲畜市场，而要保持孔林的清静、圣洁，所以不准这些牲畜列入庙会市场。

接下来是杂货。在林前村附近集中列有银器市和梳篦、布匹、广货等商品市场，以银器花样繁多，备受人欢迎。

再就是食品类。在会的外围处，如林前街南神道两侧，集中卖一些当地的名吃，蒸包、煎包、馄饨、烧饼、火烧、豆腐脑等，许多名特食品如赵家烫面角、毕家馄饨和金家块子鸡，深受青睐。

还有文具、玩具。最为典型的是卖算盘的，排列非常整齐。诸如尼山砚，传说是孔子生前喜爱的，有人称"圣砚"，卖时不准讨价还价。纸、墨、笔、帖等文具显示出这里特有

---

① 见俞异君等《山东庙会调查集》，山东省立民众教育馆1933年版。

的文化氛围，人们尊孔也就崇文。玩具多为竹哨、泥娃娃、拨浪鼓、木刀、喇叭等。

少不了杂耍。如卖野药、演杂技、说唱、赌博设彩之类，表现出鲁西南地区民间文化的风格多样性内容。

求子、求安的内容在山东大部分庙会上成为主要内容。如，九月初九日泰安虎山的眼光奶奶庙会，保人眼光明亮，除眼疾，也保人间人丁兴旺。聊城东关的观音庙会上，人们向张仙求子。送子神除了观音和金童玉女外，还有一个嬉皮士模样的张仙，身后背了一袋婴儿，人称送子哥哥。庙还有对联"我本是一片婆心，送这个孩儿给您；尔必行百般善事，要留些阴骘于他"。其他像济南的药王庙会祭扁鹊、定陶仿山庙会祭丰泽侯，都是属于感恩型庙会，显示出古老而深厚的信仰观念。

其次是以泰山庙会为代表，形成我国广大地区的东岳庙会源，这在我国庙会文化乃至世界庙会文化中都是一个典型。它集中体现了中华民族特有的生命观念、价值观念、道德观念和哲学观念、人生观念，在某种程度上讲，它是中国文化的缩影。

泰山庙会即泰山庙会群，主要包括东岳庙会、碧霞宫庙会两个主会，分别在农历三月二十八（东岳大帝诞辰）、四月十八（碧霞元君诞辰）立会，其他一些神庙和庙会规模甚小。从总体上来讲，这里是道教庙会的重要源头，以生命崇拜形成庙会的核心内容。特别是一些政治力量的参与，使泰山庙会具有了更为特殊的内容和价值、意义。

在我国民间传说中，泰山是生命神所在，东岳大帝即民族生命之神。如东方朔《五岳真形图序》中说："东岳泰山君领群仙五千九百人"，"泰山君服青袍，戴苍碧七称之冠，佩通阳太平之印,乘青龙从群官来迎子"。① 泰山崇拜不仅在秦始皇、汉武帝、唐宋以至明清统治者封禅、致祭中有所表现,早在大汶口文化中即距今五六千年前即存在,如大汶口人的陶文"日、火、山"等文字形象,表明他们曾借泰山以祭天的信仰活动。许多文人学士对东岳景观的渲染、描绘,更令天下人神往,形成极为广泛的泰山神信仰。如,曹植多次登泰山,留下"驱风游五海,东过王母庐,俯观五岳间,人生如寄居"②,"西登玉楼,玉楼复道;授我仙药,神皇所造,教我服食,还精补脑"③等诗句。《水浒传》,元曲《刘千病打独牛角》等作品中,也屡次提到泰山庙会的内容。冯玉祥将军在泰安生活时,曾做《庙会的市面》一诗,写道:"赶庙会,开市场,各种货物来四方。有洋货,有土产,还有大喝小吃馆……乡民苦,乡民穷,金钱日日外国送。说缘由,话根底,生产赶早用机器。"这些诗文从不同的角度为泰山庙会做出形象的记录。

泰山庙会的具体内容,一是求东岳大帝保佑人间平安,为民间百姓祛灾除难,一是求碧霞元君即泰山奶奶为民间百姓赐子添福。人们来庙会上的两个目的,即求平安,求子嗣。在更为广大的地区,泰山庙会的影响也就在这两个方面,如遍布神州大地的天齐庙、奶奶庙,就直接在当地立庙祀,兴庙会,以代替路途的遥远,同时也表现出庙会信仰在民间文化中的特有位置和功能。

泰山文化丰富,碑石众多,刻石繁密。有相当的碑刻记载下泰山庙会的历史发展。其具体起源,有学者考之为唐代

---

① 东方朔:《五岳真形图序》,《云笈七签》卷七十九。
② 见《仙人篇》,《曹植集》。
③ 见《飞龙篇》,《曹植集》。

武则天摄政次年。① 这只是依据史料，而在民间作为一般庙会，恐怕就更早一些。我们首先应该明白的是民间庙会虽然有时受政治集团的影响作用，而更重要的在于民间信仰的自发自觉选择。有些民间活动官方并不给予记录，而它并非不存在。这是民间庙会文化中一个普遍现象。泰山庙会和中岳庙会都会有此共同的命运。

再就是山东民间庙会除了同中原地区共有的信仰内容之外，还有着海洋神庙会信仰内容而形成自己的特色。

山东民间庙会的布局和陕西、河南大致相同，多集中在城镇，呈卫星群状。如龙口市旧称黄县，县城内庙会有火神庙会、城隍庙会、文昌庙会、白衣大士庙（观音庙）会、东姑子（尼姑）庵庙会、龙王庙会、财神庙会等，四乡周围则分布有吕格庄庙会、诸留庙会、石泉寺庙会、儒林庄庙会、海云寺庙会、上观庙和下观庙会、诸高炉庙会、李家庙会、位庄庙庙会、王村庙庙会、泉水疃庙会、凤仪顶庙会、天尊堡屯庙庙会等，各种信仰在民间庙会中都有表现，而且在时令上多随农时，呈现出庙会与农耕习俗的相融合趋势。一位学者在考察报告中记述道："荣成藤将军会（农历六月初五日）异神行会、演戏售物，并于会日当天吃会（集体宴饮）；莱州西由庙会，赶会以妇女多，号为小脚会；龙口王伯党庙会（农历三月初八日），赶庙会的人都来放鞭炮，富者车载鞭炮，自早燃放到晚，因此得名放鞭炮会；博山颜文姜庙，每年农历三月十五日、四月十八日、七月三日有三次庙会；庆云四月西山庙会，商贾骈集；邹皮农历四月八日黄山庙会，'商贾云集，境中士女及邻邑邻郡毕至，数百年久

① 见袁爱国《泰山东岳庙会考识》，《民俗研究》1988 年第 4 期。

称盛会'。阳信农历四月十八日狼丘庙会，'香火甚盛，举国若狂'；临朐县农历三月三日海浮山香火大会，'士女云集，人山人海……自初一起，三日不绝'；威海农历四月十五日山会'太山行宫，备旗纛、高照、伞扇、鼓乐、火炮、杂剧，赴宁海（今牟平）岳姑殿进香'；蓬莱农历四月初八日庵院浴佛会、十八日宓神山庙会庆碧霞元君生辰、二十八日城南药王庙会，庆药王生辰，一月中三次，皆称盛会。章丘农历三月十八日，女郎上庙会，'士女丛集'；济宁农历四月八日为浴佛会，'四乡妇女入城，焚祷者如织，至十八日止'；兖州农历四月十八日天仙庙会，'市农具'；城武县农历三月十六日文亭山香火大会，'邻村商贾，百里外皆幅辏焉'；东阿县农历三月二十八日天齐庙庙会，'演剧，远近香客云集，商贾因以为市，前后七八日甫散'；阳谷县农历四月十八日天仙庙会，'结合治农具'；牟平县莱龙寺农历三月十六日庙会，仪仗角色可达千人，会上有武术表演，俗称'莱山武会'。"①

　　我国许多地区庙会在农闲三四月份举行，其实际意义除了民间信仰的传播教化，更重要的在于"治农具"，为夏收做准备。山东在地域上仍属于北方，麦收在这里是重要的节令，庙会的举行，使人们精神上得以调解和整理。在这一点上和邻近省份河南、河北大致相同。当然，特殊的地理条件，也成为庙会具体内容的重要因素。如，京杭大运河从山东穿过，山东、河北交界处的临清，许多庙会连成一片，以"四月会"为盛，行宫庙为庙会中心，碧霞宫会、南坛会、娘娘庙、七神庙等庙会，从农历三月底到四月底，一连一月

---

　　①　山曼：《山东庙会文化考略》，载《妙峰山·世纪之交的中国民俗流变》，中国城市出版社1996年版。

余，正是因为这里紧靠大运河、商业繁荣的因素。如临清庙会流传一首歌谣："穷南坛，富行宫，爱耍花样碧霞宫，娘娘庙里一窝蜂。"非常形象地描述了这一地区庙会的不同特色。

沿海庙会，对于海的依赖与理解，诸如龙神、鱼神、水神、海神与八仙等神灵的祭祀，形成山东地区庙会文化的重要内容，是山东明显不同于陕西、河南等地庙会的一个重要方面。如蓬莱外港长岛县庙岛，商船、渔船经过此地汇集于此，这里立有庙祀"天后宫"即妈祖神庙，每年农历七月七日有庙会，会期七天。庙岛周围的渔民、停留此地的商人都来进香。有时，庙会因为实际需要而延长二十多天，供商贾交易，更为了船只补充各种生活用品，神戏吸引的船只如山林一般稠密，各种商贩从船到船，如履平川。香客们向妈祖许愿、还愿，其心理和闽台地区的妈祖信仰崇拜是一样的。其他又如黄海渔民的"满载会"[①]，渔民以血验卜吉利，显示巫术崇拜在渔民信仰世界的影响和具体表现。

山东地区民间庙会中的海神崇拜主要表现为这样几位神祇：龙王、天后、秦始皇、藤将军、老赵等。其中以龙王庙会和天后庙会居多。

龙王庙以蓬莱城北丹崖山为著名。庙初建于唐，祀海神广德王，宋代曾有庙会，沿袭至后来，时断时续。荣成镆州岛龙王庙，有谷雨庙会，渔民杀猪祭海神。海阳县麻姑岛龙王庙曾以农历六月十三即传说中的龙王生日为庙会，唱神戏，请僧人念经，保佑渔民平安。烟台福山太平顶有建于唐

---

① 早春时节，渔家在海岸上也做盂兰盆会，说唱《舀鱼郎》等神戏，祭祀海神。这种习俗既不同于东南沿海，也不同于内地，表现出地方庙会文化的特色。

贞观间的龙王庙，传说李世民曾在此得东海龙王搭救，庙中香火碑记载此内容。龙王为金身，红脸，像前立有"敕封东海龙王广利王之神位"，庙内梁上锁有木雕巨龙。庙内有"马王庙"和"土地庙"，传说为搭救李世民的神马和土地神，庙南为"三清祠"和"观音堂"；太平顶最高处为碧霞宫，分大殿和戏楼，祭王母，配祀小脚武士，传说这里有碧霞元君的小妹；另有玉皇殿。四月十八日，以龙王庙为中心，这里有五天庙会，有神戏、社火。在许多较小的渔岛，至今还有小型的龙王庙会。而在较大的城镇，龙王庙多被天后庙所替代。

天后即源自福建的妈祖，俗称"海观音""海神娘娘"和"山归娘娘"。在山东沿海影响最大的天后庙会是蓬莱天后宫。庙中碑石载，宋徽宗时曾敕立天后圣母庙，封"灵惠夫人"，建庙四十八间。元代封"灵应""感应灵妃"，清康熙年间加封"天后"。长岛县庙岛，青岛市和烟台市、莱州市虎头崖等地都曾有天后庙会。庙会日期各不等，烟台天后宫庙会为每年正月十五，蓬莱天后宫庙会为每年正月十六日，莱州市虎头崖天后即当地的海神娘娘庙会为三月二十三日，长岛县庙岛天后宫庙会为七月七日。各地庙会传说基本相同，即天后生辰为三月二十三，忌日为九月九日。庙会的祭祀内容一般为送愿船、送灯、送神衣、绣旗、杀肥猪，唱神戏等。所谓愿船即制成船模型，做工精制，传说奉献此船，天后能保佑渔家船家的船坚利、不沉。此俗有学者考证始于元代，长岛县今仍存有元代的愿船模型。送灯即在元宵节前后庙会举行，为了许愿、还愿，民间百姓或以个人名义，或以船的名义，或以一村一镇的名义献于天后宫，其愿望和送愿船相同，传说有神灯相献，船在海上就不会迷航。

送衣被同样是为了娱神，是民间信仰中为天后御寒的表现。送旗是为了歌功颂德，希望天后永久保佑。有长达数丈的锦旗。庙会时，旗帜悬挂在庙内外尤为壮观。有的锦旗还绣有各种花卉。庙会时杀猪，在庙前设有专用的"杀猪台"，猪头送给道士，猪杂等食物由船上人分食。神戏常常成为庙会期限的标志，戏开，庙会开；戏停，庙会停。长岛庙会因为是在夏季，属渔闲时节，庙会和神戏一般在七八天，多则将近一个月。神戏的费用一般由各船出。水上庙会观看神戏演出，人或在岸上，或者水中船上。烟台天后宫庙会的戏楼今天仍在。不独船家敬天后，一些经商的会馆也敬天后。如，烟台福建会馆就曾敬祀天后而立庙会。

秦始皇作为海神敬祀，在山东沿海有多处秦始皇庙和庙会，这与其他地方的淫祠崇拜是不同的。

秦始皇在民间传说中是一个恶贯满盈的暴君，特别是孟姜女故事家喻户晓，是人们对秦始皇理解的重要依据。但是，这里的民间庙会对于秦始皇却是作为海神对待的。笔者来到荣成，有人告诉说，秦始皇是统领海洋的大神，有龙鞭可以催赶鱼群，是一个吉祥神；不知道这些传说的影响究竟有多大。胡朴安在《中华全国风俗志》中就曾提到"荣成县之东，距城三十里，有成山，山有成山庙，俗称始皇殿"，包括庙会祭祀的情形。在琅玡、莱州三山岛、成山、芝罘岛等处，都有或曾有秦始皇庙和庙会。芝罘岛的大疃村一带渔民传说秦始皇东巡芝罘，正是百鱼上岸的三月三，渔业兴旺，所以至今三月三有庙会，民间百姓到阳主祠即秦始皇宫，敬奉"愿船"，求他保佑平安和渔业丰收。在一些地方不是严格的三月三庙会，而是逢谷雨时节举行庙会，祭祀秦始皇。还有更多的地方把秦始皇作为海王来祭祀。

藤将军是荣成市成山、龙须一带祭祀的海神，和三月三海神娘娘会、秦始皇会、邓世昌会等庙会一样，立有庙会。庙会定在每年农历的六月初五，在渔闲季节，有唱神戏、社火等形式，20世纪的20年代，胡朴安在《中华全国风俗志》①中即记述成山始皇殿庙会即"藤将军会"的内容：

> 年届阴历六月初五日，附近各村，群趋赛会，名藤将军会。演戏五日，远近人士，咸来赶会。有拈香者，有售物者。愚夫愚妇，贩夫走卒，奔走喧扰，大有人山人海之观。至于行会各村，有一村一会者，有数村为一会者。每会都有姥姆驾，并藤将军神位，驾之周围，遍挂纸宝，旗锣伞扇，为驾前驱，巡行各村。驾到时放炮相迎，神威凛凛。会将到山，庙中道士击铙鸣钹，名曰接神。迎神至庙，迨各会皆至，群复燃香，名曰参神。参神即毕，各会舁神驾而回，是日各村午后，大张筵席，名曰吃会。赴会者各出钱若干，名曰会印。每年轮推会首一人，主行会及宴客会客等事。此种举动，在旁观者觉劳民伤财，殊属无畏，而该乡之人，年年行会，不知革除。
>
> 考此会之由来，据父老云，昔者荣成东山，海贼出没无常，居民时被劫掠。清道光时，登州藤将军率水师前来剿灭，与贼军战于鸡鸣岛，右手为贼所伤。将军忍痛，左手刃贼十八人，卒平海贼。将军亦投海而死。后人感之，塑像于成山庙。定每年六月初五日行会。

① 胡朴安：《中华全国风俗志》，中州古籍出版社1988年版。

藤将军主要是这里保护地方安全的神祇，而在世代沿袭中，则成为地方信奉的与妈祖一样的海神。

长岛渔民称鲸鱼为老赵、老人家、赶渔郎，尊其为海中财神。有人以为这是因为鲸鱼能引人找到鱼群，民间百姓称财神"赵公元帅"，所以也称鲸鱼为"老赵"。有鲸过时，渔民称为"过龙兵"，是吉祥的征兆。长岛县砣矶岛井口村，曾有鲸鱼神庙，神像为黑脸大汉。这种庙就现有材料可见，庙会没有前几种庙会隆重，数目也不及前几种庙会多，但作为庙会现象，它存在的意义是很有价值的。

陕西、河南、山东作为中原地区庙会的典型，其共同之处颇多，有其相似的历史文化因素；而其各有特色，也正由于具体的历史文化因素与地理等因素影响。正像全国各地的庙会，受中华民族传统文化的大影响，有许多相似之处，而各地各具特色的内容，则是各地具体的各种因素所形成。当然，把这三省做比较，我们也仅限于一般内容上的比较，随着更广泛深入的调查和发掘、发现，对庙会的论述才能够更加全面、准确而尽量避免错误。事实上，山西、河北、湖北、江苏的一部分地域也应视做中原地区，而中原这一概念在历史上是相当模糊的，为了行文方便，姑且这样做。

二　北方庙会群

北方庙会群在分布上是很不平衡的，以北京、河北、天津、山西为主要区域，包括辽宁、吉林、黑龙江、内蒙古、甘肃、宁夏、新疆、青海等天气相对寒冷的地区。这些地区的庙会，在总体上与中原地区的庙会相接近，而与山清水秀的南方地区形成较大差异。

北方庙会群在总体上分为华北庙会群、东北庙会群和西北庙会群。其中，华北庙会群又可分京津庙会群、河北庙会群、山西庙会群；内蒙古地区神庙较少，就目前而言还没有庙会群的普遍形态。在一定程度上讲，北方庙会群以华北庙会群为主要内容。从整个布局看，庙会的密集程度以京津地区、河北、山西为高，其次在吉林、辽宁两省，再其次在甘肃和宁夏。新疆、内蒙古、青海、黑龙江诸地区因为垦荒、牧区等历史因素，庙会相对稀疏，但也不是没有。如新疆地区，在考古文物中，常可见到普遍的神灵信仰的建筑和器皿，而沙漠、风暴等因素，又使多少神庙化为废墟；庙会在这一地区的历史是应该有而且可能一度繁盛过。

北京庙会群是北方庙会群中的典型，这是与北京特殊的地位和性质分不开的。它长期作为全国的政治、文化中心，集中了庙会文化的信仰内容。尤其是明清时期，庙宇建设和政治力量密切结合，如"敕建"所表现的御用、太监的捐资等因素，"初一、十五庙门儿开"，几乎每天都有庙会。诚如有人所讲，北京人一生没走出城门的不少，而一生没有赶过庙会的很少。无论是宫廷还是破巷，都与庙会结下不解之缘。庙会成了北京人一个时期内最重要的文化生活，很多人的生活出路就存在于庙会活动之中。诸如《北平风俗类征》《帝京岁时纪胜》《旧都文物略》《京华春梦录》和《东华琐录》《燕京杂记》《旧京琐记》《帝京景物略》《春明采风志》等文献，广泛记述了旧时北京庙会的特色，留下了大量可贵的庙会史资料。

总观历史上的北京庙会，可以归纳出这样几种特色：一庙多，二人多，三花会多，四杂货多，五小吃多，六书多，七传说多，八花多，九艺人多，十乞丐多。

庙多，庙会才多，才能形成数量可观的庙会群。1958年，北京市就现存的各种神庙进行普查统计，有2 730座之多。胡朴安《中华全国风俗志》下篇卷一《京兆》载"游览会期"列庙会：三忠寺、精忠庙、大钟寺、火神庙、厂甸、白云观、护国寺、降福寺、西黄寺、黑寺、香厂、太阳宫、蟠桃宫、潭柘寺、东岳庙、高梁闸、城隍庙、万寿寺、碧云寺、妙峰山、丫髻山、关帝庙、雍和宫、善果寺、灶君庙、五显财神庙、天坛、先农坛、白塔寺等近三十所神庙和庙会，其中，一些神庙一年之中数次举行。由此可见20世纪20年代初北京庙会的一般情形。当时，庙会较有影响的如白云观、白塔寺、护国寺、隆福寺、什刹海、雍和宫、土地庙、厂甸、花市、高梁桥、二闸、天桥、妙峰山、城隍庙和附近郊县的大小庙会连成一片，且各具特色。如，白云观每年农历正月初一至十九日有庙会，以正月十九日传说中的丘处机超度为庙会高潮。白云观初建于唐代，元成吉思汗曾命道教全真教龙门派的创始人丘处机在此主持，庙为长春宫。明代扩建，改名为白云观。今存宫观群大体为清代建筑，有牌楼、山门、窝风桥、灵官殿、长春殿、老律堂、丘祖殿、三清四御殿、后花园、小灵山和八仙殿、吕祖殿、碧霞元君殿、元辰殿、斗姆殿、南极殿、火神殿、葛仙殿、罗公殿等，在某种意义上这里是中国道教神的大观园、大都会、大聚会。庙会的主要活动为"会神仙""拜顺星""打金钱眼""摸石猴""拴娃娃""放生"等，以及"骑毛驴""施舍老道"等内容。丘处机曾对成吉思汗宣讲过"敬天爱民为本，清心寡欲为先"，制止元军滥杀无辜，而"救民于涂炭之中，夺命于锋镝之下"，乾隆曾书"万古长生不用餐霞求秘诀，一言止杀始知济世有奇功"的楹联赞扬他。所谓"会神仙"，就是在正月十九日"燕九节"之前夜间，传说丘处机装成凡人来到世间，人若遇到，就可消去灾病，增长寿命，所以许多人在夜间一直等到天明，希望能遇见丘处机下凡而获得幸福。"拜顺星"即到元辰殿去找到自己的本命星宿，若找到，即在塑像前跪拜、焚香，之后一年内可平平安安。元辰殿俗称顺星殿，传说正月初八日神仙在此下凡，殿中有六十位星宿，分别为各年的太岁将军，如金辨、陈材、耿章、沈兴、赵达、郭灿、王济、李素、刘旺、康志、施午、任保、郭嘉、汪文、鲁先、龙仲、董得、郑恒、陆明、魏仁、蒋崇、方杰、白敏、封济、邹铠、傅佑、邬桓、范宁、彭泰、徐单、章词、杨仙、管仲、唐杰、姜武、谢太、卢秘、杨信、谢谔、皮时、李诚、吴遂、文哲、缪丙、徐浩、程宝、倪秘、叶坚、丘德、朱得、张朝、万清、辛亚、杨彦、黎卿、傅党、毛梓、石政、洪充、卢程，传说为历史人物。白云观道士在这里举行祭星仪式，人们前来争拜自己的当值星宿将军。"打金钱眼"在窝风桥东西两侧的石屋，人们争相用硬币向一轮金色的木钱方孔中投掷，希望能投中孔中的铃铛，或通过方孔投中在洞中打坐的道士，传说若投中，年内就可发财。传说吸引着无数的人来讨吉利，《旧都文物略》称此为"道人终岁之储"，即敛钱之方法。"摸石猴"在山门的中间门洞石拱券东侧处，这里刻着一只小猴，传说摸一摸石猴，就能治好自己的病，没病可以强身防病。"拴娃娃"在白云观西路的"奶奶庙"中，神庙坐南朝北，中为碧霞元君，左右各配祀送子娘娘、催生娘娘和眼光娘娘、痘疹娘娘。人们来到这里求子，烧香、布施后，带走神像前的泥娃娃。还有人带着孩子拜道士为师父。传说在这里拜祀送子神，可保人一生平安。"放生"在白云观西墙外的"放生圈"中，圈中喂养着人们用来赎罪、增福而送来不许杀宰的畜禽，这些畜禽一直到老死埋掉，平时人们多到这里送钱财或饲料给老道，传说这样可以消灾。此外，人们在白云观骑着毛驴看社火，将钱物施舍给年老道士，也成庙会习俗。如厂甸，即琉璃厂庙会，在每年农历正月初一至十五，俗称"开厂甸"，其主要内容为文化交流。《清代野记》中载："今京师之琉璃厂，乃前明宫窑烧制琉璃瓦之地，基址尚存。在元为海王村。清初尚不繁盛，至乾隆始成市肆，凡骨董、书籍、字画、碑帖、南纸各肆麇集于是，几无他物焉。上至公卿，下至士子，莫不以此为雅游而消磨岁月。加以每逢乡会试，放榜之前一日，又于此卖红录，应试者欲先睹为快，倍形拥挤。"有人统计，乾隆时期，这里曾有书店30多家，至光绪初年达到了220多家。1926年版《北平旅行指南》统计，20年代有69家书店，29家纸店，57家古玩店，18家裱画店，31家笔墨文具店，15家字画店，13家刻印店。在这里汇聚着书商文物商们从全国各地搜求到的文化物品，吸引着许多文化人来此游览。如荣宝斋、一得阁、论古斋、墨宝斋、菇古斋、戴月轩、翰文斋、胡开文徽墨庄、铭珍斋、保古斋、同古斋、隶古斋、伦池斋、玉树山房等，一时颇具胜名。许多著名的文化名人，都曾为这里的牌匾和楹联增光添彩。当然，作为庙会，即祭祀信仰中心，当数火神庙和吕祖祠、土地庙等海王村神庙庙会群。潘荣陛《帝京岁时纪胜》载："琉璃厂在正阳门外之西"，"每于新正元旦至十六日，百货云集，灯屏琉璃，万盏棚悬，玉轴牙签，千门联络，图书充栋，宝玩填街，更有秦楼楚馆遍笙歌，宝马香车游士女。"诸如书摊、画棚、文物店铺，常精品与假货共存，令人眼花缭乱。如白塔寺即妙应寺，每逢农历五、六两日有庙会，即初五、十五、二十五与初六、十六、二十六这几天，依山门、钟鼓楼、天王殿、三世佛七世佛殿、配殿和塔院，邻近与逢七逢八的护寺庙会相接，人们烧香拜佛，看神戏、社火，品尝各种小吃，购买各种生活用品和玩具，如 20 世纪 30 年代《旧都文物略》所称"白塔寺的木碗花草，土地庙的木器竹器，皆属特有"。护国寺与隆福寺在北京有"东西二庙"之称，《北平风俗类征》所引《京都竹枝词》中讲："东西两庙货真全，一日能消百万钱。多少贵人闲至此，衣香犹带御炉烟。"这当毫不为过。护国寺的建筑主要有弥勒殿和天王殿，人们围绕这里的庙祀信仰活动，兴起了各种玉器业、扇子业和饽饽（即点心）铺为典型的一些商贸经营，还兴起了民间艺术演出。隆福寺的建筑主要有释迦牟尼殿和三大士殿，每月逢九逢十有庙会。这里的大和尚传说曾广交权贵，出入宫廷，所以香火异常旺盛。《燕京岁时记》载："九、十日开东庙。开庙之日，百货云集，凡珠玉、绫罗、衣服、饮食、古玩、字画、花鸟、虫鱼以及寻常日用之物，星卜、杂技之流，无所不有。乃都城为一大市会也。"庙会范围包括庙本身、庙前路街、隆福寺的东西街、神路街南口外马市大街，分别有雕漆业、书店、茶馆、说书、算卦、饽饽模子、洋烟画、小吃、玩具、鬃人、皮影、木偶等，体现出浓郁的北京民间特色。其他像每月逢三的土地庙庙会，丰台十八村的农民将数不清的鲜花如月季、玫瑰、海棠、石榴、文竹、玉兰、金桔、佛手、橡皮树和丁香、茉莉、绣球等推向庙会市场，各种棚铺、纸扎铺，较为集中。火神庙会即花儿市路北的火德真君庙会，"正月起，凡初四、十四、二十四有市",形成造花市场,如《燕京岁时记》中称"所谓花市者,乃妇女插戴之纸花,非时花也。花有通草、绫娟、绰枝、摔头之类,颇能混真"。在30年代,有人统计有1000多家以造花为业。这里的鸽子市场也成为庙会的一种特色。高梁桥娘娘庙会,每年农历四月初八,民间百姓来此求子,踏青,观看杂技。什刹海每年端午(五月初五)到中元节(七月十五)举办庙会,会期长达两月多,香客游人观看荷花,办盂兰盆会,放河灯,品尝烤肉等热凉饮食小吃。二闸庙会,在六月二十四传说中的关帝诞辰会、七月十五中元节会时荡舟,天桥卖艺艺人云集。妙峰山庙会祭祀碧霞元君,吸引山西、天津、河北、内蒙古等地的香客商贾……京城内外,以春天庙会为最盛,沸沸扬扬,如火如荼,显现出北京地区庙会群特有的壮观景色。现在,虽然许多庙宇因为城市建设而拆掉,但庙会仍在,那些风俗还有遗存,甚至长兴不衰。

庙会成为北京人文化生活、经济生活的重要内容;人离不开庙会,庙会更离不开人。北京的庙会布局较为合理。如,清初城隍庙会衰,报国寺庙会起,这类现象颇多,可谓此起彼伏。《帝京岁时纪胜》载:"至于都门庙市,朔望则东岳庙、北药王庙,逢三则宣武门外之都土地庙,逢四则崇文门外之花市,七、八则西城之大隆善护国寺,九、十则东城之大隆福寺,俱陈设甚多。人生日用所需,以及金珠宝石、布匹绸缎、皮张冠带、估衣古董,精粗毕备。"内外城东西各处都有,方便了北京市民。各种职业、身份的人在庙会上各取所需。甚至可以说,整个北京城就曾经是一个大庙会。大江南北、大河上下的商贾都看到了北京这块特殊的土地,才形成了北京庙会特有的聚天下之财物的内容;也正因此，北京汇聚了其他地区所难比拟的文化内容。北京庙会群是中国庙会文化的百科全书，我想，这样说丝毫不为过。这种情形，历史上也不多见，就连宋代，也只是以元宵灯会才有类似情形出现，而像明清时期那样在北京内外庙会能容从天子到乞丐各色人等的现象，在世界庙会文化的范围内也是一个特殊的事例。更重要的是我们中华民族所特有的国情和民情使北京庙会群有如此特色。

北京庙会花多、花会多，也是它文化特色的具体表现。这体现出北京人的审美趣味。

以土地庙庙会为典型，鲜花入市，可与广州的花会相媲美。北京土地庙庙会地处南城之西，广安门、右安门之外就是农村，其中，丰台十八村是著名的花乡，农家有种花、养花、赏花的习俗。潘荣陛《帝京岁时纪胜》中载："京都花木之盛，惟丰台芍药甲于天下……今右安门外十里草桥，唐时有万福寺，寺废而桥存。明天启间，建碧霞元君庙其北。土近泉宜花，居人以种花为业。"朱彝尊的《日下旧闻考》载："丰台种花人，都中目为花儿匠，每月初三、十三、二十三日，以车载杂花至槐树斜街市之。桃有白者，梨有红者，杏有千叶者，索价恒浮十倍。"《北平风俗类征》引《同治都门杂咏土地庙》诗："柳斗荆筐庙外陈，布棚看过少奇珍，缘客游客多高兴，眼底名花最可人。"《帝京景物略》载："右安门外南十里桥，方十里皆泉也。……土以泉，故宜花，居人逐花为业。都人卖花担，每晨千百，散入都门。"由此可见，土地庙庙会鲜花出售的习俗在明清时代颇为繁盛，而且花农技术也相当高超，已经培养出许多优良品种。在《旧都文物略》中提到"清代宫中陈列鲜花，对午一换，勒为定制"，这也是刺激庙会鲜花出售量较大的一个因素。花农除了露天培植鲜花，还利用温室养花，俗称为"洞子花"，保证一年四季都有鲜花，使庙会更有吸引力，也更有特色。

北京庙会花多，除了鲜花，还有许多人工花。以崇文门外的花儿市为典型，可以看到围绕火德真君庙庙会所兴起的花市，与土地庙鲜花市相映成趣。人工花民间也称"假花"，有用各种彩纸和通草造成的纸花，用绫、绢、绸、缎等材料制成的绢花，用蚕丝等材料制成的绒花，以及剪花。假花做工很精，常可乱真或比鲜花还精美。纸花，有裁料、染色、上蜡、成形等十多道工序；绢花有上浆、托表、裁制成小块和成撮，再用工具凿成花瓣、花叶形状，再染色、成形；绒花要经过"拴拍子"、"分拍子"、"对拍子"、"锉拍子"、打桃、漂洗、染色、翦、揉、挠、拧、夹、搓、梳、剪等工序。所以，民间艺人形容假花制作的辛苦时说："上辈子打爹骂娘，下辈子才托生到花行。"假花作为人们装点生活的艺术品，凝聚着民间世俗的智慧。《北平风俗类征》中引《光绪都门杂咏》一诗描述道："梅红桃白借草濡，四时插鬓艳堪娱，人工只欠迴香手，除却京师到处无。"假花中的春兰、夏荷、秋菊、冬梅、桃、李、石榴、杏、牡丹、芍药、海棠、杜鹃、丁香、蝙蝠、鸡、喜鹊、小兔儿、憨虎、凤凰、寿、福、喜、宝盆、珊瑚、玉树、银花、桂枝等，充满吉祥平和、温暖，洋溢着一派生机，受到人们广泛喜爱。这种花不像土地庙庙会四季都有，而是以春夏为淡季，春节前为旺季。俗语中称，"年节来到，闺女要花，小子要炮"，就表明这种习俗的影响。《旧都文物略》称，"崇文门外花市一带，自东便门起，住户多以造花为业"，其统计数字，"约在一千家以上"，可见从业人数之多。《燕京岁时记》

载："花儿市在崇文门外迤东，自正月起，凡初四、十四、二十四日有市。市皆日用之物。所谓花市者，乃妇女插戴之纸花，非时花也。花有通草、绫娟、绰枝、摔头之类，颇能混真。"另见《震垣识略》等文献，可知在乾隆时，此俗即盛。

如果把专营金银首饰者铸造的花也列入其中，花在庙会上的形态就更多了。许多人家不只在庙会上买花，在平时也买，如春节为了表示喜庆，买上纸剪的窗花贴在家中，给人带来不尽的欢乐。

北京人喜爱花，把社火的演出叫做"花会"。"花会"成为庙会上尤为精彩的民间文艺，标志着庙会的兴起和高潮。《旧都文物略》载："年开一市者，多有香会，如秧歌、少林、五虎、开路、太狮、少狮、高跷、杠子、小车、中幡等是。"《燕京岁时记》称："过会者，乃京师游手，扮作开路、中幡、杠箱、官儿、五虎棍、跨鼓、花钹、高跷、秧歌、什不闲、耍坛子、耍狮子之类，如遇……各庙会等，随地演唱，观者如堵。"北京各庙会都有形式不同、小大不等的民间花会。据统计，妙峰山每年朝顶进香的花会达三百多档，他们完全来自民间，表达对神祇的虔诚信奉心理。花会的种类也很多，如武术表演、说唱、舞蹈等，他们与香火会一起到庙中进香献艺。又如，《北平风俗类征》中《京都风俗志》载："城内诸般歌舞之会，必于此月登山酬赛，谓之'朝顶进香'，如开路、秧歌、太少狮、五虎棍、杠箱等会。其开路以数人扮蓬头垢面，赤背舞叉；秧歌以数人扮陀头、渔翁、樵夫、渔婆、公子等相，配以腰鼓手锣，足皆登竖木，谓之'高脚秧歌'；太少狮以一人举狮头在前，一人在后为狮尾，上遮阔布，彩色绒线，如狮背皮毛状，二人套彩裤作狮腿，前直上，后伛偻，舞动如生，滚球戏水等名目；五虎棍以数人扮宋祖、郑恩等相，舞棍如飞，分合中式，其杠香一人，扮蝶头玉带，横跨杠上，以二人肩抬之。好事者拦路问难，则谐浪判语，以致众人观笔。凡此等会，以曾经朝顶进香者为贵。"今天，更多的花会融古老的民间艺术与现代文明为一体，在庙会上充当文化主角。

北京庙会在整体上连成群体，而各呈特色。如《旧都文物略》所载："庙市俗称庙会，旧京庙宇栉比，设市者居其半数。有一年一开市者，如正月的大钟寺、白云观、火神庙、黄寺、财神庙、雍和宫、东岳庙，二月之太阳宫，三月之江南城隍庙、蟠桃宫、南顶（碧霞元君庙），六月之善果寺等是。有月开数市者，土地庙、白塔寺、护国寺、隆福寺等是。年开一市者，以烧香拜佛敬神为主，兼有商贩设摊售货。"尽管是"兼有商贩设摊售货"，地区不同，经营不同而形成庙会具体内容不同。如，厂甸庙会，形成琉璃厂文化街，集中了文化业的书摊、纸店、裱画铺、文具店、治印铺、画棚、古玩店，很多店铺在全国很有影响。厂甸的儿童玩具在庙会中也成为突出的内容，有固定的摊位，也有流动的商贩。这些玩具多是附近的市民和农民闲时制作的，突出表现于传统的内容，在用料上主要有泥料、木料、布料、面粉、竹子和金属材料。常见的玩具如风车、风筝、空竹、花灯、陀螺、木刀、泥人、泥兽、泥鸟、不倒翁、面人、毛猴、鬃人、麻秆鸟、绒鸟和面具等，都显示浓郁的文化特色。护国寺庙会突出玉器、点心、扇子，土地庙除了鲜花，还有棚铺、纸扎铺，花儿市的鸽子，隆福寺的雕漆业、小吃，白塔寺的木碗、蛐蛐罐儿、蝈蝈葫芦等，都是庙会所突出的内容。庙会的商贾活跃了大市场，带动了各行各业，形成了杂货多、小吃多、书多、戏多、艺人多等庙会景象。如天桥一带，鼓书艺人云集，杂技艺术繁密，与厂甸庙会形成一俗一雅的鲜明对比。卖假药的、扒手、乞丐以及娼妓，都在庙会中生存。特别是乞丐，形成丐帮，他们遍布各个庙会，用不同的方式乞讨，而丐帮头目则"拥巨万"，"抱妾玑珠"，形成旧时庙会的一种内容。所有这些社会内容，为社会学研究提供了可贵的资料。

北京庙会的传说也相当多。这些传说与地方景观、风物相结合，使庙会形成美妙动人的情趣。如，白塔寺庙会上，有人传说鲁班显灵，启发人用铁箍使白塔寺更加美观、牢固。在什刹海庙会，传说富翁沈万三被屈打成招，乱指地下埋藏金银，而留下什刹海的现状。在高梁桥庙会上，传说龙公、龙母要把北京城的地下水都带走，高梁追赶上，错扎水罐而形成北京苦水多的历史。白云观庙会传说更多，如丘处机讨饭化斋，济众积善，在河边背人过河，遇到太白金星点化而成仙，并在燕九日化装下凡，来白云观赐福人间等。许多传说故事成为庙会兴起的阐释根据，是庙会的具体内容。

天津庙会群因为其特殊的"门户"位置，与北京庙会群虽相邻，但也表现出自己鲜明的特色。检索有关方志，可见天津天后宫庙会影响最为突出，冠之以"皇会"，作为天津庙会的一个典型表现出其独特的文化内容。每年农历三月二十三举行，传说源自康熙皇帝幸天津谒天后，才改"娘娘会"为"皇会"。它集中了天津地区庙会文化的基本内容，诸如求子习俗、进香、社火、神戏等，与其他庙会大致相同。我们从天津庙会群分布上，可以把"皇会"比做"月"，而其他庙会则表现出"星"的意义。如，清光绪二十五年刻本《天津府志·青县》载："（三月）三日，祀真武庙、天皇庙”，“（三月）二十八日，祭东岳庙”，“（四月）八日，浴佛。十八日，祭泰山祠。二十八日，祀药王庙”，“（五月）十三日，祀关帝庙”。《静海县》载：“（四月）二十八日，药王生辰，先十日，上莫州庙。”《庆云县》载：“（四月）八日，浴佛。十八日，西山会场，商贾骈集。”清同治九年刻本《天津县续志》：“（三月）初三日，文士祀文昌帝君于城西庙中”，“清明日，迎城隍神于西郊，赦辜”，“二十三日天后诞辰，预演百会，俗呼为皇会。十六日曰送驾，十八日曰接驾。二十、二十二两日，辇驾出巡，先之以杂剧填塞街巷，连宵达旦，游人如狂，极太平之景象”。“（四月）初六、初八两日，府县城隍省出巡，赛会如前。二十八日，药王诞辰。自二十日始，各庙赛会者，二十五日河东，二十六日杨柳青，二十七日城西。有因亲病立愿者，是日以红布裹胫赤足，右手爇香，左手携砖，匍匐翻之，自一步至五步望庙而拜，名曰拜香。其香火最盛者，则距城三十余里之峰山”。“（七月）中元节作盂兰会，荷灯，烧法船”。“（八月）二十七日至圣诞辰，学校中人士敬致祭于文庙，奠献如礼”。“（九月）九日，重阳节。以玉皇阁为登高处。城内水月庵与诸道观，礼北斗，攒香高丈余，焚之历昼夜”。“（十月）初一日，迎城隍神于西郊，赦辜。”清康熙四十三年《蓟州志》载：“（二月）初三日，文昌诞辰，演戏庆贺”。“（三月）二十八日，赛东岳庙”。“（四月）初八日，赛崔府君神。十八日，登五名山，赛圣母会。二十八日，赛药王庙”。“（五月）十三日，赛关帝庙”。“（六月）二十三日，赛火神庙”。“（八月）十八日，城隍诞辰，演戏庆贺”。清乾隆七年《武清县志》：“（三月）二十八日，男女群往东岳庙烧香，演戏赛会。其他如关帝庙、城隍庙、药王庙、元君祠等好，烧香、演戏各有期，皆如岳庙"，"（四月）八日，为佛生辰。人各上庙作会，曰佛会。"清乾隆四十四年《宁河县志》："（四月）八日，浴佛，俗竞上庙，识礼者非之。十八日，圣母诞；二十八日，药王诞，演戏三日，城及乡祈报者填集于道。"以上各庙会，现在基本上被现代商贸活动、民间文娱活动所替代，一些庙会则无庙而会存，体现出作为现代商贸城市天津的文化变迁。

民间信仰的变化是时代发展记录与表现的晴雨表，也是一定地区社会历史发展的风雨碑。天津庙会群的大规模消失与现代科技在这一现代化城市的迅速发展有关。但在一些民间文化中，还可看到庙会文化的遗俗。如民国二十三年铅印本《静海县志》所载"五人义""打狮子""杠子会""中幡""坛子会""猴竿会""高跷""台阁""龙亭""灯幡""会缘桥""长亭""法鼓""十番"等艺术形式，有一些被保留，或被改造，在民间节日中不断出现。这在一定程度上也体现出庙会文化的基本规律。

河北在地理上与北京、天津两个重要城市有着极为密切的联系，但在庙会形态上却表现出另一番景色。即，河北庙会群集中出现在农村乡镇，都市庙会的典型意义并不十分强烈。一般的庙会，诸如农历四月八日浴佛会、七月十五盂兰盆会、五月十三关公庙会、四月十八碧霞元君庙会、四月二十八日药王庙会、六月十三龙王庙会、九月十七财神（福神）庙会、三月二十八东岳庙会等，呈现出普遍的信仰意义，还有一些较为奇特的庙会。如光绪四年《唐县志》所载："三月二十五葛洪山会""五月八日瘟神庙会""六月十三龙王庙会和摔轿子""八月二十八城隍会""十月二十六东岳庙会"。乾隆八年增刻顺治四年末《新安县志》载：

"三月三玄武庙会""四月四城隍庙会""四月二十八药王庙会"。清同治元年《深泽县志》所载："四月三日真武庙会""四月十四吕仙庙会"。同治十一年《栾城县志》载："八月十五栾武子庙会""十月一日东岳庙会"。乾隆三十九年《永平府志》所载"三月二十八东岳大帝庙会""四月十八天仙庙会和求子习俗""五月十三关公庙会""六月旬三龙王庙会和望日风神庙会""九月十七福神庙会"。清光绪三年《抚宁县志》载"四月二十八日药王庙会""五月五日雹神庙会""六月六日虫王庙会""六月十三龙王庙会"。民国二十五年铅印本《无极县志》载"四月三日真武庙会""二月一日文昌庙会"。光绪十二年《保定府志》所载"二月二日文昌宫会""三月十五刘守真庙会""四月二十五五道神庙会""三月二十五清虚山庙会""五月八日瘟神庙会""四月十八碧霞元君庙会""八月二十八城隍会"，等等，以及万全等县农历九月九日的"狐仙庙会"中巫婆竞相下神的习俗，显现出燕赵大地上的庙会文化风格。又如农历三月三日的庙会，河北许多地方是祭祀玄武的，不同的县志列名为"真武""玄帝""元帝""朝西顶""祀北极庙"，与其他地方形成鲜明对比。

更为特殊的是方志中载的各地城隍庙会，日期、规模、内容差别更大。如，邱县城隍会在三月二十三，武安城隍会在清明、七月十五、十月初一，新河城隍会在十月初一，怀来城隍会在三月二日、十月初一，束鹿城隍会在五月初五，宣化城隍会在五月十三，万全城隍会在清明、十月十五，永平府城隍会在三月十四，遵化城隍会在清明、七月十五、十月初一，滦州城隍会在五月十三，丰润城隍会在三月二十八，固安城隍会在三月十七、七月十五，永清城隍会在三月二十六，保定府城隍会在八月二十八，定兴城隍会在四月初八，新安城隍会在四月初四，阜平城隍会在正月十六、清明、五月十七、七月初一、十月初一，唐县城隍会在八月二十八，新城城隍在四月初一至四月初四，展现出城隍信仰在河北庙会群中具体的文化表现。

河北庙会密集化的表现十分突出，如，民国二十二年铅印本《邱县志》所载的三月北极庙会、成汤庙会、城隍庙会、东岳庙会，四月浴佛会，五月十三关帝庙会，六月十日漳河庙会，八月二十八广生大殿庙会，十一月二十三刘将军庙会。民国二十九年铅印本《武安县志》所载正月十九城二庄庙会，正月二十日东土栈庙会，正月二十四彦亭庙会和八特镇庙会，正月二十八伯延镇庙会"白衣大士庙于是日开庙致祭"，二月二日的城西南门外庙会和冶陶镇庙会，二月六日罗义村庙会，二月七日屯枢村庙会，二月八日白沙村庙会、南庄村庙会、阳邑镇庙会，二月九日八特镇庙会，二月十二日南峭河庙会，二月十三日南田村庙会，二月十五日庄晏村庙会，二月十八日夏庄村庙会、中羊苑庙会，二月十九野河村庙会、牛洼堡庙会，三月一日粟山庙会、河西村庙会、蟒档村庙会、西马项庙会，三月三日淑村庙会、南庄庙会、下焦寺庙会、西寨子庙会、青烟寺庙会、大井村庙会、和村镇庙会，三月五日河底村庙会，三月六日高村庙会，三月八日上白石庙会、王二庄庙会、李家庄庙会，三月十一城治东岳庙庙会、石洞村庙会，三月十三胡峪村庙会，三月十五伯延镇庙会、继城镇庙会、张王祭村庙会、百草坪庙会、下三里庙会，三月十八日淑村镇庙会、淮河沟庙会、西广村庙会、康宿镇庙会、柏林村庙会、万安村庙会，三月二十磁山村庙会、西寺庄庙会，三月二十一日羊圈村庙会，三月二十二日西湖村庙会，三月二十三阳邑镇庙会，三月二十五日城治王家池庙会，三月二十八日固城镇庙会、赵店镇庙会、城治大西门外庙会、午汲镇庙会，四月一日儒山庙会、邑城镇庙会，四月四日城治大西门外庙会、茶口村庙会、和村镇庙会，四月八日南营井庙会、北安乐庙会、红山寺庙会、赵庄村庙会、西同乐庙会，四月十一日继城镇庙会、徘徊镇庙会，四月十五日县城庙会、四月十八日县城东岳庙会、阳邑镇庙会、上焦寺庙会，四月二十三日管头村庙会，四月二十八日北丛井庙会，五月十三日南田村庙会，六月一日南冯昌庙会，六月九日淑村镇庙会，六月十三日赵庄庙会、迁城庙会，六月十八日寺西村庙会，六月二十三日南丛井庙会："是日，各村庆祝关帝。县城火神庙会"，七月一日伯延镇庙会，七月十一日大旺村庙会、固镇庙会，七月十八日洞上村庙会，七月二十七日邑城镇庙会，七月二十日淑村庙会，九月十七日近古村庙会、和村镇庙会，九月二十五日淑村镇庙会，十月四日邑城镇庙会。

这种现象的形成，应该说和河北省特殊的地理位置，即受京津两地在政治、经济、文化等方面的重要影响是分不开的。迄今，河北地区庙会仍十分兴旺。如河北唐县，城隍、龙王、文殊、真武、火神、河神、马神、关帝、药王、财神、二郎等，仍在庙会中奉仰。又如前面已经详述的原属河南今属河北的冀南中皇山女娲庙庙会，保持着相对原始的民间求子、交合信仰。河北邯郸由二十里铺、王化堡、吕仙祠三个村庄组成的黄粱梦村庙会，每年有四个庙会，农历正月初十、三月十五、四月十一和十月十三，其中的四月十一为"遇仙会"，传说为纪念一个叫卢生的人遇见吕翁而成仙的故事。这里的庙会表面上是在祭祀吕洞宾，而在实际内容中又融进了求子、求雨、求居里平安以及五谷丰登、六畜兴旺的民间信仰内容。如隆尧县的宣务山山口村庙会，每年的正月初六、四月初一、六月初一、十月初十和腊月初一逢庙会，其中四月初一为主会，对于古代传说中的帝王尧的崇拜与佛教信仰二者有机地糅合在当地民间信仰中。邯郸丛中和霸县胜芳两地的庙会一样，表现为民间花会，每年的农历二月十五有玉皇庙会、四月初四有马王庙会、六月十三有泰山圣母会、六月二十有乌龙庙庙会。他们主要崇祀道教信仰，在庙会上表演抬阁、顶阁、抬花杆、高跷、竹马、旱船、柴王车、扁担官、串心官、二鬼扳叉、霸王鞭以及卖翠花十八弦、小二姐雇驴、仙鹤斗寿等"杂耍"节目来娱神。在石家庄市西北的高柱村，每年农历九月十五举行三王庙庙会，祭祀龙王、药王、虫王，民间百姓在这里烧香、还愿，祈求神灵保佑平安，跳扇鼓舞、经挑舞，唱《药王经》《王母经》等神曲。尤其是作为地方特色的扇鼓舞，以扇鼓和马鞭作为跳神的群舞，不但在石家庄附近流行，在冀南许多地方都流行。承德庙会群更别具一格，这里的神庙有皇家、官府、民间三类，以山庄为中心，环绕着东侧和北侧，显示出其特有的象征意义。尤其是外八庙"转寺"、唱大戏，以农历四月十八娘娘庙庙会最为繁盛，求子、问卜与庙会上的回民小吃和各种玩具成为热点，庙会与旅游相结合。在任丘的鄚州庙会上，每年农历四月敬祀神医扁鹊，"千里之材，五方之货，不逾日而集于城下"，形成汇聚全国各特产的庙会。又如祁州庙会，有"千年药都"之称的祁州，以药王庙会为中心，形成著名药材市场，汇聚"十三帮"药商帮会和"五大会"等商贾。其他像河北邢台的火神庙会等古老的庙会，各具特色。

山西庙会群以其独特的地理位置和文化背景，形成其庙会文化的特殊信仰内容。这里邻近河北、河南、陕西、内蒙古等地区，在文化上与中原地区相近。黄河、北岳、太行山、五台山等具有古老文化意义的河流、山川，深远地影响了这里的庙会文化，并在庙会文化中典型地表现出这些内容。

有学者在考察宋、元戏曲的文物遗留与民俗的联系时，发现在山西地区，神庙和戏楼（戏台）的分布尤其密集。特别是在晋南地区，传说中的尧、舜、禹，都曾在这里建都，如平阳、蒲坂、安邑，代表着远古文明。"当金、元戏曲在这一带流行时，恰恰遇到了这里作为文化古邦和经济、军事基地的社区环境，适时地实现了繁盛，转而又推动了戏曲文物的大批产生。"① 以平阳为代表的晋南地区，至今遗留着宋元时期的大量神庙和戏台，从文物的意义上也体现出这一地区在历史上曾大量举行庙会、演唱神戏。诚如其言，"这种舞台，遍布晋南城乡，在北方各地也有遗存。它既是戏曲文化生活高度发达的标志，又反映出当时社会世俗心理的一个变化，即对于现实享乐的沉湎日益掩盖了寻求冥世的造福，人们的注意力更加集中于生活中的戏曲文化娱乐，过于用于墓葬建设的投资现在转移至神庙舞台的建筑——尽管这种变化被崇神观念所冲淡"②。可以设想，每一座神庙和戏台，都曾承载至少一年一度的庙会，而整个山西，特别是晋南平阳等地区，该会有多少庙会！多少年过去了，许多神庙、庙会、香火碑和戏台、戏楼还完整地保存着。如有学者统计山西南部宋、元戏台遗迹，列出宋代的万荣县桥上村后

---

① 廖奔：《宋元戏曲文物与民俗》，文化艺术出版社 1989 年版，第 1 页。
② 廖奔：《宋元戏曲文物与民俗》，文化艺术出版社 1989 年版，第 35 页。

土庙、沁县城关圣庙、平顺县东河村九天圣母庙，金代的万荣县庙前村后土庙、晋城市冶底村东岳天齐庙、阳城县屯城东岳庙、芮城县东关东岳庙、临汾市东亢村圣母祠，元代的万荣县太赵村稷王庙、临汾市魏村牛王庙、河津县清涧村东岳庙、襄汾县汾城城隍庙、万荣县孤山风伯雨师庙、河津县连伯村高禖庙、洪洞县上张村灵贶庙、河津县穽窊村后土圣母庙、永济县董村三郎庙、翼城县武池村乔泽庙、芮城县东吕村关帝庙、新绛县城葫芦庙、洪洞县景村牛王庙、临汾市东羊村东岳庙、石楼县殿山寺村圣母庙、万荣县西景村东岳庙、沁水县城玉帝庙、翼城县曹公村四圣宫、万荣县四望村后土庙、河津县北寺庄禹庙、临汾市王曲村东岳庙、洪洞县南秦村玉皇庙、运城市三路里村三宫庙、襄汾县汾城社稷庙、沁水县郭壁村府君庙等。① 可以肯定地说，这些神庙因为都有戏台或戏楼，它们就必定有庙会——庙戏一般只在庙会中演唱。

　　清代康熙、乾隆、道光、同治和光绪年间的一些县志，和民国时期的县志，曾记载了一些庙会活动。如道光十年刻本《大同县志》所载上元日即正月十五"城中南大街设棚迓三官、火神各木主，于其中献戏三日"，农历六月二十三日"布行祀关帝，仪极丰隆，献戏之外，又扮架戏十数出；举国若狂，颇有虑男女同途者，惟礼仪自守之家，能自禁约。至其奉帝君神像，随架戏遍历街衢，殊为不敬，屡经名人晓导，间有自知其非者，然积习已久，猝难遽变"。又如清光绪三十一年《怀仁县新志》载农历四月初七日至初九日，"城乡男女于东关南阁外北岳、娘娘等庙进香，入圣母

---

　　① 　廖奔：《宋元戏曲文物与民俗》，文化艺术出版社1989年版，第130～134页。另详见冯俊杰《山西神庙剧场考》，中华书局2006年版。

庙，仿古礼仲春二月祀高禖，祈佑子孙"。清乾隆十九年刻本《广灵县志》载："县属三月十七日，远近男女，负载香楮登千福山神祠，拜祷祈嗣。四月初十日，合邑士民献戏，设供祭享关帝，凡三日。六月初六日，社台山祭赛龙神，凡三日。六月十三日，水神堂祭九江圣母，士女骈集乡村。二、三月春祈，八、九月秋报，在神庙前扮乐享赛。若夫二月初三日文昌圣诞，诸生献戏享祭，则衣冠士林之会也。"清光绪六年修传抄本《左云县志稿》载，"三月初三日，享祀真武"，四月初八日"极乐寺作佛会"，五月十三日"享祀关帝。是日，碧霞宫设立花儿会，凡小儿多病者，带草枷，叩拜圣母殿前"。五月二十八日城隍会，六月"初六日，曝衣。南门外龙神庙演戏，多有妇女踏青于此。十八日，享祀蜡神。二十四日，俗传为关帝诞辰，邑人建斋设本醮，或演戏酬神"。清光绪八年刻本《续修崞县志》载，四月一日"城关迎请各乡龙王、圣母等神，祀于龙王宫，以祈雨泽，秋后送各神还"，四月初八日"各村多演戏迎神，以祈年，亦有各数十村众，妆演故事者，仿角抵戏云"，六月十九日"祭龙神"，七月"初二日，祭柏枝山神。初五日，祭崞山神"。如民国二十年铅印本《太谷县志》载，正月二十一日"沙河村会"，正月二十三日"白村会"，正月二十五日"曹庄村会"，正月二十八日"侯城镇会"，正月二十九日"朱家堡会"，从二月到十月每月都有庙会，其中三月二十八"东岳庙会"，五月十三"关岳庙会"，六月二十三"火神庙会"，七月初五"狐公庙会"。清光绪八年刻本《交城县志》载，正月初九"玉皇大帝会"，二月初三"文昌帝君会"，三月初三为"北极上帝会"，三月十五日为"三义神并五祖师神会"，四月除浴佛会、马王神会、白衣大士会，还有十五日"报赛卧虹堤河神会",五月"初六日游卦山,祭圣母庙,乡人携榼散饮于青崖古柏间。十三日报赛关圣帝君,二十七日报赛城隍神",六月"初六日,报赛崔府君,十五日报赛龙王神",七月"初二日祀昭济圣母于下庙",十五日"报赛灵粥忠惠利应狐侯庙,二十三日报赛河神"。清雍正十二年刻本《泽州府志》有农历六月六日祭祀山神"即射日之羿","以开门即山祀以辟虎狼"。清乾隆三十九年刻本《高平县志》有"每年四月八日,祭赛炎帝大会,十日、九月十三日,祭赛关帝于炎帝庙内"。清康熙四十八年刻本《隰州志》载有六月六日"三皇庙祭神农"。民国二十四年刻本《浮山县志》载有三月二十八日"帝尧圣寿"会等,表现出在庙会中对原始神的信仰,在神话研究中的价值更高。从另一方面这也反映出山西作为中华民族重要发源地之一的文化特色。更不用说关羽生于山西解州和明代洪洞大槐树老鸹窝下移民的传说。在我国民间信仰中,山西是一个神奇的地方。特别是山西商人,他们活跃在全国各地的商贸活动中,对于民族的进步发展做出了重要贡献,直到今天,他们发起兴建的山陕会馆在许多地方还作为庙会的发生地。

山西庙会中的许多习俗富有特色,显示出北方庙会文化的个性内容。如太原市附近的晋源,传说为古晋阳城所在地,这里和周围的晋祠、花塔、古城营、五府营、小站营等地庙会连成一片,形成庙会群。这里的庙会中,"挤姑娘"很富有特色,即青年男女打扮整齐,在庙会中寻找如意的姑娘,若寻找到,就上前去挤。姑娘若看中小伙子,就在挤的过程中紧抱住他,其他人退去。若姑娘不中意,小伙子就要挨打或挨骂。这是一种晋源富有意味的恋爱方式,和江南蚕乡庙会中的"轧蚕花"相仿。

在山西省的北部和晋中、阳泉、大同等地，流传着"棒槌火"祭祀煤神的崇拜活动，即老君庙会。如，阳泉为腊月十八庙会。晋城一年大祭四次，即二月十三、四月二十、六月二十四、腊月二十三，祭时还要搭临时性的戏台，"打神戏"，而且忌唱武打戏，传说是恐怕惊吓老君。在山西大同，旧时有上百座煤神庙。口泉沟煤矿的窑神是传说中帮助纣王伐周的殷郊。有的地方尊地方官或普通妇女为煤神，庙会异常庄重、神圣，体现出煤矿工人特有的心理——安全第一。这也成为庙会的一种重要内容。

我国东北地区、西北地区，移民文化较多，同样在庙会中得到一定的表现。当然，以特殊的历史、地理因素为背景，这两个地区的庙会又大不相同。

移民这一现象，在文化研究中常被人所忽略，或忽视其重要性。许多庙会并不是本地所固有，而是移民所带进某一地区的。在新疆和青海等西北地区，黑龙江等东北地区，就曾有许多这样的庙会。西北地区的移民以河南、安徽两省居多，特别是河南人，向西北移动，在一些地方形成了规模。东北地区移民以山东、河北两省居多，当地称之为"下关东"。但无论如何，移民总还是有限的，没有西晋时那样的中原人民南迁闽浙的各种条件，东北地区和西北地区终究没有形成像中原地区、京津地区和江浙地区那样繁盛的庙会群。尤其是在西北地区，包括新疆、青海、甘肃、宁夏和内蒙古的一部分，这样一片广大的土地上，除甘肃和内蒙古、宁夏有一些古庙会（诸如天水的伏羲、女娲崇拜，宁夏的一些地区的宗教信仰），很少见到大型庙会群。甘肃、青海等地的花儿会，在历史上曾经和庙会融为一体，或者本身就是庙会文化的一种形式，而它越来越表现出与庙会相分离的趋势，所以，同样没有成为庙会群。也就是说，没有庙会不等于没有文化群落，这里的文化形态是以另一种方式表现出来的。

西北地区是我国历史文化发展中非常独特的一个地区。这里的文献典籍的缺少与其在历史上的地位不相称，曾经是文化研究中的一个谜团。近代以来，这里发现了敦煌经卷、居延汉简等珍贵史料，为我们的文化研究提供了极大方便。而更为珍贵的是，近代以来，特别是 20 世纪初叶开始，我国许多热心这片土地社会历史文化研究的学者，千里迢迢，来到这里，深入大西北的村寨、边塞，进行艰苦卓绝的田野作业，取得了辉煌的成就。诸如方希孟《西征续录》，裴景福《河海昆仑录》，周希武《宁海纪行》，徐旭生《西游日记》，顾颉刚《西北考察日记》，宣侠父《西北远征记》，陈赓雅《西北视察记》《新疆游记》《青海考察记》，马鹤天《甘青藏边区考察记》，刘文海《西北见闻记》，林竞《蒙新甘宁考察记》，陈万里《西行记》等著作，留下了关于西北地区民间文化等内容丰富的第一手资料。其中，有不少著作直接、详细地记述了地方庙会文化的存在情况。如马鹤天《甘青藏边区考察记》对于玉树地区庙会时间与地点，包括"二十五族之宗教"，及其"各族寺院名称、派别、活佛及喇嘛人数"等内容的记录。他以日记的形式记述"怪面鬼神跳舞、铁棒喇嘛庄严""赴卜庆寺，值庙会，并跳神"，[1] 是我们理解当时庙会的重要依据。

在东北地区情况不尽相同，吉林、辽宁两地的文化有着悠久的民族传统，其人口密集程度，在某个别地区并不亚于

---

[1]　马鹤天：《甘青藏边区考察记》，商务印书馆 1947 年版，第 403、432 页。

中原地区，但是，工业化的人口繁密更多地表现出现代文化，作为传统文化基本形式的庙会，并不会为现代都市迅速接受，这就形成了东北地区庙会相对不如中原地区繁密而与西北地区相类似的现象。从辽宁牛河梁红山文化遗址女神庙的规模等材料来看，东北地区作为中华民族文化的重要发源地之一是毫不逊色的，杨公骥先生在他的《中国文学》(一)① 等著作中详细地论述了古代东北亚地区的文化发展历史，我们在一些地区至今还能感受到传统文化的浓郁氛围，但不能不承认，庙会在这一地区更多地存在于山区、农村，而没能像中原地区那样以城镇为中心形成卫星群状态。东北地区的庙会有着自己的特色，这也是中原地区所不能比拟的。诸如辽宁省西部的医巫闾山，作为满族、锡伯族和汉族杂居地区，有着众多的佛寺、道观和其他神庙，形成"原始森林民文化与中原的麦黍文化在这里交相辉映"② 的文化内容。这里的庙会主要有在农历正月十五即元宵节，真武大帝和火神爷两位火神"出巡"的庙会；三月三的娘娘庙、三才寺庙、海云观三个庙会，四月十八的娘娘庙庙会；四月二十八的"九龙十八会"药王庙会。真武即玄武，火神爷传说是祝融，正月十五庙会一为水神，一为火神，现在还有着神灵出巡"巡视交配"和"火神爷祝融是火命人，妓女水性子是水命人，水能克火"的传说和观念。庙会期间，青年男女"请姑姑"，即"包笊篱姑娘"，找出一位俊俏的姑娘，蒙上红头巾，让她举起一把笊篱（上面用白纸画出姑娘脸型）起舞，然后，随之歌舞的青年们向她问卜，如婚姻、祸

---

① 杨公骥：《中国文学》（一），吉林人民出版社1978年版。
② 王文光：《求育的狂欢节》，载《庙会文化研究论文集》，甘肃人民出版社1994年版。

福、平安、丰收等内容。正月十五是观灯的季节，民歌中有"观灯是假意，问问妹妹的心"等内容，可见"男女群游，谓之去百病"等习俗中所透露出的求育信息，即"野合"的遗俗存在形式。三月三上巳节是更为古老的节日，古有"令会男女""奔者不禁"的内容，在今天，求祀神灵的信仰更多地表现为青年男女野外踏青，扭秧歌，射柳和放风筝等方式。四月十八的娘娘庙会中，人们向"歪脖老母"所在的山洞中投掷钱币，以求生子，表现出女阴崇拜的遗俗。最为隆重的庙会是四月二十八日的药王庙会，"九龙十八会"由九个大村、十八个自然村合办，唱大戏，演社火，诸如旱船、高跷、竹马、耍钢叉、烟火棍、舞扇子，十八会扮演秧歌杂剧"老汉推车"和"老夫背少妻"，给"十不全"挂菜疙瘩、贴膏药、挂拐杖来转移病灾，让生病的孩子跳墙（跨板凳）和剃"鬼见愁"的发型，买布老虎"驱邪"等，热烈，奔放，人们尽情欢娱。又如铁岭地区的关帝庙会中，人们买卖高粱席，在席上编织出"福""寿""喜""万"和一些体现吉祥如意、龙凤呈祥、福禄鸳鸯、长命百岁、双鱼跃海等内容的图案。辽宁北部的开原七鼎龙潭寺庙会，佛、道和各种原始宗教信仰相融合在一起。吉林北山庙会，四月十八敬祀娘娘庙，四月二十八敬祀药王庙，而形成盛景。吉林市七月十五日的盂兰盆会，在晚间放河灯，即"糠灯"，超度亡灵，保佑渔业兴旺。

最典型的如农历三月十六的山神庙会，东北各地称为"山神节""老把头节""老把头过生日""山神爷过生日"，尤其隆重。满族、鄂伦春族等少数民族在庙会上用不同的方式来祭祀这位传说中的山神，希望得到庇佑而幸福常在。山神的形象在各地传说中不一样，有传说是一位白胡子老汉，衣青裤褂，持索拔棍而在山林中帮人摆脱苦难，有传说是头戴花翎、身着黄袍马褂的老汗王努尔哈赤，有传说是乾隆皇帝的干爹，在长白山救驾有功，有传说是山东莱阳到长白山挖参的孙良，为深山老林中的迷路人指明方向。山神庙会成为东北地区影响最大的地方庙会，体现出鲜明的地域特色，多少年来，经久不息。

以黄河、淮河为基本界线，整个北方地区的庙会在总体上表现出以原始神崇拜和道教神崇拜为突出内容的文化特色。这种形象，同南方庙会的分布及其内容形成了鲜明的对比。

三 南方庙会群

南方庙会群可列为江浙庙会、江淮庙会、闽台庙会、岭南庙会、荆楚庙会、云贵庙会、巴蜀庙会、八桂庙会、西藏庙会等更小的庙会群。这仅仅是从地域和历史传统上来划分；其实，若更详细划分，庙会群更多。在总体上，南方庙会群内容与中原庙会群和北方庙会群内容形成这样几种具体的区别：

首先是以文化历史传统作为基本背景，所形成的信仰内容在体系上的对比。

文化历史传统的形成因素相当复杂，离不开政治、经济、文化等方面的发展变化的具体内容，当然，更重要的在于人文文化的形成和古代信仰习俗共同的作用。南北差别在战国之前就已经很明显地体现出来，如一些文学现象和文学作品，以屈原为代表的湘楚文风，表现出浪漫、奇异、瑰丽多彩和充满激情的热烈、奔放，句式多变化，夹杂许多衬辞字"兮"之类的语调显现出悠远的意味，神话色彩表现得异常浓郁，而北方燕赵的豪侠之气，中原大地的文风，在《诗经》《易经》和《尚书》等作品中表现为另一种情调，如行云流水而又饱含哲理，典雅而不失质朴，温柔敦厚，恬淡清净。在后来的文学发展中，这种现象一直没有改变。如，汉代的政治中心在中原地区，到魏晋南北朝时虽然有南迁，而江南文风并没有因中原文士的移入变得质朴、恬淡。唐、宋时代，经济文化较前进一步繁荣，南北交流的机会增多，南方的田园风光与北方的边塞诗情都表现出浓郁的地域特色。元、明、清时期的说唱、戏曲、小说等文化艺术的发展更加明显地表现出南北之差。南曲在我国戏剧发展史上与北方杂剧互不相让，共同推进了文化的繁荣，它们在文化风格上同样体现出地域内容。文学现象所体现出的地域特征的信息只是一个方面，整个文化格局随着南方市镇的大量崛起，这种差别越来越明显。如胡适、刘师培等学者，就曾以地域的非人文因素来解释人文差异。当然，他们的论断未免有曲饰乡里之嫌。庙会文化的差异，和文化、文学发展的线索大体是相合拍的。

南北庙会的差异，特别是明、清时期的江南市镇发展及其大面积崛起，在庙会文化发展中有着非常重要的意义。初期的资本主义萌芽在江南地区的出现绝不是偶然的。唐、宋以来，太湖流域、长江三角洲成为"中国经济史上的枢纽地带"，在政治、文化、人口、商贸及税收等方面，都得到迅速发展；以棉纺、丝织和种棉、养蚕为内容的商业，越发起到改变以北方为典型的传统农业结构，特别是人口与耕地对社会形态的催化作用，以及西方经济势力的冲击，都形成了江南地区较早进入近代化的重要基础。经济的繁荣带来了市镇建设及庙会文化的繁荣。地域的富庶与贫瘠在客观上促成了庙会的繁华与否。上海、苏州、常州等江南都市的迅速崛起，庙会文化在这些地区的繁荣大多是伴随着这些地区的商贸活动，这样，南方庙会在近现代社会的发展就有了更新的意义——其普遍性意义标志着整个中国庙会文化进入了一个更新的历史阶段。

历史的临安，二月初八到十三日举行霍山真君诞日庙会，"百戏杂陈，西湖竞舟"；四月初六举行城隍诞集会；四月初八日佛祖诞辰，各庙举行浴佛会，西湖举行放生会，六和塔举行朝塔会，使人联想起"南朝四百八十寺，多少楼台烟雨中"的诗句。有学者以此对明、清时期南北庙会进行比较研究时说，"江南的群众性宗教活动繁多、商品经济的活跃必然找到一个结合部，那就是南宋建康城里建初寺前的大市、北湘宫寺前的草市、上元县汤山延祥院前的汤泉市、栖霞寺前的栖霞市等（景定《建康志》）。无论如何，江南地区庙会的经济功能在所见材料中体现得尤为明显"，"在江南庙会中，这样的经济功能当然存在，如绍兴孝女庙会时，在庙中堆积竹木器具，'男女杂沓，作贸易所，工匠挥斥，农人纳稼'（光绪《曹江孝女庙志》）。又如海宁二月初五潮神朱令公诞，'是日百华麇集'（乾隆《海宁州志》）；当地六月安国寺的观音会上，'商贸列肆列珍，谓之赶集'。再如浙江昌化七月东平王诞日时，'远商百货俱赁厂地铺易，谓之赶令'（民国《昌化县志》）。此外大家熟悉的上海、松江的城隍庙会，也有很浓重的商业色彩。但从总的情况看，史料中凡记载庙会活动时同时描绘其商贸情形如上者，在江南地区并不多见，即遗存至今的江南或华南庙会这方面的色彩也远不如游神活动，与华北地区形成鲜明对比"。他说，"究其原因，主要是由于江南地区镇市网络比较发达，就总体而言商品经济比华北地区更为活跃"，"这样，江南地区的商品经济空间网络的密度就要比同时期的华北大"，"庙会的经济功能就被具有同样功能的商业贸易场合所取代，因而呈逐渐减弱的趋势"。同时，江南庙会"得到强化的则是其娱神娱人的大众消闲娱乐色彩"，诸如其所举象山夏王庙会、浙江吕水山五显神赛会和浙江遂昌城隍庙会、方岩胡公庙会、余姚泗门镇东岳庙会和刘将军庙会等，"节目之多，令人眩目"，其原因正是"一方面是由于江南地区由古之信巫鬼的祭祀歌舞到两宋以后发展出南戏，对庙会的歌舞娱乐色彩奠定了深厚基础；另一方面则由庙会活动反过来促进歌戏曲的发展"。"江南地方文化传统显然为中国戏曲歌舞水平的提高提供了肥沃的土壤，而庙会又显然为这二者结合的一种中介形式。"①

江南庙会在文化渊源上除了本土固有的文化传统之外，应该说，和中原地区的文化发展有着密不可分的联系。但是，由于多种原因，北方在经济和文化的发展中越来越落后于南方。特别是商品经济的活跃，在南方形成庞大的家族和社区势力，祖先宗亲崇拜即大型的家庙庙会以娱神娱人为主体的内容占据主要成分，而与北方庙会的"桑林之社"信仰中的政治干预形成对比。也就是说，北方庙会表现出更强的社会政治的现实色彩，而南方庙会则明显淡疏于社会政治，表现出较强的封闭性和区域性。如一位学者考察广东"三山国王信仰"中所说，"每年年初长达一个多月的游神活动，

① 赵世瑜：《明清时期江南庙会与华北庙会的几点比较》，载《妙峰山·世纪之交的中国民俗流变》，中国城市出版社1992年版。

对樟林将近一百个姓杂居的社区来说，是绝对必要的"；游神这类庙会活动在这一地区"有助于增强乡人认同意识，表现乡绅社会控制作用，展示了樟林的经济实力、内部凝聚力和政治影响力"。①

江南地区由于社会政治、经济、文化发展的特殊背景，形成了其特有的文化历史传统，从而影响了这些地区庙会文化的基本品格和内容。尤其应该指出的是，江南地区和中原地区一样，虽然都曾经作为全国的政治中心，基本背景是大不相同的。中原地区是远古以来社会政治活动的中心区域，民族祖先的地位即如盘古、伏羲、女娲、黄帝、大禹等一些原始大神性质的庙会相当多，而在南方地区这种文化历史传统很淡薄。南北朝时皇家政治所崇仰的佛教在江南一带一直得到发扬光大，崇佛成为南方庙会，包括江南、华南、西南等地的庙会中十分重要的内容。

其次是民族构成和分布情况在庙会活动中表现出南北差异。

我国五十多个民族，有相当数量分布在我国南方，尤其是华南和西南地区。这些兄弟民族与汉民族杂居，或集中居住在某一地区，其中有些民族庙会内容十分丰富，而有些民族庙会甚至就没有，这就是说南方庙会在整体分布上不如北方庙会特别是像中原地区庙会那样密集而又相对单纯。民族的历史和文化传统的形成是由许多特定因素来决定的，我国汉民族文化在整个历史发展中的重要地位，决定了庙会文化在北方地区、中原地区的种种内容，而兄弟民族则更多地表现出自由和热烈。也就是说，南方地区尤其是边疆地区的少

---

① 陈春声：《中国社会历史发展探奥》，辽宁人民出版社1994年版，第215页。

数民族，庙会文化中表现出其民族文化的基本内容，即较少一些具体而又普遍的神灵和经典的约束。中原地区、北方地区的庙会受传统封建专制文化的影响更强烈，人民的苦难更深重，所以，城隍庙会中人捧着血肠赎罪的情况可以让人理解其形成的更为复杂的因素。这种血腥的祭祀内容在南方可能较少看到。尤其是在西南地区庙会中，不但宗教的成分较淡，而且更多的是欢歌笑语，如壮族的歌圩，他们用美丽而自由的歌声和舞蹈来表达对自由、幸福生活的向往，功利性较淡。

再次是地理条件、气候条件对庙会文化的影响在南北庙会发展中的具体差别及表现。

南方气候湿润、物产丰富，自古有"湖广熟天下足"的俗语。四川有"天府之国"的美称，中原人常讲"宁往南挪一砖，不向北挪一线"的道理也在于此。从许多庙会的具体内容可以看出，南方庙会的供品，远比北方庙会繁盛。物产的丰富为庙会的举办提供了相当可观的物资条件，同时，祭祀的礼仪中，南方庙会也更为繁杂。这些年来，笔者在庙会考察中亲眼目睹也亲耳听到，南方许多庙会举办者动辄数万元甚至数十万元的铺张现象，一些地方，特别是沿海经济发达地区，金银首饰、高级烟酒都成为祭献的内容。而在北方，特别是在一些贫困山区，庙会的举办是要摊派的，其原因，一是穷，二是物资交易也相当贫乏。许多北方农村庙会，直到现在还存在着"买货底"的习俗，即在庙会行将结束时，一些商贩赚足了钱，为了赶时间回家或办其他的事情，将剩余的商品一堆儿降低很多价钱卖出。这种习俗的存在，很大程度上基于贫穷——当地人称为"瞅便宜"。再者，神庙建筑和神像雕塑更具体地表现出一个地区的贫富状况。

南方许多神庙形成园林式建筑，北方一些庙会则简单、规模较小。

具体的地理条件和气候条件形成了不同的神祇，南方淫庙多，固然是由于其远离政治中心，相对封闭的因素使之然，更重要的是在于历史上这些地区，"好巫""好鬼"传统的作用。山西、河北的狐仙崇拜在庙会中较多，南方不崇拜狐仙，而崇拜猪、牛、鸡、犬、鼠等低贱的动物。如《旧唐书·张文琮传》中所载，福建建瓯的淫祠较多，到了唐代还没有列入正典的社稷坛。而在宋代梁克家的《淳熙三山志》中载，福建福清县，县令出巡，满目淫祠，这对于教化极为不利，于是，他下令尽数拆毁，有人做了基本统计，有320所左右。在一个不到十万人的县境，淫祠数有这样之多，可见南方庙会中多神崇拜、泛神崇拜内容的一斑。

如陆龟蒙《野庙碑》中所言：

> 瓯粤间好事鬼，山椒水濒，多淫祀。其庙貌有雄而毅、黝而硕者，则曰将军；有温而愿、哲而少者，则曰某郎；有媪而尊严者，则曰姥；有妇而容艳者，则曰姑。其居处则敞之以庭堂，峻之以陛级，左右老木攒植森拱，萝茑翳于上，枭鸱室其间。车马徒隶，丛杂怪状。农作之氓怖之，走畏恐后。大者椎牛，次者击豕，小大下犬、鸡、鱼、菽之荐。牲酒之奠，缺于家可，缺于神不可也。一日懈怠，祸亦随作。萐孺畜牧，慄慄然，病疾死丧，氓不曰适丁其时耶，而曰自感而生，悉归之神。[①]

---

① （唐）陆龟蒙：《笠泽丛书》卷四。

又如宋代洪迈在《夷坚丁志》卷十九中所言：

　　大江以南地多山，而俗机鬼。其神怪甚诡异，多依岩石、树木为丛祠，村村有之。二浙、江东曰五通，江西闽中曰木下三郎，又曰木客，一足者曰独脚五通。名虽不一，其实则一。

　　清代姚福均在《铸鼎余闻》卷三中提及南方庙会中普遍信仰的五圣神，"凡委巷、空园及屋檐之上、大树之下，多建祀之"。好色的男人死了，人为其立庙"兔儿神祠"、双花神祠，女人死了，立有仙姑神祠、娘娘神祠。所有这些，都体现出远离中原而与北方对峙的南方民间神庙和庙会的文化基本特色。

　　南方庙会的密集区域首推江浙。

　　这里是南方社会和文化的典型代表，历史上，不但物产富庶，而且人文荟萃。庙会在这里的出现，既体现出南方庙会共有的信仰传播及分布的基本规律，又表现出鲜明的地方性。魏晋之后，由于多方面的原因，中原地区许多优秀人才迁徙至此，与当地人民共同开发了这片土地，形成了"人间天堂"。这种文化背景直到今天也没有消失。

　　民国时期，胡朴安在《中华全国风俗志》中，详述了江苏的一些庙会，如，正月十五敬祀茅氏弟兄得道成仙的茅山会，三月"抄日"纪念东岳大帝诞辰的东岳庙会、敬祀瘟神即蓝面赤发的都天神善司会，一年中要在清明、七月十五、十月初一奉祀的郑成功城隍会，还有九月份的黄河神主金龙四大王会，七月份的地藏王诞辰会，以及春台戏、解天饷等神戏演出。他说："江浙人士，夙迷信赛酬神会，处处皆然。

其著者，三十年一赛之新塍会，十年一赛之桑阳会，是皆掀动东南，胜为盛者。其次则年以为例，无虚岁者，如盛泽之童子会，与黎里之夫人会是也。"① 武进的七月十五盂兰盆会、七月三十地藏节三官堂庙会、十月初一城隍会，宜兴的七月十五城隍庙会及"放焰口""放河灯"，淮安的大都天会、东岳庙会，泰县正月初四的和合财神庙会，金山清明城隍会；上海的四月初八静安寺大佛会、正月十五城隍会、二月三月间龙华桃花会；浙江杭州的时迁庙、张顺庙、武松庙、杨雄石秀庙等淫祠庙会和四月二十三朱天菩萨会，临安三月三北极佑圣真君诞日会、三月二十八东岳庙会、四月初八龙华会，湖州正月初九玉皇庙会，二月十九、六月十九、九月十九观音庙会，三月二十八东岳庙会，四月十四吕仙庙会，六月二十四雷祖庙会，七月三十地藏王菩萨会，余姚二月十三观音庙会，天台二月十二城隍会，金华清明城隍会等，江浙庙会群琳琅满目。今天，许多庙会仍非常活跃，富有特色的庙会如金华胡大帝会、白沙大帝会、邢公大帝会和一些菩萨会上的斗牛习俗，有学者称其有二三千年的历史，也有学者以为是东汉从云南苗族居住地引入。浙北杭嘉湖有许多蚕神庙，如蚕花娘娘即马鸣王菩萨庙会，腊月十二是传说中的"蚕花生日"，人们举行庙会，骚子先生唱《蚕花》，行乞者挑着神像，打着锣，高唱"马鸣王菩萨到门前，保佑蚕花廿四分"。湖州、嘉兴一带还有"游含山""游龙船"，往仙人潭掷石子，求蚕花茂盛等习俗。② 浙江永康方岩山胡

---

① 胡朴安：《中华全国风俗志》下编"江苏"卷，中州古籍出版社 1985年版。

② 参见顾希佳《杭嘉湖蚕乡信仰习俗考查》，《民间文艺季刊》1986 年第3 期。

公大帝庙会，由青壮年组成的罗汉班"武护神"，妇女儿童组成的蝴蝶、狐狸、三十六行、莲花、九串珠、旱船等歌舞班"文娱神"，在农历八月十三传说中的胡公诞辰会和九月初三至初九的重阳会上，举行大型的"迎案"，民间俗称"八月十三，七十二个胡公上方岩"。庙会上的游案、迎案和各种仪仗队，及降神童"跳罗汉"，最后，"打回头案"，特别是十字莲花队的演唱，十八蝶舞和十八狐狸舞、十八鲤鱼舞，将歌舞与信仰相融合，"靠山宿梦"唱《胡公经》，都有丰富的文化意义。在浙江富春，农历九月初一举行孙钟诞辰庙会。传说孙钟是富春孙氏祖宗，系孙武之孙，隐居孙洲即富春江中岛种瓜，得仙人指点，后代中生出杰出人物吴大帝孙权。直到今天，孙氏家族还有"瓜秧谱"，表现出江南人民"地灵生人杰"的自豪感。这里的神庙中，孙权与华佗并祀。庙会集中了富春地区的民间艺术和祖先信仰，是我国庙会文化的重要典型。浙西南的遂昌庙会群，集中了佛、道诸神信仰，如东岳大帝、关圣帝君、许真君、叶天师、真武大帝、文昌帝、华光大帝、五显灵官、胡公大帝、白马大帝、白鹤仙圣、唐葛周一仙、平水大王、文龙洞主等道教神，观音娘娘、诸佛圣贤，以及天后、陈十四夫人、五谷神、七圣大王、行雨龙王等地方神，这些庙会成为江南庙会多神信仰的一个典型。浙中磐安盘山每年六月初五会，传说昭明太子萧统和朱熹等著名文学家成为这里的地方保护神"盘山圣帝"。其他，如浙江景宁畲族的庙会，每年六月初六祭祀鸬鹚大殿马氏真人、合殿仙众、陈氏夫人、判府相公、庙主大王、地头仙师，举行迎神、降神活动。浙江嘉善的朱二老爷、护国粮王七老爷、刘猛老爷、施王老爷、杨王老爷、五圣老爷、豆花老爷等神，自二月至三四月为庙会发生旺季。浙江淳安庙会中的海瑞庙会、方腊庙会、项羽庙会和狗神庙、马神庙、禹王庙、五龙庙等，也富有特色。

　　江苏南京的祠山大帝庙会，无锡的泰伯庙会（"田神""开天辟地神"）和苏北地区的褚太太（福仙褚庙三月下旬船家庙会）、耿七公（高邮耿庙三月三渔民庙会）、七十二老太（抗倭七十二位英雄庙会）、盐婆娘娘（淮北盐民正月初六庙会）、水母娘娘（无支祁庙会）、石龟（连云港海神庙会）等庙会，太湖禹王庙会和浙江庙会一样，富有生机，成为江南水乡人民生活中的重要信仰内容。其中的泰伯庙会在每年的正月初九和清明节举行，形成无锡地区影响最大的庙会。农历正月初九，当地传说是泰伯的生日，俗语中称"无锡庙会百多零，泰伯领头八方宁""梅里梅花花中首，泰伯庙会会里头"，影响到常熟、常州和吴县等广大地区。庙会中心地区在梅村镇，附近鸿声镇民间至今传说有泰伯墓。人们崇拜泰伯，尊其为"老爷"，传说他是"田神"和"开天辟地神"，以为只要信奉这样一位周太王古公亶父之子，就能风调雨顺，多收稻谷、麦子。地方传说中的泰伯是一位礼让兄弟的圣贤，他赴吴中荆蛮之地开辟田地，教人耕作，"以石代纸，以炭代笔，以歌代教"，被当地人民信奉为"田神""山歌神"而广泛讴歌。无锡梅村镇伯渎港南岸，有传说东汉时立，明代重建、清末重修的庙宇建筑。庙有牌坊，上书"至德至邦"，内有三让堂、德洽堂、尊德堂、大厦堂、采芝堂、慈俭堂、圣祠、仓厅等，以至德大殿为中心。泰伯神像为帝王装束，玄衣纁裳，披十二章帝王服，象征统领日月星辰、山河、水火、虫、龙等意。在庙会上，至今存在着完整的古代祭礼仪式，如"三献"（即初献、亚献、终献），体现出无锡地方文化的丰厚。江苏是我国东南文化的重要集结地，各地庙会同样存在着差异。如苏南、苏北庙会，已有学者在有关论著中做出了可喜的探索。① 这种现象也是整个南方庙会文化的一个缩影。

南方庙会中，江西景德镇陶瓷业的行业神庙会，是一类典型。

他们崇祀的神灵主要有窑神菩萨即传说中的风火仙师童宾，师主赵慨，祖师蒋知四，华光灵官，高岭土神，天后娘娘妈祖等。其中，庙会规模、影响较大的数童宾、赵慨、华光和妈祖四位行业神。乾隆间修《浮梁县志》中《艺文》卷存诗句"五月节迎师主会，六月还拜风火仙"等内容，即五月有赵慨庙会、六月有童宾庙会，乾隆《浮梁县志》载有五王庙拜礼华光的庙会，·为正月十五元宵节。当地三月三和九月九祭拜妈祖。童宾他们成为陶瓷业的保护神、祖师神，并兴起庙会，体现出景德镇人民的特殊心态，即职业崇奉心理。这和宜兴的范蠡神庙、台湾的舜帝神庙、湖南的陶正神庙等陶瓷神崇拜的意义是相同的，即以庙会形式来表达对这种专业的虔诚信奉。

此外，江淮间的庙会也很有特色。安徽泾县可见一斑。胡朴安在《中华全国风俗志》中提到其四特点，"一赛会，二舞狮子，三唱目连戏，四烧拜香"，他举例"三月十六玄坛会""四月初八五显会""六月初八牛王会""十月二十迎春会"等，体现出江淮大地的庙会特色。今天，这些庙会有的还存在着。尤其是江淮大地上的一些庙会还存在古老的性崇拜遗俗，② 更富特色。

---

① 参见殷光中《江苏南北民俗文化比较研究》，《民俗研究》1994 年第 1 期；小田《在神圣与凡俗之间——江南庙会论考》，人民出版社 2002 年版。

② 参见李晖《江淮民间的男根崇拜》，《东南文化》1991 年第 2 期。

长江流域的庙会，是南方庙会文化的主要分布区域的典型，除了以上所列举的一些，我们走进湘楚大地，感受明显与江浙等地不一样。这里曾是诗人屈原生活过的地方，是产生过《九歌》等瑰丽辞章的地方，至今生活着汉、苗、侗、白、土家等多个民族，更是一个充满神秘的地方。这种文化特色在庙会中仍然存在。

如洪迈在《夷坚志三补》中即记载湖南瘟神庙会在宋代的情形：

> 长沙土俗率以岁五月迎南北两庙瘟神之像，设长杠与几三文，奉土偶于中。恶少年奇容异服，各执其物，簇列环绕，巡行街市。竟则分布坊陌，日严香火之荐，谓之大伯子。至于中秋，则装饰鬼社送之还，为首者持疏诣人家裒钱给费。

又如，胡朴安在《中华全国风俗志》中记述：

> 衡城南里余有一山，名回雁峰。山顶为寿佛寺，俗呼为雁峰寺，衡城第一僧寺也。俗以二月八日为寿佛诞日，一班善男信女，皆携巨烛，往跪于寿佛前，名曰跪烛。必俟烛燃完，方敢起身。厅廊殿阁为之塞满，后至者不得入，则跪于寺门及路旁。男女杂处，老幼无论。城中流氓，见妇女稍美者，亦买烛跪其旁，名为跪烛，实为调戏。伤风败俗，莫斯为甚。寿佛诞日之先晚，城乡各社团例必送花爆以贺寿，观者数万人。次日，各社团又举行玩龙庆寿。龙之首尾，以彩色纸糊成。龙身则以布或绸为之，长约数十丈；每距数尺，则用着彩衣之

童以棍顶持之。凡闺阁幼女，轻年郎君之美艳者，例必装戏，随龙行，有乘马者，或坐车者，花团锦簇，画态极妍，争胜斗巧。金鼓音乐之声，震耳欲聋。观者途为之塞，每次须费钱数十万缗云。

衡山为五岳之一，距衡城九十余里。其上寺庙林里，以南岳圣帝为主神。每值秋季，各处进香者相望于道，衡城尤多。为戚友进香者，与通常敬神无异。为父母求福者，例必进香三年。以木作小凳，高约三寸，其上插香三。父母在，着红衣（此衣为父母殁后所着者），殁则着青衣。第一年进香，手持凳香，行三步一拜，第二年则五步，第三年则七步，名曰烧拜香，虽头肿膝烂，风天雨地，亦莫之顾。其孝固可嘉，其愚诚可怜也。[①]

南岳庙庙会至今仍存在，但许多习俗已改变，由此，我们可见湘楚庙会在变迁上的表现。凌纯声、芮逸夫的《湘西苗族调查报告》[②]，描绘了苗族人民每年二、八月的初二日"合寨人共同祭土地"的具体内容："用酒二杯，刀头（猪肉）一块，装在碗内，上放盐少许；筷一双，香纸若干，均置于土地庙前地上。庙内点蜡烛一对，香三枝，巫师背后地上亦插香一枝。巫师穿便衣，左手摇师刀，右手执筶子，面对土地庙立，念咒、卜筶、斟酒、说原因，再卜筶，然后烧纸送神。"其他有农历二、八月的初二日"飞山庙"庙会等庙会内容。

---

① 《中华全国风俗志》下篇卷六《湖南·衡州风俗记》，中州古籍出版社1985年版。

② 《湘西苗族调查报告》，商务印书馆1947年版。

湘楚之地，或称荆楚之地，许多民族奉仰着"山鬼"——"庆娘娘"。如通光《宝庆府志·摭谈》所引《旅璞璞斋琐语》云：

> 楚俗多奉娘娘庙，有天霄、云霄、洞霄诸号，即山魈之讹也，能凭人言祸福。小家妇女，假以邀利，远近趋问吉凶。女布坛禹步作法，以拇指、中指遍捻，反复作态，口喃喃念咒若死去，移时复醒，众惊哗曰："娘娘至矣。"乃趺坐台上，众人罗拜悚息以听。
>
> 妇女有病，不求医，往问之，即云"我姊妹来汝家，可立峒祀我"。归即造龛，延巫以五色彩纸剪花，粘箸杆插龛上，中用大竹筒藏米豆数事为峒以栖神，磔牲、宰鸡、鼓钲喤喤，迎神之祠，秽亵不经，名曰庆娘娘。

由此，可联想及朱熹在《楚辞集注·九歌·序》中所言"荆蛮陋俗，词既鄙俚，而其阴阳人鬼之间，又或不能无亵慢淫荒之杂"。今湖南民间仍有《桃源洞宝山愿歌》《大和神》的抄本，邵阳、城步苗族自治县等地，仍流传着人神对唱等庙会习俗，歌词中有"有人敬奉娘娘香火会，万年洪福旺门庭；有人不敬娘娘香火会，三间茅屋冷清清；户主敬奉娘娘香火会，人兴财旺福满门"的内容。[1]

更值得注意的是，湘西、湘北等地区，直到今天，仍存在着庙会中演唱《孟姜女》的歌与舞蹈，在澧县还有孟姜女庙会。一些方志，如清同治版《孟姜山志》就记载着民间百

---

[1] 参见马少侨《〈九歌·山鬼〉祀主考》，《民间文艺季刊》1990年第1期。

姓正月十五"谒孟姜祠祈蚕"的庙会习俗。湘西黔阳地区，黔阳县罗公山曾立有李自成神庙，每年的农历二月二（传说为李自成生日）和十月初二（传说李自成遇难日），当地都曾举办庙会。这在明清时期的庙会中，恐怕是相当少见的。李自成庙的建立是一种特殊的感情，而兴办庙会，就更需要信仰的非凡勇气。在这样的庙会上，一些民间艺人进行傩戏表演，其中就有《孟姜女》的演唱内容。澧州一带在中秋夜"击鼓赛神，歌迎神送神之曲"，即有"闾巷皆讴吟孟姜女之事"。澧州孟姜女庙农历九月初九兴办庙会，传说这一天是孟姜女的诞辰，而湘北在农历二月十五孟姜女庙会上求子，衡阳等地在农历七月、八月举行孟姜女庙会。孟姜女庙会在湖南形成较为广泛的影响，甚至扩展到黔东、川南等地区，除了体现出南方人民对孟姜女这一传奇女子悲苦的命运同情，还体现出庙会文化中深厚的民族感情。①

大西南，云南、广西、贵州、海南、西藏、四川等地，是我国民族众多，庙会文化形态更复杂的地区，许多民族的庙会演变成了歌节，舞蹈节。特别是云南，我国 56 个民族，这里有 53 个。这里的庙会在我国庙会文化史上具有非常重要的地位。例如，云南毛南族人民的庙节，人们在节日到来，蒸起象征五谷丰登的五色糯米饭、粉蒸肉，捏成团，粘在柳枝上。他们按照传说中不同的庙会日期来到村头祈祷三界神庙中的三界公爷保佑幸福。青年人则带了糯米饭和蒸肉，戴上新花竹帽，穿上花布鞋去村外对歌。仡佬族人民为了纪念灭除蝗虫有功的"甲娘"，每年六月初二举行庙会，在庙前敲锣打鼓，拿着旗帜去游行。他们还在十月初一举办

---

① 参见贾国辉《湖南孟姜女调查报告》，《民间文艺季刊》1986 年第 4 期。

牛王节，敬奉"牛王菩萨"神。一些庙会搭起草台，演出传统的桂剧。在云南彝族人民中间，许多村庄都建有佛庙，如十二版纳各地人，常在村中佛庙举行庙会时前来"与会"；彝族人民中的"贼"作为佛会仪式，追念先人，超度他们的灵魂。有时，庙会一连数天，在佛庙内经声不断，庙外空地上满是歌舞、花灯、烟火。清明前后，他们特别是青年男女，聚集在佛庙中"浴佛"，然后，大家相互用水泼洒，表示幸福的祝愿。云南石屏县异龙湖畔，每年的二月初十举行罗色庙会，即虎神庙会，要请一些青年女子在神位前跳裸体舞，以此来愉娱虎神，求得生活安宁和子孙兴旺。

四川是道教文化的重要发源地，道教信仰诸如天真观、梓潼庙、三官殿、葛仙观、三清宫、老君庙、纯阳庙、蚕神庙等神庙，在这里广为分布，更不用说张陵在成都地区创立天师道对这一地区的影响。四川典型的庙会，当以成都青羊宫的"花会"为突出，传说每年农历二月十五是老子诞辰，同时也是百花生日，称"花朝节"。成都地区曾有繁荣的蚕丝市场，民间百姓即利用庙会购买蚕具、蚕丝等生产用品，又称"蚕市"。有人在庙会上演唱戏曲，有人烧香祈拜，更有人做杂技表演，百商云集，吸引着众多的人来游乐。其他如九月九的九皇会，成都玉局官曾举办药市，有人以诗记道："成都府门重阳市，远近凑集争赍担。市人谲狯亦射利，颇觉良好相追参。"形象地记述了成都庙会的一角。

西藏地区的庙会文化体现出更为独体的民族特色，赤烈曲扎在《西藏风土志》中已经做了详细描述，此不赘举例。

广西是我国壮族的重要聚居地。壮族有 2 000 万人口，是我国古代百越等民族的后裔；他们的语言与泰国人有密切关系，国际上有人把他们称做"北泰人"。壮族自己有"土""僚"的称呼，在他们的图腾中有鳄鱼、鸡、蛙、牛、狗、鸟等，于是，"蛙婆节""牛魂节"等节日便成为庙会的"遗俗"。《布洛陀经诗》是他们口授而成的典籍，在这部经书中，布洛陀是鸟部落的始祖、首领，被尊为"鸟王"。2002年6月，我国壮族学者古笛等人发现广西西部右江中游地区的田阳（古代增食县）敢壮山，那里仍然保存着祭祀布洛陀的"祖公庙"，以及相关的庙会与歌圩。在田阳敢壮山，传说农历二月十九日是壮族祖公布洛陀的诞辰，从这一天起，到三月初九日，田阳周围十余县壮族群众汇聚敢壮山，先举行吟诵《布洛陀经诗》，恭请布洛陀祖公、祖母（姆娘）神灵"迎神归位"等仪式，在最后三日即初七、初八、初九，举行盛大的歌圩。这里的石洞、榕树、木棉、枫树与各种神话传说都成为民间庙会的语域中心。特别是他们关于三月三日种树生人、种花生人，敬祀布洛陀与神树，敬祀女神姆六甲与花树，跳"莲花灯舞"与"舞狮子"，举办"敬岩节"（包括朝拜传说中布洛陀的生殖器钟乳石）等习俗，是布洛陀庙会的核心内容。敢壮山因为布洛陀庙会成为歌与舞的海洋，万把香火，蔚为壮观；诸如男女对唱的《问巾歌》、老歌手与20个姑娘合唱的《十拜布洛陀》等民间歌曲，成为布洛陀庙会的动人风采。有人统计，2003年的敢壮山歌会，人数达20万；敢壮山也因此成为整个广西最大的歌圩。[①]

岭南、海南、闽台等地的庙会，最为典型的内容即最有影响的当数福建莆田的妈祖庙会，从我国的南方各沿海岸，

---

① 梁庭旺：《布洛陀——百越僚人的始祖图腾》，北京外文出版社2005年版。

直到山东、天津等北方海湾地区，都有妈祖庙会或天后宫会，其中，天津天后宫会在清代被封为"皇会"。这样一个民间海神，其影响与观音相糅合，远远超过了龙王神庙会，乃至东南亚许多国家和地区。这种现象是我国庙会文化的又一奇观，典型地体现出我国民间信仰发展变化的基本特征及基本规律。其他庙会诸如各佛道信仰，特别是水神信仰在这些地区更为普遍，如龙神和二郎神、鱼神、海神等，与内陆水神庙会形成鲜明对比。再者即瘟神等杂神，它虽然不像生存于海洋中的民间传说的"老爷""将军"们那样直接影响着人们的收获与安全，但它以病魔的形式出现，对人们人身日常起居、家庭幸福等威胁更普遍。如光绪十八年《澎湖厅志》卷九载：

> 各澳皆有大王庙，神各有姓，民间崇奉维谨。甚至造王船、设王醮，其说亦自内地传来。内地所造王船，有所谓福料者，坚致整肃，旗帜皆绸缎，鲜明夺目，有龙林料者，有半木半纸者。造毕，或择日付之一炬，谓之"游天河"，或派数人驾船游海上，谓之"游地河"，皆维神所命焉。神各有乩童，或以乩笔指示，比比然也。澎地值丰乐之岁，亦造王船，顾不若内地之坚整也，具体而已。间多以纸为之，然费已不赀矣。若内地王船偶游至港，船中虚无一人，自能转舵入口，下帆下矴，不差分寸，故民间相惊以为神，曰"王船至矣"，则举国若狂，畏敬特甚。聚众鸠钱，奉其神于该乡王庙，建醮演戏，设席祀王，如请客然。以本庙之神为主，头家皆肃衣冠，跪进酒食。祀毕，仍送入游海，或即焚化，亦维神命云。

送瘟神的习俗在内地更多与逐疫相连，常见于一些庙会上的"打傩"。

台湾庙会的内容更值得注意的是移民的因素对庙会发展变化的影响作用，它明显不同于大陆尤其是内地的庙会。从文化历史发展说，没有中国，就没有台湾；台湾地区的民间文化是中国文化不可分割的一部分。一方面，它表现出与大陆在文化上的同源同胞的共同性特征内容，另一方面，则表现出由于社会政治背景而形成的独特性。据有关材料介绍，台湾寺庙在清代更多地表现出"移民的自治中心""官府发布示谕的场所""戍台士兵的公馆"，而"随着台湾社会由移民社会向定居社会的转变，寺庙功用的特殊性也逐渐消失"。① 台湾社会的构成，永远也不能割断诸如乡土情结的文化内容，妈祖也好，三山国王庙也好，天上圣母、清元真君也好，玄天上帝也好，观音也好，关公也好，"斯神香火"源自于大陆，如何变，也褪不去本色。诸如台北淡水河畔的龙山寺，因早期福建移民怀念家乡，仿泉州龙山寺而建于乾隆三年（1738），供奉神为安海观音，庙会期在农历二月十九日。台南郑成功庙，被称为"开山王庙""开台圣王庙"，以纪念其对台湾的开发和维护，现在每年农历正月十六庙会，与南京当年郑成功庙相呼应。有人统计，台湾有三百多座妈祖庙，最大的一座在云林县北港镇，据史载，为福建僧人来此"结茅为庙"而建，像依照湄州朝天宫妈祖神像。今神庙宫前龙柱，合祀观音大士、三官大帝、文昌帝君、圣文母等神，农历三月二十三日，是传说中的妈祖生日，庙会香火为台湾之冠，表现出我国台湾人民对妈祖神的虔诚尊奉。

---

① 参见颜章炮《清代寺庙的特殊社会功用》，《厦门大学学报》（哲学社会科学版）1996 年第 1 期。

第十章　中原庙会与中原文化

　　中原地区是我国历史上一个非常特殊的区域。我们反复举出司马迁的一句话，昔三代之居皆在河洛之间。这不是偶然的。在历史的长河中，我们的文化分布格局是不平衡的。举数不同的山川、河流、平原，包括草原、高原、海洋、沙漠等地形地况，对于民间庙会的形成产生了重要影响。诸如川藏文化、青藏文化、巴蜀文化、云贵文化、岭南文化、江浙文化、闽台文化、吴越文化、湖广文化、齐鲁文化、燕赵文化、三晋文化、陕甘宁文化、长白山文化、太行山文化、渤海湾文化、珠江口文化等等，我们伟大祖国的文化版图十分壮观，丰富多彩，我们很难非常清晰地勾勒其界限。但是，我们确实看到，中原文明在整个中国文化发展中所居的位置，尤其是我国唐宋时期之前漫长的历史阶段，对于我们民族文化传统的形成与发展起到了不可替代的重要作用。那么，这一地区的民间文化，特别是庙会文化，在我国文化发展中的位置就可想而知。在某种意义上讲，中原文化就是中国文化的缩影，中原地区的庙会就是我国古代庙会类型的代表。当然，在区域划分与显示的意义上，庙会是最具有地域性特征的。正因为如此，这一地区的庙会的意义更加特殊。它的鲜明特征就是"古老"！

一　开天辟地——盘古神话与桐柏山盘古庙会

　　盘古是传说中远古时代开辟天地，创造了世界的大神。中国各民族神话体系十分庞杂芜乱，给人一种五光十色的印象，其中的盘古神与其他神祇处于一种相隔世又恍惚相连、若即若离的状态。在现存的一些古代典籍中，盘古是世界的开创者，又是万物的生化大神，与其他神话的记载，显得更悠远而又突然。应该说，这种既悠远而又突然的状况正是反映了中国古典神话的基本特点。其具体的内蕴中实际上包含了盘古神话的初生、叠生、再生，犹如地质中的堆积层，这里的不同时代、不同地区关于盘古神话的记录与传播相混合。比较早地记录了盘古神话的学者是三国时期的徐整，他在《三五历纪》和《五运历年纪》中，较为详细地记录了当时神话流传中的盘古系列：

> 天地浑沌如鸡子，盘古生其中。万八千岁，天地开辟，阳清为天，浊阴为地。盘古在其中，一日九变，神于天，圣于地。天日高一丈，地日厚一丈，盘古日长一丈。如此万八千岁，天数极高，地数极深，盘古极长。后乃有三皇。
>
> 数起于一，立于三，成于五，处于七，处于九，故天去地九万里。[1]
>
> 首生盘古，垂死化身。气成风云，声为雷霆，左眼为日，右眼为月，四肢五体为四极五岳，血液为江河，筋脉为地理，肌肉为田土，发髭为星辰，皮毛为草木，齿骨为金石，精髓为珠玉，汗流为雨泽；身之诸虫，因风所感，化为黎氓。[2]

此后便是梁代任昉撰《述异记》，记录当时关于盘古神

---

① 《艺文类聚》卷一引《三五历纪》。
② 《绎史》卷一引《五运历年纪》。

话的流传，与三国时代此神话流传状况相补相对：

> 昔盘古氏之死也，头为四岳，目为日月，左臂为南
> 岳，右臂为北岳，足为西岳。
>
> 先儒说：盘古泣为江河，气为风，声为雷，目瞳
> 为电。
>
> 古说：盘古氏喜为晴，怒为阴。

徐整、任昉的记录总体上是一致的，从三国到梁，之间并没有太大的变化。盘古的化生成为神话的核心内容之一。应该说，徐、任二人的记录是比较忠实的，尽管其中有哲学化等文化背景。在他们之前事实上是有盘古神话的类似记录的。如，屈原在《天问》中就曾这样问道：

> 遂古之初，谁传道之？
> 上下未形，何由考之？
> 冥昭瞢暗，谁能极之？
> 冯翼惟象，何以识之？
> 明明暗暗，惟时何为？
> 阴阳三合，何本何化？
> 圆则几重，孰营度之？
> 惟兹何功，孰初作之？

这里面流露出一个信息，即造物主并非一个人。在文化的发展中，由于多种原因，后人选择了盘古做开天辟地的创世大神，这其中是有着相当的偶然因素的。但无论偶然的因素有多少，人们不会忘记这类大神，总会采用一定的形式进

行描述、复述。从而口耳相传，为后人所注目。由此，我们可以看到在《山海经》和《庄子》《淮南子》等古代典籍中，有着同类的大神，如"钟山之神""烛""二神混生"，这些神祇在许多方面与盘古相似或相同：

> 钟山之神，名曰烛阴，视为昼，暝为夜，吹为冬，呼为夏，不饮，不食，不息，息为风。身长千里。其为物，人面，蛇身，赤色，居钟山下。①

作为盘古神格的内蕴，开天辟地，化生万物，这是其独立性所在，也是创世大神的显著特征。古代典籍中的盘古神形象是极其简略的，如果我们走进民间信仰世界，就会发现它保留着这些基本的神话情节，又有着更为详备的、完整的、生动的故事。在盘古山一带就是这样。正是这些故事，增强了庙会的信仰意义。

区域性的文化是因为特殊的自然地理条件而形成的。人文文化是这样，民间文化更是这样。民间文化的区域性特征使神祇的文化内蕴体现出顽强的地域性审美形态，那就是庙会文化中常出现的"地灵"观念，具体地显现为民间崇拜的神祇在传说中对某一地域的忠实而神圣的守护。

在豫南桐柏、泌阳两县交界的地方，即泌阳县陈庄乡②境内，即这座海拔459米的盘古山。传说此山就是当年的创世大神盘古开天辟地、繁衍人类、造化万物的地方。

盘古山山势巍峨挺拔，高耸入云。山石嶙峋、草木葱茏，乳白色的云雾飘荡在山峦间，一层层薄纱覆盖着一个个

---

① 《山海经·海外北经》。
② 2006年农历三月三，此处经河南省人民政府批准改名"盘古乡"。

古老的神话传说。每当风和日丽的天气，清晨曙色如万千条五颜六色的巨龙在上空腾飞，山间的云雾翻滚着，犹如浩瀚的海市，更如数不尽的龙虎狮象在奔腾。雨后天晴的景色更为壮观：山色焕然一新，霞光万道，祥云万朵，整个盘古山如赤金铸就。盘古山上，人们为了纪念传说中的人类始祖盘古，就在高峰处修建了盘古庙，在庙内塑着盘古的像。每年三月三，盘古山周围的人群蜂拥而至，在这里烧香，唱戏，摆上丰盛的祭品，感谢盘古的浩荡恩德，或者请求盘古赐福祛疾，保佑人们平安无事，或祈祷盘古显灵，让家中媳妇早得子。庙会三天或五天不等，山上山下，人流犹如蚁群在攀援，各色的香火会会旗迎风招展，锣鼓喧天，香烟缭绕。特别是自发组织起来的各路盘古社响器班子，三月初三这天一早，便在会首的带领下，一路上燃放起鞭炮，吹吹打打，和香客游人一起登上山顶去朝拜，在盘古庙前使尽气力来比赛，纷纷拿出绝技，以表示自己对盘古的虔诚和忠心。

来盘古山朝拜的人，总体上分两大类。一类以中年男性为主体，即盘古社的人。他们朝拜盘古是为了求得风调雨顺，以期得到盘古的恩赐。他们的行装颇为特殊，用被单包裹起香表，斜挎在身后，每个盘古社的人还要带上一盘大绳，绳上系着红布条或红丝线，在上山的时候由会首在前面把绳子系在身上，牵引着盘古社的其他人往上登攀。他们是把盘古作为山神崇祀的。另一类以妇女为主体，主要出于求子目的的朝拜，她们自称"许愿""还愿"。在山脚下，她们郑重地在胸襟上系好红丝线、红布条儿，先磕几个头再上山，常常有几个老太婆或几个青年妇女结伴而行，还有人带着铃铛。求子的仪式很简单，口头许个愿即可，多为老太婆替媳妇许，口中念叨着："盘古爷爷、盘古奶奶，您行个好，给俺添个小孙儿，我给您请场大戏，好酒好菜款待您，一年四季给您请安问好，叫儿孙一辈子都记着您。"也有老太婆领着小孙儿在盘古庙磕头的。盘古山下黄楝沟村的一位妇女讲，要磕到十二岁，才能保住盘古爷不把小孙儿"收走"。此外，还有人请盘古做"法官"断官司的，发生纠纷的人在庙前烧纸，放炮，摆上供品，跪在盘古像前各自发誓自己没有做亏心事，让盘古惩罚亏良心的人。更不用提那些个体户祈求盘古保佑他们平安、发财。

盘古庙盖的有闪棚、卷棚、大殿，两侧建有廊当，庙的顶梁柱为石头造成，盘古像身穿葫叶，腰束葛条，赤着双脚，全然一幅劳动者模样，显现出朴实、忠厚、善良。像前用砖砌成的香灰池，庙会期间能被黄表纸烧得通红，热浪灼人。

盘古庙会成为豫南地区别具特色的庙会，其兴起的缘由是什么呢?

关于盘古山和盘古庙，以及盘古故事在古代典籍中的记载，我们可以管窥盘古庙会的来源。《古代图书集成·山川典·泌水部》所引《水经注》文中可以看到，在魏晋南北朝就有了与盘古相关的地名。李梦阳《大复山赋》记述盘古与地理地形的联系，更为详细而典型。他所记述的盘古神话是作为历史对待的，明确指出桐柏山地区，盘古氏的业绩，如"明划日月""上冠星精，下首地络""聚膏以为崇，渗脂以成川"等，分明是一组开创世界的壮举，铸天造地，开辟光明，高山长河血肉依赖而存于世。若将这些详情细节完整地连接起来，它将同世界任何民族的神话一样瑰丽多彩，显现出我们祖先的豪迈气派。这些材料表明，至今仍然存在的盘古神话群出现在桐柏山区，确实绝非偶然。至少可以这样说，盘古氏在这里活动过，盘古庙会的兴起就是这个地区的人民对盘古氏崇祀的具体结果。

盘古神话较早出现在三国时期的《三五历纪》《五运历年纪》中；较详细的见诸于《述异记》《博物志》《上古开辟演义》等典籍中，若将这些材料的轮廓清晰地勾勒出来，盘古神话的原始面目及其嬗变就一目了然了。也就是盘古庙会所形成的文化基础。我们可以从总体上考察盘古神话的裂变与聚合对庙会形成的影响作用。

盘古神话中的所谓"化"代表着生命的开端和起源。那么，源的形式是什么呢？是一种浑沌现象，其具体表现即"鸡子"，和今人对宇宙生成变化发展的探索，有着惊人的相通之处。古人把一切事物的开端概括为"浑沌如鸡子"现象的分化。总观以上材料，可以分成这样几部分：

（一）盘古山及其神话传说对周围的影响

山不在高，有仙则名。这个仙，就是创世大神盘古氏。他（们）的居处，对周围的山脉具有统领地位，如"嵩首殿其北，荆沔包其南。右视熊耳之岭，左朝桐柏之山"句。所以"建盘古氏庙"就顺理成章了。

（二）盘古氏生存环境及其背景

铺陈，是夸张的基础。盘古神话的瑰丽和神奇，正是从"浑沌"这种相对平静的世界中产生特殊的美学效应的。"阴浊"和"阳清"之间，"天日高一丈"和"地日厚一丈"，则为盘古氏生成万物的具体背景。这种环境和背景的具体交代，是盘古氏神话群铺展开的前提，初步显现出盘古氏的伟大、非凡。从而，才能更进一步增强后世人民对盘古氏的无限崇敬。应该说，这也是中国古典神话体系的嬗变包括定型的前提。从这里我们可以进一步想象，受桐柏山区盘古庙会和盘古氏神话群影响的社会文化背景和特殊的民族信仰心理。

（三）盘古氏的生化

首先是盘古氏的生。它体现在"混沌开辟"的境界生成，是盘古"左手执凿，右手持斧"的神力作用。

盘古氏的化，即开辟世界，生成世界，创造世界的结果，基本上可以概括为三个主要方面：

其一，自然变化中的诸现象，如风、雨、雷、电等阴、晴景象的起源，世界的神格化表现。"气成风云，声为雷霆"和"嘘为风雨，吹为雷电"，以及"喜为晴，怒为阴"，"视为昼，瞑为夜，吹为冬，呼为夏……息为风"等一系列的描述，表明盘古开拓了生命运动的体系工程，是主宰世界，统领万物的"功勋盖世"的英雄。

徐整在《三五历纪》中曾描述"未有天地之时，混沌如鸡子，瞑滓始牙，濛鸿兹萌，岁在摄提，元气滋始"，而"清轻者为天，浊重者为地，中和气者为人"，所以"天地含精，万物生化"。在后来的《五运历年纪》中，又提到"元气蒙鸿，萌芽兹始，遂分天地，始立乾坤。启阴感阳，分布元气，乃孕中和，是为人世，首生盘古"，合理地将"垂死"与"再生"连接成一个整体。从这里，我们可以看到神格化的自然现象，作为神化的土壤的实质。董仲舒在《人副天数》中，将这类现象概括为"天人相副"。他说：

> 天地之精所以生物者，莫贵于人。人，受命于天也，故超然有以倚……人有三百六十节，偶天之数也。

形体骨肉，偶地之厚也；上有耳目聪明，日月之象也；体有空窍理脉，川谷之象也；心有哀乐喜怒，神气之类也……故人之身，首妫，象天容也；发，象星辰也；耳目戾戾，象日月也；鼻口呼吸，象风之气也；胸中达和，象神明也；腹饱虚实，象百物也……天以终岁之数，成人文身，故小节三百六十六，副日数也，大节十二分，副日数也……此皆暗肤著身，与人俱生。此而偶之算合，于其可数也副数，不可数者副类，皆当同而副天一也。

　　由此来看，自然世界的变化被神格化，成为盘古氏生命意义的一部分，也就合乎于情理，没有什么相悖于文化发展变化的一般规律了。

　　其二，山岳、江河、草木、生命、星辰、金石、田土等自然世界，为盘古氏身躯所化，整个大自然，都是盘古氏伟大业绩的歌颂。

　　有人把这种现象概括为"宇宙神话"。宇宙开创神话自身，包含着天体演变理论的萌芽。在这里斧和凿的结果仅仅是天地之分，而天地的形状仍然是十分模糊的，那么，万物具形的历史使命，盘古氏自然就承担起来了。诸如《五运历年纪》和《述异记》等著述中关于盘古氏"化"为万物的描述：盘古氏的四肢五体，变成了巍峨的山岳，盘古氏的眼睛变成了日和月；血液或膏脂，变成了江河湖海和广阔的土地；毛发和皮肤，变成了茂密的草木，灿烂的星汉；盘古的筋脉，构成了地理脉络，珠玉和金石等人间的宝藏，无不来自盘古氏的身躯。一句话，盘古氏的死，就是世界生命的诞生；盘古氏以自己的身躯换来了世界的运行、生命的繁衍。

　　一个特别值得人注意的地方是，这些神话中较少附会的成分，带有鲜明的朴素风格；而且，化的本身，就是劳动和创造的被肯定，被赞颂。盘古神话中，盘古氏的性格非常简单，其业绩与大自然发展变化密切相联，这正是宇宙神话的本色表现。同时，也说明了盘古神话的原始特征。

其三，盘古氏对生命和文明的开创：

这里主要有两处具体讲述，一是《五运历年纪》中，盘古"身之诸虫，因风所感化为黎氓"；一是《述异记》中，"盘古氏夫妻，阴阳之始也"。前者是人类生命的根据，在于盘古氏身上的虫，即盘古氏孕育、哺养了人类，后者是文明的开端，来自盘古氏夫妻，暗示盘古氏是婚姻制度的创立者，开创了文明的先河。

盘古氏生与化的过程，也就是世界产生和发展的过程。这个过程构成了盘古神话的基本脉络，成为盘古神话群发展演变的各种网络的基础。

（四）盘古氏的形状

其实，盘古氏的具体形状，就是图腾崇拜的表现。远古人民对大自然的崇拜，一种特殊的认知方式，在盘古神话群中得到较为全面的表现。首先是"天地浑沌如鸡子，盘古生其中"，盘古随天地变化而变化；其次是盘古生化万物，万物世界是盘古生命的折射；而形象更为鲜明的则在于《广博物志》和《山海经》中"龙头蛇身""蛇身赤色"。可以归结为龙蛇崇拜。

龙蛇崇拜的基础，一般在于洪水泛滥为灾患的现实，给远古人民造成的恐怖，促成龙蛇形象的形成。千百年来，这种崇拜从滥觞到扩展，漫长的历程中，为中国神话中的体系形成，如龙王家族等相对独立的体系，奠定了基础。从这一点讲来，盘古神话和盘古庙会民俗的调查研究相当重要，尤其是对古典神话学的整体研究，具有十分重要的意义。特别是近年来泛起的龙图腾的探索，盘古氏及其神化过程和全貌，是一个不容忽视的方面。

以上四方面，在今天的桐柏山区的盘古神话群中，不但有所表现，而且得到更进一步的丰富化。盘古氏的形象，典型化和神秘化的有机结合，构成了其独特的内容，形成盘古庙会的特色之一。

盘古山上盘古庙的历史至少在宋代之前。宋王存等撰写的《元丰九域志》中，"唐州"部分载："桐柏山有盘古庙。"今盘古庙大殿门外的院内，立有一通青色大理石碑，碑为清代光绪年间所立，可证清代盘古庙曾经得到过增建、修葺。碑文为：

盘古夫妇阴阳之始，天地万物之祖也。声灵赫，濯固足庇荫乎。宇内而举世。悉蒙其苏矣。无极本之思哉。

大清光绪二十一年三月立

盘古庙的建立，标志着盘氏作为神话人物在当地人民中间的重要影响。

盘古山，传说曾经是茫茫大海中的一座孤山，盘古氏当年站立其上，挥斧举凿，开天辟地。之后，他在山上与盘古奶奶滚磨成亲，繁衍人类，教人渔猎农耕，并创造文字、婚丧礼仪，明长幼秩序，治服水患。

盘古山周围四大域的域长轮流在庙会上当总会首，主持祭祀，在祭祀时唱诵《盘古歌》：

想当初无天无地一片混沌，

李老君开天辟地才有如今。

人称是盘古爷姐弟两个，

从昆仑来桐柏滚磨成亲。

盘古山分左右大磨摆定，

天意缘磨合严姐弟成亲。

到后来有儿女百双百对，

先有名后有姓各自生存。

当年人俱都是一母所养，

到如今干何事都该一心。

当年人全能活三百往上，

如今人修行好寿活百春。

盘古歌当初是先人所编，

唱一代传一代后世之根。

唱完后，烧香叩头，放起鞭炮，还有人扔香火钱，盘古庙内香烟缭绕，炮仗硝烟呛得人直流鼻涕。供品有全猪全羊，也有水果、馒头、饼干、点心等。许愿的，还愿的，或为了求子，或为了祈祷家人祛除病苦，或为了做好生意，保佑子女顺利升学等。在香客中，以中老年妇女居多数。

祭祀完后，三台大戏对着唱。在正台子上面，放着盘古爷的画像，像前插上几炷香。唱戏之前烧纸、放炮。

三天会后，盘古山上总是要下一场小雨，俗称"净山雨"，传说盘古爷爱干净，把人留在山上的污秽冲洗干净。

赶会的人下了盘古山，回去时，一般要带上两样"药"：一是来时带的烧饼、油条、丸子等食物。据说将这些食物放在香火堆里烧一会儿，再扒出来，就能"治百病"。一是盘古山上逢会捏的面人。白面捏好，蒸熟、晾干，点上红、绿、黄几种颜色，传说带回去，早上天不明时吃了也能"治病"。据说这都是盘古爷留下来的药丸子。

在盘古山上，盘古氏的传说故事每每依着一定的风物、习俗，成为一个庞大的神话群。整体来看，它包括盘古山的来历，除野兽，造衣服，造文字，滚磨成亲，繁衍人类，补天，行雨等。

流传最广的要数关于盘古山的来历的传说。

一是"盘古山"。

很早的时候，盘古爷出来蹓跶着玩，站在一块石头上，看看没有天，也没有地，四圈儿里一摸，黏乎乎，黑塌塌的。他闷坏了，掏出来斧子和凿，乒乒乓乓地捣了半天，开始用凿子凿出了星星，最后用斧子砍出了两个窟窿，大的是太阳，小的是月亮。还嫌不够，盘古四下里砍一阵子，累得淌一身汗，擦一把，一甩，高的是山，平的是地，沟里的汗变成了水，一甩，手起了风。啥都有了。这块石头就是盘古山，盘古爷种花种树，山上山下一片绿，一片红，吃喝不完，玩耍不腻。

二是"盘古岩"。

盘古爷开天辟地有功，老天爷叫他到天上住。他也不想去。老天爷催了几遍，他去了。从哪儿上呢？盘古山西南坡有一块石头，他蹬上去一跳，就上天了。这块石头叫盘古岩，还叫盘古石，升天石。

三是"九龙山"。

天地开辟之后，水太多了，四下里乱淌一气。盘古爷找了半天，才知道是九条小龙干的事。他伸手抓住九条小龙，放在屁股底下的石头上，水慢慢下去了。他站起来身往远处看看，还有水没有，九条小龙忽拉一下子跑了出去，他拽住了一条，那八条跑南边去了。南边水多雨多，就因为龙多，北边一条龙，就旱得多。

这石头放过九条龙，就叫九龙山，这附近的人们才把这山叫盘古山。

四是"歪头山"。

盘古爷原先坐的不是盘古山，是山东面的山头上，他累得太狠，一下子坐过去，把山头都压歪了。人们就把东山称做歪头山，也叫歪脖子山。

第一篇故事与史传相差无几，更为朴实一些。其中造日月星辰，都是用斧凿开的，劳动创造世界的主题非常明确，而且，世界生成的解释也非常自然。但第二篇就有了明显的道教化色彩，增添了"老天爷"这个角色。第三篇对自然地理变化的解释也很自然，只不过关于九条小龙的传说，明显地看出，其产生年代较晚于第一篇，相比之下，第四篇则更朴拙一些。

其次是关于盘古氏夫妻（姐弟或兄妹）滚磨成婚，繁衍人类的神话，其影响也相当深远。

这类神话较为复杂，其中的成分既包括有"洪水神话"，又包括有"宇宙神话"和"文化英雄神话"等内容。特别是其中的兄妹婚现象，在各民族早期婚姻史上都不同程度地存在过。与太昊陵庙会上的伏羲女娲兄妹滚磨成亲的情节相比，可以看出，盘古神话群中的层次积淀现象。神话中的兄妹婚，其情节基本上相同。开始都是讲有两个小孩，一男一女，或者男长于女，或者女长于男。其具体过程为：

一是两人上学，或者拾柴。

二是两人遇到石狮子（或者乌龟）。

三是石狮子预告凶兆，并嘱咐两人带馒头给它，准备日后吃。

四是两人带馒头（或男带被女发觉）给石狮子。

五是两人钻进石狮子肚内，躲过灾难。

六是世上就剩下两人，一人提出成亲，而另一方不同意，就议为滚磨为凭证；若磨合，就要成亲。

七是从山上往山下滚磨，结果两扇磨相拢合。无奈，成亲。

八是两人捏泥人，人多了起来，两人成了人的祖先。

九是泥人多了，遇雨，淋坏，就有了残疾人。

而在桐柏山区，盘古兄妹成亲又加上了山区的特殊成分，即石狮子、乌龟。在平原地区，兄妹婚的中介多为鳖精，或者大树洞等突出平原特征的事物。这里石狮子也是以精怪的面目出现，能预知未来，代表着一种天意。乌龟帮助一方促成了亲事，被另一方把盖砸烂了，又合起来成四十五块。四十五又成了盘古山一带人避讳的字眼。

这些传说里突出的是石磨。盘古山北大磨村街中心，有一盘磨，人称为"盘古磨"，传说就是盘古兄妹约定滚磨成亲时的那一扇磨。另一扇磨传说被盘古爷扔到西大山去了。庙里没有盘古奶奶的像，就是因为盘古奶奶随大磨走了。一说是后辈人问盘古奶奶人是从哪里来的，盘古奶奶含羞而出走。这里的大磨，一是磨齿数不清楚，传说是当年两扇相撞相拢碰的，或者说象征盘古的功绩和恩德根本就无法数清。二是磨的背面刻有天文图案。传说，不论天如何干旱，谁能一气不喘把磨翻立起来，让磨背面的图案显现出来，三天之内，定会降喜雨，解除旱象。还有说石磨被扔到西峡、鲁山去了。

在盘古山南土门村的山坡上，有石狮子的遗迹，据当地人讲，就是当年滚磨成亲时为盘古兄妹做媒的石狮子。现在，桐柏山区对狮子仍然很尊重，门帘上绣的，墙壁上刻的，门旁都雕有狮子，中药铺还特意请一尊石狮子卧在药柜上面镇妖驱魔呢！

盘古山还有一种讲述盘古兄妹捏面人的传说，讲盘古兄妹曾用锅蒸面人，因为没有经验，第一锅多蒸了一会儿，恐怕蒸不熟，结果烧焦了，就有了黑皮肤的人。第二锅怕再烧焦了，就少蒸了一会儿，结果一掀锅盖，面人没变色，就有了白皮肤的人。第三锅有了经验，能把握住火候了，就有了黄里透白泛红的人。现在有人骂对方不道德行为，就说谁"没蒸熟那脸"之类的话。当然，这也可看做繁衍人类部分的神话。现在捏面人上供，以及身上洗不尽的油灰等俗语，据说都是由此而来。

在"盘古会"这个故事中，盘古夫妻则成了天宫的金童玉女，两人好奇，要砍出一条通往云海的路。因为没穿蹬云鞋，两人都落了下来，盘古落在盘古山上，盘古妻落在另一座山上。这样，经过了许多年，二人各抱一盘磨凿了起来，又想用磨滚出往山下的路来，结果，二人相遇，以兄妹相称。但天上飘下来一张白纸，上写着：

> 天书落自正当午，
> 金童玉女称盘古，
> 滚磨合拢可成亲，
> 莫称兄妹称夫妇。

天书又飞往东山顶上，成了盘古庙。这座山也就称盘古

山，两人生儿育女。

这则神话中，仙化成分浓厚，显然其产生时间晚于"盘古山"等神话，其价值和意义也可想而知，不如原始神话。

在众多的峰峦中，石狮子山，又称为"八子山"，其传说也颇有价值。它讲述了盘古夫妇生有八个儿子，各统一个山头，自己居中，即有了天下九分"神州"为"九州"的概念。

盘古是开天辟地的创世大神，又是捉兽、驯服牛马、教人制衣、创造文字的文化创造大神。在盘古山区，流传着盘古剥兽皮裹身为衣抗寒御冷的故事；又传说牛马很凶猛，但盘古驯服了它们，让它们为人拉车耕地等。颇为新奇的是盘古造"马"字的故事。传说天地开辟，男女间爱慕，无法表达情意，只能比划着叫着才能达到目的。盘古就教人识文字，先教了这个字，男女双方一看写有这个字时，情投意合者就结为夫妇。现在桐柏山区人讲话时，常在口头上带这个字的读音，据说就是那时流传下来的。

在盘古山区，流传着盘古的妻子补天的传说。一般讲补天都讲女娲炼五色石补天，而这里却讲盘古妻原为玉皇大帝的三女儿，她同情盘古开天辟地辛苦孤单，倾慕他的勇气和不凡的品格，就下凡来和他结伴。天宫有一个神将爱着三仙女，嫉妒盘古，就想办法捣乱，给他们制造困难，偷着将天幕的北边两个角给撕烂了。盘古妻一看，就顺手用地上的葛条做线，以手代针，缝补了起来。因为缝补得不严实，所以，东北、西北两个角不断刮冷风。葛条能补天，现在盘古山区人以此编篮子用来盛东西，就是盘古妻教的。

因为盘古先在盘古山开辟世界，所以这里物产丰富，风调雨顺。这里还流传着除了老天爷有权下雨外，盘古有三天的下雨权的故事。俗语称"东南西北搬，不如盘古山"。传说有一次，盘古山突然大旱不止，老百姓告知盘古。盘古去巡查，发现是玉帝的外甥小龙王因为想让老百姓为它进贡，故意堵住了泉眼。盘古很生气地连玉帝也训斥了一番，玉帝为了挽回面子，就只好给盘古三天的下雨权。

显然，这是盘古神话的衍生。神话是原始信仰的表现，在文明程度明显提高的历史阶段内，它的衍生是一种必然。如果没有这种衍生现象，犹如植物的枝叶、根系与主干之间的关系，失去了枝叶和根系，主干将会枯死。衍生当然不是创造，神话的衍生从根本上有别于原始神话。在衍生的具体过程中，原始神话与民间文化更广泛地联系在一起，即这种古老的信仰有机地结合进社会现实生活中。在某种程度上讲，现代神话学的一个重要任务就是从芜杂的民间文化中去寻找原始神话的根与枝，从而去比较神话的形态变换，去发现其中的神话演变规律及其实质内容。

二　炼石补天——人祖奶奶女娲神话与 女娲城庙会

女娲是我国远古时代一位最富有影响的女神。其主要功绩在于抟土造人、补天，可以称为民族母亲神。

"女娲"之名较早见诸《楚辞·天问》和《山海经·大荒西经》。在《楚辞·天问》中来了一句"女娲有体，孰制匠之"，这样一句照许多人看来没头没脑的话，事实上，这恰是神话传播与记录中的一个典型。后来的盘古神话直到三国徐整记录，是类似于此的问题。同时，这也说明这不是没头没脑地发问"孰制匠之",而是至少在这之前女祸神话已经相当广泛地流传开来,甚至可以断定"制匠"的背后有着"抟土造人"的神话原生形态。对于神话的记录比对当时史实的记录要复杂得多,特别是口传的民族神话因为当世统治集团的提倡与排斥等因素,从而造成各民族神话或各地区神话记录水平的不平衡。这作为世界各文明古国中神话的记录整理,是一个相当普遍的现象。那么,对于中国神话为什么在古代典籍中这样零星记录与保存也就不难理解了。所谓的泛巴比伦主义和中国创世神话外来说是站不住脚的。尤其是现在离春秋时代更远,而民间记忆中的女娲神话仍然那样清晰、完整,"越往后来,人对神话的记忆越清晰",这绝不是偶然的,是由于多种社会的、文化因素造成了这样的空白。我们考察女娲崇拜的民间古庙会这样特殊的信仰状态,首先应该正视这种现实,当然,在做历史的溯源与比较时,我们必然重视古代典籍中的记载。

检索古代文献,我们可以看到女娲神话的角色多重转换及其中的衍生等现象:

传言女娲人头蛇身,一日七十化。[①]

黄帝生阴阳,上骈生耳目,桑林生臂手,此女娲所以七十化也。[②]

俗说天地开辟,未有人民,女娲抟黄土做人,剧务,力不暇供,乃引绳于泥中,举以为人。[③]

女娲祷祠神,祈而为女禖,因置婚姻。以其载媒,

---

① (汉) 王逸注《楚辞·天问》。
② (汉) 刘安《淮南子·说林》。
③ 《太平御览》卷七八引《风俗通》。

297

是以后世有国，是祀为禖之神。①

　　往古之时，四极废，九州裂；天不兼覆，地不周载；火滥焱而不灭，水浩洋而不息；猛兽食颛民，鸷鸟攫老弱。于是女娲炼五色石以补苍天，断鳌足以立四极，杀黑龙以济冀州，积芦灰以止淫水。

　　苍天补，四极正；淫水涸，冀州平；狡虫死，颛民生；背方州，抱圆天。……当此之时，禽兽虫蛇，无不匿其爪牙，藏其螫毒，无有攫噬之心。

　　考其功烈，上际九天，下契黄垆；名声被后世，光辉熏万物。乘雷车，服应龙，骖青虬，援绝瑞，席罗图，络黄云，前白螭，后奔蛇，浮游逍遥，道鬼神，登九天，朝帝于灵门，宓穆休于太祖之下。然而不彰其功，不扬其声，隐真人之道，以从天地之固然②。

　　当其（女娲）末年焉，诸侯有共工氏，任智刑以强，霸而不王。以水乘木，乃与祝融战，不胜而怒，乃头触不周山，崩。天柱折，地维缺。③

　　女娲做笙簧。④

　　有神十人，名曰女娲之肠，化为神，处粟广之野。横道而处。⑤

　　远古之时是否有一个女娲时代？神话是因记忆而存在的，一切关于往事的回忆、追忆都难免极度的夸张，这正是

---

① （宋）罗泌《路史·后纪二》。
② （汉）刘安《淮南子·览冥训》。
③ （唐）司马贞《补史记·三皇本纪》。
④ 《世本》清代张澍粹集补注本。
⑤ 《山海经·大荒西经》。

神话发生的具体的背景。亦正因此，神话给予后人以深刻而鲜明的印象。以此为基础，民间古庙会在这种古老的信仰崇拜大范围内形成、发展壮大起来。

女娲城是三个村庄的名字，在西华县的聂堆乡，它得名于民间传说中的女娲曾在这里造下城池。

民国之前，以思都岗村为中心，东道陵岗村和西前岗村组成一个寨，寨门上端刻有"女娲城"三个大字。在村子南边，有十多米高的女娲陵，又称女娲坟。陵后建有女娲阁，又称女娲庙，庙内塑有女娲像。每年腊月十七到二十三，和正月十二到二十，这里都要举行庙会。来自附近各县乡的农民祭祀这位传说中的"老人祖奶奶"，平时鸡犬相闻的小村庄，此时汇集了各种民间文艺和农副产品为主的物资贸易，甚至村庄周围的田野里也撑满了帐篷。传说腊月二十一是女娲的生日，正月十五是她补天完工的日子，这两个日子成为庙会的高潮。尤其是正月十五，最为热闹，人数最多达到两万多。

庙会期间，女娲坟上到处都是灰青色的香灰，来坟前的多为中老年妇女，她们在坟前摆上供品，许愿，还愿，还有人讲经，唱经，跑经（即跳神舞）。女娲坟前插满了各路香火会敬祀女娲的锦旗，旗上书写有"天地全神女娲娘娘光照千秋"等祝祷语言。有的香火会来时还带笙鼓队，即以笙和鼓为主要乐器的乐队。女娲坟的周围堆满了人们用黄表纸裹的"金砖"，作为敬献的礼物，上面书写有"黄金××两"和"××村香火会（或××人）敬献"等字样。更为特殊的是庙会期间一种古老的"蛙舞"，由一人装成青蛙，在鼓点声中蹦跳，人们传说这是敬女娲的。

为什么会形成这种现象呢？

女娲城庙会的形成和发展，是与当地特殊的社会历史和自然地理等因素密切相关联的。在我们的神州大地上，有许多为纪念这位伟大的民族女神而建造的庙宇阁台。从陕西、山西到河南、河北、山东这片土地上，女娲陵、女娲阁、女娲墓、女娲庙、女娲关，计有数十处。著名的如陕西、山西、河南交界的潼关口风陵堆的女娲墓，晋州的帝女庙（女娲庙），兖州、济宁、任城的女娲陵，太行山上的女娲祠，涉县唐王仙娲皇庙。在西华，女娲城、女娲阁、女娲坟形成一个群体，与以上各地区的女娲崇祀相比，尤其显得香火旺盛。

民俗学告诉我们，庙会兴起和延续发展的基本条件是，一定地域的人们对一定的神祇所具有的崇敬心理，在一定的时间内所举行的祭祀仪式，一定意义的神话传说构成了庙会的重要主体。其中，神话的流传和演变又受自然环境的强有力的影响，即神话的构成内容在很大程度上被民族居住区域的气候、天象、山川、风土、地层、动植物等因素所支配。

西华女娲城的远古时代，从考古材料上可知，距今一百万年前，这里是"黄河盆地"的沼泽地带，它表明西华在受到许多次洪水灾害条件下衍生的洪水神话的自然基础。再从地貌上看，西华周围区域俗称有"一溜十八岗"，是丘陵地带。这样，炼石补天与断鳌足立四极的神话就有可能产生了。另外，女娲城遗址下发掘出一些管道、器皿、炉灰和"娲"字砖刻等文物材料，可以判断出，早在春秋战国时期，这里就有了与崇祀女娲相关的建筑，至于是否在那时已经出现了庙会，虽然不能直接肯定，但能启发我们追溯庙会的生成因素。可以这样讲，在西华这片土地上，女娲氏或者其后裔确实活动过。这些自然因素告诉我们，女娲神话和女娲城会的产生，正是这里的人们与自然世界相斗争的结果。沼泽地带会出现象群、毒蛇、猛兽和龟类；山岗受沼泽气候的影响会形成植被，出现森林；雷电会袭击森林造成火灾。在这样环境中生存的原始先民们，面对这些情景，在他们的思维世界里形成这样的神话也就是自然而然的了。神话映现出现实的影子，折射出在漫长的早期，人们改造自然、征服自然的巨大热情。庙会作为贸易和祭祀的统一载体，就在这些具体条件下产生了。

传承性是民俗的重要特征。正因此，人们把民俗中的一些事物称为"活化石"。从西华古代方志等人文材料中，可以看出女娲神话对地方社会生活的影响，从而管窥女娲城庙会的早期现象。

在旧志中，常有"八大景"作为地方名胜而在诗文中被描述。

如乾隆年间编修的《西华县志》所载："（女娲城）在县东北十里。《东野纪闻》云'陈之长平即女娲炼石补天处'，今有女娲城在焉。旧志以为女娲所筑之城，故老相传，由来已久。春夏之交，城上朝烟，缤纷在目。诗曰：女娲炼石自何年？补足人间缺漏天。石屑化为城上土，常将五色幻朝烟。"又载："女娲氏遗民思故都，因以为名（思都岗）。"

光绪《陈州府志》所载曹植咏女娲城诗：

古之国君，
造篁作笙。
人物未就，
轩辕纂成。

《读史方舆纪要》卷四十七载："娲城在西华县西，女娲所都也。"在女娲城东的龙泉寺中，有明代碑文"思都岗女娲之故墟也"。

康熙年间补修《西华县志》录罗睿的《题西华古迹》：

> 南望宜山若画图，
> 更看颍水泛沙芦。
> 箕台月照忠臣胆，
> 丁塚烟迷反哺乌。
> 帝妹都存天补否？
> 商陵草长梦资无。
> 可伤今古多兴废，
> 邓林城头月影疏。

这些材料虽然没有直接描述女娲城庙会的古代面貌，但它们从历史的一面记载了女娲神话对地方文化的重要影响，为今人考察庙会提供了间接材料。

女娲城庙会兴起的传说中，有一则是讲述山西商人发起的，也可以作为参考：山西商人自称受人祖伏羲的保佑发了财；从家乡赶到淮阳太昊陵去进香，因为雨太大，就停宿在女娲城，梦中受到女娲点化。后来，进香回来后，出巨资在女娲城修葺陵阁，请来有名的戏班子，兴庙会，广散钱财，从此庙会连年不断，沿袭成今天女娲城庙会。此传说年月虽不详细，但它谈到与太昊陵庙会的联系，也有一定价值。

事实上，任何一个庙会的兴起，发展演变都很难准确地标明其具体年月，其生灭转换的影响因素相当复杂。

今天的女娲城会与其他庙会相比，突出于这样几个特点：

首先是祭祀中的一些歌曲表现出鲜明的地域特点，同时反映出多种文化并存的内容。

庙会歌曲除了经歌等宗教歌曲之外，还有相当数量的仪式歌，成为祭祀仪式的一部分。如老太婆们所唱诵的《许愿歌》《还愿歌》和表达心愿的《神歌》等，它们往往体现出当地群众生活中的信仰、禁忌等民俗因素。在曲调上，唱和诵相结合，一般比较平稳。

许愿歌

　　诵："老人祖奶奶，我是××的人，我儿孙结队成群，平平安安，托您的福，来给您烧纸进香来了。您老保佑俺媳妇生个男孩男娃儿，保佑俺孙儿考上大学，保佑俺儿几个生意兴隆，我给您那个——"

　　唱：

天也明啊地也明，

一年四季我不停，

庄前庄后我走到，

逢见都夸您显灵。

初一、十五您等着，

刀头、蒸馍把您敬，

高香金表您收下，

鞭炮响到漫天空。

啥戏都给您请到，

叫您心满意也中。

许愿的内容很多，都是祈求得到保佑，祛除不祥，婚姻、生育、生意、收成、旅途、升学、就业等，都可请女娲帮助，但仅有精神上的表示还不够，还要从物质上去"贿赂"，表白真诚。这些歌中带有明显的假设，即表现出迫切的愿望，成为"许"的前提。

还愿歌

诵：

天灵灵，地灵灵，

离地三尺有神灵。

"我的那个老人祖奶奶啊，我是××村的斋公，×年×月来您这儿许下了愿，今儿个还愿来了！"

唱：

说您灵，您就灵，

到底您老有神通，

如下了俺的愿一桩，

咋能叫俺两手空。

没得拿，没得行，

高香金表先敬敬，

还有那楼船载的多呀，

金山银海表您的功。

话说好歹是俺嘴笨，

礼多礼少是俺穷，

记住俺心里想着您，

您老可别不心疼，

东庄儿哩，西庄儿哩，

逢人都说数您行，

全猪全羊都敬您，

俺变牛变马随您行！

诵："老人祖奶奶，我给您带的东西不多，您别嫌少。这是××，这是××，供您吃喝，供您盘费，供您享用。老人祖奶奶，俺给您来引路，×月×日到×村×个地方去，俺给您请的大戏，放的电影，闲不住忙着，忙不着闲着，您老瞅瞅。不叫您老地蹦蹦走，这是神马，神轿，到了那厢烧着高香咧！"

不论是"许愿歌"，还是"还愿歌"，唱诵之前都要磕头。磕头讲究"神三鬼四"，就是磕上三个响头，以示崇敬。并且在唱诵完之后走时，要一直走，不往后扭头看。传说扭头看会吓住女娲，因为人的面目丑，是从前没捏好的多。

许愿和还愿都是祈祷仪式，这些歌所表白的是人们对生活的美好愿望和对神灵的畏惧，实质上是人们将自然崇拜和祖先崇拜的有机融合，形象化具体化的表达。

在演唱形式上，"神歌"就不同了。它比"许愿歌"和"还愿歌"更长，以唱为主，间或伴随舞蹈动作，还有简单的乐器伴奏，如铃铛、锣等。在内容上，"神歌"有属于当地的，有属于外来的，如经歌，尽管与崇祀女娲无关，但它表达了人们的信仰和崇敬心理。通过唱来"舒心壮骨"，体现出庙会群集社会成员，使人们身心得到愉悦的功能。

神歌演唱时多为对唱和合唱，有的坐着，有的站着。

如《人祖兄妹成婚歌》，就是合唱，由一群中老年妇女围拢起来，有的持乐器，有的击掌附合，她们称之为"表神功"。

此类歌还有许多，其中兄妹成婚为人们唱诵的主题，这表明女娲神话在庙会中的认同功能，即起一种"民间法规"

的作用，成为人们生活中行动的根据和规范。另外，如《兄妹合婚》与前面这首相比，多了许多情节，也颇有价值：

女娲为妹伏羲哥，
二神生长华胥国。
据说那时无人类，
同胞兄妹把亲合。
妹打主意难哥哥，
各人爬上一高坡。
对山烧火火烟交，
两烟相交把亲合。
两股火烟相交了，
妹妹出题不愿合。
隔河梳头隔河拜，
头发交合咱也合。
哥哥下水就过河，
妹上一坡哥一坡，
隔河相拜来梳头，
哥妹头发绞成坨。
头发成坨妹又变，
心生一计逗哥哥，
隔河栽柳隔河拜，
柳梢相交把亲合。
哥也拜来妹与拜，
两棵柳梢相交合。
哥哥你莫喜欢早，
我的主意还很多，

对门对岭对过坡，

各把石滚推下坡，

两扇石磨合拢了，

石磨相合人也合。

女娲城庙会就其所崇祀的神祇，本应该与崇佛无关，但在庙会上，确实有许多崇佛的歌曲。这里的佛已经不是经典意义上的佛，而是民间神灵的代称，即佛与神仙为一体。在这类经歌中，有佛，有神仙，更不世俗的生活，它已经失去了"经"的意义，而成为人们表现神灵崇拜，借以发泄苦闷的艺术形式。

其次是庙会的祭祀仪式与当地传说的密切联系，即人们是把女娲既作为全人类的神来祭，又把她作为地方保护神来祭。女娲氏的传说故事，使得女娲城的一草一木都染上了一种"灵气"，并与当地的生活事项即民俗活动相融合。这表现为女娲神话传说故事的浓郁地方化，世俗化，与表现原始先民改天地、换日月、创造新世界的豪迈气概并存。当然，这其中包含着宗教化、历史化等因素。

作为我国古代伟大的创造女神，女娲的形象首先是以"母亲"的面目出现的；孕化万物、平息灾难、创制文明，开创了中华民族最为辉煌的第一页。诸如补天造地等"功勋"不但在今天流传，而且增添了许多新的内容，这成为女娲城庙会的源头之一。这就是说，庙会因为这些神奇的传说，而吸引千百万人来这里朝拜；由于历史文化等因素的影响和作用，那些善男信女毫不怀疑女娲氏在他们生活中的存在，而自觉不自觉地把她作为确有其人而敬祀，庙会也因此增强了自身的神秘性。

第一，是补天的壮举和天穿节的联系。

补天是古代神话中最为壮烈的篇章。所谓天有两种含义，一是自然的，一是社会的。女娲补天源自人们在战胜大自然的斗争中而生发的理想愿望。与单纯的祈雨相比，这是人类理想的第一次升腾，也是人们对大自然宣战的神圣誓言。正因为这种壮举，人们对理想的追求置于国家民族生命的复原的庄严的主题之上。在女娲城，补天的故事既有世俗的色彩，又有宗教信仰的色彩，既壮烈，又朴实，是古代人民战胜自然胜利后的光辉赞歌。

其一，世俗化的补天。传说开天辟地的时候，天下洪水泛滥，恶水横流，草木密茂，禽兽出没。那个时候，天还没有炼成长成。后来，水一下去，人民怎么生活，天又没长成，怎么办？就叫女娲炼石补天。补天时，天还未补成，鸡就叫了，女娲抓起块冰凌，把东北角给堵上。又传说女娲补天之后才在这里修女娲城的，城上的土是补天剩下的石屑变成的，所以春夏之交城上常升腾起五色朝烟。在这里，女娲作为普通劳动者，她的劳动与"鸡叫"这种禁忌现象联系在一起。这应该表现出原始信仰的痕迹，至今，在广大中原地区，神鸡崇拜仍然是相当普遍的现象。同时，也更显得朴实、真切。在中原地区，巫术常与鸡相连，有些传说认为鸡是阳性神物，能驱除妖怪。从中对比可见补天的自然基础与当地人文现象的密切关联。

其二，信仰色彩浓郁的补天。传说当年天塌地陷，地上洪水泛滥，女娲带着人到处跑。原来的人都死得差不多了，女娲就用泥捏。由于风吹日晒雨淋，这些捏的泥人也死的死，伤的伤。天幕烂得没法缝，女娲就挖起来泥巴，搬起石头往天上扔去。南边扔的是泥巴，所以雨多；北边扔的是石头，所以干旱。剩下东西两边还没补严实，女娲累得没气力挖石头了，眼看天还要塌下来，她就把自己的身子撕扯烂，连血带肉向东西两边糊。四边的天都糊住了，女娲也累死了。她的血肉化成了东西两方天边耀眼的彩霞，令人景仰。这则传说没有明显的道教炼丹而生发的炼石，而是在讴歌一种牺牲、奉献的美好品德。这不仅仅是人们对宇宙生成的理解在神话中的反映，更重要的是表达出一个民族崇高的信仰。

这两则传说若与《淮南子·览冥》所述相比，更显示其朴实与神奇相互生的崇高的自然美，尤其是它根植于人民群众生活之中，更为一种不可替代的生活美。也正是这些特殊意义上的审美因素，这些传说与当地民间节日、习俗产生了密切的联系。最明显地表现在天穿节和扫天娘娘祈雨等民俗活动中。

早在汉代，就有了"雨不霁，祭女娲"的习俗，到宋代，则有纪念女娲补天的天穿节。今天，这种习俗仍然存在，但在时间上已把宋代的正月二十三改为正月二十，即庙会的最后一天——正月二十为"天穿节"。人们纪念女娲补天的胜利，也为了表达希冀家庭团圆、平安和居、顺心如意的生活愿望。

在女娲城一带，人们过天穿节常由老年妇女主持，烧纸，放炮，摆上祭品，之后念叨请女娲保佑云云，再把头一天烙好的面饼抛到房顶上，即可保佑一年风调雨顺。

扫天娘娘的习俗不限于女娲城地区，在豫东大部分地区都有。它随雨季而进行，在连阴雨天，人们为了祈雨，就剪一个妇女拖一把扫帚的纸像，用线拴在小棍上，挂在屋檐下。同时还要念咒语：

天娘娘，地娘娘，

雨天雨地人急慌，

一把扫帚送给您，

先扫疯婆子，

再扫贼姑娘。

　　连念三遍，传说是为了请女娲救老百姓，与此相配合的还有儿童游戏"放冲天炮"，即用泥捏成碗盆形，使劲将碗口朝地下摔，以此来震雨神。

　　第二，是女娲像和女娲身份及其事迹的联系。

　　在《天问》中，屈原问究女娲补天造人的事情起源："女娲有体，孰制匠之？"许多画像石和帛画壁画都保留着女娲"人身蛇身"的形象材料等等，很显然不是有图腾的表现，就是被宗教化。在女娲城就不同了，她是一个普通劳动妇女的形象。传说民国时期，女娲坟曾被黄水淤没，那时，女娲阁里的女娲像被南方盗宝的人偷走了。当地的群众自发组织起来，用衣衫和毛巾不分昼夜地将女娲坟堆了起来。在坟后又建起女娲阁，阁内的女娲像是白果木的胎，有三尺多高，盘腿而坐，浑身上下除了腰间缠绕了一缕树叶，没有一丝一线。她面目安详，眼睛微闭，披头散发，双手捧一块石头。到后来，女娲像成了泥胎，站立着，赤身，跃然欲飞，左手紧握一把藤条，藤条缠绕着腰围处，右手高擎着五彩石。再到后来，女娲像为青石凿成，面目模糊不清。装束为普通妇女，胸前抱有一娃娃，另一只手提着一花篮。女娲阁在民国初年绘有壁画，画面分《补天》《斩鳌立地》《抟土造人》《制礼仪》《在洪水中冲船》《用衣兜土造下城池》《女娲伏羲并坐观看人间牛肥马壮、五谷丰登》等，和《风俗通义》等古代典籍中所论述的传说材料基本相同。今天，当地群众集资重建了女娲阁，女娲像作为普通劳动者形象而存在，受到后人敬仰。

第三，是女娲显灵等传说具有特殊的意义。

在女娲城庙会上，人们广为传诵女娲显灵的事迹。所谓显灵，表达了人们对自己所崇敬的神祇寄予怀念的形象化。女娲显灵反映出女娲城地区的人民向往自由、和谐、美好生活的理想愿望。因此，庙会方有强烈的吸引力、凝聚力。

女娲显灵的传说内容有：为人点药，防治匪患，扬善惩恶，是当然的"好管家""好医生""好警察""好顾问"，既是创造大神，又是保护神。西华的黄芪被称做为"女娲芪"，传说一是当初女娲抟土造人，因刮风下雨而伤残了许多儿女，她很伤心，泪水滴在一种草上，人吃了之后就好了。传说二是某年流行瘟疫，死伤人很多，女娲给一个医生托梦，让他用某种草做药，效果很好，人们把这种用来做药的草叫做"女娲芪"，即中医所谓的"黄芪"。显灵意义最特殊的是女娲退匪的传说。传说 20 世纪 30 年代，土匪攻破了女娲城临近的宁岗寨，要偷袭女娲城时，忽然见女娲城头灯火通明，人声如沸，就退走了。天亮时人们都说是女娲发的神功。其他传说如女娲在平时装成要饭的，专门查看浪费粮食，不忠不孝的予以惩治等，更为广泛。

第四，是女娲城特殊的物崇拜与女娲神话的密切联系。

物崇拜与灵石崇拜是同样意义的信仰形态表现。它与图腾有着相近的内容，表现了原始先民对祖先的缅怀。这种崇拜首先表现在女娲是媒妁礼仪的制定者的传说和人们对鲤鱼的特殊的感情。今天，人们把说媒称为"想吃人家的鲤鱼"，婚配的青年为了感谢媒人，也往往特意去买一条鲤鱼。这是为什么呢？传说女娲补天，五彩石屑落在水里化做了鲤鱼，鲤鱼做证，让泥捏的男女成婚。又传说当年女娲、伏羲成婚时，鲤鱼和喜鹊撮合了他们，沿袭成礼俗。鲤鱼作为神鱼，成为中原文化的一种特色。此外，还传说因为女娲用五色石补天，所以女娲城的土和水，就成了能治肠胃病的良药。人们在平时碰破了皮肤，把女娲城的土撒在伤口上，能够止血、消毒等。这些美丽的故事，使人们的生活发出绚丽的光彩。

女娲城庙会还有由传说而衍生的有趣的禁忌，其集中体现在不敬土地爷。土地爷是一方之地的保护神，而女娲城的土地爷在传说中因为阻碍了女娲造城，恶作剧学鸡叫破了女娲的"神功"，给女娲城造成缺憾而受到冷遇。这反映出女娲城人对女娲的崇敬心理。

此外，庙会上还有许多传说，诸如女娲治疟疾鬼，让儿童在手腕上系红线绳能避邪，女娲为人间有情男女拴系红丝线成婚，女娲发明了生产工具和笙、笛、箫等乐器，这些传统给庙会增添了诙谐的趣味。

女娲城庙会是典型的村间庙会，它的兴盛是当地人民文化的需要，更是当地农业发展的需要。春耕之前，人们借庙会之期调剂生产工具，补充不足。

最后还应该一提的是女娲崇拜在庙会文化中与其他女性神崇拜相融合，如有些地方的奶奶庙会，祀神有女娲，也有泰山老奶奶，俗神如土地奶奶、虫王奶奶、花奶奶等，这反映出中国民间文化的复生特征，即多种崇拜有机地形成一个神性系统。

女娲城庙会的考察给人以许多学术上的启发，它告诉我们，民间文化的研究必须深入民间。近几年来，关于民间文化的研究实际上处于一种严重的误区，即许多学者单纯依赖于古代典籍。古代文献是有价值的，但又有许多缺陷的。文化人类学的兴起给神话学带来了生机，其中一个重要内容就在于对田野作业的提倡。回想起我在十年前到女娲城采访到女娲牺牲自己补得漫天彩霞的传说，很激动。以往许多学者都强调女娲作为水神、后土的角色，从现在一些材料可以看到不仅仅是这样，她还有着太阳神的身份。如果不深入到民间，就不会有这种科学发现。

三 抟土造人——人祖爷伏羲神话与
淮阳太昊伏羲陵庙会

在古代文献典籍中，伏羲是较早以"龙"的形象出现的。其身份包括"雷神""天帝""文化始祖"等多种角色：

> 雷泽中有雷神，龙身而人头，鼓其腹则雷。在吴西。[1]
>
> 大迹出雷泽，华胥履之，伏宓羲。[2]
>
> （伏羲）蛇身人首，有圣德。[3]
>
> 有木，其状如牛，引之有皮，若缨，黄蛇；其叶如罗，其实如栾，其木苈，其名曰建木；在窦窳西弱

---

① 《山海经·海内东经》。
② 《太平御览》卷七八引《诗含神雾》。
③ （唐）司马贞《补史记·三皇本纪》。

水上。①

东方之极，自碣石山，过朝鲜，贯大人之国，东至日出之次，搏木之地，青土树木之野，太皞句芒之所司者万二千里。②

太皞，伏羲氏，以木德王天下之号，死祀于东方，为木德之帝。句芒，少皞氏之裔子曰重，左木德之地，死为木官之神。③

古者包羲氏之王天下也，仰则观象于天，俯则观法于地，观鸟兽之文，与地之宜，近取诸身，远取诸物，于是始作八卦，以通神明之德，以类万物之情。④

伏羲制嫁娶，以俪皮为礼。⑤

太昊师蜘蛛而结网。⑥

伏羲氏作瑟，造《驾辩》之曲。⑦

很显然，这是庞大的中国神话体系中关于伏羲神话的片断资料，惯于用正史看待文化递进嬗变的学者又会看到，其中的《路史》等古籍属于纬书。神话是社会历史的一定阶段内所产生的，但它毕竟不是历史的直接记录，更多的是"影子"功能，即间接地反映出历史上曾经发生的事件。我们不应该在考古材料中去证实伏羲确有其人，我想，重要的是既看到曾经有过的影响，又要看到现在民间信仰中所体现出的

---

① 《山海经·海内南经》。
② 《淮南子·时训》。
③ 《吕氏春秋·孟春纪》高诱注。
④ 《易·系辞下传》。
⑤ 《绎史》卷三引《古史考》。
⑥ 《抱朴子·对俗》。
⑦ 《楚辞·大招》王逸注。

伏羲崇拜。这,就是庙会,我们所要考察的关于伏羲的淮阳太昊陵庙会。

太昊陵全称"太昊伏羲陵",在淮阳城北一公里处。每年农历二月初二到三月初三,这里都行祭祀人祖伏羲的大型庙会,数以百万人次计的群众从四面八方赶来朝祖进香。相传农历二月十五这天是人祖的"生日",庙会达到最高潮,人数达二十多万,这种现象在我国各大庙会中都是十分少见的。

庙会的缘起按照流行的传说,可以追溯到春秋战国时期。传说当年孔子正在陈(即今淮阳)讲学,人们在蔡河里发现一副巨大的人头骨,就向孔子请教。孔子告诉大家,这是人类始祖伏羲氏的。于是,人们就将这副头骨厚葬,并立庙以祀。年复一年,来这里祭祀的人越来越多,人们来时都要带上家乡的一抔土,伏羲陵也就成了现在的样子。汉代史学家司马迁在《史记》中记述了伏羲和神农都曾在这里建都的事情,这说明伏羲氏作为一个远古时代的一个部落,在这里活动过,甚至产生了巨大的影响。但我们检索史料发现,在宋代之前,太昊伏羲陵并没有很大的影响。宋乾德四年(966)才有少牢之类的祭祀供品。明洪武年间到清宣统末年,不断有朝廷大员来太昊陵致祭。这说明宋或者明之前,太昊陵庙会限于民间,至此之后,由于官方的参预,其规模不断扩大,才发展为在全国颇有影响的大型古庙会。

民间传说,太昊陵庙会的兴隆与朱元璋分不开,当年朱元璋与元统治者斗争时得以在人祖庙内藏身逃命,后来他登上皇位,对此感激不尽,才让人模仿南京的皇宫修建太昊陵的。事实上这是朱元璋利用人民群众对伏羲氏的崇拜将自己与"神灵"联系在一起,通过这种大造声势的一系列舆论来抬高自己，巩固自己的统治地位。如果联系起刘邦斩蛇、李世民认老子为祖等封建朝廷为自己造舆论的史实，就不难解释这种现象。但太昊陵影响这么大，绝不会仅仅因为朱元璋的故弄玄虚而形成的，它还有自己独特的社会历史原因，从今天庙会的诸多特色中就可以管窥这些。

太昊陵庙会的习俗，一个最鲜明的特点就是浓郁的原始崇拜色彩。

原始崇拜指原始社会的人们对所信奉的事物加以尊崇的敬拜，从而表达感恩思想，祈求所信奉的事物能够帮助自己得到幸福，解脱灾难。崇拜的形式有自然崇拜、动物崇拜、植物崇拜、图腾崇拜、天体崇拜、祖先崇拜、生殖崇拜等。它作为一种特殊的社会意识形态渗透进人们的思想和行为中，而且并不因为社会各个阶段的更替而消失或变更。在社会发展中，诸种崇拜常常相互结合在一起，影响着人们的生活，最突出地体现在民间节日里。以祖先崇拜为主要内容的太昊陵庙会，在某种意义上讲就是当地人民群众生活中的重要节日，其时间之长和人数之多，不是任何其他社会活动（指民间文化生活）所能够比拟的。太昊陵庙会以其古老的历史成为中原地区的活化石。

人们缅怀祖先的丰功伟绩，以激励自己开拓新的生活，太昊陵庙会的祖先崇拜建立在这种心理基础上。它主要体现为对伏羲氏的敬畏。人们把伏羲氏称为"人祖爷"。这位具有奇异相貌的先人，不但带领人们开创了物质文明，而且带领人们开创了精神文明，并且一直影响着人们的生活。这些内容直到现在仍然流传着，从一些神话中表现出来。

历史上到底有没有伏羲这样一位伟大的先驱呢？历史上的人们心目中的伏羲又是一位什么样的人呢？他对现代社会

的人们究竟有什么样的影响呢？我们很难一下子解释清楚，只能从不同的侧面去理解和认识。

在中华民族古老的历史长河中，有许多伟大的先驱者。他们在漫长的生产实践中摸索出世界的许多秘密，进行了许多惊人的发明创造。但那时的生产力水平相当低下，尤其是人们的思维能力还受着原始宗教等神秘意识的支配，对事物的发展变化往往不能正确理解，又加上文字记述的非常简单，就把他们生活的时代神话化了。这一时期即夏之前的历史阶段，被称做传说时代。有许多史料证明，确实有过伏羲氏这一类的原始部落在中原地区活动，并且为中原地区的文明世界的开发做出了许多积极而伟大的贡献。但伏羲氏不是某一个人，而是一个氏族的总称，后人为了表现对前辈的敬仰，就将某个杰出的历史人物与氏族合起来相称了。伏羲氏和伏羲、人祖爷都是一回事，这正是原始崇拜的结果，是具体的祖先崇拜。

古老的图腾是智慧的产物，它曾经给予一个民族以巨大的力量，而且具有神秘化、形象化的特点。伏羲氏的形象就明显地受到图腾观念的影响。开始的单个人，伏羲氏"蛇身人首"，后来渐变为与女娲连体、其尾相交的形状。而在大量的民间传说中，其三皇之一的身份与历代帝王相差无几。在淮阳太昊陵的统天殿中的塑像则不同：坐式、高五米许，上身着黄色的兽皮，下身着草叶，赤双脚，双手托八卦，头上生有双角，这象征着一角顶天，一角擎地，其功业无可比拟。与其说这是神话中的创世英雄，不如说这是普通劳动者形象的光辉写照。在庙会上伏羲像很多，主要有雕塑如木刻、泥塑和画像三大类，与统天殿内的坐像基本相同。伏羲像从传说中的人首蛇身到普通劳动者这一转化，表明了图腾向世俗的转变过程中的社会发展，也说明了后世人民对祖先开创世界的光辉业绩的深情讴歌。

在神话传说中，伏羲氏的伟大业绩主要体现在三个方面。首先，是抟土造人。传说"天地开辟，未有人民"的时代，伏羲氏或者与女娲一起抟土，创造了第一代人民。其次，是创立了八卦。他第一次让文字符号成为科学的重要载体，而且以此达到"通神明之德""类万物之情"。无论第一方面如何幼稚天真，第二个方面则充满了对科学探索的献身精神。如"仰则观象于天，俯则观法于地，观鸟兽之文，与地之宜，近取诸身，远取诸物"，这不就是汉民族最早的英雄史诗吗？其实远不止这些，伏羲氏的第三个方面的功绩才是形成后世人民对其崇拜的直接原因，即"制嫁娶"和"卜筮"等，这些活动确立了相对稳定的社会秩序，对人民群众生活文明程度的迅速提高具有深远意义。在今天的太昊陵庙会上，伏羲神话的世俗化特色亦基于此，其实，除了这三个方面比较突出之外，伏羲之所以对后世人民有如此巨大的影响，还在于他是光明的象征，或者可称为光明之神、太阳神。即太昊的昊字在古代可以写做"皓""皞"和"颢"字，与"羲"一样，都象征光明，更不用说羲和的日神角色。正是在这些基础之上，伏羲文化才如此的绚丽多彩。

太昊陵庙会促成了伏羲神话传说的形成和传播。一方面，庙会的发展增强了伏羲神话的影响，另一方面，伏羲神话使庙会更进一步增强了凝聚力、向心力。总体上看，以太昊陵为中心的伏羲神话在庙会上表现出这样几个基本特征：

首先是与某些特定的仪典相结合，使伏羲神话成为某种仪典的依据。

在原始宗教中，有一种万物有灵观念，即每一件事物都与信仰和崇拜密切联系在一起。这种观念导致了自然崇拜的产生和发展。现代社会的传统文化中，在某些成分上仍然保存着这种观念。在庙会上，人们争先恐后地往香火堆里投掷一些食物，如烧饼、鸡蛋、丸子等熟食，待香火熏烤后或者立即吃掉，或者带回家分发给家人，常人吃了延年益寿，病人吃了消灾除难。传说这是庙会上人祖爷显灵，神恩浩荡，有求必应。经过香火熏烤的食物就等于受了人祖爷的"加工处理"，成了能治百病的神药。这一类的神药相当多，陵上的柏籽、榆籽，以及草根、树叶儿，都可以带回家去水煎服用。尤其是陵后的蓍草和陵内外所卖的泥泥狗，更为神奇。传说蓍草当年为伏羲占卜所用，现在有人或用蓍草量手骨节测算寿命和祛凶纳福，或两人撕扯蓍草以测天气阴晴和当年收成。传说当年伏羲女娲抟土造人时，剩下的泥捏成了小鸡、小鸟、小狗，即俗称的泥泥狗。这些豆粒大小的泥泥狗是人祖赐给人的神药，和那些柏籽、丸子一类的药一样灵验。还有传说：泥泥狗是人祖造人后又捏的。人们带回家乡，或者撒到村头饮水用的井里，或者熬茶喝，同样达到治病消灾的神奇效果。就连太昊陵上的土，也成了药，但必须换，即香客从家乡带来一大包土，倒在陵上，然后念叨着求人祖爷保佑之类的话，再撮上一撮土带回家。传说这土也是人祖爷的家产，在庙会期间任人随便拿。

最为特殊的是摸子孙窑求子。据一些老年人讲，这子孙窑是人祖爷伏羲留下来的，让后人"拴娃娃"。在庙会上所拴的娃娃是人祖爷赐给的童男童女，社会上谁也不能歧视。所谓的"拴"有三种基本形式，俗称的"摸""领""带"，所指的内涵都与生殖崇拜相连。"摸"，又称扣，象征着男女生殖器的交合。在现代的民间俗语中，"摸"或"扣"都暗含着性交的意思。在庙会期间，来子孙窑求子的都是妇女，人们争相"摸""扣"。庙会上有这种嬉戏的传说：人见七老八十的老太婆来摸，问她："这么大的年纪了，生下来还抱得动吗？"老太婆说："我是给俺媳妇摸的。别忘了，您爹还是那年我从这里摸回去的，不是这，哪里有你这兔崽子呀！"人见十几岁的小姑娘也来摸，问她："咋啦？这么小个儿，还没有结婚就想生一个。咋这么着急？小姑娘是预支贷款，还是打营养钵呀？"小姑娘说："就不知道你们是这窑里咋出来的，连烧熟都没有烧熟，就搬出来了，尽是点子愣头青二红砖。我是给俺嫂子摸的，赶明儿个再给你们摸个小弟，让你们领着来看热闹！"这样的传说使庙会上摸子孙窑习俗的性崇拜意义更富有形象化。

"领"也是拴的一种形式。四五十年代之前，陵内有人祖奶奶庙、人祖姑姑庙和女娲庙等供人拴娃娃的地方。在庙内放置许多泥塑的或者陶瓷的娃娃，有男有女、高低丑俊各不同，有求子的、事先准备好一条约三尺长的红丝线绳，套在选中的泥娃娃或瓷娃娃脖子上，烧完香之后，自报家门：哪里人，长多大了，求男还是求女；讲明由人祖爷、人祖奶做证，求子者在三年之内若得贵子，将如何如何还愿。然后，交给主持的道士一条线。道士朗声高唱，并为娃娃起一个名字，诸如"保安""拴柱""留住""来贵""全喜"等，求子者站起接住。道士再从伏羲前取一条拴有制钱的红线绳，交给求子者，让拴在怀里，就算拴定了。求子者离开时要一直叫着道士为娃娃起的名字，出午门为止。今娃娃殿等处皆拆除，娃娃像由个体经营，分泥塑的、布缝的、木刻的、陶瓷的和塑料的，大部分都是塑料的。经营娃娃像的多为中老年妇女，其要钱不等，直接代替了原来道士之类的主持者。

作为拴娃娃的一种特殊形式，"带"这种习俗据说在1948年前就有，甚至很为时兴。所谓的"带"，指多年婚后不育的妇女，经家人的同意，由婆婆或姑姑、姨等长一辈的妇女领着到会上，晚上与其他多为不相识的青年男子相交，次数不等。即使是青年妇女死了丈夫，家族要有人继续香火，传宗接代，也可以采用这种方法。但必须有亲属陪着，起到做证的作用。应该说，这是非血缘婚或者群婚习俗的残存和遗传。

以上这些都属于人祖伏羲赐予人的；还有一些礼仪传说也来自于伏羲神话——某种民俗的历史渊源，尽管有些礼仪已超出庙会范围。

一是婚姻礼仪中的对拜，及新郎为新娘揭去盖头，以及夫妻间为何以兄妹或姐弟相称等等，都与创世神话、洪水神话联系在一起的。传说远古时代人类曾经遭受了一次大劫难，或者是洪水，或者是地震。在这之前，有一对兄妹或一对姐弟，或者上学时或者打柴割草一类的生产劳动中，事先得知了这场灾难。他们依靠着神灵或其他动植物的帮助，逃离了这场灾难。他们二人就是伏羲和女娲，即民间所称的"人祖爷与人祖奶"，或者是"人祖爷与人祖姑娘"。他们要结合，才能繁衍后代。因为二人是同胞血亲，不合礼仪，所以女方通常用布或草遮住脸，表示害羞。兄妹或姐弟结婚，开始受神的撮合，所以二人要对拜，立此作为契约，保证永不分离，患难与共。所留下来的这些礼节就慢慢地为人们自觉遵守。

二是还愿时香客所带的祭器"楼子"，传说人祖爷伏羲最喜欢这类贡品，礼到病除。楼子分纸糊的香楼子和木制的木楼子，又称"红楼子""喜楼子"。香楼子形状，呈楼阁形，正中绘有彩饰的伏羲像，还愿时将楼子烧掉即可。木楼子为杨木或柳木、桐木所制成，大小不等，大者高两米许，小者一米左右，均由红颜色涂染。有求子者从庙会上买来后，高举着，在楼子上面的斗里放些黄表纸等供品，作为还愿的礼品恭敬地放在太昊陵前。有人讲这种木楼子带有生殖崇拜色彩，象征男性生殖器，有一定的道理，还有待进一步考证。

其次是"伏羲显灵"一类的传说和一些风物传说相掺杂，使庙会的神秘色彩加浓。这些传说从不同的方面表达了人们对人祖伏羲的崇敬。其中最典型的是人祖爷夜巡的传说，伏羲遇到抢劫、偷盗、不孝等恶徒歹人，都要严加惩罚。这些传说的意义在于强化人们的道德观念。另外，诸如八卦台、腰疼树、画卦台、白龟池、转香楼等处，伏羲既是先知先觉的圣人，又是正义、善良和智慧的象征，当然，这只能是人民群众朴素的生活愿望的表达。

再次是伏羲神话在内容上呈现出堆积特点。堆积原是地质学上的术语，这里借指不同时期的文化在同一文化载体中存在。一般人认为，神话是远古时代即原始社会的语言艺术，反映了人类社会早期的历史。因为神话口耳相传，并在某个氏族内部传播，所以具有继承性或称传承性与变异性并存的特点。其传承性是指千百年来，神话讴歌的是一种特定的事件，变异性是指在传承性的基础上，神话的情结和情节发生了某些变异。这类变异现象就是堆积现象的表现。伏羲神话是一个庞大的群体，即围绕人类社会的各种生活现象成为一个系统性的故事群。从这些神话中可以看到伏羲创世神话在不同时期留下的历史的影子。如伏羲、女娲在大劫难之前的活动，有讲拾柴或割草的，这表明农耕的观点；有讲上学的，这表明文明程度的发展。搭救伏羲和女娲的树木、葫芦等早期植物这一传说的时代相当远；铁狮子和石狮子搭救伏羲、女娲，则很可能是汉代以后的产物；佛搭救他们则更明显是佛教传入中原之后的事。而传说是灵龟或鳖精等类动物搭救，其时代肯定比前面几种要久远，可以说这就是图腾崇拜的遗迹。再者就是创世神话和洪水神话在内容上的重合现象，同样是历史的文化积淀，从中我们可以尽窥这种断层。另外，伏羲和女娲二人的婚姻禁忌体现的这种堆积现象更明显，有讲抛泥团或石块的，表明时代较早；有讲纫针穿线的，则表明较晚，而且带有巫术色彩。其他如讲到隔河栽柳柳连枝、隔河梳头发成髻等内容的，明显地具有戏剧色彩，表明其时代更晚一些。

太昊陵庙会和其他庙会一样，都少不了以神话和各种仪式作为其主要成分。在这中间，神话和仪式有时是密切联系在一起的，或者说互为表里。但有时则完全不相干，即有的神话单独存在、流传。从总的情况看，人们会得出一种结论，仪式即由神话生成——但这种神话的实质就是文化背景，它可能在今天还有完整的故事情节，也很可能只是一句话。无论怎样讲，神话和相关的仪式都与崇拜和信仰联系在一起。可以这样比喻，社会生活就是土壤，崇拜和信仰则是土壤中的肥料，而神话和相关的仪式是土壤中吸收肥料生长旺盛的植物，有些植物生长得更秀丽，开放出朵朵鲜花。

太昊陵庙会上的泥泥狗、经挑歌舞，包括讲经、唱经和娱神秧歌小调等民间文艺，就是朵朵古老而年轻的艺术奇葩。

在太昊陵庙会上，泥泥狗是一种特殊的"灵物"。它不但可以入"药",更重要的是用做带有敬祀意义的观赏。

泥泥狗又被称做"天狗",可以说是动物崇拜的产物。因为"天狗"在民间信仰崇拜中有它的特殊意义。淮阳一带流传着关于狗图腾的神话传说,这对于揭开伏羲文化的谜底可能有一定的价值。传说在很久之前,人们安居乐业,种的麦子像树一样有许多枝杈,结出许多麦穗,每年都能收获吃不完的粮食。于是,人们就渐渐地不珍惜粮食了。一天,上天一位神变做一个普通人来到人间,遇见一个妇女用馍给孩子擦屁股。他非常生气,回到天上就下令让天下的麦子都不再结穗。狗非常同情人,就请求麦子留一个穗,而且每年只生成一季。人们敬祀狗,说自己是吃了狗的食才活下来的,逢年过节总不忘记给狗一盆食,同时在孩子们的衣饰上绘制上狗的图案,有穿狗衣和戴狗帽的习惯。狗发怒时也总是"汪汪"地叫,意思是"忘",告诫人们不要忘记那个惨痛的教训。无论家中举行什么样的盛典,狗都可以自由出入。传说淮阳泥泥狗正源于此。

实际上淮阳泥泥狗并非单纯以狗为表现内容,而是包括众多的动物,诸如猴、虎、鸟、鱼和泥人等。这里我们很难详述其具体来源。不过,从辽宁红山文化出土的泥人等考古材料可以看出,淮阳泥泥狗肯定与祭祀有关,而且经过了不断地丰富和发展。无论它源于狗崇拜也好,源于人祖抟土造人传说也好,淮阳泥泥狗与信仰和崇拜的联系是非常密切的,或者说它表现的内容就是信仰的崇拜,在一定程度上,它体现出图腾的特点。

在泥泥狗的色彩和线条上可以看到这样一个现象,即黑色为底,饰以红、白等色彩。黑色意味着龟蛇崇拜,红和白则意味着生命、生殖崇拜。泥泥狗体现出在龟蛇崇拜基础上的生殖崇拜，从泥泥狗的造型等方面即可明显地看到这些。

整个太昊陵庙会都是祖先崇拜，但祖先崇拜在这里又主要通过生殖崇拜体现出来。泥泥狗体现出来的生殖崇拜与拴娃娃"扣子孙窑"是一致的。泥泥狗中，变形是其最主要的特色，也是其最主要的内容。就其类型上讲，主要有两大类：一是猴，一是鸟。正是这两种主要类型表现出女阴崇拜，高禖崇拜等具体内容的生殖崇拜。也就是说，猴变形主要体现的就是女阴崇拜，鸟变形体现的则主要是男根，即高禖崇拜，或称郊禖。

所谓猴变形，事实上称为狗变形更客观更准确。这是因为人们喜欢生性活泼的一种朴素心理，若更仔细地观察其形状，它更像狗一些。人们称之泥玩为泥泥狗，恐怕也正在于此。因为从中原地区远古文化的发展来看，猴进入中原文化的历史要远远次于狗的土生土长的历史。况且，淮阳从地理上讲，自有史以来即为平原，更宜于狗的生存和发展。为了行文方便和尊重习俗，这里姑且仍称猴变形。

猴变形主要有四大像、八大高、两头猴、草帽猴、猴头燕、人面猴以及抱桃猴、拔脚猴和盘脚猴等。其中，两头猴和其他连体动物的形状，可以看做性交——雌雄交配，即对生殖的崇拜。人面猴最为特殊，两只手臂非常长，盘腿或屈腿，在阴部着红、白两种色彩成花的形状，突出其阴部——在古代，生育和生产联系既密切又神秘，女性的性器官象征着生命的创造，也象征着五谷的丰产丰收，故而就有了十分特殊的意义。值得说明的是，古代女阴崇拜是十分庄重、严肃的，具有圣洁和崇高的意义。当然，既然属于艺术，它虽然包含着古老的崇拜和信仰等内容，我们也不能把这些猴变形全部称为图腾。

鸟变形中主要有鸡和燕，以及斑鸠等群众熟悉和喜爱的飞禽。应该说这些禽类动物突出的是多子的主题，而如果从更远的讲，他们确实体现出与女阴相对的一种崇拜，即高禖崇拜。在我国的古代，高禖之祭是一种重要的信仰活动。高禖是父权制下的人们对男性生殖器的崇拜。伴随着这种活动的上巳节，人们在阳春三月男女同至河流旁，"洗濯祓除，去宿垢疾"，表明春暖花开，万物萌动，正是男欢女爱的大好时光。因而高禖与野合相连，使得生殖的意义偏向男性为主的崇拜。鸟一词，亦作为男性生殖器的俗称、代称。在淮阳泥泥狗中，那些高耸的鸟形正象征着男性生殖器的勃起，体现出强烈的生命意识。在这里没有丝毫的淫秽色彩，与女阴崇拜一样，体现出人们对生命、生殖的追求，象征着旺盛、奋发。

泥泥狗除了猴和鸟之外，还有一种可以吹响的"埙"，有小孔可以调节气流，奏出动听的声响。其形状如同葫芦，所以民间也称之为"独葫芦"，或"叫吹儿"。这是一个令些许学者忽视的现象，它并不仅仅作为"泥埙"这种普通的乐器玩具而存在，将它与原始文化遗址中出土的陶埙相比，就可以看到它在信仰和崇拜中的特殊意义。事实上它是古代葫芦崇拜的表现。为什么会形成这种现象？其一，葫芦多籽，易于培植，取其繁殖茂密旺盛的意思；其二，葫芦同于怀孕的妇女，或同于男性生殖器。正是在这种基础上，葫芦才成为人们重要的崇拜对象。这种意义延伸进绘画、雕刻、雕塑和儿童玩具等象征吉祥如意的民间艺术之中，使庙会的古朴意义更为浓郁。

太昊陵庙会上的经歌和经挑等民间歌舞，成为庙会的又一重要特色。

经歌出现的历史大大晚于经挑。经挑的形成和发展经过了这样一个过程：原始巫术—宗教影响—娱乐、感情发泄。经挑又叫做"挑花篮"，其表演者一般为中老年妇女。传说太昊陵庙会上的经挑起源颇早，是为了敬祀人祖奶奶，是一种群众自发的民间歌舞。表演的人数为三人以上，另有一人打灯板，众人合唱，舞者来回串走，或舞成"8"字形。经挑的样式一般有龙凤型、狮子老虎型、牡丹花型、宫灯形、官灯形和宝瓶型等。最值得人们注意的是：太昊陵庙会上的经挑，舞者全身服饰多是黑色的，偏大襟，肥裤即大肥裤，裹腿，头缠一条近两米长的黑纱包头，黑纱下缀有穗子。舞到高潮时，舞者背靠背，互相摩擦。有人解释为男女交媾的形状。不论是否如此，经挑作为一种民间艺术，它体现了人们对人祖的尊崇敬祀。

经歌并非仅指唱，它还包括讲经、唱经、说唱等。一般的经歌除了经挑舞之外，都有一定的仪式。在内容上有的较为固定，而有些则比较自由，多为即兴。有的与敬祀人祖有关，有更多的则属于唱佛之类宗教色彩异常浓厚的歌。

在所有的经歌中，有一首跪唱的歌最为古老，也最为著名，并有相当烦琐的形式。过去，香客朝太昊陵，各香火会至少要带上几面锣，一进午朝门即开始敲。有的香火会还带着吹鼓手，边走边吹打。主持者领人烧香。放炮之后，即唱：

南无。
开天辟地，
三皇伏羲。
手托八卦，

身穿蓑衣。

进了午门，

狮子把门。

八砖砌地，

柏树成林。

南无。

天皇，

地皇，

人皇，

伏皇。

南无。

天皇，

地皇，

人皇，

伏皇。

每唱"南无。天皇，地皇，人皇，伏皇"时，全体香客大声和唱，同时锣鼓响三通，其中各有一人高唱，仪式庄重、肃穆。

这首歌突出形成一种气氛，把伏羲与天地相比，显示出精诚所至的心情。

又如《十朵莲花》，则显得较为轻松，边唱边舞，而且把传统道德和人祖崇拜巧妙地联系起来，借以劝诫人们积善成德：

肩挑着经挑进了陵园，

敬父母敬人祖又敬上天。

篮中这莲花开十朵，
一朵胜似一朵鲜。
一朵莲花开得红，
后人就得敬祖宗。
不敬祖宗万刀剐，
不敬父母响雷轰。
二朵莲花开得大。
为人不要听旁话，
挑三豁四的没有好人，
千万不可相与他。
三朵莲花开得白，
为人世上别贪财，
秤平斗满讲良心，
鸿雁翩翩去又来。
四朵莲花开得愣，
为人世上别逞凶，
言语差错别计较，
啥事坏在好逞能。
五朵莲花开得俏，
做了好事别好表，
人不知道天知道，
众人是秤人评好。
六朵莲花喜盈盈，
别给父母落骂名，
多做好事积善德，
人过留名雁留声。
七朵莲花往上升，

惊动人祖下天空。

人祖喜欢良善女儿，

降下恩德多隆重。

八朵莲花瓣儿美，

人祖洒下恩德水，

善有善来恶有恶，

善恶不同别后悔。

九朵莲花出污泥，

秆青叶秀身子直，

为人不要太低下，

亏来亏去理是理。

十朵莲花真娇艳，

各路神仙下凡间，

该杀该剐难逃脱，

荣华富贵是积攒。

十朵莲花开得盛，

人祖爷来捉妖精，

天兵天交数不清，

保着世人过营生。

姊妹们相聚多高兴。

不是那人祖显了灵，

姊妹们哪能相聚成。

　　每一段唱完之后都有一个拖的唱腔"哼呀哪哼嗨呀嗨"，反复数次，待走了一个"8"字之后再唱下一段。

　　经歌的内容在这里表现出浓郁的生活化，显得朴素、通俗、流畅。除了劝善之外，还有一些着力于表现妇女的悲苦命运的经歌，曲调深沉、细腻。唱这类的经歌时，往往是唱者站立在人群中央，每唱一个段落之后，由一个会首举起香火会的旗迎风摆动几次，然后再接着唱。如《一段白鹅》：

一对白鹅往大堤呀，

一个高来一个低呀，

高哩高是那个高师傅，

低哩低是那个低徒弟呀，

（众合唱）"唉呀唉唉哪嗬哪嗬嗨呀

嗨呀阿弥阿弥陀呀哼哼哼哼嗨呀。"

一个落到金呀金桥上呀，

低哩又落到奈呀奈河里，

长虫咬！蛤蟆吸！

气得两眼泪泣泣泪泣泣——

抬头呀看到我的我的那个妻呀，

你不救我谁呀谁救我呀；

不提救你俺呀俺不恼呀，

阳家俺不随一个龙华会，

打俺一顿不可恼，

顶上又用掌劈打，

底下使那大脚踢！

（众合唱）"唉呀唉唉哪嗬哪嗬嗨呀

嗨呀阿弥阿弥陀呀哼哼哼哼嗨呀。"

打俺一顿呀不可恼呀，

不该撕烂俺的衣呀。

嫂子大娘去劝架，

你呀不该呀不揣她的局！

（众合唱）"唉呀唉唉哪嗬哪嗬嗨呀
嗨呀阿弥阿弥陀呀哼哼哼哼嗨呀。"
你正东来我正西呀，
咱俩就装那个不认的！
搓搓打打还是我的龙华会。
（众合唱）"唉呀唉唉哪嗬哪嗬嗨呀
嗨呀阿弥阿弥陀呀哼哼哼哼嗨呀。"

在这几首经歌中，第一首通常认诵的形式传唱，第二首则在演唱时伴以花篮舞，形成经挑歌，第三首则独唱和合唱相混。诵的人数很多，乐器以打击乐诸如锣、鼓、铙等为主，节奏紧快，声势宏大。经挑歌的曲调较为缓慢，属于中速，每两句之后都要夹一段咏叹调，每一段之后再唱更长的叹调，如此反反复复，形成一个神圣、幽雅的氛围，表现出太昊陵庙会所特有的崇拜人祖的热烈情感。如"一朵莲花开的红哪"唱后，马上紧接着就由众人合唱"开得红哪嗬呀"，再独唱"后人就得敬祖宗"。在每两句的第一句最后的三个字，都是众人的合和、重复唱。第三首则不然，它不要任何伴奏不说，这类曲调往往被人改唱，如豫剧中的一些曲段。这反映出不同的文化之间的相互影响和作用。在太昊陵庙会上，现在经歌基本上处于自生自灭的状态。据不完全统计，各类演唱的经歌有四百多首。尤其是一部分经歌，对佛的崇拜和对人祖的崇拜相混相杂，呈现出既超俗又恋俗的相悖文化境地之中，民俗文化从原生到衍生这一发展趋势。

关于伏羲崇拜的民间古庙会，淮阳太昊陵庙会是一个典型，这里诸如"白龟池""画卦台"等神话遗址增加了神话传说的可信性审美特征，类似现象在中原地区其他地方也有，如上蔡、商水、项城、信阳，都有这类神话遗址。它们在一定程度上反映出伏羲崇拜对民间信仰的关联：既有依附，又有独立；同时，也体现出中原地区民间信仰的文化内蕴和特色。作为庙会文化中的伏羲崇拜，是东方思想文化的一个缩影，既存在于中原地区的汉民族中，也存在于一些边远地区的少数民族之中，如西南地区对伏羲，对伏羲与女娲的崇拜，以及葫芦的崇拜等民间文化现象，说明各民族文化之间的相互影响和交流。

对于太昊陵庙会，民国时期的蔡衡溪等，他们在《淮阳风土记》等作品中详细地记载下当时的庙会概况。20世纪30年代开封实验教育运动中，杞县教育实验区等曾组织青年学生分头调查太昊陵庙会，编印出《淮阳太昊陵庙会概况》一书，在当时产生过一定影响。今天，地方政府利用传说中的伏羲别姓氏，在这里举办"万姓寻根"等文化活动，同样推动了庙会文化的发展变化。这种现象值得我们密切关注与重视，现代社会发展中，文化认同与民间文化的具体联系与实践是一个极其复杂的问题，还有待于我们深入研究。

四 神圣之火——火神爷阏伯与 商丘阏伯台庙会

阏伯作为火神，在中国古代神话系统中颇具典型性。其神格的原始形象应该是属于自然崇拜的范畴，或者是既有恐怖色彩又有着吉祥意义的神灵。文化人类学理论认为，现代一些落后民族的火神崇拜与古老的社会即氏族社会中的火神崇拜是一致的。从现代一些土著民族火神崇拜的情况可知，人们常将自己的祖先尊祀为火神。火神的崇祀意义有两项基本内容：其一为免除火灾的危害、灾难，其二为祀祷火神带来温暖、热能。第一种因素当是相当重要的，在自然面前，人是微弱的，常有灾难、寒冷威胁着人们，所以说，与其称其崇拜，不如称其畏惧。

火神在神格形象的变化上经历了从物到人的具体转换，生成过程。即从某一具体的火神起源——神秘源，被人们描绘成精灵，而后又被人们演绎为自己的影子，于是，经过了对自己的祖先或酋长的描摹后，火神又迈进了帝王的殿堂——商丘阏伯台上的火神作为高辛氏之子，被派往东方来镇守这里的土地。火神、火王、火星、火帝真君便成为一个统一的又是多元的崇拜符号。

据古代典籍等文献材料可知，火神从普通的神祇受到帝王的礼遇，之后由专祀即国立庙祀逐渐散化为民间俗祀，一些村镇和大的都市一样立筑火神庙。但商丘阏伯台作为祭祀火神的场所及其所伴随的庙会习俗又有着特殊性，它将俗神崇拜与天文崇拜有机结合起来。

阏伯台，俗称火神台、火星台，在商丘市区西南三里许处。每年的正月初七、四月初四、六月二十三日，附近各县，远及山东、河北、安徽、江苏等地的数万人来此举行物资文化交流大会，其中以正月初七为最盛，俗称为"朝台"。

阏伯台相传为古代高辛氏帝喾之子阏伯主持星辰之祀，保存火种的地方。当地群众称阏伯为火神爷、火星爷、火王爷，每逢初一、十五这里都香火旺盛。在三次庙会期间，各种民间文艺活动纷纷赶来助兴，以阏伯台为中心的附近村庄摆满了各种日用杂货及土特产。各种商贩的叫卖声和嘈杂的汽车喇叭声、录音机的舞曲声搅和在一起，热闹非凡。

这三次庙会与当地农业生产十分紧密地联系在一起。正月初七，俗说为阏伯的生日，这时起会是为春耕做准备。刚过春节之后人们还沉浸在喜庆之中；庙会使人们注意已是春耕的日子，百事农为先，应该及早备好种子和牲口，以及犁、耙等农作物生产工具。同时，以火龙舞、焰火等各种祀火神的民俗活动祈求火神保佑一年平安。

四月初四是阏伯的父亲帝喾的生日。人们敬重阏伯，为什么在其父亲的生日还要祭祀呢？这是因为阏伯兄弟的特殊关系和帝喾的特殊身份对商丘一带古代历史的重要影响。而从农事的意义上来讲，四月初四会是为麦收做准备的，每当这时候，柘城的桑权和外地的扫帚、耢耙、扬场锹，都集中在公路两旁。凡是卖出去的，由卖主用墨笔或朱红笔在工具上画个号。这次会虽然会期短，但意义重要，尤其是许多人忌讳麦场着火，格外重视在这次会上的祈祷，希望阏伯保佑麦收平安无事。不但这时要祭，待麦收之后，粮食晒好入仓，待六月会上还要再来答谢。

六月二十三传说是火神阏伯的忌日，这一天他焚火自尽，化做星辰后与兄弟分离，人们纪念他给人间带来火种的功绩，举行庙会来祭祀他。而从农事的意义上讲，这是麦收结束以后，农闲时节人们为了庆贺丰收而举行的娱乐活动，是谢神也是崇神的继续。

阏伯台庙会主要体现为火神崇拜，即火崇拜。这和商丘地区的社会历史、自然条件分不开。同时，这种火崇拜又和天体崇拜即星辰崇拜联系在一起，对人们的社会生活尤其是行为和观念具有重要的影响作用。

在史前传说时代，人们对日月星辰非常崇拜，敬祀火的现象也普遍存在，阏伯就在这时应运而生。当然，其中阏伯成为火神、火神爷和火王爷、火星爷，经历了复杂的世俗化过程。

商丘是古代商部落活动的区域，曾是商朝都邑。商一词，按照古代这里生活的人的观念，商是位于东、西、南、北四方之中的意思，普天之下应以此为中心，都归商属。于是商朝也就广泛地以商作为地名。喾是中原地区东部的部落酋长，商丘这一带在他的部落范围之内。传说，他是黄帝的曾孙，初封于高辛，故又称高辛氏。现在的虞城县还有以其氏为名的高辛集，并有他的陵墓，北宋开宝六年（973）建帝喾庙。帝喾有两个儿子，大的叫阏伯，小的叫实沈，他们平时都住在旷林，互相不能容忍，每天都发生争斗。后来天帝把他们分开，把阏伯封在商丘"主商"，把实沈封在大夏"主参"。此即《幼学天林·天文》中所说的"参商二星，其出没不相见"。弟兄二人代表着两个部落，不断地发生战斗，天帝把他们分开之后，参星和商星就各占一方天空，再也不能在一起。这是商为什么崇祀阏伯的缘故。

阏伯成为商部落的祖先，商部落的人对他十分拥戴，阏伯台事实上就是祭祀他的遗址。这说明他在商丘这一带的影响。阏伯的后裔逐渐强大起来，灭掉了夏，建立了商朝。《诗经》中有"天命玄鸟，降而生商"，就是说商部落崇拜鸟，有鸟图腾。商人崇鬼，每事必有占卜。阏伯既然是部落的祖先，所以要受隆重的祭祀。这就构成了阏伯台庙会的远古时代的文化渊源。

古代人民经过长期的天体观察，建立了古代天文体系，他们假定太阳周年运行的轨道为"黄道"，将若干个邻近的星星联结成星宿单位，划分为二十八宿，又把黄道附近的周天按照由西向东的方向，分列为十二次，每次都有一定的星宿标志。如此表：

星纪次——斗，牛，女宿；

玄枵次——女，虚，危宿；

诹訾次——危，室，壁，奎宿；

降娄次——奎，娄，胃宿；

大梁次——胃，昴，毕宿；

实沈次——毕，觜，参，井宿；

鹑首次——井、鬼、柳宿；

鹑火次——柳、星、张宿；

鹑尾次——张、翼、轸宿；

寿星次——轸、角、元、氐宿；

大火次——氐、房、心、尾宿；

析木次——尾、箕、斗宿。

从表中可以看到，实沈次有毕、觜、参、井宿，大火次有氐、房、心、尾宿。商星为心宿、与大火次相对，人们崇拜火，理所当然地把阏伯列为火星。这也符合民间谚语中的"天上一颗星，地上一个人"。尤其是司马迁所阐述的天文分野："天则有列宿，地则有州域"，商属心宿，属大火次，列为宋国，即商丘。这样分野的目的是为了观"吉祥"，用以占卜列国的吉凶祸福。如《论衡·变虚》中的"荧惑，天罚也；心，宋分野也，祸，当君"。"荧惑"与岁星相对，是凶兆，出现在宋国上空，宋国当有灾难。这些天文观念为民间所接受，阏伯之所以有这些称呼也就可想而知了。特别是后世道教把阏伯崇为"火帝真君"，这种影响与一定的仪式相联系，也就进一步推动了阏伯台庙会的发展。

阏伯台庙会集中为火崇拜，而这种火崇拜又与太阳崇拜联系在一起，其中还掺杂着星辰崇拜。阏伯从一个部落的首领到原始先民所崇拜的星辰，在我国神话史上有非常典型的意义，是祖先崇拜与星辰崇拜与火崇拜一体化的代表。阏伯台庙会不但在中原地区各庙会中有鲜明特色，在全国范围内的各庙会中也非常独特。

首先是关于阏伯的神话传说，在商丘地区还有完整的保存和传播，其内容既朴实、生动又不乏悲壮，完全可以与古希腊神话中的盗火英雄普罗米修斯相媲美。

传说阏伯是老天爷的儿子，他心地善良，对天下的百姓非常同情。那时候，天下洪水泛滥，天塌地陷，到处一片黑暗，一片寒冷。阏伯在天上每天热的吃着、暖的穿着，看见老百姓怪可怜的，就偷着下到人间，帮助老百姓找火。阏伯在天上就是管火的，天上用火，离太阳近就从太阳上取。人间离太阳远，这咋办呢？他向人家要了一只大公鸡，骑着飞到天上去了。天上的火都是成块成块的，阏伯拾起来就往怀里揣。天兵天将看见了，报告给老天爷，老天爷不让他带走。阏伯不听话，老天爷让天兵天将捆住他，要罚他。阏伯一边挣扎着，一边把火块往地上扔。扔下来的火块都成了"火石"，两块一碰就产生火星。人盼着阏伯下来，堆起大土堆子接他。那只老公鸡没有阏伯领着就下不来，迷了路，嘴里衔着火块烧死了。现在人还能见太阳里面站着的公鸡。天天早上，地上的公鸡一起齐喊几声"回来吧——老祖"，太阳才升起来。太阳里面的公鸡成了地上公鸡的祖先，直到现在，凡是公鸡冠子和嘴下面都有几块"火花"，是从天上衔火烙的。公鸡衔火有功，啥都能吃，石头子儿也能吃。鸡血还能辟邪，毒虫望见就走。又因为阏伯兄弟俩不和，老公鸡只要见面就伸脖子斗，一不见面又想念对方，伸长脖子喊。阏伯下不来了，在天上被封为"火神爷"。地上的老百姓在阏伯台上烧香，烧纸，放炮，让他看见。时间一长就成了"朝台"。

如今，在豫东地区还广泛流传着许多与阏伯传说相关的生活习俗，说明火神崇拜在群众中的深远影响。

每逢红（喜）白（丧）事，都要有公鸡。俗说"喜事公鸡领路，白事鸡子引魂"，即指此，而且喜事是活鸡，丧事是杀了的"白条鸡"。传说这是阏伯火神爷封就的鸡为"马子"，公鸡引路、祭灶时还充当灶神的"马子"领路。

在儿童服饰上，无论是上衣下裳还是鞋袜袍帽，包括手帕上，都要绣上红公鸡。传说鸡能食百毒辟邪祛病。

每家新起的灶火，吃第一顿饭时要请人用麻秆或芝麻秆"燎锅底儿"，敬火神爷阏伯。弟兄们分家称为分"东西"，就是当年阏伯弟兄两个闹家产，打得头破血流，老天爷将他们分到东边商丘一个，西边晋城一个。分东西就是各立门户，是阏伯传下来的规矩。阏伯在天上是管火的，分家又叫"分伙"。逢年过节蒸馍、煮肉、炸果子，办席面，厨子都要把刚出锅的食物先往火膛里扔一个，称为让火神先尝了不见怪；若不然就会家庭不和，或者遭受火灾。

在庙会期间，所说的"朝台"，一是指烧香、烧纸、上供，或者送神戏，一是指香客把家乡的土用衣襟或者手巾兜来，堆在阏伯台上，借以表达自己的心意。阏伯台上的土不能乱动，阏伯台有神台之称，台上的树木草棵都带有"药"味，在庙会期间有人来请"药"。传说这些"药"，带回家用水煮了就能治病。

在阏伯台一带还有许多阏伯显灵的传说。阏伯惩罚人的手段一是让人患病痛，一是用火焰烧。不孝、偷盗、食言、不义等行为，阏伯都严惩不贷，而且明察秋毫。

关于阏伯台还有一些关于火神的身份不一样的传说：有人讲是神农，有人讲是炎帝，有人讲是祝融，有人讲是燧人氏。笔者去考察时，当地人也都直接称"火神台"，而不说"阏伯台"。这很可能与火神崇拜的多元化有关，特别是有人讲阏伯台是人们怕洪水淹没了，或者怕火烧了周围的树木和房舍，才建的土台。虽然没有相关的神话传说，但是这种说法也有一定价值。它表明火崇拜产生的物质条件。

民俗文化因为其自身的传承性而素有"活化石"之称。阏伯台庙会的这些传说和相关习俗，使我们可以管窥古代文化发展的某些实质与规律，尤其是商部落的活动对中原文化的影响，从而进一步揭示火崇拜，祖先崇拜和星辰崇拜等信仰观念的秘密。

阏伯台庙会在长期的发展中，既保留了古代社会思想文化，尤其是当地文化的某些原始材料，但也受到了各种外来文化的冲击。道教是我国土生土长的宗教，阏伯被祀为"火帝真君"，在台上立有"火帝真君碑"，台巅还建有关公庙。据碑石资料可知，元代还在此建了"王母祠"。今阏伯台院内西侧还有唐开元寺，内供奉释迦牟尼诸佛。碑文载，宋太祖等人还亲临觅佛。这体现出各种宗教力量对中原文化的"入侵"，从而影响着民俗文化的发展变化。

和其他宗教建筑一样，阏伯台有山门，山门为三开，意味着入其内即跳出三界，为单檐歇山式建筑。后以阏伯台为中心，东西各有长廊，与老君台相仿。台上下有石阶通道，台阶两侧栏杆上有石雕兽像。台东麓西麓树有多处碑石。朝台的香客用手摸兽像和碑石成为一种习俗，意为得火神灵气可以强壮筋骨。台高八丈许，方圆七十丈许。台顶即阏伯台庙。

阏伯庙为元代所建，明清时重修。庙内原有阏伯像为裸体男子高举火把，向远处张望，即传说中的火神。

今庙门高悬书有"阏伯祠"的匾额，外壁为木制屏样，上绘有商丘及周围地区的著名古迹风景图画，并配有诗文说明。如"迎春庙"中的打春牛的习俗画面，城西"中南海"的风光，城内"壮悔堂"中侯方域与李香君传说故事等，引人入胜。

现在，大殿内上悬"阏伯火正"匾，正中阏伯塑像着皇袍，手捧"火令"，坐着，神态端详，左右分立一童仆，分别手捧圣旨和皇印。两侧明柱上刻着对联：

举起天上刚正火，
燃尽世间不良人。

在大殿的东西两侧分塑两组彩像。东侧为左立一文官，端一副青铜酒具；右立一武将，手持巨斧；左手高擎一只火葫芦。两侧为左立一文官，双手端一册竹简，在竹简上用篆书写着几个字；右立一武将，持长戟，右手举一条青龙。

殿内墙壁上挂满了香客敬献的各种锦旗和匾额，中间阏伯神像前放着香案，香案前有几只盛"香火费"的木箱。

在大殿的外侧，分别建有阁房，东有"火星"塑像，西有守火将军像。阁前又分建有钟鼓楼，其中东侧钟楼内不知何人摆放一关羽像。

民国之前的"朝台"依山门至大殿，不因为香火会众多而混乱。香火会一般推举当地绅士担任总会首，主持祭祀活动。来自四面八方的各路香火会由会首带领扛着各色香火会旗前去"朝台"，事前要先向总会首通报，其礼仪形式上与古代军戏中的探马报情相仿。

在山门前分列着众多的香火会，依次而入。进门前分会首高喊一声"报"之后，扛着旗跑向前，行罢礼，念诵特定的一段辞。如：

> 报一报，再三报，
> 众家会首都来到。
> 家住河南归德府，
> 西北四十五里南靠铁路北靠冢
> 当中夹个谢家集，
> 谢家集西南七里半地大常庄
> 刘会首来拜——

总会首答礼，喊一声"里边有请"，然后，分会首再向总会首报人数，所带香火和钱数，再由总会首领着行祭礼。

各路香火会由会首率领进山门，先放一阵子鞭炮，有带民乐的再吹打一阵，聚集在石台阶下面的香火炉旁，将成捆的香抛入香火炉内。香火炉直径约两三丈，香火旺时，光火头就有三丈多高，热浪灼人，但仍不乏虔诚之徒用"神火"烧烤自带的各种食品做"药"的。祭品除了各种熟食、蜡烛、挂鞭，以及纸扎制的元宝、车船等冥器、冥币之外，还有献全猪全羊的。

"朝台"的火龙舞异常动人，在震天的锣鼓声中，一条巨大的火龙被几个青壮汉子一声吆喝舞起，龙口中吐出艳丽的焰火，龙身尤其是在龙尾装着花炮，噼啪乱响，火光四射。大家一齐喊着号子，龙身前后翻滚，如出海，如入云，气势非凡，引起人群阵阵喝彩。还有的龙头饰以电动的眼睛和龙须，或红或绿，格外耀眼。火龙舞是庙会的高潮。

阏伯台庙会除了高跷、肘阁、旱船等民间文艺活动外，常有几台大戏对唱的场面。商丘一带的土特产令人眼花缭乱，使人流连忘返，成为庙会的又一个热点。诸如大有丰酱菜和白糖豆腐乳、油辣酱豆、五香大头菜等，色香味俱美；孟家烧鸡肉质鲜白，肥而不腻。赶会的人们将这些小吃带回家，作为"神药"，成为冀盼幸福吉祥的物品。

商丘阏伯台庙会的文化特色给人以许多民间文化意义的启发，即民间崇拜中的神祇内蕴中，包含着丰富的信仰因素，自然崇拜、灵魂崇拜、祖先崇拜、英雄崇拜、天体崇拜，乃至生命崇拜、生殖崇拜，其间的意义是不可分割的，是互生互成，互相包容的。庙会文化之所以具有如此强大的魅力，其根源一在于远，一在于广。远即历史的渊源，信仰经过历史的淘汰而愈显其精神的魅力，只有这样的精神魅力，才能产生广泛的、较大规模的影响。社会现实中的信仰总有着旺盛的继承性，对待信仰的表现及其意义、价值，绝不能仅以"迷信"而蔽之。火神崇拜又如何不包含着民间朴素的防火观念？尤其是阏伯作为东方的普罗米修斯式的盗火英雄在民间受到如此隆重的敬祀，又如何不包含着富有科学意义的民间历史观、道德观、价值观和美学观？

五 五岳之中——天中大帝与中岳庙会

中岳之神为黄帝，中岳庙会是和祭祀黄帝联在一起的，即在中岳庙庙会文化中，黄帝崇拜与黄帝神话群具有特殊的意义。这里一个很重要的因素，即以五方帝崇拜为中岳庙庙会文化的底蕴。所谓五方帝，传统的说法指黄帝为中央之帝，其余四帝为太皞（太皞）、西皇（少昊）、炎神（炎帝）、颛顼，黄帝是四方天帝之长，故有"黄帝四面"之说。黄帝崇拜不单单在庙会文化中有特殊的意义，而且在整个中国神话系统中都有非凡的地位、意义和价值。在一程度上，我们的神话就可以分为两大阶段，黄帝前神话系统，包括神话中的盘古时代、女娲时代、伏羲时代，黄帝后神话系统，包括神话中的黄帝时代到尧、舜、禹时代。在黄帝时代，可以看出神话的完整性、系统性明显地有异于在此之前的各神话时代。当然，这里的因素更为复杂，既有当时社会生产力的发展，诸如指南车等重要的科学发明，又有着后世道教徒的渲染。应该指出的是，道教徒的渲染也绝不会随意附会，盲目所为的，他们要选择无论在传说中的历史上，还是在当世中，都有重要影响的神话人物，附之以非凡的本领，借以增强自己的宗教力量。这样的结果具有两种意义：一是使黄帝神话更加绚丽多彩而成为高度系统性、完整性的故事形态；一是使黄帝神话明显地比其他神话更庞大，也更为丰富。正是这两种意义，使黄帝神话具有其他神话所无法比拟的价值、作用。从总体上讲，黄帝神话是中国文化史上的奇迹。

我国古代神话典籍《山海经》中，可以看到黄帝神话的五大分支系统，一是禺䝞、禺京一系，一是昌意、韩流、颛顼一系，一是骆明、白马（鲧）一系，一是苗龙、融吾、弄明（卞明）、白犬（犬戎）一系，一是始均、北狄一系。其中，昌意一系还可包容伯服、淑士、老童（含祝融、太子长琴、重、黎、噎）、三面、叔歜、骊头、苗民等神性家族，骆明一系可包容炎融、禹、均国、役采、修鞈、绰人（毛民）等神性家族。黄帝族在影响意义上丝毫不亚于奥林匹斯山上的宙斯家族，更不用说"凡黄帝之子，二十五宗"之类的传说记载。尤为重要的是神州大地，特别是中原地区，广泛分布着黄帝神话的遗址，如古代典籍所载：

> 黄帝生于天水，在上姬城东七十里轩辕谷。[1]
>
> （黄帝）长于姬水，以姬为姓。[2]
>
> 黄帝都陈仓。[3]
>
> （黄帝）邑于涿鹿之阿。[4]
>
> 黄帝都有熊，今河南新郑是也。[5]
>
> 黄帝……艺五种，抚万民……时播百谷草木，淳化鸟兽虫蛾……迁移往来无常处，以师兵为营卫。[6]

如人言，"普天之下，莫非王土"。我们的神州大地，到

---

[1] 《水经注·渭水》。

[2] 《史记·五帝本纪》"索隐"引皇甫谧言。

[3] 《路史·后纪》。

[4] 《史记·五帝本纪》。

[5] 《太平御览》卷一五五引《帝王世纪》。

[6] 《史记·五帝本纪》。

处都有黄帝的"足迹"，都有关于他伟大业绩的神圣颂歌。可以想象，他就是红太阳，照耀着世界的每一个角落。如所云：

　　　　轩辕，黄龙体。①
　　　　黄帝四面。②
　　　　轩辕生而神明，弱而能言，幼而徇齐，长而敦敏，成而聪明。③
　　　　中央土地，其帝黄帝，其佐后土，执绳而制四方。④
　　　　黄帝，古天神也，始造人之始，化生阴阳。⑤
　　　　轩辕，主雷雨之神。⑥
　　　　黄帝做宝鼎三，象天、地、人。⑦

　　黄帝的功德是以帝王的身份出现的。他虽然没有像盘古那样开辟天地，像伏羲、女娲那样造就万物包括人类，而他创造了无比辉煌的文明，完善了人类社会的秩序、机能，俨然为天国的领袖。进一步讲，黄帝是战神为主要神格，威慑天下，统摄四方而成为古代传说中神圣的"领袖"。这一庞大的诸神集团的影响区域，主要就在中原地区，尽管它标明是"四方"。他和炎帝之争，征伐蚩尤等重大战争，使他确立了自己的地位，传说中是改变了中华民族历史，具有重要

----

① 《史记·天官书》。
② 《太平御览》卷七九引《尸子》。
③ 《大戴礼·五帝德》。
④ 《淮南子·天文训》。
⑤ 《淮南子·说林训》高诱注。
⑥ 《楚辞·离骚》洪承租补注引《春秋合成图》。
⑦ 《史记·封禅书》。

的奠基意义的卓越人物。迄今为止，在嵩山地区及其周围，如登封、密县、灵宝等地，不但广泛流传着黄帝的神话传说故事，而且在一些风景名胜中还依附着这些神奇的传说。这是一种社会历史发展中的信仰意识的物化形态，成为庙会文化的生成基础。值得注意的是，中岳庙庙会中的黄帝崇拜不像盘古庙会、伏羲庙会、阏伯台庙会等神话色彩较浓的庙会那样有着很直接的神性崇拜即敬祀行为，而且是渐进地、隐蔽地深含其中。

中岳庙位于登封城东六里，在嵩山东麓黄盖峰下，是我国五岳中最负有盛名的神庙。每年农历三月和十月，这里都要举行传统的中岳庙会。豫西登封相邻近的县和陕西、山西、湖北等地的群众跋山涉水，来这里叩拜神灵，烧香还愿。同时，各种民间文艺活动和物质交流为庙会助兴，使中岳庙会成为集旅游、娱神、交易为一体的物质文化活动中心，人数最多时达每天 20 万人次。

中岳庙会的兴起与中原地区其他庙会不同的是，它与古代统治者祭祀山岳的活动直接连在一起。中岳庙的前身是太室祠，早在先秦时期，就有隆重的祭祀活动，而且已经出现了神状"人面而三首"的现象，秦始皇的统一大业完成后，就诏令祠官祭祀中岳，每年向祠庙供奉牛犊、珪币、脯酒等祭物。汉代、南北朝时期，都有对中岳庙的祭祀活动。魏太武帝太延元年（435）在嵩山上立祠庙，至此之后，中岳庙成为道教神庙。唐代武则天祭祀中岳，封岳神为"天中王"，唐玄宗重修中岳庙，封岳神为"中天王"。宋代敕修中岳庙，而且县令兼任庙会，县尉兼任庙承，中岳庙政教合一，形成中岳庙会的鼎盛时期。之后经过频繁的战乱和风雨侵蚀，出现了数百年的冷落，清代又重修，并在庙内设置道会司，其祀典平淡，中岳庙会仅为普通的民间庙会。但这些毕竟奠定了中岳庙会的基础，为后来庙会的广泛发展创造了前提。

中岳是中原地区历史上著名的道教宫、观集中地，和嵩山上众多的庙宇、宫观联在一起，形成了一个中岳庙为中心的庙会群，它包括少室庙、启世庙、太后庙、文庙、城隍庙、南岳庙、卢医庙、香山庙、祖师庙、王仙庙、狗龙庙、关帝庙、三官庙和周公庙等数十座大小不等的庙宇。早在三百多年前，清代学者景日畛就详细记述了中岳庙会的盛况，用《庙会图》的形式存入其《嵩岳庙史》之中，对于我们今天研究古代民俗，特别是中岳庙会民俗，具有很高的价值。

在景日畛的著述中，一方面论述了庙会的社会作用，一方面则通过《庙会图》书写了一篇古庙会民俗志。他以为"庙会可以觇世变矣"。他说，古代的人们在正午时进行集市交易活动，这大概是取之于"离"这种现象，即文明的表现。国家太平时，四方人民，平安无事，道路畅通，运输方便，山中的珍品和各地的特产都会令人眼花缭乱。如果遇到了灾年，战乱四起，商品交易不通达，众多的人进行交易活动的现象，就会很明显地减少。在《庙会图》中，分内外两部分，一是很远的地方有人往东岳庙赶来，一是庙院内的市容货色。远处来赶会的人有的步行，还有人肩扛东西，有人推着独轮车运送货物，有人骑马；从服装和行走的方式上可以看出人物不同的身份，还能望见十里堡城楼上的三角旗。十里堡是中岳庙会的香客们的前站。进庙院之后，可见大门旁树着一杆旗，角旗在高高的旗杆顶上斜着。门前一侧有一座牌楼。在大门外有许多竹棚，是简易的集市。大门后有天中阁。天中阁西墙外边有一个酒肆，屋子外面挑着像幡一样的酒幌子。

天中阁的内院，东西两侧分别是"农器行"和"铁器行"。往后不远处有古神库铁人，周围开设有"针行""帽行""粉行"。继续前行，则有"扇行""药行""京货行""洋货行"。庙内最后一进院子里，有"铜器行""油行""布行"和简易当铺的"故衣行""旧夏布行"等。

从景日昣绘制的《庙会图》中，我们可以管窥当年中岳庙会的一般概况和庙会的各种习俗。庙会在当时并没有突出祭祀的内容，这一方面与作者绘制图的主导思想"觇世变"有关，另一方面也说明当时的庙会主要在于交易。其中最突出的一个特点是：庙内外的各种"行"都充分体现出农村生产经济的基本内容，说明中岳庙会和当地农业生产的密切联系。很明显，每年农历三月是为了夏收准备而兴起的庙会，十月则是秋收后，人们为了准备安排下一年的生产而兴起的庙会。庙会中的"京货行"和"洋货行"，则体现了外来商品对当地农村经济生活的冲击所发生的一些变化。中岳庙会与嵩山地区的经济、农业生产相互影响，相互作用。这种现象今天仍然保持着，但庙院内的交易场所都迁移到庙外的道路旁，而且交易的范围更广，内容更丰富。有人对1950年的农历十月庙会进行过详细的统计：参加物资交流的行业有36个，大型行店有240户，交流的商品种类有300多种，成交额达30多亿元（旧人民币）。参加庙会的群众包括九个省市，三十多个县。商品成交比例为：生活用品占15.6%，土副产品占19%，百货、布匹占43.8%，杂货占14%，粮食4.8%，中药材占3.4%，生产资料占0.2%。农村生产责任制推行之后，庙会更加兴盛。1983年农历十月庙会，仅登封县供销社系统就有15个单位到庙会上营业，有37个摊点，销售额高达24万余元。近几年，中岳庙会在商品交易比例上发生了显著变化，即各种工艺品随着中外游客的猛增，急速上升，生活用品和土副产品增长比例较缓，中药材基本平稳，而粮食比例明显下降，代之以饮食等服务行业的迅速上升，特别是各类饮料。另外，广告业务也挤进了庙会，随时都可看见各地企业做的巨幅广告牌。

在今天的中岳庙会上，有一个现象值得我们去思索，那就是随着现代科技的发展，现代影视，特别是各种音响充斥庙会市场。但在庙会上还保留着许多古老的习俗，如民间艺术中的舞蹈，诸如狮子、旱船、高跷、火龙舞和带有信仰色彩的各种纪念品"吉祥物"，诸如各种长命锁、玉如意、宝葫芦、香袋、避邪剑、生肖石等，尤其是中老年妇女的"唱经歌"，都一直不衰，而且它们积极地吸收了现代文明的成果，朝着更精湛的方向发展。

这就是传统的力量。换言之，是民俗心理对人们的行为、观念的支配。这也正是中岳庙会经久不衰，获得生机的原因之一。

中岳庙会与中原地区其他庙会相比，我们可以看到这样一些突出的特征——

首先是古建筑的完整保存，体现出道教文化的特点。中岳庙会上，与其说香客、游人们在寻神访道，游览胜景，不如说他们在翻阅着一部部形象的道教文化教科书。

在中岳庙诸景物中，"岳立天中"的碑石最突出，成为东方神庙中的一块"圣石"。庙会期间，成群结队的善男信女虔诚之至，双手作揖，跪下磕上几个响头，口中念叨着求上苍保佑一类的令辞，用手小心翼翼地抚摸几下碑石再离开。这块碑石和庙内的"天中阁"等以"天中"命名的建筑物一样，标志着中岳庙的地理位置的意义。古人讲，中原地区的地理形势，大体上是以嵩山为中心的，以汴梁即现在的开封作为腹部，汝阳和伊川为左右手，黄河和淮河为左右脚。又有人讲，嵩山是天下的险地，五岳的总览，孕育着神灵，化生出杰出的人物，镇守着天下的中心。凡此，都强调嵩山的中心位置，及其神秘的象征意义。在这样的背景下，谁来做"威镇天中"的嵩岳大神呢？道教徒们选择了黄帝。这位当年传说铸鼎"以铭制度成功，传之久远"的文化领袖，却成了"神岳天中黄帝"。在这里他与诸神相会，授人《阴符本经》，甚至受过王母的款待。黄帝作为中华民族的始祖之一，被道教徒所利用，结合嵩山地望居于天之顶心的特殊意义，成为嵩山地区神灵的"统帅"。中岳庙会，也因此而香火旺盛。中岳庙内的一草一木都染上了黄帝的"仙味"，为香客视为圣物。因为岳神天中王的神通无比广大，功德无量，人难以用言语文字表达，谒庙的信士们就立下了"无字碑"表示这种心愿。在中岳庙内的"四岳殿台"，则象征着天下名山受中岳的"统领"。庙内原有的风、雷、雨、电四神则意味着天中王的威力。庙院内的每一处宫、殿、台、阁和石翁仲、石狮、铁狮、铁人，甚至古老的松柏，都具有天中王所施予的"灵性"，受到人们的谒拜。

其次是中岳庙会上的药材交易具有特殊的意义，成为道教文化的教科书的一页，也是中岳庙会习俗中的重要组成部分。

中原地区古庙会中，药材市场相当丰富。如百泉、禹州两地的药材大会，都有悠久的历史和宏大的规模，以及祭祀药王这类活动。而像中岳庙会上这样与道教文化如此紧密的药材交易，是颇为少见的。

　　我国的传统药材被称为中药。药材是人们在千百年的医疗实践中不断探索发现的，是医学科学的伟大成果。例如神话传说中的神农尝百草，就反映了这种史实。但在长期的社会发展中，这种医学科学曾被歪曲，在嵩山地区，也发生过这类现象。汉武帝在嵩山遇到一个叫李八百的方士，谈到求仙问题，李八百说：嵩山上的菖蒲一寸九节，经常服用就能够成仙。于是汉武帝就让人大采菖蒲。又一时兴起，接连封了"万岁峰""万岁观"和"大将军""二将军""三将军"三株古柏，并在黄盖峰下扩建中岳庙，使庙会药材市场得到开发扩展。

　　再次是斗牛、斗羊、斗鸡等娱乐活动，成为庙会上富有特色的习俗。

　　斗牛的习俗体说由来已久，有人讲起于庆贺丰收的游戏，有人讲斗牛是因为谁能胜就会浑身是胆，山中的魑魅都会惧怕他，走到哪里都平安无事。还有人讲，姑娘最喜欢这样的力士，会向他抛出彩球。斗牛时一般在庙会前就相约好，赌注有烟、酒、毛巾，甚至一袋草料。斗牛胜利后，主人牵着牛在天中街转一圈，接受人们的赞扬。

　　斗牛的形式有两种，人与牛斗和牛与牛斗。前者为一青壮男子扎好架势，伺机抓住牛角，运用绊腿等技巧将牛摔倒即为胜。后者为两主人将牛分别牵到一定场地，周围形成一个人圈。大家齐唱几声引牛互相抵角。两牛红眼时便开始相抵，一直到最后一头牛倒下，另一头牛即为胜利。有人还将得胜的牛头上系上红绸，回去之后加草加料，予以奖励。方圆数里，若谁有一头得胜的斗牛，走路都把胸脯挺得高高的。而且相斗的主人商定来年春会上再比试，胜者理所当然地接受一切挑战。近年来多举行春三月庙会上的斗牛，人斗牛已少见。

斗羊和斗牛差不多，春会上有，秋会上也有，但形式远不及斗牛精彩。

斗鸡一般在春会上举行，在旷地上筑好一尺高的土台子，两只斗鸡的爪上系好特制的铁箍，然后开始较量；还有人在斗之前为鸡灌少许的酒，为其增劲儿。斗鸡多为阉过的公鸡，当地人称斗鸡为"打鸡"。两鸡相斗时，鲜血淋漓，直到一方伏地认"输"，不再还口，另一方即为胜。平时人还对斗鸡进行训练，喂炒过的大豆、玉米，为鸡催膘，强化其厮斗的意识，称为"溜鸡"。特别是在公鸡的爪上系几块铁块，强迫鸡飞起，锻炼其弹跳力、持续力，还有人约定，斗败的鸡下一次即没资格"参赛"，可见其淘汰率之高。

另外，中岳庙会的道教生活习俗和经歌并存，成为其又一个特点。

嵩山道教在北魏太武帝时即兴起，当时有一个叫寇谦之的道士，自称太上老君封他为天师，继承张道陵改革天师道，在道教生活中模仿某些佛教仪式，又大修岳庙，使道教在中岳庙兴盛起来。在金、元时期，邱长春在此传教，听讲者络绎不绝，如同赶会一样。在明代宪宗之后，中岳庙道会司总管和道众多达五百人。每年农历十月庙会之后，道士们即习早、晚课，读《三官》《龙王》《北斗》诸经。中岳庙道士原来分在太尉宫、火神宫、祖师宫、神州宫和小楼宫五个院生活，现在集中在神州宫和小楼宫内（俗称"道院"）。他们在土改时期还分得土地，自耕自种自收，并有接待游客和香火费等多项收入。

中岳庙道士属龙门派，四体勤，五谷分，每早六时"开静"，先钟后鼓，着道袍、戴浑元巾，待烧香后，全体叩首。

在经师将"经卷"展开时,"铙""镲""钟""磬""鼓""铃""钵""盂"共鸣,众人齐唱《小祈晴》。之后,念咒跪送太上老君,再起立,诵经、诰,再诵《中祈晴》《忏悔文》和《二十四愿》等,三叩首即念完《早坛经》。中午继续念各种道经。晚上先鼓后钟,起立,唱赞,奏乐,念《道德经》,叩首,至晚九时"止静",功课完。逢初一、十五要念《玉皇经》,延长一段时间。

庙会期间,中岳庙道士坚持宗教习俗,同时也有许多农村妇女在庙内空旷地唱经歌。道与佛为什么会形成这种特殊的局面呢?

如来佛即佛教创始人悉达多·乔达摩,相传为净饭王太子。佛教徒尊为祖师,传入我国之后被认做佛教最高神。道教徒为了对抗佛教的影响,讹传老子"入夷狄化浮屠",把佛作为老子的化身之一。在民间诸神崇拜中,佛与道已经基本上形成了一体,这里佛即道,道亦即佛。群众唱经歌也就不怪了。

中岳庙会上的经歌与豫西地区其他庙会上的基本相同。据笔者对偃师县几位老年妇女调查,她们往来于各庙会,唱得都是一个调。又称,她们唱经歌和烧香敬神是一个道理,无论啥神听了都高兴,就能免灾除难,保佑人平平安安。也就是说经歌已成为群众自娱自乐、带有游戏色彩的文娱活动。

中岳庙会的经歌演唱形式有两种:一是传统的"坐唱",即一个领,周围同坐者相和。一是"跑场",即跑舞步。跑者一般为三个人以上,她们来回穿插着,扭着唱着。演唱者每唱一句,围坐在周围的香客们,都要伴唱"那个弥陀佛""嗨嗨哟南无真经弥陀弥陀呀佛唉嗨唉嗨哟"。

中岳庙会上的"打镲"富有特色。这是一种特殊的演唱方式，其节奏可以这样标记：

啪啪啪 啪 啪啪啪啪 啪 啪啪啪 啪啪 啪啪啪 啪

这种气氛热烈而欢快，既诙谐又活泼，节奏轻重缓急相间。唱词通常多用儿化的音作为韵尾，内容也多采用富有生活情趣的事，着重表达人们的轻松愉快心情。最为典型的一首是《小佳人》：

> 乒哩叭，且往下，
> 没有人打又俺来打，
> 也不管会说不会说，
> 我三言两语你歇一歇：
> 从东来了个小黑呀驴儿，
> 粉鼻子粉眼睛粉肚皮儿，
> 还有那四只白银蹄儿，
> 踏着驴子那吧铜镫子儿，
> 后头还跟着那黑邹棍儿，
> 脖子里带着那小串铃儿，
> 檀香木鞍子儿虎皮褥子儿，
> 骑着那个小佳呀呀人儿。
> 说佳人儿，道佳人儿，
> 佳人长得真排气儿，
> 桃花瓣儿，红嘴唇儿，
> 疙瘩瘩鼻子双眼皮儿，
> 雪青袄，红裙子儿，
> 小金莲不过二寸七儿。
> 说佳人儿，道佳人儿，

佳人长得真排气儿，

后头跟着那小女婿儿，

松三襆儿，大辫子儿，

黑棉袄，蓝袍子儿，

尖顶那帽子甩红穗儿，

黑靴子儿，白衬底儿，

白袜子儿，银溜根儿，

手里掂着皮鞭子儿，

得儿哟嗬串亲戚儿。

不远来到丈人门儿，

走马门楼真好看，

门根儿站着个小闺女儿，

穿着那一身粉红衣儿，

低脑上绑着那牛疙儿。

叫奶奶，出来吧！

恰么是俺姑父串亲戚儿。

老丈母搬着红椅子儿，

她打发闺女下黑驴儿。

老丈人出来拦住驴儿，

妻哥出来引女婿儿。

进去大门是二门儿，

进去了那二门儿是客厅，

那吧客厅里好摆设儿，

漆桌子那吧连椅子儿，

桌子上围着花围裙儿，

桌面上搁拉着八碟子儿，

猪肉片儿那吧羊肉丝儿，

芙蓉糕这兰花根儿，

咬上一口来香喷喷儿，

这都是没结婚的孩娃子儿，

待明儿，走丈人，吃东西儿，

吃香的，喝辣的，

噼里啪啦嗨嗨哟，

你看那得意儿不得意儿！

在这首歌中，突出描绘的一是服饰，一是摆设。服饰的美是为了衬托人的美，摆设的美是为了表现生活的美，用"打镲"的形式来抒发人们对生活寄托，从而宣泄人们在长期的劳动生产重压下的苦闷和积郁。打镲的多为卢氏、灵宝一带来的妇女，她们演唱时忘情忘我，长途跋涉的劳累都消除干净，甚至精神焕发，着实感染许多人，使庙会增添新趣。

经歌中，这种演唱方式穿插其间，此起彼伏，或热烈激昂，或平稳舒畅，形成生动、朴素的整体效应。另外，中岳庙会上的经歌还有许多，如《拐棍歌》《十碗菜》《八十老母进花庭》《织手巾》《豆腐歌》等。曲调形式和其他庙会略同，此不赘述。这些歌不仅在庙会上可以唱，逢年过节时，只要高兴，一群妇女往一处坐下即可唱。以中岳庙会为代表的唱经歌成为豫西地区富有特色的歌俗。又因为庙会多在山中，在某种意义上可以称此为中原地区的"歌"。

除了经歌，中岳庙会尤其是春会，以天中街为主要演出场所的社火是中岳庙会最突出的民间文艺活动，尤其是伴社火的各类灯歌，伴着豫西人多彩的舞姿，和热烈的锣鼓与唢呐，形成歌的海洋，舞的海洋，欢乐的海洋，将庙会推向高潮。

社火是一种以祭祀为主要内容的综合性民间文艺活动，集民间舞蹈、民歌、杂技和民乐、民间小戏等艺术为一体，一般在庙会之前演出，为庙会助兴。也有一些社火是村民们自发的民间文艺组织，用于平时祈雨、求晴和希望五谷丰登或庆贺丰年的"请神"活动。这种活动耗资较大，表演艺术非常复杂，特别是在灵宝一带还有"骂社火"和"赛社火"等诙谐幽默的习俗，而在中岳庙会上因为敬神，自娱性成分较少，所以多为狮子、龙灯、旱船、高跷、跑竹马、打花鼓、打花棍等民间艺术活动。这种活动最早可追溯至原始时代的巫术，源于秦汉时期的百戏，盛于唐宋时期。李斗在《扬州画舫录》中记述道："立春前一日，太守迎春于城东蕃釐观，令官妓扮社火；春梦婆一，春姐二，皂隶二，春官一。"范成大在《上元记吴中节物俳谐伴三十二韵》中形容社火"轻薄行歌过，颠狂社舞呈"。又自注道："民间鼓乐，谓之社火，不可悉记，大抵以滑稽取笑。"都说明社火在宋代之盛。今天的社火工艺、设计诸方面都有所改进，表演的内容具有鲜明的时代特色，同时，又有传统的精华。

社火一般分为四个部分。

第一部分为"探马开路"。探马也叫"报马""百马"。由一个人翻穿皮袄，倒骑着大马通知人们要举行社火。这种活动过去比较盛行，今天已不多见，而是由人敲锣，或一班子民乐队吹打走过即为报信。

第二部分为开场。先由一将军打扮者骑马开路，其身后跟着一群扛旗的人，再往后是吹号的、打锣的、击鼓的、打铙的、打钹的和各种管弦、丝竹。在演奏中，有人翻跟头，引起人阵阵喝彩。

第三部分为开路。一般为轿子中坐一位民间文艺中的典型，如包公、关公、徐九经等人们所喜爱的代表着刚正、善良的人物，在乐声中通过。

第四部分为社火的中心内容，俗称为"芯心"。芯子即社火心，由许多民间艺术排列组合而成。芯子在某些地方又分为抬芯和背芯两种。抬芯人多，或用车马拉抬，背芯多为一人肩背，中岳庙会则为狮子、龙灯、旱船、高跷、花鼓、秧歌等民间文艺，伴以灯歌、小调，直到最后在社火队后面的小丑一类的角色作各种滑稽表演收场。

灯歌、小调有灯歌调、较八叉子调、花鼓调、花棍曲、竹马调、高跷曲、旱船曲、太平年调、高腔和花鼓跺子等十多个种类，内容多为男女生活情趣和日常琐事，通过朴素自然、生动活泼的歌调，表现出庙会上人们的欢乐情趣。

庙会社火较为流行的灯歌主要有《十二月采茶》《五月采茶》《四季对花》《小劝夫》《跑旱船》《十二状元》《绣荷包》《卖樱桃》《陪送小调》《打秋曲》《十爱姐》《爬天桥》《五更》《十绣》《串亲戚》《扭秧歌》和《勤俭歌》等。这些灯歌曲调比较自由，大多没有专门的曲调，多借用花鼓调、剪靛花调、老阳调、采茶调等。歌与舞相伴，时缓时紧，妙趣横生，最为典型的如《陪送》：

　　　　张家的姑娘要陪送，

　　　　爹娘陪个大马桶，

　　　　婶子大娘陪铺盖，

　　　　哥嫂陪的花衣裳，

　　　　咿呀咿子喂子喂，

　　　　爹娘那个陪个大呀马桶。

这是一首灯歌，表面似乎意在打趣，通过荒唐的举止来表现生活中人们对子女的逗乐心态，表现出民间艺人的超然风度。

又如《卖樱桃》：

> 姐儿房中绣荷包，
> 忽听得门外人吵闹，
> 吵闹卖呀卖樱桃。
> 钢针褪住红绫线，
> 放下荷包往外跑，
> 金莲小，门坎儿高，
> 踩住罗裙绊倒了，
> 闪坏奴呀奴家腰。
> 唉嗨唉嗨闪坏奴呀奴家腰。
> 手扒门帘往外瞧，
> 原来是李家的小鳌羔，
> 假装卖呀卖樱桃。
> 哎嗨哟将奴忙坏了！

两首歌中，《陪送》打趣在通过爹娘和哥嫂不同的陪送嫁妆的对比上，做父母的为什么要陪送上一个马桶呢？言外之意让人去做各种猜测，或者说暗喻女儿是个饭桶，光吃不干，女婿同样窝囊，所以只配送一个马桶。或者说教育女儿到婆家要勤俭持家，要种好地，勤积肥，不要怕脏怕累。其实，这是江浙地区民间歌曲的传入，其意在于祝福出嫁的姑娘多生儿女；南方生育习俗中，马桶是充满神秘意义的用具。在苏州等地，父母陪送马桶是一件非常庄重的事情。但是，这首民歌传入中原地区之后，愉悦属性却发生了相当大的变化。它的原意已经基本改变，成为人们单纯娱乐的小调。橘生淮南与淮北的确是大不同。

《卖樱桃》则通过一个姑娘听到樱桃叫卖声的慌忙神态的揭示，表现出隐隐约约的男女之间的思恋。"扭坏腰"一词非常传神，是姑娘的嘴馋，还是姑娘听到这叫卖声入了神，要亲眼望一望心上人？在中原民间文化中，樱桃不是普通的果实，它常常被寓意着对于青春、娇小、美丽、活泼等审美内容的歌颂，也包含着性的崇拜。在某种意义上讲，民间艺术之所以深受民众喜爱，性爱的内容在艺术表演中无拘无束的显示、张扬，是相当重要的因素。而这些内容，如果没有在民间社会的具体感受，就不可能懂得其真正含意。

两首灯歌都巧妙地借用生活的一个片段进行细致的描绘，让人去尽情想象，进而去憧憬生活的美景。这种情况在灯歌中非常普遍。灯歌曲调最优美，歌词自然，表现出经受着生活折磨的人们对未来的希望，对人生的热爱。

在庙会期间，还有一些巫术活动，类似打醮。其主持者一般五十岁上下的男女，他们自称受"天中王"的派遣，来到凡间"为民除害"，惩恶扬善。但他们大部分属于"地下活动"，人们庙会上把他们请到静处，杀上一只白鸡或纯黑色的公鸡，备好香、黄表纸、朱砂，神汉们舞弄一通即完成任务。这是一种迷信活动。

在中岳庙还流传着许多动人的故事，成为庙会吸引许多人的神秘性因素。最典型的如《中岳嵩山的来历》，传说玉皇大帝有五个保驾的天将，他们每人都有一件法宝，能施展出七十二般变化。玉皇大帝有个女儿，意在这五位天将中择婿。有一天,四方出现了灾情,玉皇大帝让四位天将分别去四方救灾除难,留下了叫山高的天将镇守中原。四位天将成了东西南北四岳,山高挥剑塑下七十二峰,远望有如无数的天兵天将,深得玉皇大帝的喜爱,就被封为中岳,纳为婿。直到今天,峻极殿后的"寝殿"还放置着两张床,供奉人们祭祀的中天王卧像——"睡爷爷"和天灵妃坐像——"坐奶奶"。有人告诉我,在以往,这里存在着婆婆带领媳妇观看神灵在一起做爱的仪式。传说,这样可以治愈不孕不育的病。

在中岳庙庙会上,还有人祭祀大禹的,打着龙旗,捧着盛有黄米的饭盒,求风调雨顺,五谷丰登。祭祀的地点同样在庙院内,究竟为何这样,只有简单的传说,讲大禹曾在这里指挥治水,并生儿育女,死后成了这里的"山神爷"。

中岳庙庙会是具有典型意义的庙会,它是庙会的祭祀神灵从空前影响意义的神话人物——中央大神这一非凡角色,逐渐退居为一般的山神的典型。为什么会出现这种现象呢?它给我们提出了一个颇为棘手的命题,值得研究。

在嵩山地区的周围,尤其是新郑、新密、灵宝、禹州、汝州、嵩县、洛宁等地区,分布着一个庞大的黄帝神话群,民间百姓不仅在庙会上祭祀这位民族祖先神,而且在春节也敬奉他。

更令人瞩目的是在新郑、新密交界的具茨山等地,广为流传着有关黄帝的"圣迹",成为黄帝神话民间阐释系统的重要内容。特别是近年来的黄帝大典,国家权利形式的介入,中外华夏儿女欢聚一堂,使庙会文化的影响发生了更重要的变化。

六　殷商的风——临颍殷商
文化遗址与庙会

临颍地处河南中部，早在新石器时代这里就有了繁衍生息于此的先民，在今固厢乡城顶村、巨陵乡巨陵村一带，商周曾建城颍邑、大陵邑。迄今在这里仍分布着与殷商文化密切相关的庙会群，其中最为典型的一是位于县西端的纣城庙会，一是位于县东端的商高宗寨庙会。

（一）纣城庙会

纣城属大郭乡，距临颍县西20公里，地处临颍、襄城、郾城、舞阳四县交接处，分纣南和纣北两个行政村，居民657户，3 000人；今主要村庄以纣城镇为中心，从西往东依次排列纣城、吴城、李城、刘城、曹城等自然村。传说这里是殷纣王的行宫，后成为纣王儿子武庚的封地，所以取名为"纣城"。历史上殷纣王是民间传说中荒淫无道的暴君，但在这里却曾是受人尊重的帝君，他的儿子武庚也因而成为受人尊敬的英雄——最典型的就是当地百姓尊武庚之讳，报时不打"五更"而只打"四更"，即"五更""武庚"同音。以纣城中心的千年古槐为中心，周围分布着摘星楼、莲花池、望花台、妲己洞、蜈蚣河、御花园等与殷纣王传说有关的遗址，村镇内保存有完好的明清古建筑，每年的农历正月二十五、三月二十五、六月十五、八月十四分别有古庙会。庙会的信仰功能逐渐淡化，主要是贸易和娱乐活动。通过民间庙会的传播，一些与殷商文化有关的民间传说得到保存。

纣城中心的千年古槐，传说是殷商时所生，有人说是殷纣王所栽（或拴马处），有人说是武庚所栽，在古庙会上成为神树，人们在树下烧香烧纸，以求神灵保护。今古槐躯干仅剩一张二尺宽许的树皮，在树皮上生出冲天的枝桠而茂密生长。在古槐的东南方向刘城一带，传说有纣王的金銮殿，地下埋设着妲己洞；在古槐的西南方向，传说有纣王冢；在古槐的西北方向，传说有寇台御花园；在古槐的东北方向传说有望花渠。这些传说与一定的风物联系在一起，构成一个相对完整的殷商文化群；同时，有许多辅助传说，使这些传说中的殷商文化遗址显得更加神秘莫测。有人讲，阴雨天气趴在茄子棵下能听见妲己的笑声；又人有讲，从妲己洞里扔下鸭子，鸭子会从望花渠飞出来钻进御花园；还有人讲，纣王冢显灵，民间百姓能从里面借出办喜事用的各种餐具，因为有人不守信用，借了不还，所以就再也不灵了。甚至还有人说，当年日本鬼子侵占了临颍，当他们打纣城时，纣王显灵，夜晚时分在城上布满神兵天将，打死了日伪军数人，日本鬼子吓跑了。至于为何传说纣王如此荒淫无道，有人讲那是周朝的人故意给他抹黑。不论这些传说有多少真实的成分，笔者相信它都代表着一种情绪。若我们从文化人类学的理论来认识纣王传说，应该说是有许多古老而复杂的文化值得我们重新认识。在西望偃师即商都并不很远的临颍，今天还保存着这样一些传说，确实值得我们注意。古槐屹立了千年，传说如风，知晓这些传说的人越来越少，庙会也越来越淡于信仰的神秘氛围。

笔者站在古槐旁，只感觉到风是留不住的，只有纣城的街道高出周围的村野，那古朴的建筑令人心潮起伏。

（二）高宗寨庙会

高宗寨原名商城，属三家店乡，商县城东 15 公里。高宗寨方圆一平方公里许，高出地面近 5 米，上面原有整齐街道，今天人口已经越来越少，因为耕作不方便，许多人家已经搬下来居住。商高宗寨庙会包括两个地点，一是高宗寨，一是距寨很近（不到 1 公里）的华严寺（原高宗庙）。两个地方庙会紧紧相连在一起。影响较大的庙会是每年的农历二月十五和六月六，传说二月十五是商高宗的生日，六月六则是他的忌日。从两处土台的土层中可以看到，这里的历史异常悠久，它不但有夏商周时代的文物，而且有大量新石器时代的石制斧、铲、锛、箭头和蚌壳、蚌刀、蚌镰，还有一些陶网坠、骨针等器具。据当地人讲，商高宗庙建在这里，是因为当年的高宗寨面积有限，所以在这里分享香火，配祀商高宗。但至今商高宗庙仍在高宗寨上，这个高宗庙因为明代一位绅士购藏《华严经》于此而改名"华严寺"，成为一所学校所在地。庙会的主祀场还是在高宗寨。

明嘉靖八年《临颍县志》载："商高宗庙，在县东南王上保商城寺西，昔高宗捕蝗于此，后人因以建庙。"从寺内所存碑石可知，北宋之前这里已经香火旺盛。

高宗寨庙会有两个特色。

一是神秘的龟文化作为地形，迄今仍完整地保存着，体现出先民龟崇拜的痕迹。殷人崇拜龟，这里和商部落祖先起源于海边的地理环境分不开的。如《诗·商颂·长发》："相土烈烈，海外有截。"显然，海中产龟，龟就自然形成他们的图腾的一部分内容。关于商族起源，史学界有多种说法，如陕西说（见司马迁、郑玄、皇甫谧、许慎、徐广等著述，以及顾颉刚的《殷人自西徂东说》，此派影响较大），山东说（见王国维、徐中舒、郭沫若、王玉哲等人著述），河北说（如丁山、李亚农等人著述），东北说（如傅斯年、金景芳、于志耿等人著述）和山西说（如邹衡、李民、陈昌远等人著述），不论他们怎样描述、论证商部族的发祥地，他们大多提到商部族曾在渤海湾活动，这就和海联系在一起。

事实上，一个部族的起源不可能是单一的，像商部族如此强大，他们很可能是在不断的迁徙中发展起来。我们应该注意到这样一种现象，商在祭祀中运用大量龟甲，在祭器中制作大量龟形，这绝不是偶然的。最典型的是河南安阳小屯殷墟一带发掘的实物，如1975年小屯村北发现的两个玉龟，精美的圆雕显现出殷商民族图腾观念。今天，在临颍东部地区的商民族的图腾观念，具体表现为高宗寨保存如此完整的龟形建筑，应该不是偶然的。

两个古老的村庄分别建成龟形，这在我国历史文化遗址上是不多见的。但关于龟的传说已明显和盗宝型故事相糅合，基本脱离了殷商文化的龟崇拜的原型意义。

传说高宗寨是一只巨大的母龟，华严寺即高宗庙是一只略小的公龟（两只龟的形状在今天仍能大致看出），它们都向东南方向爬去，若两只龟相连，这里就要生出一代帝王。结果传说中，有人讲是当地著名人物贾咏，有人讲是南蛮，也有人讲是商朝太师，把这个秘密看穿后，在华严寺前即小公龟的龟头部分打了一眼水井，就使公龟钉死在原地，而母龟也跟着死去。事实上，这里包含着几种信息：一是龟的图腾崇拜遗迹，一是古老的生殖崇拜和性崇拜，一是井的开凿在先民生活中的意义，一是风水信仰同原始崇拜的联系。尊龟观念在千百年的岁月中经受了多种异文化冲击后，至今尚能保存，这本身就是一个奇迹。这个神龟传说当然成为庙会文化的一个重要内容，使地方风物增添了许多神秘的成分，增强了庙会的辐射力、吸引力和凝聚力。

我在华严寺即高宗庙的西侧土台壁上，赫然见到多处原始文化遗迹，较多的是龙山文化遗物，如陶片、贝壳等。在一处洞穴中，我清晰地见到原始人用火的灶遗迹，那些灰烬形成的化石和许多陶缀，令人想起远古的风该是如何清静、冷寂。这是历史的标志。

二是捕蝗舞及其相关的传说。

在高宗寨高高的土台上，我们走进高宗庙的院落内。整个院落像一户普通的农家小院，只有神庙前的砖砌香炉池和墙壁上几块香火碑，向人显示出这曾经是古庙会的祭祀中心。庙祝是一位八十多岁的妇女，她打开庙门，让我们走进庙内，三间瓦房的正中是高约三米许的商高宗像，一副帝王气派，两侧分列着仙人、神侍，四面墙壁上挂满了五颜六色的锦旗。这些锦旗都是当地百姓亲手制作的，歪歪扭扭的字迹，显现出香火会众的虔诚。他们亲切地称商高宗为"商王爷""高王爷"，很少有人直接称武丁如何如何的。他们说，商高宗很灵，能保佑善良、诚实的人家幸福、平安。锦旗上的谢辞多半是祛除病灾、求佑子女升学等内容。在考察之前曾经听河南大学出版社的袁喜生先生（他是临颍人）介绍，当地在20世纪50年代前曾流行捕蝗舞，纪念武丁捕蝗的功绩。问庙祝此事，她兴奋地说有，只是这些年已经没有人会跳，她也跳不动了。她说捕蝗舞是在庙会上敬神的，跳舞的人怀中捧着一只巨大的木雕蝗虫，身上披着草苫，是光着身子。我问她跳舞的人是男是女，她不回答。她只讲了一个传说：当年商高宗从北边来巡视，帮助百姓捕杀蝗虫，一直往前走，后来听到有人说"东边是西华"就死去了。传说商高宗在这之前就有军师卜言"遇西而亡"；高宗死去后，灵柩停放的地方现在叫"停灵城"，他指挥捕蝗的地方就是现在的高宗寨。

陈正祥《中国文化地理》提到，我国的蝗灾分布区域主要集中在黄河中下游地区。临颍历史上蝗灾的典籍文献记载是相当繁复的，大的蝗虫灾害记录在多种《临颍县志》上，有近百次。这里是颍河故道，土壤成分适宜蝗虫滋生，捕蝗就自然成为民俗生活的一项重要内容。一方面在甲骨卜辞中，我们可以看到殷商不仅有专门负责耕田的官吏，而且有商王多次亲临视察农事的记录。商高宗捕蝗灭蝗的史实在文献中出现不明显，但在口传的民间传说中却很具体，依据于甲骨卜辞等材料看，应该是实有其事的。另一方面，从布罗代尔的口述史学理论来看，这些传说和信仰应当是有久远的文化背景做传承依据的。其中"遇西而亡"的卜言，在《周本纪》中就可以找到其发生根据，如"西伯积善累德，诸侯皆向之，将不利于帝"句，西伯即文王，是灭商的政治领袖。那么，仇恨或恐惧"西"的情绪就不难解释了。

再者，捕蝗舞的披草苫所显示的意义也应当是有着久远的史实背景的。这一方面让我想起马昌仪先生等学者的《湘西茅古斯调查》对于虎图腾在民族生活中的遗存状况的描述，这里我们从另一方面可以看到商代乐舞的遗存。

商乐舞的主要形式，据卜辞等材料可分为翌舞、桑林之舞、傩舞、北里之舞、雩舞、奏舞等形式。以此做对照，捕蝗舞的披草苫和裸体行为可见基本上融汇了这些舞蹈的信仰意义。翌祭在王宇信《建国以来甲骨文研究》中释作"持羽干戚而跳舞之祭"，桑林之舞应该和高禖崇拜相联系，傩舞显然是驱疫（《说文解字》："颗，丑也，今逐疫有其页头。"郭沫若先生说甲骨卜辞中的魌字即颗），北里之舞《殷本纪》称为"靡靡之乐"当与桑林之舞同义，雩舞意在求雨，等等，我们都能找到相似的功能体现机制。舞在甲骨卜辞中写做"爽"，显然在字形上和披草苫是相联系着的。

草苫舞在这里的存在有更为独特的意义。1985年春天，笔者在这一带考察民间庙会，发现羽人舞在庙会上的表演。表演者是男性，裸体，身披用鸡毛缀成的长袍，唱迎神、颂神的歌曲；表演者被地方百姓称呼为"鸡公爷""鸡大仙"。传说这种舞蹈可以驱邪、避疫，在旱天可以求雨。究竟它与商高宗庙会或者更远一些传说，及与原始崇拜的关系如何，还需要深入研究。

（三）历史在哪里驻足

河南省临颍县殷商文化庙会群的存在不是偶然的。殷商文化在中原地区的分布可分为几个区域，一是豫北地区卫辉、安阳一带的殷商文化群，以毕干庙会为典型，一是偃师二里头殷商文化遗址，一是临颍和西华、商水一带的殷商文化群，除了以上提到的纣城、高宗寨、停灵城（平宁城），还有西华的箕子台，商水的水灌台等遗址，一是豫东地区以商丘为中心的殷商文化群。但像临颍这样表现出对纣王、高宗好感的现象，是不多见的。

在史籍中和绝大部分民间传说中，纣王是亡国的明鉴，他的形象和隋炀帝是相似的，都以荒淫而称恶。但我们穷究史迹，会发现这里有很多扭曲的内容。隋炀帝曾经很有作为，唐帝国的文化工具却极力抹杀这些，渲染其淫乱、暴戾的一面；周灭了商，就采取这样的手段。这使我们想起历史上的毁庙制度。一个政权替代另一个政权，极尽诋毁，是为了树立自己的形象，这是历史的规律，它作为一种情结影响着我们的民族文化。相比之下，商高宗武丁的形象更为幸运，如《尚书·商书·说命》中提到，武丁曾梦见上帝赋予他一个优秀的大臣，按照梦中的形状"旁求于天下"，终于找到了傅说，成为历史上的美谈。在我国众多的神庙分布中，我们可以看到这样一些现象，作为民间尊崇祭祀的历史人物，大多都是忠义的化身，当然也有淫神、杂神的崇祀成为人们自我安慰的心理调解手段，但像临颍殷商文化庙会所表现出的这样独特的情结，我们又该如何理解呢？民间文化的选择常受时政的左右，但并非完全这样。一定的条件下，民间文化的选择更多地保持着自我选择，它表现出独立思索的成分。如李自成庙，在晚清时期是贼寇的李自成，民间百姓仍有人作为英雄敬奉。民间文化发生机制的运行是一条独立的规律，从那些五光十色的民间传说、民间信仰中，我们可以看到另一种历史观、文化观。临颍殷商文化庙会告诉我们，历史绝不是只有一种用文字记载的版本。

七 道德真源——鹿邑老君台庙会

在庙会文化中，有的庙会是从神性渐渐淡化为人性。有的庙会则是从人性渐渐浓化为神灵。鹿邑的老君台庙会中，老子，就是这样一个从人到神的转化的典型。

神灵崇拜的渊源与原始社会的信仰有着直接的联系，即古老的祖先崇拜、英雄崇拜与灵魂崇拜等多种信仰相结合有机生成的现象。老子从普通的民间哲人，步步高升，升华为文化英雄，最后化身为叱咤风云的典型。以这种文化背景为前提，每年的农历二月十五，相传老子生日，鹿邑老君台有河南、山东、江苏等地的群众赶赴到这里，拜谒这位道教"道德天尊"，唱大戏三天。各种民间曲艺、杂技，也荟萃于此。人们乞求得到老君的保佑，带着馒头、大刀头①、蜡烛、香、表和各种纸糊的冥器，虔诚之至。同时，以老君台为中心，贸易活动热闹非凡，集中了鹿邑一带的地方经济物资，使庙会轰轰烈烈。

老子（约公元前571至前471），姓李，名耳，字伯阳，谥号聃，春秋时期思想家，哲学家，道教学派的创始人，被道教尊为"道德天尊""元始天尊""灵宝天尊"，合称为"三清尊神"，他出身农家，自幼聪颖勤奋好学，成年后任周"守藏室之史"，掌管典籍，记录朝仪，对于自然界和社会的演变，以及人生的哲学，都有许多深刻而独到的见解，深为人们推崇。传说孔子曾四次谒拜，向他求教。公元前516年，老子目睹朝政日衰，辞官归隐故里，在今老君台处设坛讲学，后感于楚灭陈亡国之痛，于公元前478年愤然离开家乡出走云游。著名的老子《老子千字文》（即《道德经》），传说是他路过函谷关时留下的。

鹿邑在春秋时期称为"苦县"，东晋时改为父阳，北魏改谷阳，隋开皇十六年（596）名鹿邑。鹿邑源为原县西有鸣鹿城，因麋鹿甚多，常闻鹿鸣。唐代高宗时曾改为真源，武则天载初元年（689）改真源为仙源，唐神龙元年

---

① 巨大的猪肉块，是古代牺牲的典型（猪）。

(705），复名真源、仙源。所谓真源、仙源都是推崇道教中老子的特殊地位而命名的。在唐代，他被奉为神仙，被李唐王朝用来愚弄人民，从而愈演愈烈，一系列仙话包括宗教传说顺此而生。老君一名最早见诸《后汉书·孔融传》，真正产生广泛影响，则是唐代，唐高祖武德三年（620）晋州有人在羊角山遇到一位骑白马的老翁，自称唐天子祖宗，并言及攻打王世充获胜后，子孙享国一千年。于是，李渊在羊角山上立老君庙以示敬祀。唐高宗在乾封元年（666），亲自到鹿邑老君庙行礼，尊老子为太上玄元皇帝，圣母为先天太后，并在厉乡曲仁里置县修茸"太清宫"。

现在，鹿邑敬祀老子的地方，最隆重的是老君台，其次是太清宫。逢初一、十五两日，常有人焚香设供，求子、问病、请药诸事，至农历二月十五日老君台大会为顶点。

太清宫又名老子庙，在县城东十里处，为老子故里。始建于东汉，兴盛于唐宋，屡为各朝修茸。今存太极殿、三圣母殿和娃娃殿，为清代所建。唐代李隆基御书镌立的"道德经注碑"和宋赵恒御书"先天太后赞碑"，以及后来元明清各代的碑刻、题记都保存完好。今新建碑楼巍然屹立，将整个建筑群装点得更加绚丽多彩，但因为特殊的地理条件，还是城内的老君台影响较大。

老君台高 13 米，由八个平面围成柱体。每个平面下宽约 3 米许，顶端分列有城堡式墙垛。台总面积约 706 平方米。据载，唐代之前，此地已有老君台及其建筑群。原台上有正殿三间，其内有朱木神龛，供奉老子铜像，后毁于"文革"十年。在殿前竖立二碑，左刻"犹龙遗迹"、右刻"道德真源"。台面南有一台阶通道，自下至上，共三十三级青石砌就的台阶，意为老子在三十三重天之上，在台东南侧，树一铁柱，高七尺，径八寸，俗称为"赶山鞭"。有说是老子为柱下史（官名）的标志，有说是当年老子铁鞭驱赶隐阳山，鞭打黄河的"圣迹"。在台前的左右，各有一处配殿，分别供奉着灵官和赵公明的塑像。

王灵官也叫"王枢火府天将"。相传他姓王，是公元 12 世纪初期人，他曾从蜀人萨守坚受符法，为林灵素的再传弟子。他死后被玉皇大帝封为"先天主将"，司天上、人间纠察之职。明代永乐年间，被封为"隆恩真君"，并敕建"天将庙"，明宣德年间，改为"火德观"。其形象一般为红脸膛，三目，披坚甲，执钢鞭，作为镇山门的神。

赵公明，也叫"赵公元帅"，即赵玄坛。为道教所奉财神。传说他秦时得道于终南山。张陵修炼仙丹，奉请守护神，玉皇大帝派遣他去。他能驱雷役电，除瘟疫，禳灾难，买卖求财时，使人得到便利。其形象一般为黑面浓须，头戴铁冠，手执铁鞭，身跨黑虎，又称"黑虎赵公明"，和王灵官一样，是镇守山门的神。

在老君台的山门上，匾额上刻着"无我无物"和"大道惟朴"。拾青石阶梯而下，前有五间高大的卷棚，其前，为明道宫。大中祥符六年（1013）宋真宗来朝斋于宫内祀之。殿中有篆书，言其前有帝君庙、三清殿、王猛将军庙和吕祖殿，再往南 150 米处，立有砖砌牌坊，横额书"众妙之门"，一联为"地古永传曲仁里"，一联为"天高近接太清宫"。其两侧，有碑石分立，一为"老子故里"一为"孔子问礼处"。

现在整个老君台的核心集中于台上，原来台前的牌坊等建筑曾经成为学校校舍，近年来地方政府重视文化产业开发，重新修建老君台广场，蔚为壮观。在台上，仍然保存着正殿三楹。殿内正中立着汉白玉雕刻的"老君"神像。高三米，镌雕古朴自然，神情安详。"老君"身披一件红缎袍，周围挂着许多还愿的香客送呈的锦旗和匾额，上面都是"有求必应"之类的感恩戴德之辞。在雕像的两侧，仍保存宋代书法家陈抟所写的"开张天岸马，奇逸人中龙"几个苍劲洒脱的字体。雕像的上方，书"微妙玄通"四个大字。墙壁左右分别挂着《过函谷关》和《仲尼问礼》两幅彩绘画图。西墙壁左右分别挂着《道德经》的条文。庙会期间，或者初一、十五两天，传说人能请到"老君爷"下的"药"。即放一张红方纸片在地上，烧香、磕头之后，纸上的灰尘就成了"药"，吞下去能治百病云云。

殿前两侧的配殿仍有保存，只是王灵官和赵公明像无存，但庙会期间仍有人在殿前烧纸烧香，放鞭炮。殿周围种植有松柏树，庙会期间，这些树成了神树，树下拴满了红线，树皮被人用手抠下当做"药"带回家，树下摆放着黄表纸包的"金砖"和箔制的"元宝"，以及留下的一堆堆纸灰。

山门内的东侧，"赶山鞭"仍然竖立着。传说若用手摸一摸，就能得到老君的帮助，消灾解难。

庙会的范围有几个中心点。祭祀点在台上正殿内，因人多又分殿前和台下西侧；物交点在台下围墙外北面、西面，销售的物品主要是祭祀用的香、表、鞭炮、香烟、酒类、点心和纸币，供奉的老君神像，远方香客食用的饭食；娱乐点在西面、东面和北面较远的地方，主要是演出戏剧和杂技，沿街还有许多民间文艺活动，构成庙会五颜六色的内容。其中，物交点的范围最为广大，甚至沿着各个街道，都是交易的场所，而且交易行为又充分体现出对老子崇拜的特点。

庙会的祭祀行为，集中于对老子神化后的"老君"或"老君爷"形象的崇拜，以及相伴而生的诸种祈祷。鹿邑地区几经浩劫。历史上最大的一次浩劫是公元 1256 年的西部大水，县内人民仅逃出几户。更不用说在生产力水平相当落后的漫长岁月中，兵匪和各种自然灾害的危害对鹿邑人民的摧残。另外，交通非常闭塞。所以，老君台香火旺盛的历史在一定程度上讲，就是鹿邑地区文化发展的历史。在这种具体的历史条件和背景下，老君台庙会形成了两个相互渗透的圈，即神话传说圈和祭祀崇拜圈。香火旺盛的景象，正说明这两个圈交替影响作用的复杂多变性。在庙会的交易行为和祭祀行为中，这两个圈的扩展，延伸，使庙会文化形成自己独特的风格体系。

首先是鹿邑地区对老君台的"神惧"，把台作为灵物崇拜。老子的升仙传说，一方面反映了这里的宗教现象，一方面反映了传统的文化特征。最明显的现象，就是老君台附近出售的祭祀物品，一是"冥币"，一是神像。

冥币的制作颇为特殊，面额均以万元为单位，其中少则数万元，多为数百万元。在"冥间银行"上，可以看到佛道两种文化的渗透，以一面额为"5 000 000 元"的"冥币"为例：其正面图案模仿现行的人民币纸钞，套版印制，中间以头戴古代帝王冕冠的玉皇大帝画像为中心，白色底，红色和绿色相间，四周为红色花边，底部两角处，标示着"5 000 000"字样。在玉皇大帝像下面，是"通用冥币"，上面是"冥都银行"。"冥都银行"两边，分别写着"E-68 106"。画像左右，上部分别写着"五百万元"字样，下部分别印着草书的"玉皇"二字和篆书"玉皇"印章。字样间是绿色花纹，花草和龙凤图案。背面全部图案为红色组成，中间部分为祥云环绕着的"天坛"，象征阴间的冥都中心。"天坛"下面为带有浪花的水纹，上面云纹中用框列出"HELL BANK NOTE"（冥都银行发行）。两边图案皆为碑形图案，上为琉璃瓦样顶盖，座底为莲花白，座上印着"5 000 000"字样，中间用如意花纹圈着"南无阿弥陀佛"。在冥币画面上，找不出老子的影子，但可以管窥整个鬼神世界的基本体系。这也正是"老君爷"居处的具体环境的反映。其中的"仙界"，佛、道相通，相杂，表现出文化的融合。

神像分彩绘和单色两类。像为坐式，老子着蓝色袍，胡须和毛发都是白色的，发型为髻式，与农夫打扮相似，面容神色刚柔相济，流露出旷世哲人天才智慧的灵光。但有一个令人奇怪的现象则是，在神像中出现了以老君为主，左右分列菩萨的神像群体。其中，老君一手持鞭，一手托如意钩。在如意钩的顶端，有一圆筒，中间可插蜡烛或香。菩萨为立式，面容慈祥和善。应该说，这里的老君已经从普通的世人进而升仙，进而佛化了。

其次是交易点上的物品在某种程度上成为祭品，变为神物。如食物，作为供品或作为膳食用，都与老君的传说有密切关系。许多著名的风味小吃，传说是老君点化人而制成的。像"试量狗肉""孔集卤鸡""玄武刘家蒸馍"和"鹿邑麻糊"等。在传说中，原来都是"药"，是老君为人治病用的。即便是在今天，经人化验究究，这些小吃中不同程度、不同成分上，都含有一些中药。特别是孔集卤鸡，被誉为"天下万民喜，历代帝王餐"。当年卤汤本身就是中药汤。一位姓胡的老人讲，孔集卤鸡开始是"凤汤"。老君升仙后，在灾难年间搭救贫苦百姓，野地里支起一口大锅，熬制许多药草，过往人喝了之后能驱除病疫。有一天，一只凤凰闻香而来，不小心落在汤锅里，顿时汤味更美。所以，卤汤又称为"金不换"。当然，这其中包含着人们美好的生活愿望，但也表现出人们对老子特殊的感情。又如著名的鹿邑麻糊，原以黄豆和小米泡后磨制而成，像新鲜细嫩、清香可口的奶汁一样，而且不黏不腻。其过滤和熬制的过程，传说是老君教人磨豆腐，有人误把小米当做了黄豆，出不了豆腐怎么办呢？老君就教了这个两全其美的办法：制麻糊。像这样的例子还有很多。它们都说明一个问题即祭品和食品统一在人们对老君的崇拜、敬仰，甚至膜拜的气氛和环境中。

在各种民间艺术展现的具体过程中，体现出人们对先哲的追思、纪念。如果说老子是因道家文化，道教文化的需要，才神化成超越自然、超越现实的"老君爷"形象，那么，在鹿邑地区，庙会中的祭祀行为就具有更丰富和更特殊的意义了。

最为重要的，亦即影响最为广泛、深入的，要算得上老子的祖师爷身份了。木匠、铁匠、石匠等百色技艺，奉老子为始祖。甚至有传说说鲁班拜过老子为师。关于老子的传说，在下面再详述，这里，应该引起我们深思的是，人们对老子人为始祖的崇拜，也是对自然、社会、科学、文化发展历史的形象化的具体概括和总结。表现在民间舞蹈方面，这种意义更为明显。

一是打铁舞。传说老君年轻时曾打过铁，铁匠也多称呼自己的风火炉叫"炼丹炉"。而且一些地方的铁匠自称"炉匠"。又传说当年诸般兵器皆为老子炼丹时偶尔所得。现在仍然在鹿邑县乡村间流传的打铁舞，风格独特、粗犷豪放的表演，鲜明的节拍节奏，让观者如同回到历史的昨天。

打铁舞，一说是宋灭南唐，李后主身边有一位姓董的侍卫逃难回家，为了抗拒官府的追杀，招集乡勇练武，打造兵器，保卫家乡，所以这种模拟打铁的舞就流传下来了。

又有一个传说，老君教了十八个学打铁的徒弟，累跑了十六个徒弟。两个徒弟坚持到底，学会了锤、打、淬等工艺，后来，他们又传诸后代，逐渐形成了这种舞蹈。

以上传说，若是从内容上看，应该说后一个更原始，更贴切。

打铁舞一般在傍晚，或月夜，在空旷的场地上，两个身强力壮的青年农民来回蹦跳着拍打自己的肩部、胸部、腰部等部位。而且，表演者喊着"哈！哈！"的声音，一边喊唱着《打铁谣》：

> 一打铁，
> 二打钢，
> 三打铆钉四打枪！
> 五开火，
> 六开炭，
> 七打锤子八打镰！
> …………

这样反复唱着、跳着。

这种舞蹈往往是二月十五日庙会的晚上举行，可以是两人对跳，也可以是很多人，众人高声齐喊，雄壮有力。

打铁舞作为一种文化，在鹿邑老君庙会上有，在豫东的其他地区，同样以不同的舞蹈形式存在着。老子和老君关系的历史，及老子作为民间科技能手，各种技艺职业的创始人，其形成与嬗变问题，从理论上去探索，的确是一个非常复杂也非常有意义的课题。其中包含着一个民间杰出人物被神化、仙化，最后到宗教化的现象。民间杰出人物到神坛领袖的转化，在打铁舞的嬗变过程中，其原始的色彩相当浓郁，它从一个方面说明了老子在鹿邑地区的特殊影响——他既不同于文庙中的孔子，又不同于关帝庙中的关羽，更不同于岳飞庙中的岳武穆将军，以及火神台的阏伯，以及城隍，东岳大帝，佛祖等宗教中的神灵。他作为一个神坛领袖，是普通的民间杰出人物发展而来的，同时，作为一个神话典型，他又被融化进民间习俗中，是一个独立的神。也就是说在鹿邑地区，已经形成了一个以老君台为中心的文化圈。

二是打车轮舞蹈。这种舞蹈的主体是青少年，和庙会上的打铁舞是相连续的。具体的资料不多，只是传说老子点化人升仙，教人为了避灾而模仿车轮滚动，形成这种舞蹈。演出时多为数人一组，从侧身翻滚，绕行场地一周，或双方对峙，相互比赛翻滚技巧。

与之相联系的还有一种太平车舞，动作相仿。今几乎失传。20世纪40年代之前，在豫东农村，太平车是一种主要的运输工具。这种笨重的生产工具被使用时，许多禁忌和礼仪表明了老子在日常生产和生活中的影响，传说，老子骑着青牛，驯青牛，才有让牛拉太平车的开始。

除了这些舞蹈，还有高跷、旱船、竹马、小车子、独杆桥和龙灯等，在二月十五的庙会上演出，热闹非凡。这些民间艺术活动，与其说是欢庆老子"老君""老君爷"的生日，不如说人们在借以娱乐自己的身心。虽然有些舞蹈和老子没有直接的联系，但总的来讲，在这个特殊的文化圈出现后，所有的艺术活动，都是为祭祀老子而进行的，甚至每个演出主体都带有"道骨仙风"。

考察、探究民俗中对老子的崇拜与敬祀诸种现象，必须把老子放在一个完整、博大的体系中去。与老子有关的舞蹈习俗，包括相联系的神话传说、民间歌谣等口头文学形式，都是构成老子神祇文化的重要因素。在老君台庙会习俗，亦即庙会文化中，有一位叫陈抟的人对于道教文化具有十分重要的影响。其中，老君神像两侧的对联"开张天岸马，奇逸人中龙"，即出自他的手笔。这足以说明老子和陈抟非同一般的关系。也就是说，我们考察老君台庙会，必须从道教文化的发展和鹿邑地区特殊的社会历史的角度去认识庙会文化。

在古代漫长的社会历史长河中，有三位历史人物在庙祭、祭祀中地位与其他人迥异，即孔子、老子和关羽。伴随三者而生的文庙、老君庙、关帝庙，在民间祭祀活动中构成一个特殊的文化体系，对各个阶层的人起到支配不同思维的作用。而陈抟，就是这种支配作用中的重要人物。

在老君台南不远处，有一处陈抟庵，今已不存。当初也叫陈抟老祖庙，后人叫转了音，就称为陈抟庵了。传说当年陈抟来老君台拜祀老子，其精诚所至，感动了老子传其真经并亲授仙丹一粒，度他成仙得道。又说陈抟曾数年守伴老君苦读经书。陈抟庵内塑有其卧像，得老子之福而享受香火。

史称陈抟"豪州真源人"，即今鹿邑人，字图南，号扶摇子，五代至宋初著名道士学者，开创了宋明以来易学研究的规模和传统。形成历史上著名的陈抟学派。他继承和发展了《周易》《老子》的辩证思想，第一次运用太极图的形式表现辩证思想，直接影响了更深奠基人周敦颐的学术思想的形成。在道教史上，他被列为"高道"，成为继老子、张陵之后的道教又一位至尊"陈抟老祖"。至今仍有关于他与吕洞宾等仙客同游，与赵匡胤对弈赢得西岳华山等传说。

鹿邑地区流传的关于老子的各种传说故事，构成老君台庙会的又一特色。

首先是关于老子出世的传说。《太平经·甲钞》中，有老子诞生，九龙吐出神水的传说：

> 玄虚之母之始孕，梦玄云日月缠其形，乃冥感阴道，遂怀胎真人，既诞之旦，有三日出东方。既育之后，有九龙吐神水。

在道教神话中，龙，是一个特殊的神话典型，成为凌驾社会、人生、自然的超现实的灵物。在龙的世界中，有龙王、龙后、龙太子、龙女等龙系皇族，又有黄龙、黑龙、青龙等性格、品质和职能不同的龙宗族。在历史上，更有许多龙的传说。统治者要自比于龙，诩为"真龙天子"。远有刘邦、赵匡胤、朱元璋，以及近代的袁世凯，他们总是千方百计制造出自己与龙有缘的鬼话，作为自己巩固统治政权的舆论。老子被奉为太上老君，当然也与龙有缘。也就是说，后人把老子比做龙，是老子的众望所化，也是道教文化能在民间社会土壤中生成参天大树的重要条件。当然，老子的龙生传说带有明显的宗教色彩。从另一方面讲，老子在道教神话中的位置，构成的神系，其出生传说是重要的基础。主要特征即玄。

玄表现在他家世非凡，初生非凡。较为原始的传说是，有一个姑娘到河边洗衣，从水中捞起一个李子果，食后怀孕，数年未生，后来，婴儿从母亲右肋处裂出，其须眉皆白，故称老子。这可列为"圣人无父"的例证之一。带有宗教加工痕迹的传说是，老子为彭祖的后代。商朝阳甲年，其寄胎于玄妙王之女理氏腹中，托理氏河中取李而感生。母体内生息八十一年，至殷武丁九年二月十五日卯时降生，以白发老翁形象出。理氏，即李氏，缘于李子果实而称为李耳，耳为儿的音传。老聃也缘于此。在第一个传说中，李耳的降生，带一种古代图腾崇拜的色彩。在第二个传说中，则可看到道教神话的源头。

在传说中，老子一直活到什么时候没有讲明，只是他不断显灵。一方面，他修炼成仙后，成为道教"三清之一"，统领"四御"，主宰世界。言元始天尊"一气化三精"，乃有玉清元始天尊、上清灵宝天尊、太清道德天尊三位最高统治者。道教的信仰在于道生气，气生万物。人、神则为不同的气生成。神仙世界又分三十六重天，其最高界为大罗天，大罗天之下生三清天，即三清境，为"三清"所居之处。次于"三清"的"四御"乃四位天神：第一位玉皇大帝，总管天道诸神；第二位中天紫微北极大帝，辅助玉皇大帝经天纬地，执掌日月星辰，四时变化；第三位勾陈上宫天皇大帝，辅助玉皇大帝执掌南北两极，统率天地人三才，统御诸星，主持人间战争纠纷；第四位承天效法土皇地祇，执掌阴阳化生和江河、山川、大地、万物世界的秀美的女神，也叫后土皇祇。在"四御"之下，神人之间，又有真人和元君。

玉皇大帝也叫老天爷，但在这里，他在老君爷之下。老君台的位置及其在道教中的作用可想而知。人们敬祀老子，就是敬祀天上天。

作为造化万物的大神，老君的第一大功即铁鞭打黄河，赶山岳。传说铁鞭炼八百年始成，神力他物莫比。炼丹炉内烈火不息，人生命不止，万物造化不停，但黄河为患，四处泛滥灾难，老君手提自己炼就的铁鞭，一鞭打在三门峡，打出鬼门、神门、人门三关，又接连往东打了九九八十一鞭，于是，黄河有八十一道湾。又有传说黄河原为黄龙，吞吐日月为戏，祸害人间，老君铁鞭怒击，驯服了它。赶山的传说也与治水有关。传说原来东方山峦如森林般稠密，河流淤塞，老君举鞭打击，山峦分出四块，留在原地为东岳泰山，西去中原为嵩山，西岳华山陡峭奇险，传说即打得太狠形成，从而五岳分立。在鹿邑还传说鞭打的是隐阳山。隐阳山原在鹿邑境内，老君见它遮天蔽日，为了让光明普照人间，将它打散分出五岳，赶到东海还有一些。铁鞭就是今天老君台的铁杆。赶山就是站在老君台上赶的。

《史记》中载："老子者，楚苦县历乡曲仁里人也，姓李氏，名耳。周守藏室之史。"其"著书上下篇，言道德之意五千余言而去，莫知其所终"。他睹周室之乱，辞官不就，骑牛西去，路过函谷关留五千言《道德经》。穆王时，他又回到朝中。敬王十七年，孔子向他问礼。烈王时，他向秦献公讲历数，他还曾赠书汉文帝。甚至汉桓帝时，他到天台传《上清灵宝大洞诸经》。神瑞二年，他授《云中音诵新科之诫》。唐高祖时，他降羊角山行说，天宝时，降丹凤门赶宴。宋政和二年，又降华阳洞天授《加句天童护命经》等等。上下千百年间，老子历经多少朝代，奔走不息，跋涉在神州大地上，可见其神道影响深远。

他无处不在，无时不有。传说老君台曾被水淹没，于汪洋之中复崛起。在抗日战争时期，日本侵略军用炮轰击老君台，老君台巍然屹立不动，而且老君下凡，率人抗日，迎击日寇。迄今，老君显灵的故事仍层出不穷。特别是传说老君台上的砖，"若谁乱动，就会家破人亡"。

在老子的传说中，他在青少年时代就是心地善良、忠厚诚实、勤奋刻苦读书、正直勇敢、聪明可爱的好孩子，但他毕竟不同于一般的青少年，浓郁的神话色彩，更进一步衬托出他的英雄形象。在《追乞丐》中，叙述了老子可怜要饭的孩子，追着乞丐去送食物，体现出他的诚实和善良的美德。在《看桃》中，传说老子忠于诺言，用自己诚实忠厚的具体行为教育了他人。在《祝寿》中，叙述老子不畏强权，同情弱小善良的百姓，敢于同恶势力进行斗争，表现出他的大智大勇。在《最早的老师》中，老子虚心接受他人的批评意见，勇于承认错误，勤于思索。在《走亲戚》中，老子因读书而走过了亲戚家，痴心求学。在《架桥》中，老子助人为乐，为他人铺路架桥，并舍己救人。这些传说非常朴素，表现出鹿邑地区人民对老子的赞颂和拥戴。"从小看大，三岁看老"，这句俗话概括了这种传说的实质，即老子成为人们敬爱的文化领袖的社会基础。而在《收青牛》中，传说老子用智慧和力量捉住白麒麟，为当地群众解除了灾难，并且驯服了它，让它成为后来西去的工具。在《李枣》中，老子用赶牛的枣枝栽下枣树，造福后代。在《考鸟》中，老子追求真知，不畏艰险，克服重重困难，终于分辨出善和恶。在《得道》中，老子受仙人的点化，得道成仙后向人昭示真理，从此，成为一代宗师。

在更多的传说中，所突出的是老子作为人间圣贤的美德和智慧。《如意钩》《扁柏》等传说，讲老子凭借神力除暴安良，将如意宝珠变为人们所使用的铁锹。老子成为人们行为的典范，从另一种世俗意义之处上讲，这些传说表达了劳动人民对于生活的希望，包含着朴素的教育思想，体现出民间文化中代表着中华民族的许多美好的道德传统。民间传说的生命力在一定意义上讲，就是依赖于这种传统的力量而千百年经久不息，代代相传的。

近年来，不仅仅鹿邑地方政府和一些有识之士积极挖掘传统文化，弘扬老子对中华民族所做的积极贡献，对老君台等古迹进行修葺整理的同时，研修、搜集整理老子的文化遗产，产生了良好的社会效果。秦新成、刘升元等人在搜集整理老子的传说基础上，又创出颇富有特色的长篇小说《老子传》。许多地方都大力开发弘扬老子文化，如福建泉州巨型老君像等景观都产生广泛影响。

鹿邑是老子的故乡，地方政府特别注意将这一宝贵的历史文化资源的发掘与旅游开发进行有机结合。如这里所保存的一份地方政府关于举办老子庙会的"公告"：

> 为弘扬老子文化，展示鹿邑形象，提高老子故里知名度，鹿邑县委、县政府决定，于农历二月十五日至三月十五日举办老子庙会，地点在明道宫、太清宫、弘道苑、陈抟公园、栾台路、紫气大道东段区域。庙会期间，将举办"祈福·纳祥·和谐——老子故里道祖诞辰庆典""道教祈福法会""中国道教协会会长任法融'道德与和谐社会'专题讲座""纪念老子诞辰2578周年全国书法展""老子故里老子文化代言人王永民聘书颁发仪式"及综合文娱演出、经贸交流活动，届时群贤毕至，香客云集。欢迎社会各界人士来老子故里鹿邑游览观光、寻根谒祖、物资交流、商贸洽谈。
>
> 特此公告
>
> 中国·鹿邑老子庙会指挥部　2007年3月18日

民间文化哺育着新时代的人文精神，在庙会文化的管理、引导和研究、宣传中，我们应该合理地运用民间文化遗产。老君庙会格外兴盛是因为老君文化的特殊魅力。当然，民族传统文化的复兴不是简单的对于古典文化与文化传统的全然接受。

八　洛阳庙会群——白马寺和尚会、龙门会、关林会

洛阳在我国古典文化历史上是一个非常特殊的符号。诚如司马迁所言：昔三代之居皆在河洛之间。河洛地望就在洛阳为核心的广大中原地区。在许多地方都有"洛阳桥"的景观与传说，保存着中原遗民对故国的记忆与思念。洛阳庙会群的意义自然就不一般。

庙会文化中，单一型的庙会和群体性的庙会，都是由于特殊的社会历史条件而形成的。洛阳庙会群就由于洛阳长期作为社会政治和文化的中心，尤其是宗教的重要集结地，成为庙会文化中的庙会群的典型。

所谓的庙会群有这样几种基本条件，一是地域上各庙宇及其活动相毗连，二是时间上大致相同或相连接，或者在文化主调上相同，三是祭祀手段如歌舞、曲艺，基本不变。洛阳庙会群在古代都市中是一个典型，我们从历史的形成上这一视角去分析，对于科学的理解庙会文化具有重要意义和重要的文化价值。洛阳为我国六大古都之一，素有"九朝古都"之称，文化历史渊源久长，形成了规模宏大的古庙会群。

洛阳庙会群包括关林、龙门、白马寺三处大型庙会，还包括市区内的火星庙、二郎庙和禹王庙、娘娘庙等各类小型庙会，是豫西地区民俗文化的博览会，也是当地人民群众生活中的重要组成部分，在中原地区颇具特色。尤其是每年春天的牡丹花会，使庙会群更加繁荣。1991年5月，洛阳市有关部门举行第一届文化庙会，整个庙会群欣欣向荣，形成了古今文化的大荟萃。

洛阳庙会群以佛事为主，与历史上的佛教活动联系密切。西汉哀帝元寿元年（公元前2），佛教传入我国之后，东汉永平十一年（公元68）在这里建立了第一座佛教寺院。西晋的永嘉时期，洛阳建立了40多座佛寺。北魏时期更为繁荣，仅孝武帝永熙三年（534）佛寺竟有1 300多座。在此之前，洛阳历史上的民间庙会中的巫觋，在汉代之后已基本上失去了主势地位，为佛教活动的"行像""六斋"等佛事所代替。杨衒之《洛阳伽蓝记》对此做了非常详细的介绍。如著名的"浴佛节"，民间传说的"四月初八"释迦牟尼过生日，洛阳市内大小寺院都要把佛像抬出来沿街"巡行"，让神佛体察民情，惩恶扬善。"巡行"的队伍浩浩荡荡，锣鼓喧天，前有狮子引路，后有"百戏相随"，一时间洛阳街头"奇伎异服，冠于都市；像停之处，观者如堵""歌声绕梁，舞袖徐转；丝管寥亮，谐趣入神""梵乐清音，聒动天地；百戏腾骧，听在骈比""飞空幻惑，世所未见；异端奇术，总萃其中""五光十色，目乱睛迷"。杨衒之是北魏时期的学者，他以北魏京都洛阳佛寺的兴衰为题，记述了古代洛阳地区的民俗活动，比较完整地记录了城内、城东、城南、城西、城北各佛寺的园林建筑和相关的庙会活动。应该说，这是古文献中第一次如此详细地描绘的古庙会盛况，它标明了洛阳庙会群的形成并达到了鼎盛阶段。我们不能以此作为洛阳庙会的源起，但至少我们可以这样说，早在北魏时期，一个以市区为中心，以敬佛为主要内容的洛阳庙会群，就已经对人们的文化生活产生了重要的影响。特别是文中所提到的"歌""舞""梵乐""百戏"和"奇端异术"等民间艺术，我们可以想象当时庙会的盛况，并与今天洛阳庙会群中较为流行的狮子舞、旱船、竹马、高跷、龙灯、唢呐社、大鼓社和二鬼扳跌等民间歌舞进行比较，借以管窥民族文化的发展脉络。

由于洛阳特殊的社会文化发展的历史因素，佛文化影响在洛阳庙会群中相当深厚，形成了洛阳庙会群的独特的祭祀内容，千百年来的沧桑巨变，并没有从根本上改变洛阳庙会群的这一特色。即使是一些原为道教色彩很浓的庙会，如三奶奶庙、玉皇庙、东岳庙等，也都染上了佛的影响。市区内诸庙会和其他地区相差无几，白马寺和尚会、关林庙会和龙门庙会三大庙会各具特点，现在可以说它们支配着整个洛阳庙会群。特别是随着旅游业的发展，三大庙会的香客和游客的融杂，使庙会群的文化内容发生了相应的变化，同时，庙会的传统特点也更加突出，其美学风格也更加复杂。

在整个庙会群形成和发展的历史上，三大庙会是不平衡的。从时间上看，白马寺和尚会形成最早，在全国范围内也属较早；龙门会持续的时间最长，从北魏一直到近代，接连不断，千百年来的政治统治者争相利用佛教崇拜来巩固自己的政权，从而使龙门会显现出"时代堆积"现象；关林庙会规模最大，因为关羽被神化、圣化的历史因素，一个普通的"墓"被衍化成"林"，与山东曲阜的孔林相对，其意义更非寻常。三大庙会的会期相连较紧，各有主会（也称大会）

和大会，而且一年中的大会有多次，这就使得整个庙会群如一张无形的大网将整个洛阳的文化艺术、经济发展连成一体。关林庙会逢"三"行会，即农历的每月初三、十三、二十三举行一般规模的庙会。正月十三、五月十三、九月十三的会较为隆重，传说正月十三的春祭在于庆贺关羽显圣显灵，五月十三为关羽生日，九月十三的秋祭是为了纪念关羽这一天的遇难。白马寺平时逢"二"（初二、十二、二十二）为会，正月十五为一年中最大的一次会，传说当年的这一天佛道相争，佛胜，始有和尚会。龙门平时逢"五"为会，每月初五、十五、二十五为会期，一年中的正月初八和五月二十二两个大会规模最盛大。这样，每月逢"二""三""五"日，和几个主会构成了每年的此起彼伏的形势。几个主会形成庙会群的高潮，每一次潮涨对人民群众的文化生活都产生着重要的影响。三大庙会的特点形成鲜明的对比，可以这样说，关林集中了道教文化，龙门和白马寺集中了佛教文化，它们之间又相互渗透，而且都逐渐被世俗化。

（一）白马寺和尚会

白马寺因白马驮经的故事而改名。它是佛教传入中国后所兴建的第一座寺院，有中国佛教"释源""祖庭"之称。今日白马寺距市区 20 里许，城东陇海铁路的北侧，基本上处于东汉永平十一年（公元 68）始建的旧址，和尚会和寺院已经有了 1 900 多年的变迁历史。

白马寺的兴建和白马寺和尚会的兴起，是东汉明帝刘庄为代表的封建统治者利用宗教进行思想统治的需要，是愚民政治的文化产物，但在今天它已经成为地道的物资文化交流大会，包括佛教徒相互间的交谊活动。

传说当年汉明帝刘庄在皇宫里做梦，见一尊金色巨人身披日月甲胄在皇宫上空环绕着飞行。醒后他就问大臣该怎样认识这个梦，一个叫傅毅的大臣对他讲，梦中的金人是天竺国的得道者，号为"佛"，是托梦给皇帝，若能求得佛，就能保证国泰民安的意思。于是，刘庄就派了几个博士到西方去，抄录佛教经卷，搜集佛像，带回国内。又因为驮经卷的是一匹白马，传说为佛祖所托，所以将存放经卷的这个寺院称为"白马寺"。很明显，这是汉明帝在故弄玄虚，迷惑天下视听以为己用。

又传说白马寺兴建之后，佛教事业兴旺发达，引起了道教的不满。有一个叫诸善信的道士，纠集了天下五岳十八观七百名道士赶往洛阳城，联名上书汉明帝，对兴佛废道表示抗议，提出与皇帝从西方请来的高僧进行斗法以试真伪。汉明帝准许佛道两家在白马寺南门外筑坛，待选定日期分定输赢。

正月十五这一天，白马寺南门外人山人海，佛道两家各选代表登坛比试。

第一回合辩论教义，结果各不相让，平局。

第二回合比坐功，赤日焰焰酷热难忍，结果道家先败下阵来。

第三回合佛教持舍利，道教持经藏，放在各自的法坛上用烈火焚烧显示真伪。等一齐点燃，烈焰腾空而起，道教徒纷纷祈求天尊显灵，声泪俱下，佛教徒则祈求佛祖庇佑。一阵烈火之后，道教的经藏皆被焚成灰烬，而佛教的舍利则大放光明，引来天空阵阵仙乐，宝花落英缤纷，喜降润雨。这个传说当然是佛教编造的，因为东汉明帝时道教还没有形成，哪里会有道士与佛教徒斗法。

　　自此，佛教大振，每年的农历正月十•五日都有天下数不清的和尚来此朝拜，形成举世闻名的和尚会。在这一天，和尚们聚集在白马寺内外，切磋教义真谛，三日后始散去。

　　此传说不必细究，其夸张性演绎的实质在于利用宗教舆论为自己换取名利处的敲门砖。纵观白马寺历代修葺的历史，我们就能够更清楚地看到这一点，不论是统治者还是佛教徒，在白马寺都做了许多这类文章。其中，公元 685 年，武则天下令重修白马寺，形成白马寺的黄金时代。据载，当时天下僧人云集于此，寺内僧人竟达一千多人。今天白马寺的规模，是明嘉靖三十五年（1556）太监黄锦负责监修所奠定的。其主体建筑从南向北依次为山门、天王殿、大雄殿、接引殿、毗卢阁，殿基逐渐上升。白马寺庙会的中心集中在被人称做"空中庭院"的清凉台。台上有苍劲的古柏、幽雅的花坛。台上所设毗卢阁内存一大藏经柜，传说当年白马驮回的佛经就珍藏于此。台前有几个砖砌的香火炉和铁铸的香炉，炉前摆了供品，每当一批善男信女赶来拜佛许愿还愿时，都要响起阵阵震耳的鞭炮声和民乐。

　　白马寺会分为两大类习俗，一是佛门弟子的佛事活动，二是民间百姓求子、还愿等把佛作为神灵崇拜的跑经调活动。另外，随着时代的发展变化，各种生产工具和生活用品的销售活动成为会的一部分。白马寺的佛事活动不但影响了当地的生活习俗，而且对中外文化交流也产生了一定的影响。

　　白马寺中的佛事活动成为和尚会的重要内容。除了相传的正月十五大会外，每月逢"三"日（即初三、十三、二十三）都有物资交流大会，另外，佛教的节日活动诸如四月初八"浴佛节"、七月十五"盂兰盆会"等佛事期间也有会。其中一个最突出的特点就是佛事与民事的相融，换一句话讲，即今天的和尚会已消失了往日的单纯以僧人为主体，而成为带有应用于民的色彩的活动。白马寺和尚较早而且十分自觉地走与农民相结合的道路，在城乡内外遍行法事。这些对庙会的其他习俗都有一定的影响。

僧人们"朝暮课诵"。早晨和晚上，大家一起到大殿内或法堂内读诵经文，膜拜佛像。每日早斋和晚斋要依照着《二时临斋仪》以所食供奉菩萨，为众生发愿之后，僧人们才能用餐。从早到晚，他们还有许多咒语，若农忙时，还有"出坡"等"农禅制度"。在此基础上，白马寺和尚进行"布萨""安居""演净"等宗教活动。

所谓"布萨"为梵文 Upavasatha 音译，俗称为"说戒"，即每日的十五日集体检查自己是否违犯了戒律，若有则进行"忏悔""反思"。这是白马寺和尚会的重要活动之一。

所谓的"安居"，一般在四月十五日至七月十五日，僧众聚会，由他人检举揭发自己的过失。

"演净"等活动是佛教七月十五日"盂兰盆会"中的重要步骤。

"盂兰盆"是梵文 Ullambana 的音译，意为"救济倒悬"。传说当年目连的母亲死后为饿鬼，受"倒悬"之苦。目连求佛救自己的母亲，佛则让他在每年的七月十五日，备好百味食供养僧众，积善成德，使他的母亲摆脱厄难。后来衍化成为亲人超度，在民间非常普遍地流行。

盂兰盆会在七月十五日进行，这之前的几天建立"中元坛""普施坛"和"孤魂坛"三坛。当天早晨，一队行法僧人在唢呐乐队的伴奏下登场，为首的"导师"拿着"铎"，后面的几位分别拿木鱼、铃子、引磬、铛子和鼓等器具，开始"演净"，即净坛后开坛，求佛下界。然后，进行"引魂"，引鬼魂入坛待佛超度。再接着"拜忏"，读《慈悲水忏》。

晚上进行"普施"，放焰口，放河灯，烧法船和"灵房"。放焰口不一定在寺院里进行，也可以在民宅内，比较随便。

焰口的全称为"瑜珈焰口"。瑜珈是梵文 Yoga 的音译，意为"手结密印，口诵真言，意专观想；身与口协，口与意符，意与身会"，身、口、意"三业相应"。焰口即口中吐出火焰的饿鬼王。

传说有一天，阿难正在修行禅定，饿鬼王对他说，三天之后阿难就要死去，成为饿鬼，如果想免去痛苦，就必须普施所有的鬼神。阿难从佛城得到施食的方法，就成了放焰口的习俗。

放焰口的程序是，施主或称功德主选定一处场地，摆设好法坛即"瑜珈坛"，由三张长条案摆成"U"字形，正面的称"主坛"。主坛的对面设"面然大士坛"和"灵坛"，在灵坛上书写"佛力超荐×××往生莲位"。准备好后，由座主领唱《杨枝净水赞》，净坛罢烧香时在座的依次礼拜，诵《心经》《往生咒》等经文，齐唱《莲池赞》。此后，再到面然大士坛烧香，诵《大悲咒》等经文，唱《观音赞》。最后将面然大士纸俑和灵坛牌位一齐烧掉，表示功德圆满，遣送亡灵脱离苦难。有的人家将糖果一撒让孩子们乱抢一空即告完毕。

放河灯和烧法船常在水中进行。

河灯又称"荷花灯"，用纸糊成莲花瓣形的灯，在里面点燃蜡烛，放进水中，意在拯救淹死的亡魂，给他们指路照明。

法船也是用纸做成的，和真正的船一样精致，上面扎有楼房、金银财宝、舵、桨和水手等，用火点燃后推向水面。意在超度众生渡过苦海，到达幸福的彼岸。

这两项活动一般都在夜晚进行，一方面在于鬼魂夜晚出没的迷信说法，一方面在于火光在夜晚更为辉煌。

烧灵房更为有趣，白天夜晚都可以进行，其意在于为亡灵做"先锋"，提前到天庭为亡灵说情，或者搞点"贿赂"请天帝尽量赦免亡灵罪过的意思。建国前此习俗较盛，近几年又重新抬头，而且做工比以前更为考究。它体现出佛文化和洛阳本土文化特别是鬼神文化的融合现象。

"灵房"是一种相当复杂的庭院模型，因人的家境和亡灵的身份不同而差别非常明显，有的是草房，有的是瓦房，有的是楼阁亭榭，现在有的则变成了摩天大楼。在庭院里停放着车、马、奴仆、金银财宝和牲畜家禽等物类，随着时代发展，现在增添了飞机、汽车、摩托、自行车、拖拉机等现代生产运输工具。所有的这些都是用纸扎成的，或用白纸，或用彩纸，或用金银箔。另外，灵房扎制成之后，还要外配一个"赦马子"或称"赦马公"带路，引荐亡灵和这些"礼品"一起到天庭。赦马公是纸马上骑着的纸人，大小不等。值得一提的是，烧灵房的主持者除了佛教徒之外，有时为亡灵的亲人。

白马寺和尚会的习俗中，影响较大的除了七月十五日盂兰盆会等佛事活动外，还有水陆法会、浴佛、行像等。

水陆法会或称为"水陆道场""水陆斋"。所谓的"水陆"，意为超度水中和地面上一切亡魂而设。它和盂兰盆会不同的地方在于时间上不一样，仪式上更为复杂。其主要活动也是诵经、设斋，礼佛拜忏，追荐亡灵，通常由地方豪绅、官宦、富商一类人物所请，一般人不敢办理。这因为首先是参加法事的人多，通常有80人左右，多的甚至达1 000人以上，时间较长，吃喝费用较多。最少的不能少于3天，一般的 6 天或 7 天，最多的能连 49 天。办法事时的"水陆画"，一般的有 120 幅，多的达 200 多幅。一般人家的庭院很难挂起这些画像。其铺张程度令人惊诧。

水陆法会的道场一般分为内坛和外坛。内坛多设在大殿中，外坛指念经的坛。

第一天的三更时分用"法水"洒遍戒坛，称为"洒净"，意为有了一方净土。四更时分诵经咒，施法力，使戒坛与尘世相隔绝，称为"结界"。五更时分即请神赴会，上至佛、菩萨、各路神仙，下至阎王判宫、鬼神精怪。

第二天的四更、五更时分分别请神佛上堂，把各路大军的画像在诵经时挂起来，敬上高香，准备好纯清水等待斋戒。

第三天是正事，请各路神佛在一起召开办会会议，请他们讨论通过僧人们"超荐"的那些人名单，如斋主的父母亲人等，让他们脱离苦海的煎熬，得到幸福。

第四天请下堂，把那些居住在地面水中的龙王、冥王和等待超荐的六道众生请来。这些主要是与上堂相对的神灵和亡魂。接着进行奉浴、说戒。第五天里供下堂，僧人们一齐诵《信心铭》。在第六天里，由主持法事的僧人亲自祝下堂后，在午时之前放生，即斋主们把鱼放回河水中等还给动物以自由的仪式。

第七天的五更时代，僧人们普供上下堂。供品中有灯烛、香、点心和一些水果，如苹果、橘子、香蕉等，全为素食。至未时，再将上下堂迎接到外坛，至申时"送圣"，即将上下堂都送出会场，与此同时，将列有名单和各种咒语的超荐书等材料烧掉。法会至此结束。

孟兰盆会和水陆法会在白马寺和尚会中有非常重要的意

义，成为和尚会的主要组成部分。在 20 世纪 40 年代之前这两种习俗普遍流行，仪式也很完整，在建国之后就明显减少了，近年来作为民族文化有所恢复，但已经简化了许多仪式。除此之外，前面曾提到的浴佛节和行像也是白马寺和尚会的重要习俗。

在白马寺和尚会的各种习俗中，僧人所主持的各种活动固然重要，而民间前来烧香拜佛的善男信女们的崇拜、祈祷活动，以及相随的各种民间文艺活动同样重要，只是后者多集中在白马寺和尚会的主会，即正月十五会上，平时较少。

（二）龙门会

龙门位于市区南 20 里许，两岸对峙东西两座龙门山，中间有伊水流过，有桥架横河上，成阙状。著名的龙门石窟是中国古代三大艺术石窟之一。唐代诗人白居易称"洛阳四郊风光之胜，龙门首焉"。每年的农历正月初八日和五月二十二日举行别具特色的龙门会，平时每月逢"五"行会，热闹非凡。

龙门会的主要活动也是拜佛，与白马寺和尚会所不同的是，这里很少由和尚主持法事活动，而多为较自由的民间自发的拜佛。很有趣的是，因为龙门山有很多关于大禹的神话传说，在龙门山上大禹也被当做"佛爷"，称为"禹王爷"，和诸菩萨一样享受香火。在许多场所，禹的塑像和佛像列在一起。从一定程度上讲，龙门会的敬佛拜佛，也是敬祀礼拜大禹。为什么会形成这种现象呢？其实，这里包含着佛教文化与本土文化既相融又相对立的联系，甚至可以说既是当地人民对佛的认可，又是对禹所代表的当地人民对佛的认可，又是对禹所代表的当地保护神的捍卫。所谓佛，在龙门会的历史上，特别是在龙门开凿的历史上，都十分明显地体现出其"御用性"。一方面，统治者利用佛特别是敬佛拜佛的民俗活动，麻痹人民的斗志。而关于禹的敬祀，则包含着人民群众一种朴素的创造美学，是对劳动创造的讴歌，是对民族先驱的深切怀念。这样，龙门会上的敬禹拜佛联为一体也就不难解释了。

龙门会除了普遍的拜佛活动，有两处活动最热闹，一是禹王池的"洗羊"，一是奉先寺的抱佛脚。

禹王池在龙门桥西侧的南边，形如一方巨大的石盆，长两丈五尺许，宽两丈许。还有人称此"石盆泉"和"石楼潭"的。据当地人讲在池畔的高台上，原来建有石砌的"禹王阁"，池的南侧，原来建有禹王庙，又称"大王庙""缺口庙"，今天已经不存在了。

传说当年大禹辟开龙门山，水溅到西山上就成了禹王池，那些碎石块落在池水里就成了池中现在的石笋，又传说禹王龙门，鲤鱼从此过去就能成为龙，有一条鲤鱼跳得过猛，落在禹王池中，沉入池底，今天还在水中往上吐泡儿。

禹王池水传说为圣水，以此水洗面能为人消除灾难。龙门会上有许多人争相用禹王池的水洗脸。还有一些人往水面上放硬币，观察它是漂浮在水面还是沉底，以判断自己的运气如何。待正会那天，有人来为"佛爷"还愿，把喂养了一年的大羊牵过来，先在池畔把羊打扮整齐，去掉羊身上的杂草和尘土，然后用禹王池的水为羊洗身子，同时还念叨着：

老佛爷，别见怪，
今儿个大羊牵过来，
披红挂彩您喜欢，

百灾百病都赶开。

禹王爷，您做证，

看俺的心底诚不诚，

看俺的双手净不净。

念了之后，主人拿出红绿绸带，为洁白如雪的羊分十字扣扎好，再用水滴在羊头羊角上面，就算是为"老佛爷"备好了"吉利马子"。以羊祭祀佛，源于上古。这里的羊祭并不将羊杀掉，而是在禹王池边将羊牵来披挂整齐，站立一会儿，再放一挂鞭炮，唱诵一番即可。有较隆重的请来民乐班子吹吹打打，或者主人自己祈祷一番，求神保护全家平安。也有人直称禹王爷为"佛爷"的，甚至有人传说，龙门会的夜晚，大禹牵着羊在龙门街上游看。

奉先寺是龙门石窟中群雕最多最精彩的地方，其中的天王力士像雄伟异常，许多人试着拥抱像的脚腕处。传说谁能搂住，手臂合拢就能百事如愿，逢凶化吉。又有传说抱住了佛脚，就能陡然增生无穷的智慧和力量。有的一个人抱不住，就与他人一同抱。年轻的夫妻带着"小皇帝"，举家合抱佛脚，以期同浴佛光，全家幸福。除了抱佛脚俗，还有掷佛顶俗，即将硬币掷往佛顶。若硬币被掷到佛顶上，就意味着能得到佛的保佑，因为佛已经收下了钱。还有人向佛求药，即用红纸折成一个漏斗形，念叨："老佛爷，您大慈大悲。"来回摇晃纸，在纸上能抖出的灰尘就是所求的良药。

龙门石窟自公元494年北魏孝文帝开创以来，长达1 000多米的山峦峭壁上凿出了1 350多个佛洞，建造了750多个佛龛。人们将龙门会的中心概括为"十寺八庵"，并将佛建筑编成歌谣：

龙门十寺首乾元，

水绕河湾是奉先，

香山寺内蛤蟆塔，

天竺云晴八角泉。

潜溪寺内真泉水，

看经六祖访大贤。

石窟寺做钓鱼台，

敬善寺下珍珠泉。

宝应落在深涧里，

足踏广化望嵩山。

乾元寺、奉先寺、香山寺、天竺寺、潜溪寺、看经寺、石窟寺、敬善寺、宝应寺和广化寺，寺寺香火不绝。

跑经调是龙门会的一个重要活动。龙门会上，从四面八方赶来的妇女，特别是洛阳市区附近各县，如新安、偃师、孟津、伊川、汝阳、渑池、临汝、宜阳、洛宁等地的一些农村妇女，在一起无论相识与否，都可同唱。

跑经调的基本内容为劝人和善，多做对他人有利的事，遇事要冷静，对人宽厚，忠诚，讲究团结，尊敬父母，爱护子女，等等，主要是从道德诸方面讲述做人的道理，而其中多穿插对佛的颂词。典型的跑经调为，一个妇女为主持，在一群席地而坐的妇女中央领唱，同时载歌载舞，众人和唱。流行的《经歌》主要有《豆腐歌》《老夫诉苦》《十碗菜》《撑花船》《八十老母进花庭》《小佳人》《十上香》《五架山》《缴金银》《弹琵琶》《拧蒲团》《十二盘果子》《观花》《经线歌》等。在整个豫西地区，这些歌普遍流行，如汝州风穴寺庙会、中岳庙会等庙会上，也有这类歌，但像龙门会上声势这样浩大的着实不多。龙门会既是豫西地区各种佛像的集中地，又是豫西地区经歌的集中地。

唱经歌即跑经调，歌调和歌词具有鲜明的地域特点，体现出一定地域内的社会政治、经济、文化、伦理、道德等方面的特色。如《十碗菜》，每一句都有合唱"呀嗨哈嗨呀呵呵弥来嗨嗨嗨陀呀么嗨嗨"相和。

（这就）佛呀观音老母从哪来，[合和]
一齐吃就我嘟嘟十碗菜。[合和]
一碗豆角盘龙菜，[合和]
二碗白菜人人爱。[合和]
三碗山药吞心腑，[合和]
四碗芹菜观音用。[合和]
五碗菠菜扑满怀，[合和]
六碗荤椿八心菜。[合和]
七碗木耳菜朝西天，[合和]
八碗金针道一场。[合和]
九碗莲菜节节空，[合和]
十碗粉皮得真经。[合和]
谁能学会十碗菜，[合和]
叫他天上坐莲台。[合和]

这首经歌的开头先合唱一句"（这就）佛呀"之后，领唱的开始唱歌词，每一段唱完之后，大家再合唱一句较长的咏叹调"呀哈嗨嗨嗨呀嗨嗨弥来嗨嗨陀呀哼嗨佛呀嗨嗨哟"。由开始的平稳，到往后越来越高，形成一种肃穆庄重的气氛。歌中所突出的所谓"十碗菜"，并非单纯的叙述，而是每道菜都是为第一句歌词"观音老母从哪来，一齐都吃十碗菜"和最后一句歌词"谁能学会十碗菜，叫他天上坐莲台"相衬相连，敬祀观音，尊其为"老母"，可算其虔诚的心理表现。在经调中，既表现对佛的向往和崇敬，又体现出快乐气氛的，还有相当多。它的实质在于通过娱神佛实现娱人，求得心理平衡，得到难以言喻的愉悦和解脱，步入超俗境界。

如《拧蒲团》的"今打蒲团这圆上圆"多次重复，与前面的《十碗菜》一样，开始由一人领唱，之后每唱完一句，众人合和重复一句，再加上一段衬腔"呀哩嗨嗨耶弥耶佛"。其中的词句诸如"上打蒲团二龙交，下打蒲团九妖消，不贪财，不恋宝，只往西方路一条"中，每句之间再加上衬腔"呀哪么哩嗨""哪呀"，特别"南无"一词用得格外多。

（三）关林会

关林庙会与白马寺和尚会和龙门会相比，主要突出对以关羽为象征的忠义传统道德的歌颂。但由于整个洛阳庙会群各庙会之间的相互影响，关羽也出现了佛化现象，民间多把关羽像与佛像并列在祀神的几案上，可见佛文化在洛阳庙会群中渗透性是多么强。

关林在洛阳城南十里许，相传为关羽首级埋葬处，每年农历正月十三日、四月初八日和五月十三日，三次在这里举行大规模的庙会。平时每月初三、十三、二十三日有小会。其中，以正月十三日的会为最隆重。二月十五在其他地方轰轰烈烈，这里不知道为什么如此寂静。在庙会上最突出的民俗活动是豫西地区有名的"关爷社火"和"领羊"活动。

关林一词体现出关羽在民间信仰中的特殊身份。在我国古代，墓的名称作为死者身份的标志，一般百姓的称"坟"，有功勋的高级官僚的称"冢",皇帝的称"陵",只有圣人的才称"林",如山东曲阜的孔林。关林一词是清雍正八年（1730）朝廷追封的"武圣"所称。据考,在明清之前,关羽的身份一直很平常,宋代略曾提高,是因为道教利用关羽,称其为"真人"。直到明清之后在庙祀和庙会上,关羽才渐渐显赫,各地建有"关帝庙"。关羽遂被称之为"关公""关爷""关老爷""关帝圣君""关夫子"等名号。其塑像一般为赤红面膛,美髯,气宇轩昂,另有周仓、关平两人分立两旁。人们不止在庙会上祭祀他,逢天旱或瘟疫流行时,也去乞求他"显灵",场面十分庄重。一直到建国初,各村镇都有大小不等的"关公庙",一般有庙即有庙会,而庙会上多唱"关公戏"。像关林庙会这样庞大规模的"关爷社火",一般庙会很少见。

多少年来,关羽和刘备、张飞桃园三结义的故事家喻户晓,其实质在于迎合了我们民族世代所推崇的"共同"心理。谚语中诸如"有福同享,有难同当""同甘共苦""同舟共济""为朋友两肋插刀""不求同年生,愿求同日死"等,就是这种心理情节的具体反映。尤其是山西、陕西两地的商人,在各地建造了许多山陕会馆,会馆内所敬神灵即关羽。也就是说,关羽成了传统道德的化身。人们组织关爷社火,其意义在于推进增强人与人之间的团结友爱。

关爷社火由关爷社举办。洛阳一带几乎各村都有关爷社。社里备有鼓乐等各种器具,其所用资金,包括举办社火的费用,均由村民们集资,和地方名流捐资相助。

正会这一天,太阳刚升起,各路关爷社即一队队登场,有狮子、排鼓、高跷、旱船、唢呐、火铳队、龙舞等各种民间艺术。特别引人注目的是高潮临近时的"二鬼扳跌",在夜晚灯火中，一人操纵着二鬼搂抱的半身模特，以两臂和两腿代替二鬼的四条腿，在紧张的锣鼓声中做厮拼扭打，正当人忘神注目时，扮演者突然亮相。其次是偃师大鼓社的鼓舞，由十几名青年组成的乐队，个个身着彩衣，同时敲响几架四五尺见方的大鼓，边敲边舞，伴之大锣和铙钹，冲天的鼓声震得人耳鸣。另外，还有大头舞，诸如"大头和尚戏柳翠"和"猪八戒偷媳妇"等，憨态可掬，令人捧腹。狮子舞、火龙舞更显神威，一直到深夜才结束。最后是放焰花，五彩缤纷的火花飞满夜空，映照着人们的笑脸。另外还有关爷社邀请的班子、唢呐班子"对赛"，一直到第二天的清晨，不分输赢都不罢休。

善男信女们最关注的是"关帝社"的"领羊"。所谓"领羊"即让关帝显灵，保佑一方人间平安一年。正月十三这一天大早，各社的羊都牵过来，在庙前广场上排定。这些羊的头上涂上彩，身上扎着红绿绸子结儿。社首捧着香先站定，先有笙箫等乐器组成的"十般社"进庙到大殿的关帝像前参拜，然后由社首烧香，用铜碗或大酒杯盛上酒，嘴里念叨着祈求关帝保佑的话语，将酒十分虔诚地撒向羊头。这时，如果羊摇几下头，就表明关帝已经"领羊"，显了灵，这个社的人放炮、烧香烧纸，喊着一些感激关帝的话离去。而如果羊纹丝不动，就意味着社首一行人敬祀的心不诚，就要受其他关帝社的嘲笑，起哄，还要使劲拍倒掌。社首跪在地上再磕几个头，起身再作几个揖，然后用备好的热酒浇羊头——羊忍受不了，就会连连摇头，则意味着关帝"领羊"显灵了。

洛阳庙会群中，像关帝社这样的团体在建国前多达上百个，以关林庙会最为集中，尤其是各社的社旗，迎风招展，如潮翻滚，格外壮观。

关羽从一个普通的武夫到一个富有传奇色彩的民间英雄，到最后成为中国文化中的一个圣人，这固然有着统治者的大力倡导关羽所代表的某种意识倾向，借以稳定社会，而更重要的是被民间所接受这种事实。这使我们自然想起神话学中信仰与神格的联系，信仰是抽象的，神格是具体的，具体的神格表现出抽象的信仰。神格的形成常通过动态的民间艺术展示出信仰的内容，而信仰又是隐形的，为了突出其所包含的个性，人们就大力张扬一定的民俗的重彩。关羽这尊神就是在这种意义上所形成的，各个城镇几乎都有关羽庙宇。事实上，关帝崇拜是小生产者从手工业到大规模的交换活动中逐渐达到高峰而成为"关爷"的。这说明以自然经济为基础的道德传统不断受到商业经济的冲击，人们的诚实程度作为道德的表现形式要强化，作为"忠""义"典型的关羽这尊神就被广泛接受了。山西商人在历史上较多，他们所修的关帝庙最多，尤其是陕山会馆中，都有关羽的神像，以至于在一些民间结盟仪式中要请关羽作为神圣的证人。这些情况都说明关羽作为一种道德力量，受到全社会的广泛尊崇。洛阳庙会群中的关林庙会及各类名目的关羽信仰活动，很显然是由洛阳作为宗教中心和商贸中心这种特殊的背景所影响、作用而渐渐形成的。

在我国许多地方都有像白马寺、龙门这样以佛教文化为主要内容的庙会群，更有许多地方有以关帝崇拜为主要内容的庙会群，而且类似现象广泛影响到越南、朝鲜等更加广泛的地域；这从不同方面表现出文化发展与文化格局形成的复杂性。

第十一章　同条共贯的庙会群落及其华夏文化

在中原，庙会延传赓续，蔚为壮观，是反映中国历史的一面镜子，甚为民俗史学者所关注。但是十里不同风，百里不同俗，风俗习惯在群体共性之外，又有地域的特点。山东庙会、北京庙会，都深具文化魅力，而天津、福建的妈祖庙会同样有深远影响。

一　山东庙会群与泰山东岳庙会

山东地区庙会群的分布，沿海与内陆不同，山区与平原不同。这里是我国道教文化的重要集结地，由泰山、崂山、蓬莱、栖霞等地，庙会向全国呈辐射状，在我国文化地图中具有非常重要的位置。这里更是孔孟的故乡，孔子成为这里最典型的文化名片，诸如孔林、孔庙、尼山等地的庙会，表现出浓郁的人文色彩；特别是国家祭祀与民间祭祀并存，祭祀乐舞和各种仪式成为庙会文化中特殊的一部分。而同时，佛教文化在这里也非常深入地融合于地方民间文化之中，庙会以普遍的形式表现出这一内容。

20世纪30年代，俞异君等学者针对山东108个县进行关于庙会的全面征集，收到不足三分之一的调查报告，共46篇。[1] 他们统计出庙会的各种神灵被供奉的状况：

龙王　　　5
药王　　　4

泰山奶奶	4
佛爷	5
菩萨	4
送子娘娘	3

　　俞异君等人是一群有卓越见识的学者。他们考察了博兴、平原、肥城、福山、东阿、泰安、莱芜、聊城、临淄、海阳、即墨、济宁、金乡、栖霞等县庙会存在状况。他指出，民间庙会的发生与他们的生活实际密切相关，"他们绝不是为信神而信神，实在是因为他们的某种痛苦、某种灾殃而不能知其发生的真正的原因的结果"，"娱乐也是庙会延续至今的一个因子"，"庙会是农民经济活动的一个场所"；进而，他提出包括"取消农村一切苛捐杂税，使农村经济得有复苏之望"在内的"复兴农村"主张。① 这在今天仍然是有意义的。

　　尤为有价值的是他们所列的《〈山东庙会调查集〉庙会调查简表》，对于 20 世纪 30 年代的山东庙会存在状态，在整体上给我们一个清晰的轮廓，让我们看到这一地区民间庙会的历史变迁。

　　新中国成立后，山东庙会群发生了深刻变化。尤其是孔林庙会，虽然它曾经成为封建文化的代表，受到批判，但是，它以孔子为典型的文化形象植根于整个中国文化，尤其是民间文化的沃土，祭祀孔子的仪式在国家、社会、民众各个阶层中，奇迹般复苏起来。

　　特别是近年来文化作为产业被开发，作为非物质遗产受到保护，山东地区的民间庙会获得无限生机，将齐鲁文化的

---

　　① 俞异君：《山东庙会调查集·序》，山东省立民众教育馆 1933 年 8 月版。

《山东庙会调查集》庙会调查简表

县别	庙会名称	所奉神主	集会期	集会情形	消耗	集会人数	庙产
博兴	药王庙	神农、华佗、孙思邈等	四	演戏、酬神、买卖	五六百元	万余	十余亩
	菩萨庙	菩萨	九,九	酬神、买卖	六十余元	不详	不详
	胡家台	不详	二	演戏、酬神、买卖	不详	万余	十余亩
平原	天元大帝	北极天元大帝	三	演戏、酬神、买卖	百余元	万余	无
肥城	清陵冢	佛菩萨、龙王等	四	酬神、买卖	不详	千余	四十余亩
	固留寺	释迦、罗汉、僧王	二	演戏、酬神、买卖	四百余元	二万	二十余亩
福田	只楚	菩萨、送子娘娘等	不详	演戏、酬神、买卖	不详	不详	不详
东阿	少岱山	碧霞元君	四	酬神、买卖	一千五百元	五六万	不详
泰安	华佗庙	华佗	一	酬神、买卖	六百元	两三千	不详
莱芜	黄花店主	不详	三	酬神、买卖	不详	一千	山地几亩
聊城	海华寺	不详	不详	演戏、酬神、买卖	不详	四五千	三四百亩
临淄	菩萨庙	菩萨	三	演戏、酬神、买卖	不详	二千	三亩
	城隍庙	城隍	五	演戏、酬神、买卖	不详	不详	不详
海阳	社眼	泰山神女	三	演戏、酬神、买卖	共万余元	万余	十余亩

中国文化中与庙会

续表

县别	庙会名称	所奉神主	集会期	集会情形	消耗	集会人数	庙产
即墨	黄山冈	碧霞元君	四	演戏、酬神、买卖	不详	数千	四十余亩
	大庙	修成女仙	一	演戏、酬神、买卖	二千元	万余	三百余亩
济宁	寺囤堆	不详	二	演戏、酬神、买卖	不详	不详	原有两顷
	王贵屯	泰山奶奶	三	演戏、酬神、买卖	不详	不详	不详
	王母阁	王母娘娘	三	酬神、买卖	不详	不详	不详
	火神庙	火神	一	演戏、酬神	不详	数千	六十余亩
	华佗庙	华佗	九	演戏、酬神	不详	数千	原有十余顷
	鲁庄	南海大士	二	酬神、买卖	不详	数千	有柏树八棵
	鲁桥会	泰山奶奶	不详	酬神、买卖	不详	万余	无
	爷娘庙	伏羲	十	酬神、买卖	不详	不详	百十余亩
金乡	城隍庙	城隍	三	酬神、买卖	共十万余元	两万上下	十八亩
莒县	浮来山	佛谷	一	酬神、买卖	不详	一万	二十余亩
	章流山	玉皇等七神	一,四,九	演戏、酬神、买卖	不详	万余	十三亩
栖霞	龙王庙	龙王	二	演戏、酬神、买卖	不详	一千	无

旗帜与民间文化对于泰山为典型的生命崇拜的圣歌有机融合在一起，构成山东庙会群的艳丽景观。

泰山，是五岳之一，应该是一个地理概念，但是，它厚重而悠久的文化历史内涵，又使它成为一个特殊的文化观念，一个具有特殊意义的民间文化符号。对于泰山的崇拜，民间文化显示出独特的热情，它以喧嚣的锣鼓与笙歌，尽情表达自己的虔诚；它以铺天盖地的旗帜，尽情展示自己对于生命的珍重，对于生活的热爱。所以，山东的泰山庙会因为得天独厚的条件就有了更亮丽的色彩。

泰山位于山东省的泰安、长清、历城之间，称为"东岳"，是民间传说中的神山，灵魂的集结地。山上的神庙主要有泰山庙即岱庙，每年的农历三月二十八日和四月十八日，这里举行传统的庙会。

东岳庙会不仅在这里有，在全国许多地方都有。这种现象一方面表现出在民间信仰中普遍存在的对东岳泰山的崇拜，另一方面，它表现出我国庙会文化的基本特点和基本规律的内容。庙会中，农历三月二十八是传说中的东岳大帝诞辰，四月十八是碧霞元君诞辰。民间百姓选择神祇的诞辰日作为庆贺的节日，是庙会存在的普遍现象，显现出民间文化心理的物具化、制度化。

东岳庙会的形成，是以先秦即存在的泰山崇拜为基础的。《管子》载有"古者封泰山禅梁父者七十二家"，由此可窥古人对泰山祭祀的信仰活动之一斑。《诗经》中的"泰山岩岩，鲁邦所瞻"，虽然没有指明泰山庙会在先秦即存在，但从一方面表明泰山崇拜已经在山东地区广泛存在的史实，也就是说，东岳庙会不是凭空而生，是在漫长的岁月中渐渐形成起来并不断变化庙会的具体形式。也有学者以为早在大汶口文化时期，大汶口人就非常崇拜泰山，并借崇拜泰山之高以祭祀天，这种活动成为后世泰山封禅的滥觞。[1]

秦始皇封禅泰山也好，汉代皇帝及其后来者祭祀泰山的政治活动也好，都直接地影响和作用着泰山庙会的发展变化。特别是道教活动的渗入，使东岳庙会的辐射面更广。道教崇拜与民间信仰的联系非常密切。如东方朔在《五岳真形图序》中所言"东岳泰山君领群仙五千九百人"，"泰山君服青袍，戴苍碧七称之冠，佩通阳太平之印，乘青龙从群官来迎子"等，这种具体形状在相当长的时期规范着民间信仰中的泰山君形象。魏晋南北朝时期，神仙信仰活动更为繁盛，在一些文学作品中我们可以看到这种景象。如，曹植在《飞龙篇》中的诗句："晨游泰山，云雾窈窕……西登玉楼，玉楼复道；授我仙药，神皇所造；教我服食，还精补脑。"

今泰山岱庙存有唐《双束碑》，从其中可知，唐高宗显庆六年（661）"敕使东岳先生郭行真，弟子陈兰茂、杜知古、马知止，奉为皇帝皇后七日行道，造素像一躯，二真人夹侍"；唐睿宗景云二年（771）"皇帝敬凭太清观道士杨太希于名山斫烧香供养，惟灵蕴秘凝真，含幽综妙，类高旻之亭育，同厚载之陶钧。蓄池烟云，蔽亏日月，五芝标秀，八桂流芳，翠岭万寻，青溪千仞。蚖裳庹止，恒为碧落之庭；鹤架来游，即是玉京之域。百祥罩于远迩，五福被于黎元，往帝所以驰心，前王由其载想。朕恭庸宝位，嗣守昌图，恐百姓之守广八方之未泰。式陈香荐，用表深忠，实冀明灵，降兹休祉。所愿从兹以后，浃宇常安；朕躬男女六姻，永葆如山之寿；国朝官僚万姓，长符击壤之欢；鸟鱼遂性于飞

---

[1] 见吕继祥《泰山庙会述论》，《民俗研究》1994 年第 1 期。

沉，夷狄归心于边徼。实希灵鉴，用副翘诚，今因炼师遣此不悉"。唐代道教活动一度达到鼎盛，泰山神被封为"天中王""天齐王""天齐君"，庙会活动比此前更加旺盛。一些学者以为至此始有庙会；应该说，这一时期的庙会更加宏大，影响更远，而这之前，庙会就相当热烈。

宋代皇帝崇尚道教，追封其祖宗赵玄郎"圣祖上灵九天司命保生天尊大帝"，宋代造神造庙活动比唐代又更盛。最典型的是澶渊之盟，宋真宗以耻为荣，为了掩饰这一大尴尬，装神弄鬼，降天书，显灵瑞，沸沸扬扬，东去泰山封禅。历史的云烟遮掩了太多的真实，庙会在许多时候便成为社会文化秩序的稳定手段。宋太祖成了"玄武大帝"，宋仁宗成了"赤脚大仙"，宋真宗成了伏羲"人皇"；于是，泰山神成为"天齐大生仁圣帝"，东岳庙及泰山神像不断修塑。特别是在宋真宗时，出现了长达六十多米的《泰山神启跸回銮图》。从这些我们可以看到宋代泰山东岳庙会在统治者大力倡导下应该达到如何繁盛的局面。

元代社会的异族统治，使泰山崇拜发生了重大变化，其中最突出的就是由于社会政治力量等因素的影响，许多民间百姓不能聚汇至泰山亲祀东岳帝君，而在河南、河北、山西、陕西等地就地兴建起东岳庙，于是，东岳庙会就不独山东泰山有，在中原地区等更广大的地区都曾经出现。从元代戏曲文学中，我们可以看到不同地区存在着泰山崇拜的庙会形式。① 这是我国庙会发展史上一个非常独特的现象。

---

① 元曲《刘千病打独角牛》中有"今日乃三月二十八日，乃是东岳天齐仁圣大帝圣诞之辰"，"端的是人稠物穰社火喧哗"等句。同时，如山西临汾有东羊村、王曲村等处保存有至正五年（1345）东岳庙，万荣县西景村保存有至正十四年（1354）东岳庙。

　　明代社会的庙会活动更加普遍，朱元璋所实现的神权政治使东岳庙会的规模和影响，都远远超过唐宋时代，而且在一些文学作品诸如《水浒传》《醒世姻缘传》等小说中有了对泰山东岳庙会直接而细致的描写，为今天认识东岳庙会的发展保存下可贵的材料。值得说明的是，《水浒传》中东岳庙会的描写，有人认为是宋代的庙会再现，我觉得它应该是作者所处的时代的庙会——这是小说作家惯用的表现行为，他也没必要检索宋代史料去描绘泰山东岳庙会的具体情形。明代统治者曾取消历代统治者对泰山的封号而独称"东岳泰山之神"，显示其皇天一统的神圣威仪，但后来，由于社会政治的原因，道教失去了显赫的地位，泰山东岳庙会出现了典型的佛、道相混的情形。诚如一位学者所言："民间道教却进一步繁荣发展，与官方道教形成鲜明对比。南宋以来，道教逐渐向儒学靠拢，与佛教禅宗合流，又宣扬神鬼报应，从而导致了官方性质的'士大夫道教'与民间的'世俗道教'的分流。前者主张以清静空寂和自我修炼、自我完善来寻得内心平衡与外在理想的实现，后者则以鬼神因果来强化迷狂的信仰，诱使人们向往现世的成仙得道和来世富贵安乐。这就是所谓'遇上等人说性理，遇下等人说因果'。所以道教的斋醮祈禳、禁咒画符、印剑镇妖、占卜扶乩、呼风唤雨都长盛不衰，吸引着大批文化层次较低，又迫切要求祈福禳灾的群众参加。同时，在他们中间流传的佛道二教并不像官方士大夫中流传的那样泾渭分明，而常常是混作一团，不管是佛是道，只要灵验就行。"① 所以有了《水浒传》中的"到

---

① 袁爱国：《泰山东岳庙会考识》，《民俗研究》1988 年第 4 期。

菩萨圣节之时，也没安着人处，许多客店，都歇满了"一段描写，让人对作者将泰山东岳神与"菩萨"混为一谈而不解。这种相混现象在今天许多庙会上都存在着。《水浒传》中关于燕青来到岱岳庙所睹情景，以及他和李逵一同赶庙会的描写，对理解泰山庙会很有意义：

> 庙居泰岳，山镇乾坤。为山岳之至尊，乃万神之领袖。山头伏槛，直望见弱水蓬莱；绝顶攀松，尽都是密云薄雾。楼台森耸，疑是金乌展翅飞来；殿阁棱层，恍觉玉兔腾身走到。雕梁画栋，碧瓦朱檐。凤扉亮槅映黄纱，龟背绣帘垂锦带。遥观圣像，九疏冕舜目尧眉；近睹神颜，衮龙袍汤肩禹背。九天司命，芙蓉冠掩映绛纱衣；炳灵圣公，赭黄袍偏称蓝田带。左侍下玉簪珠履，右侍下紫绶金章。阖殿威严，护驾三千金甲将；两廊猛勇，勤王十万铁衣兵。五岳楼相接东宫，仁安殿紧连北阙。蒿里山下，判官分七十二司；白骡庙中，土神接二十四气。管火池铁面太尉，月月通灵；掌生死五道将军，年年显圣。御香不断，天神飞马报丹书；祭祀依时，老幼望风皆获福。嘉宁殿祥云查霭，正阳门瑞气盘旋。万民朝拜碧霞君，四远归依仁圣帝。

> ……那日烧香的人，真乃压肩迭背，偌大一个东岳庙，一涌便满了，屋脊梁上都是看的人。朝着嘉宁殿，扎缚起山棚，棚上都是金银器皿，锦绣缎匹，门外拴着五头骏马，全副鞍辔。知州禁住烧香的人，看这当年相扑献圣。

由此可以看到东岳庙会一个显著的变化，即改变了以往单一的东岳大帝崇拜，增添了碧霞元君崇拜。[①] 这不仅在小说中有，在明代一些碑文中也有详细记载。如，王锡爵《东岳碧霞宫碑》提到庙会日"琼宫银阙，连岭被麓，丹青金碧，掩映层霄，香烟烛烟，若云霞蒸吐"。碧霞元君在明代的影响越来越大，甚至超过了东岳大帝，这是和宋真宗封禅泰山得"玉女"而"命有司建祠安奉，号为圣帝之女，封天仙玉女碧霞元君"分不开的——这种信仰的继承常常在民间越来越盛，是元代统治者所割不断的。[②] 明《东岳碧霞宫碑记》载："自碧霞宫兴，而世之香火东岳者，咸奔走元君。近数百里，远即千里，每岁办香岳顶数十万众。"更详细者如张岱《岱志》所载："元君像不及三尺，而香火之盛为四大部洲所无。""四方香客，日数百起，聚钱满筐，开铁栅向佛殿倾泻，则以钱进。元君三座，左司子嗣，求得子者以银范小儿酬之，大小随其家计，则以银小儿进。右司眼光，以眼疾所祈得光明者，以银范一眼光酬之，则以银眼光进。座前悬一大金钱，进香者以小银锭，或以钱在栅外往金钱掷之，谓得中则福。""供佛者以云锦，以绸帛，以金珠，以宝石，以膝裤珠鞋绣帨之类者，则以金珠鞋帨进。以是堆垛殿中，高满数尺。山下立一军营，每夜有兵守宿，一季委一官扫殿，鼠雀之余，岁尚数万金。山东合省官，自巡抚以至州吏目，皆分及之。""斗鸡，蹴鞠，走解，说书，相扑台四

---

① 《醒世姻缘传》六十八回云："四月十八日，顶上奶奶的圣诞"，"这是哄动二十合属的人烟，天下货物都来赶会，卖的衣服、首饰、玛瑙、珍珠，什么是没有的？"此顶即泰山，此奶奶即碧霞元君。《老残游记》（续集）等文学作品中也有类似状况。我国小说史有纪实传统，此可以从另一个方面管窥东岳庙庙会的情形。

② 见刘侗《帝京景物略》。

五，戏台五四，数千人如蜂如蚁，各占一方，锣鼓讴歌，相隔甚远，各不相溷也。""离州数里，牙家走迎。控马至其门，门前马厩十数间，妓馆十数间，优人寓十数间。向谓是一州之事，不知其为一店之事也。到店，税房有例，募轿有例，纳山税有例。客有上、中、下三等，出山者送，上山者贺，到山者迎。客单数千，房百十处，荤素酒筵百十席，优倏弹唱百十群，奔走支应百十辈，牙家十余姓。""东岳庙……阔数百亩，货郎扇客错杂其间，交易者多女人稚子。"明代所存泰山东岳庙会材料尤其多，除了年代较为近之外，民间庙会之繁密也是其中重要原因。

清代继续保持着泰山东岳庙会文化的繁荣景象，如，唐仲冕《岱览·岱庙》载：

"庙城宏敞，每年祈赛云集，布幕连肆，百剧杂陈，肩摩趾错者数月。旧传三月二十八日为岳帝诞辰，是日尤盛。"

民国时期，战争频仍，泰山东岳庙会成为国家和民族命运的苦难的缩影。对这一时期的庙会的具体记载，著名爱国将领冯玉祥《庙会的市面》一诗给人印象颇为深刻：

赶庙会，开市场，
各种货物来四方。
有洋货，有土产，
还有大喝小吃馆。
这一边，摆面摊，
台凳板桌部齐全。

爹揉面，娘烧炉，
生意买卖儿照顾。
那一边，更热闹，
汉子张口大声叫。
酸梅汤，荷兰水。
价格便宜味鲜美。
有老少，有男女，
杂乱拥挤来复去。
买者少，看者多，
腰里没钱没奈何。
乡民苦，乡民穷，
金钱日日往外送。
说缘由，话根底，
生产赶早用机器。

　　民国时期傅振伦先生在《重游泰山记》中从另一方面记述了三月庙会的情形："善男信女，远道而来朝山进香者，相望于途。妇女皆缠足，头梳长髻，衣裳博大，不着裙衫，腿带宽可四寸，多深红艳绿色，盖犹有数年前内地古装遗风，捧香合手，喃喃不绝于口。至于男子朝山，则随僧道鼓吹而已。有手持直角三角形之黄旗者，其上大书'朝山进香'四大字，右侧书'莱邑义峪庄'诸小字，殆是来自山东东部莱州者。山中居民，有出售香马纸课者，生意最盛。沿途乞丐甚多，逢人索物，并云'千舍千有，万舍得福'、'步步升高'、'积德吧，掏钱吧，个人行好是自个的'，不予则不得前行。"

　　泰山神系不仅包括泰山土著神，而且包括以道教为主的其他神，形成一个典型的中国道教神谱，经过庙会的传播，在民间社会形成广大而牢固的信仰层面。

如今一些古老的民间信仰活动又出现在庙会中。特别是交通条件不断改善，庙会上的人数更多，许多外国游客也来赶庙会。当然，更多的人来庙会上是为了观光，欣赏东岳壮丽多姿的景色。东岳庙会的传统内容得到恢复，诸如到庙里烧香，敬祀东岳大帝和碧霞元君等神灵以求得心灵的宽慰，使自己的生活信念更加坚定；求子者主要是一些中老年妇女。

1992年泰山东岳庙会，"以红门路为中轴线，南起白鹤泉，北到关帝庙，西临普照寺，东至王母池，占地面积一平方公里，会期长达十天。然而即使这样，仍嫌会场狭小，时间太短。起会以来，一千五百多家售货摊点，十五个大型表演团体，二百多座饭棚以及每天二十万人次的赶会和流动叫卖声，把整个会场挤得水泄不通。"①

2005年4月10日，地方政府举行隆重的"泰山东岳庙会暨民俗风情文化节"，其中还举行"王母娘娘蟠桃会""燕青打擂"等游艺，历时一月时间，成为庙会旅游的亮点。现代化冲击着传统庙会，主要表现在物资交易活动上，一方面是琳琅满目的各种电器、日用品，一方面是古朴而又鲜艳的香火社旗帜、香表纸炮在庙会中随处可见，人们在元君像前拴娃娃，用供奉神灵的袍布做成可以消灾的衣服，人们在神像前长跪着，祈祷神灵保佑，在山顶上的树枝下压些石子，俗称为"压子"，更有一对对钟情的男女在庙会上海誓山盟，求苍天保佑他们幸福。在民间传说中，泰山东岳大帝

① 张用衡：《泰山庙会古今谈》，《华夏星火》1992年第7期。

曾经是古代名将黄飞虎，碧霞元君是他的女儿，他们统摄生命、福祥之地，监视着人间的善恶。如今，这些色彩越来越淡化，传说情结则成为庙会文化的一部分，给人们增添无限乐趣。

二　北京庙会群与妙峰山庙会

北京是一个特殊的地区，其文化特征就是京师所具有的政治、经济、文化发展的独特性与其民间文化共同性的密切联系。这一地区的庙会群分布一方面表现出我国历史上京都在文化设施上的个性与普遍性功能，另一方面则具体体现出这一地区独特的历史。

在北京的历史上，庙会以群体形式出现，呈密集型状态分布在北京的各个城区，成为整个京师不同居民区文化娱乐、经济贸易、社会交往的中心。按照今天的社会生活设施，我们可以把历史上的北京庙会群看做不同社区的各类大小便民"超市"。

历史文献中，描述北京庙会的有许多。如有人所述，其最早应该在辽代；以《辽史·礼俗志》所云"三月三日为上巳，国俗刻木为兔"为证。金代庙会，《新元史·礼志》载《城隍庙》为例，并没有群体性密集型分布；至明代建都，北京的庙会群就渐渐形成规模。《明史·礼志》载"京师所祭者九庙"，有"真武庙""东岳泰山庙""汉寿亭侯关公庙""都城隍庙""京都太仓神庙"等较大庙会。清代庙会与明代所不同者，如人所云"新增者惟少数喇嘛庙"，诸如"雍和宫、黄寺、黑寺，以及太阳宫"等。①

民国时期，王宜昌与北平民国学院经济系学生进行的庙会调查，基本上勾勒了当时庙会的基本内容与分布状况。②

"截至民国十九年初犹存者"，他们分每月开二次、三次庙会，每年开一次、二次、三次庙会列表。同时，他们还列出"各庙会之城区分布""五大庙会与商场、城门距离"等表格。

1. 每月开三次庙会

名　　称	地　　址	城　区	会　　期	建庙时代
土地庙	宣武门外下斜街	外四区	每月逢三日	金
花市集	崇文门外花市大街	外三区	每月逢四日	明
白塔寺	阜成门内大街	内四区	每月逢五、六日	辽
护国寺	西四护国寺街	内四区	每月逢七、八日	元
隆福寺	东四隆福寺街	内三区	每月逢一、二、九、十日	明

2. 每月开二次庙会

名　　称	地　　址	城　区	会　　期	建庙时代
吕祖观	西四大拐棒胡同	内二区	初一、十五	明
吕祖阁	和平门内西夹道	外二区	初一、十五	明
吕祖祠	宣武门外厂甸	外五区	初一、十五	明
南药王庙	崇文门外东晓市	内三环	初一、十五	明
东药王庙	东直门内街	内三区	初一、十五	明
北药王庙	德胜门内西条胡同	内五区	初一、十五	明
东岳庙	朝阳门外大街	东　郊	初一、十五	元

---

① 王宜昌：《北平庙会调查报告》，北平民国学院 1937 年版。

② 王宜昌：《北平庙会调查报告》第五章《庙会的分布》，北平民国学院 1937 年版。

名　称	地　　址	城　区	会　　期	建庙时代
九天宫	朝阳门外大街	东　郊	初一、十五	元
十八狱	朝阳门外大街	东　郊	初一、十五	元
关帝庙	右安门外	南　郊	初一、十五	明
财神庙	左安门外	西　郊	初二、十六	明

3. 每年开三次庙会

名　称	地　　址	城　区	会　　期	建庙时代
江南城隍庙	和平门外	外五区	清明、七月十五、十月初一	明

4. 每年开二次庙会

名　　称	地　　址	城　区	会　　期	建庙时代
海王村公园	琉璃厂街	外二区	正月初一、十五	民国
雍和宫	安定门内雍和宫大街	内三区	正月三十、二月初一、五月十三	清
白云观	西便门	西　郊	正月初一至十九、六月二十三、二十四	金

5. 每年开一次庙会

名　　称	地　　址	城　区	会　　期	建庙时代
太阳宫	左安门内	外三区	二月初一	清
蟠桃宫	东便门内	外三区	三月初一至初五日	明
卧佛寺	东便门内	外三区	五月初一至初五日	明
都城隍庙	西单成方街	外二区	五月十一	元
善果寺	西便门内	外四区	六月初六	明
灶君庙	崇文门外花市街	外三区	八月初一至初三日	明

名　称	地　址	城　区	会　期	建庙时代
大钟寺	西直门外	西　郊	正月初一至十五日	明
铁塔寺	东直门外	东　郊	四月十八	明
妙峰山	西直门外	西　郊	四月初一至十五日	明
黄　寺	安定门外	北　郊	正月十五	清
黑　寺	德胜门外	北　郊	正月二十三	清
东　顶	东直门外	东　郊	四月初一至十八日	明
南　顶	永定门外	南　郊	五月初一至十五日	明
西　顶	西直门外	西　郊	四月初一至十五日	明
北　顶	德胜门外	北　郊	四月初一至十八日	明
中　顶	右安门外	南　郊	六月初一	明

6. 各庙会之城区分布

区　别	庙会数	庙　会　名　称
内一区	0	
内二区	2	吕祖阁、都城隍庙
内三区	3	隆福寺、东药王庙、雍和宫
内四区	3	白塔寺、护国寺、吕祖观
内五区	1	北药王庙
外一区	0	
外二区	2	吕祖祠、海王村公园
外三区	5	花市火神庙、太阳宫、蟠桃宫、卧佛寺、灶君庙
外四区	2	土地庙、善果寺
外五区	2	南药王庙、江南城隍庙
东　郊	5	东岳庙、九天宫、十八狱、铁塔寺、东顶
西　郊	5	财神庙、白云观、大钟寺、妙峰山、西顶
南　郊	3	关帝庙、南顶、中顶
北　郊	3	黄寺、黑寺、北顶

7. 五大庙会与商场、城门距离

庙会名称	所距商场	距离里数	所距城门	距离里数
土地庙	西单商场	5.6 里	广安门	2.1 里
花市集	东安商场	4.2 里	东便门	1.5 里
白塔寺	西单商场	3.7 里	阜成门	0.9 里
护国寺	西单商场	4.6 里	德胜门	3.5 里
隆福寺	东安商场	2.5 里	朝阳门	3.0 里

从这里我们可以看到北京庙会群的分布特点与举行时间，及其与北京市民生活的密切联系。有人说："这些庙会分布的很匀称，除了适应城区需要，也适当地照顾了郊区；土地庙兼顾西南郊，花市兼顾东南郊，白塔寺兼顾西郊，东岳庙专顾东郊，护国寺兼顾西北郊，隆福寺兼顾东北郊，若有意若无意地做了适当的安排。"① 这些庙会各有特点，从不同的方面满足人们的需要，甚至成为农耕时代人们社会生活的重要部分。

庙会是民间文化，更是日常生活。不同地区的不同人群适应了庙会，也选择了庙会；同样，一定的庙会对于一定的人群的习性产生了深刻影响。

曾有一位学者说："北平的地道精神不在东交民巷、东安商场、大学、电影院，这些在地道北平精神上讲起来只能算左道、摩登，北平容之而不受其化。任你有跳舞场，她仍保存茶馆；任你有球场，她仍保存鸟市；任你有百货公司，她仍保存庙会。"②

新中国成立后，北京城市面貌发生巨大变化，庙会随着

---

① 金受申：《北京的庙会》，《旅行家》1955 年第 4 期。
② 张玄（张中行）：《北平的庙会》，《宇宙风》1936 年第 10 期。

城市建设，特别是人们生活节奏、交通条件、市场体制等内容的变化，也发生很大变化。

有人详细记述了解放初期北京庙会的变化："现在（1955年）北京的定期集市的庙会有了新的安排。花市因为有六路电车和八路、十路公共汽车，还有广渠门到建国门的郊外公共汽车的互相联系着，使这个市街繁盛起来。定期的集市已然变成长期的百货大街了，只是在每旬的四日多有一些摊贩罢了。隆福寺的前殿、配殿，早在1900年帝国主义侵略者的八国联军进北京时候给焚毁了，只剩了废墟，庙会就在废墟上举行。1951年政府铲平了废墟，改建了人民市场，修筑了高大宽敞的罩棚，组织了各种行业。在庙门内广场东面设立了百货公司批发部，西面保存了原有的照相馆、金鱼厂……庙会的行业也由工商管理局组织起来，加以管理，取缔了卖假药、蒙骗人的生意。"①

庙会是民间文化的集大成，以民间信仰为核心，以经济贸易和文化娱乐为重要形式，深深植根在千百万民众之中。现在，随着经济全球化、信息多元化、新技术浪潮汹涌澎湃，传统文化包括庙会文化正经受挑战与考验。更重要的是人民群众生活方式发生了根本性的变化，人们的文化生活理念与历史时期有了极大不同，民间信仰为核心内容的庙会越来越成为人们对于传统的回味，成为重要的娱乐形式。尤其是旅游产业的开发，庙会成为其重要资源，北京的庙会以群的形式存在的历史结束了，而日益成为人们自我娱乐的一个个文化景观。

北京有五座元君庙，按照方位，分为东西南北中五处。

---

① 金受申：《北京的庙会》，《旅行家》1955年第4期。

其中，东直门外为"东顶"，高梁桥北处为"西顶"，南苑大红门外为"南顶"，安定门外为"北顶"，草桥东为"中顶"；妙峰山元君庙居于"五顶"之上，地位最高，所以称为"金顶"。

妙峰山庙会，以山上的碧霞元君庙会为主，每年的春季即四月初一至十五和秋季即七月十五至八月初一两次香火会，是北京地区最富有代表性，也是规模最大的民间古庙会，集中体现出北京地区庙会文化的基本特点。

妙峰山，奉宽在《妙峰山琐记》中说，即"妙高峰之凡称"，也有人称"阳台山"。孙承泽在《春明梦余录》中称，其"居庸关诸山之南，与天寿山相接，中间一镈即居庸关，山竣而秀，故以妙高称"。

清富察敦崇在《燕京岁时记》中载：

> 妙峰山碧霞元君庙，在京城西北八十余里，山路西四十余里，共一百三十余里，地属宛平。每庙四月，自初一开庙半月，香火极盛……庙在万山中，孤峰矗立，盘旋而上，势如绕螺，前者可践后者之顶，后者可见前者之足。自始迄终，继昼以夜，人无停趾，香无断烟，奇观哉！

据有学者考，妙峰山庙会在明代就已经存在，清代达到鼎盛。以中国历史博物馆所藏《妙峰山进香图》，可见清代后期妙峰山庙会的盛景。

《妙峰山进香图》为清代后期无名氏绘制成，工笔手法，分别描绘出神庙、香道及香客、庙会中心地涧沟村的各种娱乐景象。

神庙以山道左右侧的"灵官殿""灵感宫"为两部分，其中，右边山顶上的"灵感宫"即"天仙圣母碧霞元君祠"为最主要的建筑，庙会因此而兴起。"灵感宫"俗称为"奶奶庙"，坐北朝南，正殿之东西各有配殿，古柏参天，四周被墙所围绕，门外立有一左一右两大神杆。正殿殿前设有拜台和香火池，东西各为广生殿、财神殿，以及王三奶奶殿、五圣殿、三教殿等众多神庙。"灵官殿"为东西南北四殿组成，西北处有喜神殿、关爷殿、观音殿三座神庙。从图上可以看到，整个神庙群以道教为主要内容，香客也多集中向碧霞元君神庙"灵感宫"。

香客沿香道蜿蜒而上，直指向山顶，即民间所称"朝金顶"。香道分为两部分，有三条汇聚向涧沟村，再从涧沟村沿山路通向山巅。香客中以步行者居多，有乘舆、坐轿和骑马的，民间百姓最多，也有官吏和身着破衣、手持器具的乞讨者。香客既有青壮年，又有老弱病残、妇女、儿童，或举旗，撑幡，敲打锣鼓，吹奏乐器，成群结队，以香火社形状上山，或跪拜、叩首、悬灯、背鞍、镯镣、耳箭、锁身等责己罚己形式"赎罪"，或扶老携幼，或肩背香袋，或挑担，或举香祷告，都翘首望向山顶。显眼的地方当数持杖者，可观其虔诚和艰辛。这中间除了用手杖助力的意义，还应当有纪念意义、驱邪等民间信仰色彩。商贩们、民间艺人们也有很多，神姿千百态，充斥于茶棚、人群（圈子）中。朝顶进香完成之后，香客们到山巅的回香亭拈香、酬山，一路买上各种纸或绒做成的彩色花朵，缀在胸襟，或插在帽端，即"戴福还家"，希求吉祥，体现出妙峰山庙会的多种信仰功能。

涧沟村的娱乐活动是地方各种民间文艺的大聚汇，商贸活动的主要媒介。一条街道呈东西方向横贯村庄，犹如一片巨型广场，连接北道、中道、南道，一边依山，一边靠水。最醒目的街道南入口的大戏台，正进行戏曲演出，我们可以想象，鼓乐声、丝弦声和唱腔会随着山风吹向远处，成为庙会最精彩的内容。此外，我们还可看到在空旷的平地上各种曲艺、杂技、武术、小唱等五彩缤纷的民间艺术。画面上大街两旁的戏楼上，演员们或舞袖，或放声，那些说唱者、伴唱者、拉洋片者，众多的赌徒，结伴的香客，共同组成妙峰山庙会的精彩画面。

从图绘风格上可以看到，这可能不是一个人所绘制成，也绝不是一时所绘成，而是集体制作，其场面之壮观，人物之众多而传神，比景日畛所绘《中岳庙会图》要精美得多。

妙峰山庙会的影响不止在民间，甚且影响到宫廷。传说慈禧为"灵感宫"书写匾额"慈光普照""功侔富媪""泰云垂荫"等字样，清宫词中有"昨夜慈宁亲诏下，妙高峰里进头香"句，都可见一斑。这除了信仰的因素，如朝顶进香的许愿活动所体现的心理意义，还有全社会性的文化娱乐的吸引，最典型的就是民间香火社所进行的"香会"对气氛的烘托。让廉在《京都风俗志》中说：

> 城内诸般歌舞之会，必于此月登山酬赛，谓之"朝顶进香"，如开路、秧歌、太少狮、五虎棍、杠香等会。其开路以数人扮蓬头涂面，赤背舞叉；秧歌以数人扮陀头、渔翁、樵夫、渔婆、公子等相，配以腰鼓手锣，足皆登竖木，谓之"高脚秧歌"；太少狮以一人举狮头在前，一人在后为狮尾，上遮阔布，彩色绒线，如狮背皮毛状，二人套彩裤做狮腿，前直上，后伛偻，舞动如生，有"滚球""戏水"等名目；五虎棍以数人扮宋

祖、郑恩等相，舞棍如飞，分合中式；其杠香一人，扮幞头玉带，横跨杠上，以二人肩抬之，好事者拦路问难，则谑浪判语，以致众人观笑。凡此等会，以曾经朝顶进香者为贵。

　　妙峰山会在明代并不太显赫，此类崇祀碧霞元君的庙会，以涿州、通州、蓝靛厂等处庙会为盛。在清代，由于政治中心的特殊位置形成对庙会的特殊影响和作用，奉宽《妙峰山琐记》中所记的康熙碑、雍正碑、乾隆碑、嘉庆碑等，从一个方面体现出清代妙峰山碧霞元君庙香火盛况。

　　20 世纪初年，随着社会科学方法不断变换更新和文化人类学等学科的引进，一些学者对妙峰山庙会进行调查，妙峰山庙会在现代新闻媒介的传播下，声名远扬，影响就更大。其中，著名的考察有 1925 年 4 月 30 日至 5 月 2 日顾颉刚等学者受北京大学研究所国学门风俗调查会嘱托考察妙峰山庙会，[①] 李景汉等学者应美国学者甘伯之约 1925 年 4 月 28 日至 30 日所进行的妙峰山社会学考察，[②] 1929 年 5 月顾颉刚等学者组成的"妙峰山进香调查团"对妙峰山进行第二次考察，[③] 20 世纪 30 年代国立北平研究院史学研究会的许道龄编成的《北平庙宇通鉴》，张次溪编成的《北平岁时志》先后出版，20 世纪 40 年代张次溪《北平庙宇志》发表等，不但推动了我国现代民俗学和社会学的进展，而且使更多的学

---

　　① 《京报副刊》自 1925 年 5 月至 8 月先后出 6 期"妙峰山进香专号"。
　　② 李景汉：《妙峰山"朝顶进香"的调查》，《社会学杂志》1925 年 8 月第二卷第五、六号合刊。
　　③ 1929 年 7 月 24 日《民俗》周刊第六十九、七十期合刊《妙峰山进香调查专号》收录此次调查文章及拍摄照片，其中周振鹤的《王三奶奶》、罗香林的《碧霞元君》等论文具有特殊价值。

者对妙峰山有了更浓厚的学术兴趣。这前后，满族学者奉宽更早注意到了妙峰山会的调查，还有金勋等学者的调查，尽管没有及时出版和发表，也是很有意义的。

妙峰山庙会在日寇侵华期间冷落，原山门殿左侧九丈九尺高盘龙旗杆所悬"天仙圣母碧霞元君"八个灯笼，成为庙会一盛景，在20世纪30年代被日寇炸掉。

此庙会的突出之处体现在民间花会和民间善会丰富多彩。花会是娱乐性的，善会是服务性的。

民间花会，亦称"走会"，由朝山进香者的社团组织"香会"举办。它具体分为表演型和演奏型两大类，表演型中著名的如：中幡圣会、杠子圣会、狮子圣会、踏车圣会和少林五虎圣会等，与杂技艺术有许多相近的地方，综合了武术与戏曲等内容，或滑稽可笑，或以惊险、勇武令人赞叹。这类活动在庙会中是最具有吸引力的，在明清时期的庙会上"随地演唱，观者如堵"。如富察敦崇在《燕京岁时记》中所举的"开路、中幡、杠箱、官儿、五虎棍、跨鼓、花钹、高跷、秧歌、什不闲、耍坛子、耍狮子之类"。他们多是自觉自愿结合而成，形成壮观的场面，现在既保持了昔日的古朴内容，又与现代艺术相结合起来，更加动人。演奏型的主要为民间器乐的运用和说唱，如大鼓圣会、清音圣会、八角鼓、皮影、杂耍、魔术、大鼓、八角鼓、子弟书、评书、相声等。两种民间类型形成鲜明的比对，掀起庙会的高潮。这些花会不仅在庙会上进行演出，而且在其他场合如节庆时演出，而以曾经在妙峰山会上得到过众人喝彩叫好的引为自豪。据说，同时庙会上有两支或多支花会相遇，必须让有过这种光荣历史的花会先出手，占尽风流。让廉在《京都风俗志》中就提到"凡此等会，以曾经朝顶进香者为贵"。据一些香客介绍，这些花会的技艺传授有着严格的师徒传授方式，一般都以各自拿手的绝招赢得庙会上的叫好。也有一些献艺者，虽然没有庞大的阵容，他们自发、就地表演的各种技艺如耍弄刀枪棍棒、骑射、爬杆等内容，同样受到欢迎。一些奇人也常借庙会之时露出不凡身手，成为美谈。现在一些企业注意到了民间花会的广告效益，有人利用这种特殊的形式来扩大企业知名度，使庙会文化注入了新的内容。

民间善会是为朝山进香的人提供各种方便的带有义务性、慈善性的民间活动，帮助一些遇到困难的人，因有良好的声誉而被人称为"善会"。如，有负责修补道路的开山老会、净道老会、修道老会，有为夜晚香客进香照明的燃灯老会，有为香客进香方便，供人一路焚香祀神的盘香老会，有为香客免费提供茶水等饮食方便的粥茶老会、茶叶老会、献盐老会，有为香客休息方便的拜席老会，为香客提供缝补方便的缝绽老会等。这些会称为老会，一般指其历史悠久，若时间较短，则称为"圣会"。老会的会号多为"子孙""万代""长善"等字样，取永远、无私的寓意。特别是庙会中的茶棚，为香客们提供了难得的食宿方便，顾颉刚等学者在两次调查中都对此给予了重视。今天，许多善会习俗还存在，但似乎更多的是商业性的服务活动。

民间花会和民间善会统称为民间香会，他们有自己的组织、管理方法。如香首、副香首即"引善都管"，是总的负责者，下设催粮都管、请驾都管、钱粮都管、司库都管、车把都管、厨房茶房都管等，各司其职，各尽其责，使整个香会的工作都做得井井有条。这种现象不独妙峰山有，其他地区也有，而这里的香会组织更加典型，它体现出民间文化中特有的秩序行为及其社会职能、价值、意义。

妙峰山庙会敬祀的神灵主要是泰山女神碧霞元君，即北方许多地方俗称的"山奶奶""老奶奶"。这种崇祀现象在我国北方地区较为普遍，它体现出民间百姓丰富的生命信仰、生殖信仰等质朴的价值观念。妙峰山会主要是道教盛会，民间崇祀的对象除了碧霞元君等泰山神系之外，还有张天师，以及丘处机、三茅真君等道教神。但是，所有这些神等，在信仰中都远不及碧霞元君的影响。

三　天津皇会

天津皇会，原为天津天后宫庙会，每年的农历三月二十三日，当地群众竞相展开龙灯、旱船、高跷、狮子等民间文艺，在天后宫南北大街形成繁华的商业市场，吸引众多的游人，成为闹区。传说清高宗皇帝曾在此地驻跸为庙会的精彩赞叹不已，此后人即改称天后宫庙会为皇会。也有人传说乾隆皇帝南巡时路过此地，适逢举行庙会，民间乐舞艺人的表演艺术得到他的赞扬，"跨鼓会"鼓手得到黄缎马褂赏赐，"鹤龄会"得到金项圈、龙旗赏赐，所以由艺人们称此会为皇会而逐渐流传开来。

天后宫即妈祖庙，居于南北运河和海河相交处（天津旧城东北角），始建于元代泰定三年（1326），明代永乐年间重建，正统年间重修，清之后又多次重修。现存有牌楼、山门、天王殿、大殿、后殿、配殿、戏台和钟鼓楼等古建筑。这里在历史上处于特殊的地理位置，既是当地民众祭祀海神的信仰活动中心，又是船工、渔民、杂工聚会的场所，庙会异常兴盛。

清人沈存圃曾作有《皇会歌》记述庙会歌舞盛况：

> 鸣钲考鼓建旗纛，
> 寻橦掷盖或交扑。
> 鱼龙漫衍百戏陈，
> 更奏开元大酺曲。
> 笙箫筝笛弦琵琶，
> 靡音杂沓听者哗。
> 老幼负贩竞驰逐，
> 忙煞津门十万家。

乾隆六年（1741）杨一昆作《皇会论》，更详细地记述了"皇会重兴第二年"的全景：

> 国泰民安，时移岁转，春光明媚艳阳天。只听得锣鼓喧天，又见那儿童欢喜，妇女争妍，却原来是皇会重兴第二年。月末逢三，早将会演……跨鼓声喧，中幡耀眼，看会的人来到街前……河沿上早来了香火船，手持竹竿，身穿布衫，靠定阑干，人人争把抬阁看……通纲抬阁是新演，今年胜似往年。节节高，乏人力。莲花落，不耐看。猴扒竿，亦有限。杠箱官，委实可厌。稍可的是侯家后拾不闲。秧歌高跷数不鲜，唯有那溜米厂高跷人人称赞。不论女，不论男，颠倒争把青蛇看。貌似婵娟，名胜梨园，是何时结了喜欢缘。他面庞儿俏，意思儿甜，一架娇痴墨牡丹，掩映在红绿间。舞花来自戏中传，四海升平见一斑。说什么长亭婀娜，绣球打

烂……又见灯光高悬，青烟四散，宝塔仍是章家办。花瓶会，到底让口岸店，打顶马的数周家露脸，衣帽新鲜，顶戴齐全，人物体面，胜似当年王寿田……茶挑子，亮光光净素玻璃片。耳边金鼓震连天，会儿多，记不全。法鼓还算大圆小圆，一到茶棚敲的更熟练，翻来覆去离不了七二幺三。夜色漫漫，行人缓缓，二更之后，众会蝉联。一伙子清音大乐声悠远，两当子河南雅乐喧。后跟一行道士调笙管，西洋德照，前后光悬，少不了老鹤龄在和平音乐前。不知不觉已过了四驾辇，法鼓声犹近，鹤龄音不远……霎时间，夜阑人散，拦舆拜罢各回还。香消粉减，漏尽更残，好似神仙归洞天……

应该说在乾隆年间，皇会到达鼎盛，这段文字可窥见各种庙会上的热闹景象。史载，光绪年间至民国二三十年代，曾多次举办大规模皇会，今天在当地有关部门的支持下又恢复起来，民间艺术更加丰富。

传统的皇会，会期一般在十天左右，三月份一到，人们就开始准备了。十六日为"送驾"，十八日为"接驾"，二十日和二十二日两天为"辇驾出巡"。在这几天中，各种民间艺术团体要"踩街"，到二十三日都使出各自的绝招，进行比赛。当然，庙会的主要内容仍然在这三项：一，求子求平安；二，民间文艺演出；三，商业贸易活动。其中的求子求平安，是信仰的中心内容，各种民间文艺演出都是为了烘托庙会的宗教氛围，商业贸易活动是庙会的衍生物。自元代大都作为全国的政治中心，大批的粮食等财物要从江南运进北京，把天津即塘沽作为中转站，建立这样一个南方的海神妈祖娘娘神庙，是官方和民间共同的心愿，庙会就自然兴盛起来。求子和祈求海运平安与民间艺术连成一体，民间艺术以花会为主要形式形成庙会的高潮。再加上皇会期间免征厘税，香客、游客、商客蜂拥而至，使庙会规模异常壮观。天津皇会成为北方地区海神庙会的一个典型，而很明显的则是妈祖信仰被佛教化。

皇会的热点主要集中在"接会"和"花会"。[①]

所谓"接会"，也称"截会"，即人们为了更久地欣赏民间文艺团体的演出，在沿街的两侧搭上看棚，请来亲友在棚内等待观看。当歌舞队伍来到时，搭看棚的人家便将自己的名帖送给花会的会首，并向会首问候平安，道一声辛苦之类的谢词后，请会首在此看棚前表演。会首将自己的帖子再送给看棚主人，摇动手中旗帜，花会就在看棚前演出。看棚的主人一般为富商，除了享乐之外，应该说，他们接会的目的还有提高自己的声誉方面的内容，如同今天的广告效应。据载，清代的一些富商为了操办皇会，竟有人除了重金置办仪仗，雇人来比赛歌舞技艺，还有亲自扛抬亭座和辇舆的。看棚前有一班花会，也可以有数班花会进行比赛，胜者多赏。赏物一般为天津的名点心"八大件"之类的食物，由茶挑接住；茶挑的表演同样精彩。一般茶挑指为花会接收赏物的挑夫，受到训练的青年男子。他们的肩上放着一条两头挂着食盒的扁担，扁担的两端饰有红绒球和龙头等物，随着步伐的退退进进闪动着，而绝不用手扶。这些挑夫多为光头，上穿毛蓝褂，挽起两袖，围上竹布围裙，下穿黑鞋白布袜，非常灵巧，给人以滑稽、幽默的感觉。当然，各个花会和北

---

① 参见刘恩伯、孙景深《天津早年的"皇会"》，《舞蹈艺术》1984年第6期。

京妙峰山朝顶花会一样要在演出之前到有关场所报名，便于庙会中各花会演出秩序的管理安排。民间花会在看棚前演出，成为庙会的重要内容，他们多来自天津附近的城镇和乡村，有被人包办的，也有自发组织起的。

"花会"的演出内容多为戏曲的精彩片断，以及一些民间舞蹈、杂技。

民间花会最显眼的是中幡会。一只中幡重约百斤，高有两丈，幡宽一米左右，红底花边，在幡顶上端饰有旗、伞、铃等物，由一壮汉用嘴或肩顶起，甚至有人将整个幡抛起后，再用头部、肩部接住。这是所有花会中演技难度最大的一项。其他如由数十人抬起的两丈多高的抬阁，有身轻如燕的爬竿，有身披狮皮，在地上翻滚或在桌子上跳跃的狮子会，有儿童扮演的鹤龄会和八仙会等。节节高会由八人肩上各站立一个幼童，分别演出一些戏曲如《白蛇传》《错中错》《辛安驿》《一两漆》《戏牡丹》《探亲家》《逛花灯》等，那些幼童分别站在许仙、吕洞宾、油匠等戏曲人物的刀具上。花鼓会的八位青年男女，扮演《水浒传》故事，边舞边唱。跨鼓会打起震天的大鼓，与文武童子摆成的"天下太平"等图案相辉映。杠箱会扮演皇家宝物在路上被人劫走故事，有问有答，插科打诨，令人捧腹大笑。这些花会早者在清代咸丰年间就已存在，晚者在建国后始出现，如一些具有新意的劳动舞蹈。皇会的花会由以往的娱神渐渐向娱人转变，不断增加新的内容进行改造，如花音法鼓会、金音法鼓会、东园法鼓会等法鼓会的"耍钹""耍铙""飞钹""飞铙"，以及大乐会、拾不闲会、高跷、秧歌和扫街会、门幡会、太狮会、报事灵童会、鲜花会、灯扇会、提灯会、花瓶会、请驾会、华盖会、銮驾会等，各演神技，令人眼花缭乱。

天津皇会的妈祖崇拜曾盛极一时，现在因为天津港条件的现代化建设，渐渐演变成地方性民众自娱自乐庙会，而不像清代那样汇聚千里外的商贾，庙会的内容也更多地向商贸和娱乐转变。

2007 年 2 月 18 日，在传统的春节期间，天津地方政府在水上公园举行了首届"水上庙会"。天后宫依然香火旺盛，而作为京师门户的天津更多了民间百姓的狂欢：有七十多岁的老人用易拉罐精心制作的《清明上河图》，有吴桥农民展示的糖人，有令人眼花缭乱的蛋壳画、五光十色的面人和泥人，魔术与杂技争奇斗艳，更有"天津今晚报杯民间绝活绝技表演赛"吸引了无数观众。与此同时，满街悬挂大红灯笼，700 多位老人骑车庆新春，成为庙会又一道风景。有人统计此庙会期间游人每天有 15 万之多，其中有日、美、俄、韩等国友人 5 000 多。鞭炮可以噼噼啪啪地尽情燃放了，庙会与传统节日形成最佳互动；整个天津张灯结彩，喜气洋洋，传统文化与现代文明的冲突被民间文化独特的魅力所冲洗，庙会由此显示出自己的热烈、昂扬、奔放，也显示出自己历经千万年的生机与厚重。

四　福建莆田妈祖庙会

妈祖庙是我国东南地区沿海影响最大的神庙，其发源地在福建莆田湄州岛。每年的农历正月十五日、三月二十三日、九月初九日，这里都要举行传统的庙会，纪念这位民间传说中的海神。

　　福建莆田湄州岛妈祖庙，早在北宋雍熙四年（987）就建有其原型神女祠。明代、清代多次修建，形成包括正殿、寝殿、中军殿、积庆祠、佛殿、观音殿、土地庙、朝天阁、梳妆楼和钟鼓楼的庞大建筑群。至今，妈祖神庙群保持着这些基本规模。庙会期间，人们走进山门，步入仪门。山门到仪门中间有九百级石阶，分为六个段，人们俗称为"天梯"。"天梯"中段，伫立着一座巨大的香炉，供人焚香用。出了仪门，直望正殿，眼前是一片广场，供人们举行各种祭祀仪式，诸如跳神舞、耍神灯等民间文艺活动，使这里成为妈祖神庙的信仰活动中心。广场的东边为中军殿，西边为圣母祠，之后为取诸"晨钟暮鼓"意的钟鼓楼，伴随着正殿迎来日出日落。正殿，也叫"大殿"，塑有妈祖神像，列有香客的祭献贡品。从正殿再往后走，是寝殿，有人多为妇女在此求子，祈求妈祖保佑家人平安。寝殿之后为三层八角楼阁，当地称为朝天阁。传说这里是妈祖神巡察湄州岛和湄州湾，检查人间善良和丑恶的地方——妈祖既是当地人心目中的海神，又是地方道德风尚的维护者、监视者。

　　宋宝祐五年（1257）黄岩孙在《仙溪志·三妃庙》中说："顺济庙，本湄州林氏女，为巫，能知人祸福；殁而人祠之。航海者有祷必应。"

　　妈祖女神的身世历来说法不一，黄斐默《集说诠真》中说：

　　　　或称天妃为福建莆田县都巡检林愿女，或称浙江温州方士林灵素女，或称闽中蔡氏女。其生或称在唐玄宗朝，或称在五代间，或称在宋太祖时，或称在宋徽宗朝。其他福建、浙江，相隔两省，其时自唐迄宋，相距数百年。

　　一些学者考据妈祖到底为何人，何时何地生，应该说，他们更多地忽视了民间文化发生律，即一种神灵的产生及其口头的广泛传播，常常出于不自觉的共同信仰，即心理学家所称的"集体无意识"。她最初可能就是乡间的一个具有巫色彩或被巫所利用所渲染的村姑，被人们借用来增强自己战胜海洋、利用海洋的信心，与庙会等信仰形式相结合时，影响面就更为广大了。检索我国古代典籍中最早记载有妈祖事迹的，并不见于官修的史书，而似乎是洪迈的《夷坚志》。
《夷坚支志》景卷九《林夫人庙》：

　　兴化军境内地名海口，旧有林夫人庙，莫知何年所立，室宇不甚广大，而灵异素著。凡贾客入海，必致祷祠下求杯珓，祈阴护，乃敢行，盖尝有至大洋遇恶风而遥望百拜迄怜见神出现于樯竿者。

《夷坚支志》戊卷一"浮曦妃祠"：

　　绍熙三年，福州人郑立之，自番禺泛海还乡。舟次莆田境浮曦湾，未及出港，或有人来告："有贼船六只在近洋，盍谋脱计?"于是，舟师诣崇福夫人庙求救护，得三吉珓。迨出港，果有六船翔集洪波间，其二已逼近。舟人窘迫，但遥瞻神祠致祷，相与被甲发失射之。忽烟雾勃起，风雨欻至，惊波驾山，对面不相睹识，全如深夜。既而开霁贴然。贼船悉向东南去，望之绝小。

立之所乘者，亦漂望数十里外，了无他恐。盖神之所赐也。其灵异如此。夫人今进为妃云。

由此可见，至少在宋代之前就已经有了莆田地方的妈祖神庙。民间文化具有鲜明的继承性特征，所以，后来在《元史》的《祭祀志》《世祖纪》《英宗纪》《泰定帝纪》《文宗纪》《顺帝纪》，在《闽书》《明会典》《大清会典》等史籍中，有"南海女神灵惠夫人""护国庇民广济福惠明著天妃""制封泉州神女号护国明著灵惠协正善庆显济天妃""诏加号海神为辅国护圣庇民广济福惠明著天妃""封孝顺纯天孚济感应圣妃"和"护国庇民妙灵昭应弘仁普济天妃"（俱照黄河神例行）等封号、祭祀的史迹。

姚福均《铸鼎余闻》卷一载：

> 王元恭《四明续志》卷九《祠祀篇》引程端学《天妃庙记》曰：神姓林氏，兴化莆田都巡检君之季女，生而神异，能力拯人患难。室居，未三十而卒。宋元祐间，邑人祠之，水旱疠疫，舟航危急，有祷辄应。宣和五年，给事中路允迪以八舟使高丽，风溺其七，独允迪舟见神女降于樯而免。事闻于朝，锡庙额曰"顺济"。绍兴二十六年封灵惠夫人。三十年海寇啸聚江口，居民祷之，神见空中，起风涛烟雾，寇溃就获。泉州上其事，封灵惠昭应夫人。乾道三年兴化大疫，神降曰："去庙丈许有泉可去病。"民掘斥卤，甘泉涌出，饮者立愈。又海寇作乱，官兵不能捕，神迷其道，俾至庙前就擒，封灵惠昭应崇福夫人。淳熙十一年福兴都巡检使姜特立捕温台海寇，祷之即获，封灵惠昭应崇福善利夫

人。既而民疫夏旱，祷之愈且雨。绍熙三年，特封灵惠妃。庆元四年，瓯闽诸郡苦雨，唯莆三邑祷之霁且有年，封灵惠助顺妃。时方发闽禺舟师平大奚寇，神复效灵起大雾，我明彼暗，盗悉扫灭。嘉定元年，金人寇淮甸，宋兵载神主战于花靥镇，仰见云间皆神兵旗帜，大捷。及战紫金山，复见神像，又战三捷，遂解合肥之围，封灵惠助顺显卫妃。嘉定十年亢旱，祷之雨。海寇犯境，祷之获，封灵惠助顺显卫英烈妃。嘉熙三年，以钱塘潮决堤至艮山祠若有限而退，封灵惠助顺嘉应英烈妃。宝祐二年旱，祷之雨，封助顺嘉应英烈协正妃。三年封灵惠助顺嘉应慈济妃。四年封灵德协正嘉应慈济妃。是岁又以浙江堤成筑，封灵惠协正嘉应善庆妃。景定三年祷捕海寇，得反风，胶舟就擒，封灵惠显济嘉应善庆妃。宝祐之封，神之父母女兄以及神佐皆有锡命。皇元至元十八年，封护国明著天妃。大德三年，以漕运效灵封护国庇民明著天妃。延祐元年，封护国庇民广济明著天妃。

姚福均在这里所举的传说，是妈祖神庙得以享受千百年民间香火的重要基础，充满了传奇性。如果更详细地考据史实，就会看清问题的真相。像文中所举"宣和五年给事中路允迪以八舟使高丽"，其他人也曾列举妈祖神功大德，许多人也都把"宣和五年"之封作为官封的开端，而事实上，更多纯属于子虚乌有。《宣和奉使高丽图经》的作者徐兢，与路允迪在这次出使中同行，他在记载出使经过时，只提到曾遇见台风，根本没有哪一只船沉翻的事，即不存在"风溺其七"的情况发生。朝廷所封，并不一定就真正有此事发生，这是最常见的事情。至于后面所提的海寇袭击、旱疠发生等事，妈祖被一封再封，从灵惠夫人加上"昭应"，再加上"崇福"，加上"善利"，从灵惠妃加上"助顺"，加上"显卫"，加上"英烈"，加上"嘉应"，再加上"协正""慈济""善庆""显济"，到"护国明著天妃"，再逐次加上"庇民""广济"，都是统治者渲染的结果。

妈祖女神被封及其在民间庙会中受到崇祀，宋代莆田人黄公度就曾以其所闻描绘此景：

> 枯木肇灵沧海东，
> 参差宫殿崒晴空。
> 平生不厌混巫媪，
> 已死犹能效国功。
> 万户牲醪无水旱，
> 四时歌舞走儿童。
> 传闻利泽至今在，
> 千里桅樯一信风。

将此与前姚福均所举"显灵"之事相对照，不难看出妈祖从"巫媪"到"天妃"渐变的一条线索。这条线索在民间文化中是普遍现象，是民间神灵生成规律的典型体现。妈祖女神在这条线索中从湄州走向更广大的地区，成为被皇家所推崇的"夫人""天妃"，成为航海者心目中的"至尊神明"。有学者说，"这也是中国古代阴阳学说影响的结果"，"天代表皇帝，地作为皇后，'天称皇，地称后，海次于地者，宜称妃耳'，宋明哲学思想讲究阴阳对应和统一变化，在这种指导思想影响下，选择妈祖为海上女神要比其他男性的海神更符合传统的思想观念，所以后来的许多文人学士都热衷于渲染妈祖女神护航解难数著灵异的传奇故事"。① 由此而类推，妈祖女神庙遍布东南亚沿海国家和地区，就在情理之中了。当然，除此之外，还有更重要的一个因素，即民间普遍存在的观音信仰。从许多地方所流传的故事中可以看到，妈祖事实上就是观音的具体化身。所不同的是，观音是佛教世界中至善至美、无所不在的法力无边的民间理想的典型，集中了佛教的基本思想，具有不可及的宗教神圣境界为人们所景仰，而妈祖除了和观音一样体现出民间理想的内容之外，她更贴近人们的生活，她就是普通人家的姑娘，尽管有人故意抬高她的父亲的地位。妈祖神庙的庙会之所以广泛存在，应该说，这种信仰心理基础是非常重要的。另外一种因素是道教信仰在海洋文化中的作用和具体表现。如姚福均《铸鼎余闻》卷一所云：

> 潜说友《临安志》云：神为五代时闽王统军兵马使林愿第六女，能乘席渡海，人呼龙女。宋太宗雍熙四年，升化湄州。常衣朱衣，飞翻海上，土人祀之。

从这里可以看到道教所推崇的仙化、羽人等信仰观念与妈祖女神原型的相融合。

佛教和道教对妈祖女神形象的争相改造，促成了妈祖庙会的广泛和持久的影响。如《三教源流搜神大全》卷四《天妃》所载，很明显地为佛教所美化和为道教所仙化：

---

① 林国平、彭文宇：《福建民间信仰》，福建人民出版社1993年版，第154页。

443

第十一章 同条共贯的庙会群落及其华夏文化

妃林姓，旧在兴化路宁海镇，即莆田县治八十里滨海湄州地也。母陈氏，尝梦南海观音，与以优钵花，吞之，已而孕，十四月始免身得妃，以唐天宝元年三月二十三日诞。诞之日，异香闻里许，经旬不散。幼而颖异，甫周岁，在襁褓中见诸神像，叉手作欲拜状。五岁能诵《观音经》，十一岁能婆娑按节乐神，如会稽吴望子、蒋子文事，然以衣冠族，不欲得此声于里闾，即妃亦且韬迹用晦，栉沐自嘻而已。兄弟四人业商，往来海岛间。忽一日，妃手足若有所失，瞑目移时。父母以为暴风疾，急呼之。妃醒而悔曰："何不使我保全兄弟无恙乎？"父母不解其意，亦不之问。暨兄弟赢胜而归，哭言前三日飓风大作，巨浪接天，弟兄各异船，其长兄船飘没水中耳。且各言当风作之时，见一女子牵五两（舡蓬桅索也）而行，渡波涛若平地。父母始知妃向之瞑目，乃出元神救兄弟也。其长兄不得救者，以其呼之疾而神不及护也。恨无已。年及笄，誓不适人，即父母也不能强其醮。居无何，俨然端坐而逝，芳香闻数里，亦就诞之日焉。自是往往见神于先后，人亦多见其舆从侍女拟西王母云。然尤善司孕嗣，一邑共奉之。邑有某妇，醮于人，十年不字，万方高谋，终无有应者，卒祷于妃，即产男子。嗣是凡有不育者，随祷随应。至宋路允迪、李富从中贵人使高丽，道湄州，飓风作，船几覆溺，忽明霞散绮，见有人登樯竿旋舞持舵甚力，久之获安济。中贵人诘于众，允迪、李富具列对南面谢拜曰："夫此金简玉书所不鲸鲵腹，而能宣雨露于殊方重泽之地，保君纶不辱命者，圣明力哉，亦之灵呵护不浅也。公等志之。"还朝具奏，诏封灵惠夫人，立庙于湄州，致守香火百家，斫朴梓材，丹膜张矣。我国初成祖文皇帝七年，中贵人郑和通西南夷，祷妃庙，征应如宋，归命，遂敕封护国庇民妙灵昭应弘仁普济天妃，赐祠京师，尸祝者遍天下焉。夫妃生而禀纯灵之精，怀神妙之慧，死而司胤则人无阙，司海则水不扬波，其造福于人岂浅鲜哉！余尝考之兴化郡诗并采之费昺采碑记因略为之传者如此。

　　这里的妈祖神迹主要归结为"救兄弟""司胤""司海"，与民间普遍流行的观音崇拜没有什么两样。在民间文化发展史上，妈祖是一个兼职最多的女神，她既有佛教的观音菩萨的大慈大悲救生民于水火之中的一面，又有碧霞元君这位道教神的保护黎民脱苦难、繁子嗣、解厄运的一面，这样，佛教的来世和道教的今世在她身上都能找到吻合的地方。事实上，她更多的是一位民间俗神，在官方政治中得到崇奉，在民间宗教中也得到崇奉，更为民间世俗文化所崇奉的一位天地间全神。其中，统治者的提倡对妈祖庙会的发展有着直接的影响，如，在宋代她还是"妃"和"夫人"（"灵惠妃""灵惠夫人""灵惠助顺嘉应慈济妃"），在元代成为"天妃"（"护国明著天妃""护国辅圣庇民显佑广济灵感助顺福惠徽烈明著天妃"），在明代封为"明孝纯正孚济感应圣妃"，清代达到登峰造极，被封为"圣母"（"护国庇民妙灵昭应弘仁善济天上圣母"）、"天后"（"护国庇民妙灵昭应弘仁善济福佑群生诚感咸孚显神赞顺垂慈笃佑安澜利运泽覃海宇恬波宣惠导流衍庆靖洋锡趾恩周德溥卫漕保泰振武绥疆天后之神"）。这些封号在客观上促进了妈祖崇拜包括妈祖庙会的繁荣及其影响。元代帝国非常重视海上的航道开辟和贸易，改变了宋代只把妈祖作为一般海神的角色而提升为天神"镇四海"，诏令滨海地区"皆置祠庙"，立天妃宫，这是妈祖神庙会发展尤为关键的一步。明代统治者仍然非常重视海上航运事业，永乐三年（1405）至宣德八年（1433），郑和七下西洋，每次行航前都要祭拜妈祖，皇帝"赐祠乐师，尸祝者遍天下焉"。在民间则有无名氏著《太上老君说天妃救苦灵验经》，妈祖神成了太上老君的神使，并明确提出妈祖生辰为"庚申之岁三月二十三日辰时"，与今天的庙会日相应。在清代康熙、雍正、乾隆、嘉庆年间，妈祖神的地位比元、明两代更高，特别是台湾统一之后，统治者为了维持社会稳定，鼓励台湾、福建、广东人在民间建筑妈祖庙，据有人统计，康熙二十二年（1683）之后，台湾新建妈祖神庙二百二十二座，可见其兴盛。① 民间有人印制《天后显圣录》《孝女事实》等宣传材料，妈祖成了既受儒家经典教育又受道教和佛教的灵光渲染的典型。从宋代到清代，统治者从未放弃过对这样一位女神的梳妆打扮，让其帮助安邦定国，以兹统治民心。以莆田为中心，历史上形成了一个遍布海内外的庞大的妈祖神庙群，如台湾的北港、台南、鹿港、新港、彰化、安平、澎湖等地，有"兴化妈""温陵妈""银同妈""清溪妈"，总计达五百座之多，更不用说在日本、朝鲜、越南、泰国、菲律宾、新加坡、马来西亚、印度尼西亚以及欧美地区，不仅华人华侨崇拜妈祖，妈祖神成为许多民族所信奉的海神。而且，因为妈祖信仰，还形成了中外人民友谊的美好故事，广为传颂。

莆田湄州岛上的妈祖庙会，传说三月二十三为其生日，

---

① 林国平、彭文宇：《福建民间信仰》，福建人民出版社1993年版，第21～22页。

九月初九为其卒日即升化日，正月十五则是民间喜庆日，各地的妈祖庙要来这里庆贺"娘妈回外家"，烧香，进供，唱神戏，燃金纸，放鞭炮。供品有半截红裤、菖蒲、香袋、九重米粿、烛山、龙舟挂圣旗等，每一种供品都有一段美丽的传说故事。庙会日还要禁捕，数不清的匾额在鼓乐、鞭炮声中迎送到妈祖庙内。更为有趣的是在三月二十三日的庙会上，总要刮风下雨，传说是有位保生大帝吴真人故意作怪——他曾追求过妈祖，而遭到了拒绝后就要用风雨摧残妈祖，吹掉妈祖的胭脂粉黛，让她难堪。当然，妈祖也要报复，在吴真人生日即三月十五庙会上同样兴风雨。当地人称庙会上的风为"真人飓""妈祖飓"。

在莆田的湄州岛妈祖庙会上是这样，其他地方都有这样的信仰活动。如惠安一带，在三月二十三日庙会上，人们都要到庙内祭拜妈祖，春节则有人到庙内同妈祖团圆。出海时，人们都要求妈祖保佑；出海的日子要请示妈祖，让妈祖的神使巫即司庙者来决定。在更多的地方，人们在庙会日抬妈祖神像出游，让她亲眼看一看大地秀丽的风光。渔民出海时，在船上设置妈祖牌位。有人怀中揣着庙会上妈祖神像案前的香灰，以为这样就能平平安安。台湾全岛有三百多座妈祖庙，北港的朝天宫庙会香火最盛，更显示出台湾人民胸怀故土，渴望祖国早日统一的美好愿望。

后　记

《庙会与中国文化》几经修改，现在终于完稿了。

此刻，万木已经吐翠，百鸟又挤满在窗前的千顷阳光里，大地重新响起了歌声和鼓声。

遥望南天，心潮起伏。难忘 20 世纪 80 年代初，大学毕业时，我胸怀朝阳。那时节，我曾经有许多梦想，重读《资本论》，重读《实践论》《认识论》《矛盾论》，重读《周易》，重读《论语》，但我总百思而不得其解；有很多道理，至今还是不能完全明白。

在那些日子里，是那些面颊上刻满辛酸的老乡们，教我开始懂得人间的风云变幻，我重新走上研究民间文化这条宽广而又漫长的道路。在那一个个风雨飘摇的日子，我奔走在中原大地上，奔走在南国的山峦间，奔走在北国的泥泞中，接受一堂堂无比生动的关于民间文化的课程。千百万淳厚质朴的百姓，他们是我最优秀、最崇高的老师！

从那时起，最恨无情、无耻、无聊之庸俗文人！

这部书稿的写作，若从开始构思时算起，应该说有二十多年了。其间断断续续，写写停停，个中辛苦只有自己知道。当然，至今也不能说这部书就很令人满意。

我对庙会文化的考察，起自于 1985 年的春天。那时，我首先在河南东部地区的西华、淮阳、鹿邑、商丘等地调查古庙会。同时，我提出了"语域"的概念，提出重视语色分布问题，注意民间传承和移民等因素。二十多年过去了，我一直在求索。毋庸讳言，庙会的考察，我觉得首先应该有一个基本目的，那就是为什么要做这样一个课题。日本民俗学在建设中，有学者提出要探讨"日本为什么贫穷"，这很值得我们借鉴。在我国许多地方存在着这样一个现象，越是贫穷、闭塞、落后的地方，庙会越多。当有些学者大力赞美庙会中所表现出的民族文化如何古老而丰富时，我并没有那种发自内心的自豪和光荣感。相反，曾经每去一处庙会，我心中都感到很沉重。所以，我不止一次提出民间文化科学应该是伟大的人民思想解放事业。

相当长时期，几乎每一个庙会都存在着"求子"和"祈福禳灾"的内容，香客们还都那样虔诚，粗俗、丑陋的巫婆、神汉成了庙会的主角，整个庙会所洋溢的是熏得人发晕几乎令人神经崩溃的香灰的灼热，和低沉得令人寒瘆的祈祷声。这就是我们要珍重的民间文化原生态吗？

我想，靠这样举行大规模的庙会文化活动，是否离现代化越来越远，这确实是应值得我们深入思索的一个重要问题。特别是当我看到金碧辉煌的神庙与破旧的校舍形成强烈的反差时，我为自己无力改变这种状况感到愧疚。

长期以来，我们对民俗文化的研究存在着误区，即表层次的调查与故作高深的概念演绎颇多，而科学的批判和现代社会中民俗文化的建设的探讨做得很不够。庙会集中了经济、文化、宗教等众多的社会现象，但其中的文化活动是否应让其自流呢？那些巫婆、神汉是否就应该是庙会的主角呢？相当多的学者以为应该顺势利导，尊重传统文化。仅仅这样是不够的，尊重绝不是目的，重要的是合理的保护与利用；当然，保护与利用庙会并不是消灭传统庙会。在强调加强对民间文化的深入考察的同时，还是应该强化对庙会的现代化多重性的思索。事实上，历代统治者都是积极介入庙会而使庙会为他们服务的。他们对一些神灵的加冕封爵，其实就是为了改造与利用庙会，稳定社会，繁荣文化与经济。

庙会是一种特殊的社会现象，应该在调查研究的基础上进行合理运用，这也是时代赋予我们新一代学人的使命。从这种意义上说，我们今天的民间文化遗产抢救与保护工作既是对于传统文化的继承，也是对于传统文化如何面对现代文明挑战的回应。历史云烟转眼即逝，如水，如风。我们的民族文化传统生生不息，一直存活在千百万民众的日常世界中，以民间庙会等社会形式成为其生活的重要部分。

庙会是我们民族的文化遗产，它集中包含着民间社会异常丰富的感情和信仰。它更是我们民间社会的百科全书。它是历史的，也是现在的，更是将来的。研究我们的民族，从这里出发不失为一条有效的路径。当然，这条路从来不是平坦的。

感谢人民出版社编辑吴炽东先生的约稿。

2007 年 8 月于黄河之滨